Einsiedeln, zeitgenössischer Druck

PARACELSUS
und
Der Garten der Lüste

Roman

Augustin Hirschvogel: Paracelsus

Rosemarie Schuder

PARACELSUS
und
Der Garten der Lüste

Roman

edition q

Mit 30 Abbildungen und einem Frontispiz

Die Deutsche Bibliothek – CIP-Einheitsaufnahme

Schuder, Rosemarie:
Paracelsus und der Garten der Lüste: Roman / Rosemarie Schuder. – Unveränd. Ausg. – Berlin: Ed. q, 1992
ISBN 3-928024-76-0

Redaktion: Klaus R. Dichtl, Berlin
Umschlaggestaltung: Atelier Höpfner-Thoma, München
Umschlag: unter Verwendung von Bosch „Der Garten der Lüste“
Druck und Bindearbeiten: Ebner Ulm
Lithographieanfertigung: Rheinische Reprotechnik GmbH, Düsseldorf
Printed in Germany

ISBN 3-928024-76-0

Fangen wir mit dem Schüler an. Mit seinem Brief, bekannt geworden in der gebildeten Welt. Nicht bekannt wurde die spätere Äußerung des Schülers, er bedaure diesen Brief, aber es sei ihm nahegelegt worden, das Bild des Doktors der Medizin Philippus Aureolus Theophrastus von Hohenheim, genannt Paracelsus, in einer literarisch handlichen Form zu malen. Eingängig. Es gab genügend Gründe dafür, und es gab genügend Leute, die dieses Wunschbild brauchten.

Etwa dreißig Jahre nach seiner Lehrzeit, also etwa 1557, schrieb der Schüler Johannes Oporinus eben diesen Brief an einen gewissen Arzt Johannes Weyer.

»Was den Theophrastus Paracelsus angeht, der schon lange gestorben ist, möchte ich nichts gegen den Toten sagen; in seinem Leben aber habe ich ihn so kennengelernt, daß man mit einem solchen Manne so eng wie ich damals nicht je zusammen leben möchte; so sehr habe ich bei ihm – abgesehen von seinem wunderbaren Geschick und Glück in der Heilung von Krankheiten jeder Art – alle Frömmigkeit und Gelehrsamkeit vermißt. Und ich muß mich nicht selten wundern, wenn so vieles zum Vorschein gebracht wird, was von ihm geschrieben und der Nachwelt hinterlassen sein soll, das er meiner Meinung nach auch nicht im Traum geahnt hat. So sehr war er in den fast zwei Jahren, die ich mit ihm zusammen lebte, ganze Tage und Nächte hindurch dem Zechen und dem Trunk ergeben, daß man ihn kaum die eine oder andere Stunde nüchtern fand; vor allem, als er Basel verlassen hatte und im Elsaß bei bäurischen Vornehmen und vornehmen Bauern wie ein zweiter Äskulap gefeiert wurde. Und zuweilen pflegte er dann, wenn er völlig betrunken war, nach Hause zurückzukehren und mir etwas von seiner Philosophie zu diktieren, in so gutem Zusammenhang, daß es der Nüchternste nicht hätte besser machen können. Ich übersetzte es dann, so gut ich konnte, ins Lateinische, und es sind solche Schriften, teils von mir, teils von anderen übersetzt, später gedruckt worden.

Nachts hat er sich in der ganzen Zeit, als ich bei ihm lebte, nie ausgezogen: meistens ging er nämlich erst zu später Stunde berauscht ins Bett, und so gekleidet, wie er war, mit seinem Schwert – von dem er prahlte, er habe es von einem Henker – warf er sich aufs Lager, und oft erhob er sich mitten in der Nacht, tobte mit der blanken Waffe in der Kammer und hieb mit so dichten Streichen auf Boden und Wände ein, daß ich mehr als einmal fürchtete, er werde mir den Kopf abschlagen. Ich brauchte mehrere Tage, wenn ich alles aufzählen wollte, was ich mich bei ihm erlebt zu haben erinnere.

Ständig unterhielt er das Feuer in seinem Kohlenwinkel, und bald braute er irgendein Alkali, bald sein Oleum sublimati, den König praecipitati, arsenisches Öl, Crocus martis, den wunderbaren Oppodeldoch oder was weiß ich für eine Brühe. Einmal hätte er mir beinahe den Lebensgeist erstickt, als er mich den Geist betrachten ließ, der in seinem Alembik aufstieg, und als ich die Nase daran hatte, das Glas, das über dem Alembik lag, etwas beiseite schob, so daß mir jene starken Dämpfe in

Mund und Nase drangen – nur gerade ersticken lassen wollte er mich nicht –, so daß ich ohnmächtig zusammenbrach, und man mußte viel kaltes Wasser über mich gießen, bis ich wieder zu mir kam.

Zuweilen tat er, als könne er etwas vorhersagen, und täuschte die Kenntnis gewisser Geheimnisse vor, so daß ich ihn fürchtete und nicht leicht heimlich etwas zu unternehmen wagte.

Um die Frauen kümmerte er sich nicht, ich glaube nicht, daß er jemals mit einer etwas gehabt hat. Am Anfang enthielt er sich des Alkohols, bis etwa zu seinem fünfundzwanzigsten Jahr, dann begann er so zu saufen, daß er ganze Tische voll Bauern beim Vortrinken herausforderte und besiegte; er steckte den Finger in den Hals und befreite sich von der Flüssigkeit, dann gab er sich wieder dem Trunk hin, als hätte er noch keinen Tropfen geschluckt.

Mit dem Geld war er hemmungslos verschwenderisch und kam oft so herunter, daß ich wußte, er habe keinen Batzen mehr. Aber am nächsten Morgen wies er wieder einen vollen Beutel vor, so daß ich mich oft fragte, woher ihm diese Mittel kämen. Fast jeden Monat ließ er sich ein neues Kleid machen, das vorige gab er dem nächsten besten, aber es war schon so beschmutzt, daß ich ihn nie um eines gebeten habe und auch keines genommen hätte, wenn er mir eins zum Anziehen hätte geben wollen.

In der Behandlung von hoffnungslosen Geschwüren verrichtete er wahre Wunder, ohne irgendeine Diät vorzuschreiben oder zu beachten, im Gegenteil zechte er mit den Patienten Tag und Nacht und heilte sie dennoch, mit vollen Bäuchen, wie er zu sagen pflegte. In allen Arten von Krankheiten brauchte er Pulvis praecipitati, mit Theriak oder Saft von Mithridatum, Kirschen oder Botrus zu Pillen geformt. Mit seinem Laudanum – so nannte er Pillen, die wie Mäusedreck aussahen und die er nur in der äußersten Krise der Krankheit, wie eine heilige Medizin, anwandte – brüstete er sich so, daß er nicht zögerte zu versichern, allein damit könne er Tote wieder lebendig machen; und das hat er mehr als einmal, während ich bei ihm war, durch die Tat bewiesen.

Beten habe ich ihn nie gesehen noch gehört, und er kümmerte sich auch nicht um den Kultus. Aber die evangelische Lehre, die man damals bei uns zu pflegen begann und die von unsern Predigern eifrig gefördert wurde, beschäftigte ihn auch nicht viel. Er drohte, er werde einst Luther und den Papst, nicht weniger als jetzt Galen und Hippokrates, an ihren richtigen Platz setzen. Denn von denen, die bisher über die Heilige Schrift geschrieben hätten, gleichviel ob alte oder neue Autoren, habe keiner den Kern der Schrift wirklich gefunden, sondern sie seien alle an der Rinde, gleichsam an der Haut hängen geblieben. Und er schwätzte noch viel Unnützes, das ich nicht wieder hervorziehen will.«

Unsere Geschichte beginnt in dem Augenblick, da Doktor Theophrast, vierunddreißig Jahre alt, eintritt in die 1526 so glanzvolle Stadt Basel.

Hier wird der Versuch unternommen, Gründe herauszufinden und Leute zu betrachten, Leute, die Gewalt hatten, einen Schüler zwingend zu bestimmen, Aussagen zu verbreiten, die ihn später reuten.

Die Umstände müssen nun herangeholt werden. Wir können nicht mit dem schlichten Bild beginnen, Vater Wilhelm von Hohenheim, der Arzt, und Klein-Theophrast gehen Hand in Hand durch die Schweizer Bergwelt, und der Vater erklärt dem Sohn die heilenden Kräfte der Kräuter, auf den breiten, grünen Matten mit den bunten Blumen jauchzt der Knabe, so nicht. Aber um das Basel von 1526, die Zeit des späten Sommers dort zu verstehen, müssen wir zurückgehen in die Zeit des Vaters. Damals war er gerade erst ein Student der Medizin, hatte an der Universität Tübingen Vorlesungen gehört, damals, als zwei Professoren eine schwere Aufgabe zu bewältigen hatten.

Also: zurück in die Zeit dieser Väter. Rom, 5. Dezember 1484.

Eine entscheidende Frage war gelöst. Dank der unermüdlichen tätigen Mithilfe sachkundiger geistlicher Berater konnte eine verbindliche Verlautbarung herausgegeben werden. Papst Innozenz VIII. hatte unter dieses Schriftstück seinen Namen gesetzt:

»Mit ernstester Bekümmernis haben Wir neulich vernommen, daß sehr viele Personen beiderlei Geschlechts, abfallend vom allgemeinen Glauben, mit dämonischen Wesen fleischliche Bündnisse eingegangen sind.«

Ein Poet vom päpstlichen Hofe beeilte sich, das Ereignis zu feiern: Es ist, als sei alles noch einmal ganz neu geschaffen. Aus dem grauen Brei der Unwissenheit wurden wie mit großen Löffeln Gebilde zusammengeschöpft und mitten in die Welt gesetzt. Zu uns, unter uns, in uns. War ich bisher unsicher, bin ich jetzt sicher. Vieles konnte ich nicht erklären, jetzt kann ich vieles erklären. Das Leben ist leichter geworden. Ich kann nun denken: Mein Nachbar, ein guter Mensch, ist über Nacht krank geworden, mit grünlich-schwarzen Flecken im Gesicht. Gottes Güte hätte das nicht geduldet. Mein guter Nachbar muß einen bösen Nachbarn gehabt haben, der ihm dämonische Wesen schickte, die nun grüne Spuren auf seinem Gesicht hinterließen. Jetzt muß ich diesen Nachbarn herausfinden.

Es erschien nicht unwichtig, eine Kommission zusammenzurufen, die genaue Malvorschriften für die Gestalt dieser dämonischen Wesen auszuarbeiten hatte. Eine schärfere Abgrenzung mußte gefunden werden, nichts Heidnisches, Kröten, Salamander, Raben und Hasen durften verwendet werden. Nur mit äußerster Feinsinnigkeit war hier zu Werke zu gehen. Die Bilder durften den Unglauben nicht verstärken, sie sollten gleichzeitig abschrecken und zum Glauben führen. Eine schöne Aufgabe für die Kommission, eine schwere Aufgabe, eine langwierige Aufgabe.

Längst war es bekannt, wo die Anhäufungen dieser fleischlichen Bündnisse zwischen Menschen und dämonischen Wesen am bedrohlichsten waren. In den Provinzen, Städten, Ländern, Ortschaften und Bistümern von Mainz, Köln, Trier, Bremen und Salzburg. In der Bulle wurde das ausdrücklich vermerkt.

Kenner in Rom hielten bei der Erwähnung des Namens Salzburg erschrocken inne. Manches Mal in den heißen Sommertagen Roms hatten sie Sehnsucht nach der milden, heiteren Klarheit dieser alten Stadt. Nun war auch diese Heiterkeit in Frage gestellt. Graue, für jene Kenner noch nicht genau umrissene Unwesen sollten sich der liebenswürdigen Menschen dort bemächtigt haben.

Eben von da Zurückgekehrte wußten Genaueres. Einflußreiche Bürger der Stadt hatten den Kaiser um unmittelbaren Schutz vor der Gewalt des Erzbischofs angerufen. Sie wollten ihre fälligen Abgaben nicht mehr ihrem Kirchenfürsten entrichten.

Eine bedrohliche Abirrung vom allgemeinen Glauben.

Ähnliches wurde aus Bremen gemeldet. Kaufleute und Handwerker stellten die berechtigten Zinsforderungen der Kirche in Frage. Bremen-Kundige machten in Rom darauf aufmerksam, daß die Mißhelligkeiten mit gewissen städtischen Kreisen in Zusammenhang mit den Türken gesehen werden müßten. Natürlich sei es sehr schwer für einen Bremer Kaufmann zu begreifen: er soll den Türkenzehnten liefern zum Kreuzzug gegen den Sultan, während gleichzeitig venezianische Kaufleute den Sultan zwar nicht direkt unterstützen, jedoch auf keinen Fall bekämpfen und auch keine Abgaben für einen Türkenfeldzug entrichten. Dafür handeln sich die Venezianer gewisse Sicherheiten im Handel ein, und gutes bremisches Geld gehe sinnlos verloren. Man frage, was sie in Rom damit machen. Haben sie das Heranrükken der Türken verhindert? Der Türke sitzt heute im Krain. Man meint in Bremen, das Geld gerät in die Hände der römischen Kardinäle. Bremischer Fleiß läßt dort in den Prunkräumen Teppich auf Teppich wachsen. Der Unglaube in der Stadt im Norden greift um sich. Sie wollen die Gebete nicht mehr bezahlen, nicht mehr die Messen für die Lebenden und die Toten.

Natürlich war Gründlichkeit geboten. Nach dem Verkünden der Bulle vom 5. Dezember in allen Kirchen mußten nun Sachverständige an Ort und Stelle die Dinge überprüfen. Glücklicherweise fanden sich zwei hervorragende Professoren, Mitglieder zweier glaubensstrenger Orden, der Professor der Theologie Heinrich Institores und der Professor der Theologie Jakob Sprenger. Man mußte gewärtig sein, daß sie nicht überall freiwillige Unterstützung finden würden. Es war Vorsorge getroffen, daß sie deutliche Ausweise vorzeigen konnten: ihre Bestallungsbriefe als Inquisitoren der ketzerischen Bosheit.

»Glaubst du«, so fragte Bruder Professor Heinrich den Bruder Professor Jakob, als sie den ersten Teil ihres Erkundungsweges in die Provinzen, Städte, Länder und Ortschaften nach Salzburg bis Bremen gemeinsam gingen, »glaubst du«, so fragte Heinrich den Jakob, »daß Menschen mit Dämonen schlafen?«

»Was ich glaube, ist unwichtig. Ich habe einen Auftrag, und ich führe ihn aus.«

»Ich stelle mir vor, wenn ich in eine Stadt komme, in ein Dorf, in ein Haus, werden die Leute mich fragen, so wie sie fast bei allen Entscheidungen und Unsicherheiten fragen, was sagt denn der Papst dazu, unser Heiliger Vater?«

»Du mußt wissen, Bruder Heinrich, daß es vom Dogmatischen her gesehen völlig gleichgültig ist, ob der Papst die Angaben über das Hexenunwesen selber für richtig hält oder nicht. Du wirst dir deine Antworten einrichten je nach den Leuten, mit denen du zusammenkommst. Mit einem Universitätsprofessor wirst du anders reden als mit einem Bauern. Dem empfindsamen Professor wirst du versichern, durch dieses Aktenstück sei niemand zum Glauben an diese Dinge verpflichtet. Du wirst immer wieder darauf hinweisen können, gelehrt und entschieden wird über die dämonischen Wesen und ihren Umgang mit den Menschen nichts. Wir nehmen jedoch Ausschreitungen dieser Art als vorgekommen an. In dieser Bulle werden nur in referierender Form dem Papst zugekommene Mitteilungen wiedergegeben.«

»Ich hoffe«, sagte Bruder Heinrich, »daß ich die Berichte bestätigen kann.«

»Fühlst du dich nicht wohl? Krankheit wäre ein Grund, von dieser anstrengenden Reise Abstand zu nehmen. Die Bereitschaft zu dieser Arbeit setzt voraus, daß du vom Erfolg überzeugt bist. Ich weiß, was ich suche, und also werde ich auch finden.«

»Und wie?«

»Durch Befragen, immer wieder Fragen.«

Das Gesicht des Inquisitors.

Professor der Theologie, ausgestattet mit einem umfassenden Wissen, mit der Kenntnis von der Seele des Menschen und auch in ihm angehäuft die Überlieferungen der alten christlichen Kirchenväter und alten heidnischen Weisen, von denen einer über die Seele des Menschen gelehrt hatte:

Einmal hatte die Seele Flügel. Dann sind ihr, die einen sagen, durch eine große Kälte, die anderen sagen, durch eine große Hitze, die Federn ausgefallen. So ist sie zurück in den Körper gestürzt. Von den Schülern gefragt, wie aber bekommt sie die Federn wieder, antwortete der heidnische Weise: Wenn sie die Flügel in das Wasser des Lebens eintaucht. Fragten die Schüler: Wo ist das Wasser des Lebens?

Und spätestens seit diesen Tagen suchten die Menschen nach dem Wasser des Lebens. Andere sagten, Sinn des Lebens. Sie forschten nach den Ursachen der Dinge, nach den Wegen der Natur, nach den Geheimnissen des Himmels und der Erde. An dem Begriff Keuschheit legten diese Suchenden ihre Vermutungen dar. Die Geschichte um die jungfräuliche Maria könne nur erdacht sein für einfältige Menschen, deren Einfalt erhalten bleiben soll. Für Leute, deren Verstand geschliffen wurde durch Lesen lateinischer und griechischer und hebräischer Texte, konnte nur der Schluß übrigbleiben: Es ist ein Märchen, ein ergreifendes Märchen von der Keuschheit, aber entgegen jeder Vernunft.

Gesicht des Inquisitors, der weiß: Zuerst war der Türke nicht der größte Feind, sondern die von den Türken aus Griechenland vertriebenen Gelehrten. Die brachten die Handschriften der alten Philosophen mit, nun wurden die Lehren der alten heidnischen Weisen mit den Lehren der Schrift verglichen.

Selbst der Konzilssekretär vom langen Konzil in Basel beschäftigte sich mit einem Traktat über Geister und Dämonen. Es gab die Meinung, durch die nachdrückliche Beschäftigung mit den alten Philosophen sei auch ein gewisses Anwachsen von Dämonengläubigkeit festzustellen. Ein Umstand, der in der Bulle glücklich mit verwertet werden konnte.

Ich, Jakob Sprenger, aufgewachsen und ausgebildet im allgemeinen Glauben, weiß wohl von der Sehnsucht nach dem Wasser des Lebens. Aber solange es noch nicht gefunden, solange noch nicht einmal geklärt ist, was das eigentlich sei, solange habe ich für das einzutreten, was erwiesen ist als Sinn unseres Lebens: Mäßigkeit, Keuschheit, Demut.

Ich gehe an meine Arbeit nicht ohne Zweifel, aber ich gehe in Gehorsam, und aus diesem Gehorsam nehme ich die Gewißheit, daß das Ketzerunwesen keine natürliche Erscheinung ist, sondern, und das bestätigt die Bulle vom 5. Dezember, das Werk der Dämonen.

Zur gleichen Zeit, als der Professor der Theologie Jakob Sprenger nun daranging, den dämonischen Wesen Gestalt zu geben, Gestalt von Fleisch soweit, daß sie sich mit menschlichem Fleisch mischen konnten, trat ein anderer Mann hervor, ein sehr junger Mann, ein sehr schöner Mann, ein sehr gelehrter Mann, der Fürst Pico della Mirandola, und fragte in aller Öffentlichkeit in Rom: Was ist der Mensch? Wie ist das Gesicht des Menschen?

»Bereits hatte Gottvater, der höchste Baumeister, die Welt errichtet, alles war angefüllt, alle Plätze des Weltkreises. Aber es wäre der väterlichen Allmacht nicht angemessen gewesen, bei der letzten Zeugung zu versagen, als hätte er sich verausgabt. Gott ließ sich den Menschen gefallen als ein Geschöpf, das kein deutlich

Cosimo Roselli, Kirche Santo Ambrogio, Florenz;
Ausschnitt, links: Pico della Mirandola

unterscheidbares Bild besitzt. Gott stellte ihn in die Mitte der Welt und sagte:

Wir haben dir keinen bestimmten Wohnsitz noch ein eigenes Gesicht noch irgendeine besondere Gabe verliehen, o Mensch, damit du jeden beliebigen Wohnsitz, jedes beliebige Gesicht und alle Gaben, die du dir wünschst, nach deinem Willen und nach deiner eigenen Meinung haben und besitzen mögest.

Den übrigen Wesen ist ihre Natur durch die von uns geschriebenen Gesetze bestimmt und wird dadurch in Schranken gehalten. Du bist durch keinerlei unüberwindbare Schranken gehemmt, du sollst nach freiem Willen jene Natur dir selbst vorherbestimmen. Ich habe dich in die Mitte der Welt gesetzt, damit du von dort aus bequem um dich schaust, was es alles in dieser Welt gibt. Es steht dir frei, in die Unterwelt des Viehs zu gehen, es steht dir frei, dich durch den Entschluß deines eigenen Geistes zu erheben.«

Also hatte der Mensch am Anfang kein Gesicht. Und wenn ein Mensch beschrieben und gekennzeichnet werden sollte, so nahm man das Tierreich zu Hilfe.

Nun muß jedesmal und von Anfang an der Mensch selbst sein eigenes Gesicht formen und kann klug und freundlich sein wie ein Kauz, mutig wie der Löwe und stolz und schnell wie der Hirsch.

Aber es wird am Ende seiner Tage Arbeit keinerlei Entschuldigung für ihn geben, wenn er den Spiegel vorgehalten bekommt und erkennen muß: Da ist ein Stück vom Schwein und hier ein Stück vom Schaf, vom Hund, vom Wolf, vom Bock, wie peinlich.

Das Jüngste Gericht

1

Basel. Spätsommer 1526.

Eine Tischgesellschaft sitzt beisammen in einem sehr reichen, sehr angesehenen Haus in der Stadt. Vier Männer und eine Frau. Einer von ihnen ist krank, eine ungewisse Krankheit. Sie warten auf den Doktor Philippus Aureolus Theophrastus von Hohenheim.

Sie warten auf ihn wie auf einen wundertätigen Erlöser. Aber niemand von ihnen gibt das zu, denn dieser für heute mittag Angekündigte ist ein Fremder in ihrer Stadt, in dieser schönen Stadt, in dieser Übergangsstadt, in dieser Zufluchtsstadt nahe den Grenzen, doch nicht selber Grenze. Basel.

Der kranke Mann heißt Johannes Froben. Bei seinem Namen leuchten die Augen aller Liebhaber von Büchern und auch der Schreiber von Büchern auf. Froben, der Verständige in der Kunst des Buchdruckens, Verleger. Wann immer eine Tonne gedruckten Papiers durch die Straßen rollt, Frobens Name wird als erster genannt. Er ist eingedrungen in das Geheimnis des Wortes, denn nicht alles, was gedruckt wird, wird auch gelesen. Froben aber weiß, wonach der Mensch schreit. Was er druckt, wird gelesen. In diesen Zeiten, da Umschau gehalten wird, wer abfallend vom alten Glauben sich äußert, sind Buchdrucker verbrannt worden. Das muß man voraussetzen, wenn man im Jahre 1526 dieses Handwerk betreibt.

Froben hat längst eingesehen, einer allein weiß für so schwierige Arbeit nicht genug. Die größte Kunst ist, Berater zu haben. Er kann es sich von allen bestätigen lassen, daß er den sachkundigsten Berater für sich gewonnen hat. Als Gast nicht nur an dieser einen spätsommerlichen Tischrunde, als ständigen Gast in seinem Hause: Erasmus von Rotterdam.

Erasmus von Rotterdam kennt viele Leute, und viele kennen ihn. Es ist eine Ehre, wenn er einen anderen zur Mitarbeit auffordert. Es ist nicht leicht mit ihm auszukommen. Sein Magen verträgt nicht jede Speise. Er ist oft gereizt. Wenn man aber seine neuerdings wiederholt gebrauchte Formel beachtet, kann man mit ihm auskommen. Da sitzt er eifernd mit etwas eingefallenen Backen und trägt seine Meinung über die Weltzusammenhänge vor, erklärt, ehe er zu reden beginnt: »Ich erwarte keine Zustimmung, ich erwarte aber auch keinen Widerspruch.« Wer das einhält, kommt mit Erasmus aus.

Der, den er gerufen hat, daß er für Froben arbeiten soll, der Maler Hans Holbein, beachtet es und kommt mit dem großen Gelehrten aus. Er kommt ihm auch in seiner Malweise entgegen, keine Zustimmung, kein Widerspruch.

Und oben am Tisch Gertrude, Frobens zweite Frau. Als sie heirateten, war Froben fünfzig und sein Sohn Hieronymus schon neun Jahre alt. So ist Frobens Frau: nicht groß, nicht klein, und braunes Haar, das ins Rötliche geht, wenn das Licht darauf fällt. Noch nicht zu alt, fleißig, ordentlich, lebhaft. Sie gehört zu der großen Gruppe der Erben. Ihr Vater, Lachner, war auch ein Buchdrucker und reich.

Alle sehen zu ihr hin. Wer zu Froben kommt, denkt auch an sie. Manches Mal ist sie eitel genug, aufzuzählen, wer von ihren Honigplätzchen gekostet, wer ihre

Hühnerbrühe getrunken, wer über ihre Gewürze gerätselt hat, sie kocht gern. Sie führt ein großes Haus in Basel. Einer hat es ihr einmal gesagt: Ihr Mann ist kein Reformator, er ist der Buchdrucker der Reformation, der Buchhändler der Reformation. Sie weiß, die Welt besteht aus Domherren, Apothekern, Universitätsprofessoren, ihre Welt, ihre Tischgäste.

Natürlich mag sie Erasmus nicht als Tischgast. Wem könnte das Essen schon schmecken, wenn er da sitzt, herummäkelt, mit den Fingern alles zerkleinert, am Ende den Teller von sich schiebt und nichts ißt.

Für sie ist es milder Trost, wenn der alteingesessene Doktor Paulus Truckenbrot dann wieder einmal erklärt: »Das Genießen einer Speise beginnt mit den Augen. Erst müssen die Augen kosten, bevor die Zunge drankommt.«

Unser Paulus Truckenbrot ist ein bescheidener, aber zuverlässiger Mann. Er arbeitet im alten Hospital am Ende der Stadt und könnte auch Professor sein an der Universität, aber es ist nicht sein Ehrgeiz.

Niemand außer Frau Froben weiß seine Geschichte. Er hat sie ihr erzählt, als er ihr geholfen hat, das Kind Justina zur Welt zu bringen. Er hat ihr erzählt, warum er in diesem kleinen winkligen Hospital und nicht an einer Universität arbeitet. Er hat ihr zwingend geboten, niemandem davon zu erzählen, auch nicht ihrem Mann.

Truckenbrot wußte, nicht er allein fand Frau Froben verwirrend. Sie konnte alles im Haus selbst erledigen, das Backen, das Kochen, und konnte mit den anderen Frauen darüber reden, als sei das ihre ganze Welt. Die Kinder und der Garten, meine liebe Frau Nachbarin, ja gewiß, auch mir sind diesen Winter Rosenstöcke erfroren.

Aber es war, als spiele sie das alles, um dann in die

Druckerei an ihre eigentliche Arbeit gehen zu können. Sie wußte, wenn sie hier ernst genommen werden wollte, mußte sie mehr können als die Männer. Sie war von einem starken Ehrgeiz besessen: Ich drucke die Bücher des Hauses Froben. Jedoch sie war klug genug, den Ehrgeiz nicht so nackt zu zeigen. Sie war eine Dame.

Der alte Truckenbrot verehrte sie sehr, selbst wenn er neben ihr saß und sie sah, machte er sich zu ihrem wirklichen Bild noch dazu sein Bild.

War sie denn so? Die Lippen unter der gebogenen Nase, nicht sehr groß, im Winkel kaum merkbar, aber um das entscheidende wenige aufwärts gerichtet, also verständig und keineswegs traurig. Das Kinn nicht mehr rund, noch nicht spitz. Und über dem ganzen Gesicht eine große Ernsthaftigkeit, vermischt mit einem schillernden leisen Spott. Aber was tut Frau Froben, wie sieht Doktor Truckenbrot sie jetzt? Ach ja, sie hat viele Leute um sich versammelt, Männer, mit denen sie sich unterhält. Fünf sind es gegenwärtig, die hocken auf ihrer großen, keineswegs schönen, aber dennoch sehr reinen Hand. Jetzt kommt Froben. Natürlich, Froben kommt, für sie der einzige Mann auf der Welt. Wir kennen ihn, er ist unantastbar, unbestechlich, klug, heiter, gerecht, unnachgiebig. Der kleine zärtliche Mund der Frau Gertrude muß sich gar nicht anstrengen. Sie bläst ein wenig, da fallen die Leute schon herunter vom breiten Teller der Hand.

Truckenbrot kennt Frobens Leiden. Ein Gangrän am rechten Bein. Und hat auch kein anderes Mittel als Amputation des Beines. Auch er kann dem Absterben einzelner Teile bei lebendigem Leibe, dem Brand, nicht anders beikommen.

Erasmus, der Weltweise, der Weltwissende, hatte den Vorschlag gemacht, er kannte alle, die in der Welt der

Wissenschaften zu Hause waren, er hatte gesagt: »Versuchen Sie, was der zu schnellem Ruhm gekommene Doktor aus Einsiedeln sagt. Rufen Sie ihn her.«

Er, Erasmus, der die Schönheit, alles, was er schön fand, fast anbetete, hatte eine tiefe Angst, über die er mit niemandem sprach, er hatte Angst vor den Krankheiten, die uns die Vernunft rauben. Unerträglich war es für ihn, dem vernünftiges Denken höchste Schönheit war, sich vorzustellen: Eines Tages wird meine Vernunft erstickt sein durch etwas Heimtückisches, das ich nicht kenne, geschweige denn benennen kann. Er lachte über die Dämonen und hatte Angst.

Er empfand es wie eine persönliche Genugtuung, als ihm die Nachricht gebracht wurde: Es arbeitet ein Arzt jetzt in Straßburg mit Erfolg gegen die vielfältigen Erscheinungsformen von Krankheiten, die eine Veränderung der Vernunft bewirken. Er hat Heilungen erreicht, die für unmöglich galten. Er soll sogar den Kopf der Befallenen geöffnet haben.

Das Bewußtsein, daß nun einer in der Welt war, der mit der mächtigen Waffe der Wissenschaft gegen Krankheiten anging, die entweder schamvoll verschwiegen oder als unanständig und schließlich als Werk des Teufels galten, gab ihm, Erasmus, eine große Stärke. Und so konnte er seine ganze Leidenschaft verschwenden auf seine Welt, die Welt des Wortes.

Frau Froben mußte achtgeben bei Erasmus. Nicht immer wußte sie, hat er nun sein Körnchen Spott dazugetan? Wie meint er das jetzt, wenn er sagt: »Fast könnte man die Herren von der Kunst der Medizin beneiden. Wieviel leichter hat es doch ein Arzt. Er hat nur mit Menschen zu tun und nicht mit dem äußerst schwierigen Wort. Die Erfolge kann er vorzeigen. Den großen Ruhm hat er, ein Mediziner. Die Mißerfolge werden verscharrt. Und da am Ende jeder sterben muß, ist der Tod der einfache Abschluß seiner Tätigkeit. Versuchen Sie ein Wort zu verscharren. Einmal ausgesprochen und gedruckt, geht es um die Welt und ist nicht mehr von dem, der es gesagt hat, abzutrennen. Ich halte es für das Gefährlichste, sich mit dem Wort zu beschäftigen. Aber nun stößt die Heilkunst auf das Wort. Die großen Professoren der Theologie bemächtigen sich der Medizin und kreisen sie ein. In dem Augenblick, in dem ein Maler den Auftrag bekam, Jesus als Arzt darzustellen, waren die Umgrenzungen gezogen. Daran wird nun alles gemessen, Jesus, der Heilkundige.«

Froben hatte eine freundlich leise Stimme, selbst wenn er mit Kindern redete, um sie zurechtzuweisen, sagte er zu ihnen »bitte«. Auch in seiner Ungeduld, weil der neue Doktor noch nicht da war, blieb er leise: »Meine ganze Freude war das Reisen zur Messe, zur Messe nach Frankfurt, zur Messe nach Leipzig, Leute treffen, die man sonst nie sieht. Und jetzt und morgen? Dahin getragen werden?« Er hatte sich schon ein Fahrzeug für einen Einbeinigen konstruieren lassen. Auf dem Papier. Dieses Blatt trug er ständig bei sich, zeigte es denen, die es sehen wollten und die es nicht sehen wollten. Er lachte darüber und versteckte hinter seinem Lachen die Angst.

Holbein sah vor sich seinen Totentanz. Unbehagen kam ihn an. Ein Einbeiniger. Wie oft hatte er das gezeichnet. Einbeinige nach diesem und jenem Krieg gab es an jeder Straßenecke zu sehen. Nur nicht im eigenen Haus. Nur nicht unter den Bekannten. Wenn die Kunst des Doktor Theophrast versagt? Wenn das Bein doch abgenommen werden muß, dann wird er den Einbeinigen aus dem Totentanz herausnehmen müssen.

Paulus Truckenbrot, der Alteingesessene, dachte nach

über den Neuankommenden: Er ist ein bißchen marktschreierisch, ich kann das nicht. Sein Temperament ist anders. Ich möchte nicht teilnehmen an den Tageskämpfen. Ich weiß, es wird Zeiten geben, da man über unsere Bemühungen lächelt. Er jedenfalls, Truckenbrot, wird niemand mehr raten, Arzt zu werden, weil es ein Irrtum ist, mit der reinen Kunst der Medizin Menschen helfen zu können, unabhängig von den Umständen. Und wenn er noch einmal von vorn beginnen könnte, er würde nicht wieder Arzt werden, eben weil er der Abhängigkeit nicht entgehen kann. Da mußte er gefaßt sein auf tausend Demütigungen.

In Gertrude Froben saß der Hochmut der großen Familien: Was soll dieser Doktor Theophrast in meiner Tischrunde, die Erasmus manches Mal »das fromme Gastmahl« genannt hat. Der Fremde kommt aus Einsiedeln, aus der Grobheit der Berge. Er kann nicht die Feinheiten des Tals haben. Er wird es schwer haben, der Mann aus der Waldeinsamkeit von Einsiedeln.

Für das Überbrücken von Pausen im Gespräch hatte Paulus Truckenbrot einen ganzen Vorrat klug klingender Redensarten bereit. So pflegte er zu sagen: »Der Mensch ist nur soviel wert wie der Teil, der ihn quält.«

Froben erwiderte dann darauf, ein wenig beunruhigt, aber dennoch lächelnd: »Also soll ich nicht mehr wert sein als ein Zeh. Paulus Truckenbrot, Sie irren. Sie glauben, Sie sind mit der Welt fertig, weil Sie meinen, nun haben Sie alles erklärt: Der Mensch ein Zeh und verfault. Sie irren, weil Sie vereinfachen.« Und hatte auch seine Redensart: »Man kann das Huhn bekanntlich nicht ins Ei zurückstecken.«

Frau Froben glättete wie immer, wenn Streit aufkommen wollte: »Das sind mir die liebsten Gäste, die das Gebäck erst lange mit den Augen kosten, bevor die Zunge darankommt. Für solche Gäste denke ich mir neue Rezepte aus. Dann werden sie gezwungen sein, nur bei mir zu essen. Gefesselt durch die eigene Zunge. So kann ich auch sagen: der Mensch ist soviel wert wie der Teil, der ihn quält. Er hat die Qual, wenn er nicht hier bei uns essen kann – verehrter Doktor Paulus Truckenbrot, so sind Sie Ihrer eigenen Theorie nach nichts anderes als nur Zunge.«

Ach, Gertrude, deine Scherze. Und dabei weißt du das von der Zunge unseres Alteingesessenen, die ihn wirklich quälte seit seinem dreiundzwanzigsten Lebensjahr. Seit dieser Zeit kämpfte er mit seiner Zunge. Er wünschte, sie möchte reden. Er wünschte, sie möchte schweigen.

Als das Gesetz gegen Hexen und Zauberer und Ketzer, in entsprechenden Kreisen Hexenhammer genannt, herauskam, hatte er in Ferrara Medizin studiert. Auch er hatte die Grundlehre gelernt: Die Säfte verursachen Krankheit und Gesundheit, die vier Kardinalsäfte: Blut, Schleim, gelbe Galle, schwarze Galle; hatte die Zuordnungen gelernt: Blut gleich feucht-warm. Schleim gleich kalt-feucht. Gelbe Galle gleich warm-trocken. Schwarze Galle gleich kalt-trocken.

Und es hatte sich für den Doktor Truckenbrot sehr bald bei der Arbeit gezeigt, wie dieses neue Gesetz, das nur für Theologen und Juristen gemacht schien, auch die Medizin betraf.

Verwirrte Kranke wurden gar nicht erst der Obhut eines Arztes übergeben, aber völlig Gesunde wurden als behext erklärt, Leute, von denen man wußte, daß sie eigene Gedanken hatten über Gott und die Welt. Und es gab Ärzte, die bestätigten: Der Zweifel an den Wahrheiten des Heiligen Buches ist krankhaft, ist ein Ausdruck einer gewissen Besessenheit, ist vom Teufel. Es schien da ein Zusammenhang zu bestehen, ein Mechanismus, in den die Kunst der Medizin unentrinnbar einbezogen war.

Niemand sprach darüber. Zwar gab es drei Personengruppen, die ausgenommen waren von Behexungen, im Gesetzwerk war das besonders vermerkt: Die Obrigkeit kann nicht behext werden, weil sie Obrigkeit ist. Die Geistlichkeit nicht, weil sie Geistlichkeit ist. Und die Richter nicht, weil sie, bestätigt von Obrigkeit und Geistlichkeit, eingesetzt sind in ihr Richteramt. Aber die Ärzte wurden nicht erwähnt. Die Ärzte wurden gebraucht. Also waren auch sie den Behexungen nicht ausgesetzt.

Ach, verehrter, armer, guter Doktor Paulus Truckenbrot, und werden wie die Cherubim: kämpfen, erleuchtet sein und schließlich vollendet. Schon bei der ersten Forderung kam die Schwierigkeit: kämpfen?

Als Doktor Theophrast von Hohenheim eintrat, starrten ihn alle an. Mit schnellen Augen ging er über jedes Gesicht. Frau Gertrude wollte auf ihn zueilen, den Mantel abnehmen, den Stuhl zurechtrücken, dann die Suppe auftischen. Er schob sie ein wenig beiseite, ging an ihr vorüber, sagte: »Erst der Kranke.« Und hatte schon alles gesehen an ihren Lippen, an ihren Augen und an den Bewegungen ihrer Hände. Das war ihm sichtbar, was sie da vor sich hin dachte: Du bist klein und häßlich, dir fehlt das Haupthaar. Du kommst mit ungesäuberten Schuhen herein. Dabei ist es trocken heute draußen. Hast du niemand, der dir die Schuhe putzt? Und du bemerkst nicht einmal, wie sie dir alle auf deine Füße schauen, unser empfindsamer Erasmus, der schönheitsdurstige Hans Holbein. Aber sie war eine gewandte Dame und konnte ihre Enttäuschung beim ersten Anblick des Erwarteten überspielen.

Auch Truckenbrot sah den Anflug von Verachtung in ihren Mundwinkeln. Gewiß, hier in Basel war man es gewöhnt, wenn ein Arzt ins Haus kam, ein so bedeutender, erschien er mit zwei, drei Gehilfen. Einer blieb draußen bei Pferd und Wagen, ein anderer trug die Geräte, und einer war da, auf jeden Wink zu gehorchen, etwas zu halten, etwas zu holen. Ein Arzt kam nicht ohne Feierlichkeit. Zeremonie der Ankunft. Würdenträger der Kunst der Medizin. Und immer mit glänzenden Schuhen.

Froben stand auf. »Wollen Sie nicht doch erst ein wenig essen, eine Suppe, einen Wein trinken?«

»Ich möchte mich mit Ihnen unterhalten. Ich bin mit allem versorgt, ich brauche nichts. Vielen Dank.«

Froben bat den Doktor herüber in sein Zimmer und ging mit schnellen, sicheren Schritten voran, drehte sich in der Tür um, lächelte seinen Tischgästen zu, auf dem Flur bis zum Zimmer ging er langsamer.

Als er die Tür hinter sich schloß, allein mit dem Arzt, verlor er seine straffe Haltung, suchte einen Stuhl, setzte sich mühsam. »Herr Doktor«, erklärte er jetzt erregt und ohne alle Hoffnung, »machen wir uns nichts vor. Keiner Ihrer Kollegen konnte mir helfen. Meine Stunde ist gekommen, Gott wird mich abberufen, gegen Gottes Bestimmung sind auch Sie machtlos.«

Theophrast sah, wie die Angst begann, den Willen des Kranken zu lähmen, er redete sehr sachlich mit ihm, nicht laut: »Wenn es heißt, Gott hat die Krankheit bestimmt, dann ist die Kraft der Kunst der Medizin schon genommen, ehe man beginnt – bitte, Sie haben Gott jetzt hier hereingezogen. Wollen wir also Gott als den Verursacher aller Krankheiten anerkennen, dann sage ich: Der das geschaffen hat, was uns schadet, hat auch das geschaffen, was uns nützt. Wenn Gott Wunder tut,

tut er sie menschlich. Durch Menschen – also durch Ärzte.«

Ungehalten, mit dem Recht des Kranken, zu quengeln, sagte Froben: »Die Herren der Fakultät, Doktor Oswaldus Baer, Doktor Johannes Silberberger, Doktor Eucharius Holzach – nach Ihnen also die Wundertäter Gottes – haben mich aufgegeben. Ich weiß, Sie haben meinetwegen eine weite Reise gemacht, aber verzeihen Sie mir, ich kann keinen Arzt mehr sehen.«

»Ich kenne die drei Herren Ihrer Fakultät nicht, aber ich kenne das Gerede über die Krankheit. Man hat Ihnen vielleicht gesagt, Ihre Krankheit sei das Fegefeuer, denn sie sagen, jede Krankheit ist ein Fegefeuer. Wie muß es dann zu Zeiten des Hippokrates glückselig gewesen sein, als Arzt zu arbeiten, weil die Fegefeuer so klein waren. Aber jetzt, und das müssen Sie selber zugeben, verehrter Herr Froben, hat das Übel der Fegefeuer zugenommen. Also ist auch weniger Glück in der Heilkunst. Weil das Fegefeuer so streng und groß ist, hat es schlechtere Ärzte nie gegeben.«

»Sie brauchen mich nicht zu erheitern«, er wehrte sich gegen diesen Doktor, aber seine Gedanken waren schon abgelenkt, sie beschäftigten sich nicht mehr wehmütig mit dem eigenen Bein. »Aber, Doktor Theophrast, wir sind doch nicht so sicher. Wer will es wagen, zu erklären, unser Ende ist nicht in Gottes Hand. Wie werden Sie als Arzt damit fertig, wenn der Priester sagt, das Ende Ihres Patienten ist vorherbestimmt.«

»Ich bin ein Knecht der Natur. Für die Krankheit ist keine Stunde des Aufhörens, keine Zeit, keine Zahl, sie dauert so lange bis in die Stunde des Todes. Da hören alle Krankheiten auf. Solange Krankheiten da sind, ist kein Tod. Gegen den Tod gibt es keine Arznei, aber gegen die Krankheit. Kein Theologe kann mir die Medikamente zeigen. Der Arzt muß sie kennen. Gott knackt dem Menschen auch keine Nüsse und macht ihm keinen Rock.«

»So hat Doktor Oswaldus Baer nie mit mir geredet. Er hat in den letzten Tagen nur immer wieder erklärt, ein Gangrän, das frißt weiter, Amputation. Sagen Sie mir bitte, was ist das Neue an Ihnen, was werden Sie mit mir tun? Können Sie mich retten?«

Wortgeschwätz hilft dem Kranken nicht, nur Arbeit. Arbeit am Krankenbett, Arbeit am Ofen bei chemischen Experimenten. »Das ist jetzt nicht die Stunde, Ihnen von mir zu erzählen, was mich von den scholastischen Tellerleckern unterscheidet, warum ich ihre Übereinstimmungen Kälte mit Wärme, Feuchtigkeit mit Trocknem, Fülle mit Entleerungen nicht anerkenne. Ihre Lehre, jedes durch sein Gegenteil zu vertreiben. Sie kennen nichts anderes, sie können nichts anderes. Und die Mehrzahl ihrer Kranken stirbt. Lassen wir das jetzt, erzählen Sie mir, wie Sie leben, wie Sie arbeiten, wie Sie Ihren Tag verbringen.«

»Von Anfang an, vom frühen Morgen an?«

»Von Anfang an.«

Aber der Schmerz war wieder da, und mit dem Schmerz kam die Wehleidigkeit. Und mit der Wehleidigkeit kam das Sichwehren. Und Theophrastus begriff, dieser Patient wollte nicht von seiner Krankheit reden, er wollte über sich selbst nicht Auskunft geben.

Es klopfte. Frau Froben trat ein, besorgt. »Jetzt wird der Doktor doch von seiner Reise hungrig sein, und du hast deinen Nachtisch nicht gegessen.« Sie brachte selbst die süße, warme Honigspeise mit Mandeln und Rosinen und den schönen überseeischen Gewürzen, die durch die glückliche Hand des Hauses Fugger auch in Basel Einzug gehalten hatten. Frau Gertrude schaute fragend auf den Doktor, aber er blickte nicht zu ihr hin. Sie hatte ein ermutigendes Augenzwinkern gesucht und dieses Geschenk nicht erhalten. Sie ging, weil beide Männer schwiegen.

Theophrastus nahm den Teller, kostete, fragte: »Und das bekommen Sie jeden Tag, Sie essen das gern?«

»Ja, jeden Tag dreimal. Meine Frau ist in der ganzen Stadt berühmt für ihre Süßspeisen.« Er sagte jetzt nur das eine über sie. Er sagte nicht, daß sie ihm schon lange einen großen Teil der Arbeit in der Druckerei abgenommen hatte.

»Essen Sie regelmäßig?«

»Dazu komme ich nicht immer. In der Druckerei, da muß man doch tausend Dinge bedenken. Das Essen ist für mich nicht so sehr wichtig. Ich muß alle Briefe schreiben, das kann ich nur allein machen, die Verbindung zu den anderen Buchdruckern. Ich muß wissen, was sie drucken und was sie nicht drucken. Warum sie etwas nicht drucken.«

»Wie fing das an mit Ihrem Bein, hatten Sie Schmerzen im Zeh, konnten Sie nichts fühlen?«

»Ich weiß es nicht. Ich kann es wirklich nicht sagen, ich habe es nicht so beachtet. Aber nun ist das Fleisch schwarz, wird sterben. Doktor Baer malte mir aus, so wird der ganze Leib werden, schwarz und absterben. Manches Mal zwinge ich mich mit Gewalt, in der Drukkerei zu bleiben, und denke an nichts anderes als meine Bücher. Zwingli in Zürich bezieht von mir meine Bücher und sagt, sie seien die besten.«

»Ich fragte nach Ihrer Krankheit.«

»Wir reden von meinem Leben, und mein Leben sind eben diese Bücher.« Es war nicht leicht mit ihm. Jetzt stand er wieder auf, ging an das Regal. »Ich fing mit Luther an.« Er zog das Buch heraus. »Sehen Sie, diese

Bibel Jeder hat einmal mit Luther angefangen, Zwingli, unser gemeinsamer Freund Oekolampad hat mit ihm angefangen, und Sie auch, Doktor.«

»Sie werden Ihre Lebensweise ändern müssen.«

Der Buchdrucker hatte nicht hingehört. Er griff ein anderes Buch heraus. Es war ihm, als müsse er sich rechtfertigen. Die »Utopia« von Thomas Morus. »Ein Bild ist entworfen, wie der Mensch menschenwürdig leben kann. Der Bildschmuck von Holbein, herausgegeben von Erasmus. Sie sollen sehen, Doktor, daß wir«, er hielt inne, »ich weiß nicht, ob ich vor Ihnen das anspruchsvolle Wort benutzen darf«, aber er sagte es, »daß wir kämpfen.«

Er sah das leise Lächeln um den Mund des Doktors, ärgerte sich, daß er das große Wort doch genommen hatte. Niemand hatte ihn um Rechtfertigung gebeten. Ein Mensch saß vor ihm, ein Arzt, der war auf den ersten Ruf hergekommen, um ihm zu helfen. Er war schnell gekommen. War es vielleicht so, daß er, der reiche Buchdrucker, sich vor den Augen dieses Arztes ein wenig unbehaglich fühlte in seinem wohlversorgten Haus?

»Ich weiß, gemessen an dem Leben anderer, gemessen am Leben von Bauern und Holzfällern, geht es mir gut.« Er spürte, wie der andere alles sehr genau beachtete.

»Sie essen viel und nehmen trotzdem nicht zu?«

»Ja, ich glaube.«

»Ihre Zähne sitzen locker.«

»Oswaldus Baer hat nie nach meinen Zähnen gefragt. Die Rede war immer nur vom Bein. Aber es stimmt, die Zähne sitzen locker.«

»Ihr eigener Mundgeruch quält Sie?«

»Manchmal meine ich, die Verwesung beginnt schon.«

»Ich möchte zur Bestätigung noch die Urinprobe haben.«

Und kam zurück und sagte dem Patienten: »Ja, es ist so, wie ich dachte, es schmeckt süßlich.«

Es war die Straffheit im Gesichte des Arztes, dieses Wissen in den Augen, die Sicherheit in den Händen, wie er die Glieder abtastete, Johannes Froben wehrte sich nicht mehr. Er war bereit, diesen Mann ernst zu nehmen.

»Können Sie streng mit sich selber sein?« fragte Theophrast. »Keinen Kuchen mehr, nichts mit Honig und Mehl, keine in Honig gekochten Früchte, kein Bier, keine süßen Weine.«

»Dann geben Sie mir doch lieber ein Medikament. Da müßten wir den ganzen Haushalt umstellen.«

»Dann werden Sie den ganzen Haushalt umstellen.«

»Meine Frau . . .«

»Sehen Sie, wie das Problem sich schon verändert hat. Ihre Schwierigkeit ist nicht mehr das abzutrennende Bein, Ihre Schwierigkeit ist, wie machen Sie das, keinen Kuchen mehr zu essen. Auch Ihre Angst hat sich gewandelt. Jetzt haben Sie keine Angst mehr vor dem Tod, Sie haben Angst vor Ihrer Frau.«

Da hatte er seinen Patienten zum Lachen gebracht.

»Das, was Sie haben, verehrter Herr Froben, rührt her vom Wohlleben der Stadt, rührt her von der Sorglosigkeit um das tägliche Brot. Ich weiß, ich weiß, Sie arbeiten und Ihre Sorgen sind andere. Vielleicht wollen Sie sich auch ein wenig betäuben in Ihrer Arbeit, um die Erinnerung an den Mai des vergangenen Jahres zu vergessen.«

»Ich habe nie etwas gegen die Bauern gesagt. Ich habe das alles beobachtet. Sie waren auch vor unseren Toren. Wir Buchdrucker sind nicht schuld an diesem Morden.«

»Ich habe nicht von Ihrer Schuld geredet. Das steht

mir nicht zu. Ich habe nur von der Erinnerung geredet, die auf jedem lastet. Es ist die Erinnerung, was jeder selbst in diesen Tagen getan hat, wie er sich verhalten hat. Es sind wenige, die wissen: daran wird im Grunde jeder gemessen.«

2

Der Patient Froben fragte auch, was alle fragten: »Haben Sie das von Ihrem Vater gelernt?«

Im Anfang hatte er, Theophrast, das vom Vater übernommen: Der Vater sah in allen Menschen, die ihm entgegenkamen, grundsätzlich das Gute. Es war sehr schwer für Wilhelm von Hohenheim, einzusehen, so gut ist jeder nun doch nicht. Er war leicht zu überreden, in Mitleid zu versetzen. Unzählige Male hatte er Geld ausgeliehen, dem Versprechen geglaubt, er werde es wiederbekommen. Und Vater Wilhelm fand auch für jeden die Entschuldigung, warum er es nicht wiedergab. Das war keine Leichtfertigkeit, das war Vertrauensseligkeit. Es war mühsam für Theophrastus gewesen, diese uneingeschränkte Menschenfreundlichkeit abzuschütteln. Der Vater Wilhelm war auch nie laut gewesen bei seiner Arbeit. Auf den Feldzügen hatte Theophrast immer wieder etwas gesehen, was er beim Vater nicht gelernt hatte: Die Kranken schrien vor Schmerz, da schrien die Ärzte noch lauter, um die Kranken zu übertönen. Und er nahm für sich: Man muß beides haben, das Leise und das Laute.

Aber eines hatte er beim Vater gesehen und sich zu eigen gemacht: die Überlegtheit der Bewegungen. Das war mehr als Geschicklichkeit, die jeder Handwerker haben konnte. Das war nicht nur Schnelligkeit in den Fingern, sondern Güte, vielleicht nur zu erklären durch dieses eine Bild, was er, wenn er an seinen Vater dachte, vor sich sah: Ein Bauer steht da im Behandlungszimmer, ein bißchen unbeholfen. Er hat ein Geschwür am Bein.

Sehr schnell, sehr beherrscht beugt sich Vater Wilhelm am Ende der Untersuchung, bindet den Bundschuh. Der Vorgang war schon beendet, noch ehe das ungläubige Staunen in die Augen des Kranken kam. Das Selbstverständliche einer Handreichung war ihm, Theophrast, unverlierbar im Gedächtnis geblieben.

Es kam sehr oft vor, daß er, Theophrast, über Einsiedeln nachdachte, über das Weggehen des Vaters dort, das ihm wie eine Flucht erschien, jetzt, beim späteren Nachdenken. Die Flucht vor der wundertätigen Maria, dem Gnadenbild aus Lindenholz, in Erdbeerrot und Gold gefaßt. Eine Flucht vor dem gläubigen Vertrauen der Leidenden, der Kranken, die hinkend und schmerzgeplagt ankamen. Flucht vor dem erdbeerroten Holz, das stumm blieb unter den Küssen der Gläubigen und keinen Schrei beantwortete: Du willst mir ja helfen. Du kannst mir ja helfen. Du wirst mir ja helfen. Du mußt mir ja helfen.

Wer dann ohne Antwort vom erdbeerroten Holz zurückkam, brach bei Doktor Wilhelm von Hohenheim zusammen. Im Haus an der Brücke, eine Wegstunde etwa vom Kloster. Nun schrien sie zu ihm, dem Arzt, und kamen mit derselben Forderung, auch mit derselben Hoffnung: Du willst, du kannst, du wirst, du mußt mir ja helfen.

Hier konnte man nicht wie in einem Feldzug auf die schreienden Kranken noch lauter einschreien. Ein Feldzug ging irgendwann einmal zu Ende, aber der ewige Zug der Leidenden und Kranken zur wundertätigen Maria, der geht und geht und geht.

Und hinter dem Gnadenbild mitleidlose Priester in den Pferdeställen. Sie schauen nach, wie glatt das Fell der Pferde ist. Sie schlagen zufrieden auf Hälse und Hinterteile der edlen und schönen Tiere. Dann gehen sie zurück in den Beichtstuhl, die schreienden Gebete in den Ohren, die Anrufung des Krankensegens: Wir hoffen, stärke unsere Hoffnung. Rette uns. Wir gehen zugrunde. Wenn du willst, kannst du mich heilen. Heile mich, und ich werde geheilt sein. Rette mich, und ich werde gerettet sein. Sprich nur ein Wort, und ich werde gesund. Gnadenmutter von Einsiedeln, bitte für uns. Du Heil der Kranken, bitte für uns. Du Zuflucht der Sünder, bitte für uns. Du Ursache unserer Freude, bitte für uns. Du Trösterin der Betrübten, unsere liebe Frau von Einsiedeln, segne alle Kranken.

Erdbeerrotes Holz. Darf ein Arzt hier weggehen, wenn er nicht glaubt? Darf ein Arzt hierbleiben, wenn er nicht glaubt? Damals war er, Theophrast, acht Jahre alt, nahm Abschied von den Pferden. Nahm Abschied von den Pferdeknechten. Damals war diese Welt für ihn ein geordnetes Nebeneinander. Hier das Haus des Vaters, dort die Kirche mit der wundertätigen Maria. Und hinter der Kirche die Pferdeställe. Vor der Kirche der Zug, der nicht enden wollende Zug der Pilger. Hinter der Kirche der Zug der Pferde, die weggetrieben wurden zum Verkauf. Wie in einem Lehrbuch, fand er heute, war das für ihn alles aufgereiht. Anschaulich, ergreifend, erhaben. Aber nimm das eine weg, fällt dann alles auseinander? Nimm die Erdbeerrote, was wird aus den Pferden? Nimm die Pferde, den Traum aller Menschen, von reich und arm, etwas zu haben, das mir gehört, auf dem ich mich schnell fortbewegen kann, nimm den guten und nützlichen Pferdehandel?

Für den Vater war es nicht anders gegangen. Er wich aus. Er wußte damals noch nicht, daß es Menschen geben wird, die das erdbeerrote Holz aus den Kirchen hinaustragen und draußen verbrennen. Ist das schon fünfundzwanzig Jahre her? Ist das erst fünfundzwanzig Jahre her?

Der Vater lebt noch in Villach, in der Stadt auf der anderen Seite der Alpen. Der Patient Froben nimmt sich nicht das Recht zu fragen, wann waren Sie das letztemal bei ihm?

3

Nun auch konnte Frau Gertrude gerufen werden.

»Es liegt jetzt alles an Ihnen, Frau Froben, Ihre Kochkunst, das ist mein Heilmittel. Ich kann Ihrem Mann nur noch erlauben Fleisch und Fisch und Eier, grüne Gemüse und Rotwein.«

Und Froben redete mit gelöster Stimme, wie in seinen besten Tagen: »Er sagt, er ist ein Chirurg, und will nicht schneiden. Er will die Kunst seiner Hand nicht an mir versuchen. Vielleicht ist das die größte Kunst. Er hat es nicht nötig, die Geschicklichkeit seiner Hand zu beweisen.«

Frau Gertrude hatte die Zurückhaltung der Leute aus den reichen Familien. Einen Augenblick vergaß sie das, griff nach seiner Hand, drehte sie um, betrachtete die Fläche. »Ihre Hand«, sagte sie, »ist wie eine Stadt. Für mich fremd, für viele bekannt. Ich kann mir vorstellen, viele wohnen sehr ruhig in dieser Stadt.« Und sagte mit einem ganz kleinen Lächeln: »Entschuldigen Sie«, ließ die Hand los, fragte: »Darf ich unseren Doktor Truckenbrot rufen?« Sie brauchte ihn vielleicht nur, um ihre Verwirrung zu verbergen.

Theophrastus fragte den Doktor Truckenbrot, welche Apotheke zu empfehlen sei.

»Oswaldus Baer natürlich, erster Apotheker am Ort und gleichzeitig aber auch Universitätsprofessor.«

Johannes Froben;
alte Kopie eines um 1520 entstandenen Gemäldes
von Hans Holbein d. J.

»Dann muß ich mitgehen«, erklärte Frau Froben und fügte erklärend für den Mann aus Einsiedeln an: »Der Herr Doktor Baer ist das so gewöhnt. Er hat es gern, mir selber zu beschreiben, wie ich die Medikamente meinem Mann geben soll.« Und jetzt war sie die reiche Erbin, auch im Tonfall: »Wir hier in Basel sind so wie eine große Familie, und wir wollen doch Herrn Doktor Baer nicht kränken, wir halten viel auf gutes Einvernehmen.«

Paulus Truckenbrot stellte für den kurzen Weg sich und seine Kutsche zur Verfügung.

Oswaldus Baer hatte eine genaue Tageseinteilung. Nachmittags war er immer in seiner Apotheke. Zu dieser Zeit beaufsichtigte er im Keller die Gehilfen. Er kam herauf, wischte sich mit einer schönen Bewegung weißes Pulver von den Händen.

Er ging sehr aufrecht auf den neuen Arzt zu, sein Lächeln im langen, schmalen Gesicht war würdig und erwartungsvoll. »Das Rezept?« fragte er. »Ich bin neugierig auf Ihre Handschrift.«

»Heute brauchen wir nur Melisse, sonst nichts.«

»Sonst nichts?« Es war Frau Froben, die dieses »sonst nichts« gedehnt, fast erschrocken fragte. Sie war lange Rezepturen gewöhnt, bis zu hundert Zutaten.

Oswaldus Baer schickte einen Gehilfen nach der Melisse. »Sie kommen aus Straßburg, wie erfreulich«, begann er in der Wartezeit eine Plauderei. »Wir hören, eine disputierfreudige Stadt, das ist schön. Werden wir auch von Ihnen erfahren, daß Sie sich einer Disputation stellten? Das sind ja die wirklichen Erfolge und das wahre Leben, sich der Öffentlichkeit zeigen. Als ich so jung war wie Sie, gab es das nicht, jedenfalls nicht in dieser Aufgeschlossenheit, könnte man wohl sagen.«

Warum findet der Mann aus Einsiedeln nicht den Ton, fragte sich Frau Gertrude, er hört kaum zu, schaut sich um. Sie sah, er gab sich keine Mühe, den Ton zu finden, Belanglosigkeiten auszutauschen.

Der Mann aus Einsiedeln sah: Da standen die Probierbecher aus Bergkristall. Behälter aus Einhorn und Elfenbein. Der Antimonbecher für den Brechreiz. Die Gichtringe. Der Drachenstein. Gegen die Pest eine runde Kugel. Eine kleine Hand aus Silber. Aus Wachs Ohren, Hände, Brüste und Schoß, das Herz. Aus Silber das Auge, das Doppelauge auch aus Wachs. Eberzähne, silbergefaßte Unterkiefer von Schafen, Hirschzähne. Der Vogelfuß aus Silber. Die Tigerkrallen. Maulwurfspfoten in Silberanhängern gegen Zahnschmerzen. Nachbildungen des Gliedes und der Hände, klein, aus Silber und Elfenbein, um den Hals zu legen. Schlangenhaut zum Erleichtern der Geburt. Die Nepomukzunge, auch aus Silber und auch um den Hals zu hängen. Silbernes Wolfgangsbeilchen gegen Blutfluß, Gicht, Ruhr. Es gab auch in Oswaldus Baers Haus die Feldapotheke, die tragbare Truhe mit Fächern.

Und an der Wand das Bild: Christus als himmlischer Apotheker. Darunter die kunstvoll gemalte Erklärung: Ein Lot Sanftmut, zwei Lot Demütigkeit, drei Lot Barmherzigkeit, vier Lot Geduld und Reinheit des Herzens, Gemüts und Leibes, sechs Lot Honig der göttlichen Liebe und drei Maß lebendigen Wassers: die Tränen. Es war dieser Apotheker mit einem Heiligenschein ausgestattet und einem Hermelinmantel angetan. Ein reicher Apotheker.

Frau Gertrude wollte dem Doktor Theophrast über das Schweigen hinweghelfen, und als sie sich dessen bewußt wurde, verwischte sie die Empfindung, sagte sich, ich muß eine peinliche Pause überbrücken. Und fragte den Mann aus Einsiedeln: »Warum bevorzugen Sie die Melisse?«

Wilhelm von Hohenheim;
nach einem Gemälde von Bräutigam

Oswaldus Baer hatte die selbstverständliche Eilfertigkeit, einer der ersten Damen der Stadt Basel zu antworten und auch dem Neuen zu zeigen: Ich bin Arzt und Apotheker. Er war es, der das Lob der Melisse sagte: »Melisse ist warm im zweiten und trocken im ersten Grad. Sie reinigt das schwarze, verbrannte, melancholische Gemüt, vertreibt alle Traurigkeit und den Schrekken, der von der Melancholie herkommt. Sie macht fröhliche Träume. Für Ihren Mann wird es gut sein, wenn er fröhliche Träume hat vor einer so schwerwiegenden Operation.«

Es war merkwürdig, niemand sagte dem Herrn Doktor Oswaldus Baer, daß der Versuch begonnen hatte, der Krankheit anders beizukommen. Theophrastus sagte es nicht, weil er sich nicht selber loben wollte. Doktor Truckenbrot sagte es nicht, weil er seinem Kollegen nicht das Wort nehmen wollte. Und Frau Gertrude sagte es nicht, weil sie über die Hand dieses fremden Mannes aus Einsiedeln nachdachte. Er hat etwas Besonderes. Wie er jetzt nach dem wohlverschlossenen Leinenbeutel mit dem Melissenkraut griff, wie er ihn öffnete, etwas davon herausnahm, zwischen den Fingern zerrieb, mit Leichtigkeit und Bestimmtheit gleichzeitig.

Doktor Oswaldus Baer lächelte mit der Vertraulichkeit des bevorzugten Apothekers Frau Froben zu, meinte: »Sie können von diesem Kraut auch nehmen.« Und nur die beiden Doktoren Truckenbrot und Theophrastus verstanden die ganz leichte Verachtung gegenüber dieser Rezeptur. »Sie können sich, Frau Froben, damit die Haare waschen, das Haar wird nicht so bald grau. Und eine gute Melissenbrühe reinigt die Haut von aller Unsauberkeit.«

Spätestens nach dem ersten Satz, Melisse ist warm im zweiten und trocken im ersten Grad, hätte unser Theophrastus den Herrn Doktor und Apotheker unterbrechen müssen, hätte ihm erklären sollen: Es stimmt nicht mit euren Gradeinteilungen, mit den Zuordnungen zu den vier Elementen, zu den Temperamenten, zu den Säften. Es stimmt nicht mit eurem kalt und warm und trocken und feucht. Die Wirkung eines Medikaments erklärt sich nicht durch diese Zuordnungen. Aber er sah das Aufleuchten in den Augen der Frau Froben, die den Seitenhieb wegen der Einfachheit des Rezeptes überhaupt nicht begriffen hatte, sie wird nun zu Hause nach seinen Anweisungen das Kraut bereiten. Wenn ich jetzt die Diskussion über die Gradeinteilungen eröffne, wird sie die Arznei nicht nehmen wollen für den Kranken, sie wird ahnungslos in einen Kampf hineingezogen, den sie gar nicht verstehen kann. Also laßt heute nachmittag Oswaldus Baer vor sich hin reden. Aber es ist nicht leicht, sich da zurückzuhalten, wenn er sogar vom grauen Haar spricht. Ach Gott, wie wohnt das alles beieinander, Schönheit und Bauchgrimmen, denn jetzt zitiert der sehr gelehrte Apotheker und Universitätsprofessor den Plinius, der da sagt, daß Melissensaft das Bauchgrimmen beseitigt und gut ist gegen das Gift, das von Tieren kommt.

Oswaldus Baer wurde ein wenig unruhig, weil der fremde Doktor an dem Kraut roch, es probierte. »Hat mein Geselle sich vertan?« wollte er wissen.

»Nein, nein, es ist schon Melisse.«

»Es hätte mich auch gewundert, das wäre die erste Verwechslung in meiner Apotheke gewesen. Und ausgerechnet bei einem so berühmten Mann.«

»Es muß nicht gut gelagert haben, es hat sein Aroma verloren. So ist es unbrauchbar.«

Gerede hin und her, ein bißchen peinlich ist das alles. Das erörtert man doch nicht vor den Kunden, vor Frau

Froben. Da gibt man Anweisung, dem Sud ein wenig Wein hinzuzusetzen, oder man nimmt noch ein anderes Kraut hinzu, warum denn nicht Kamille. Also er, Oswaldus Baer, hat jetzt nichts anderes, die diesjährige Ernte ist ja schließlich noch nicht herein.

Oswaldus Baer war gekränkt. Frau Gertrude mit ihrer sicheren Gewandtheit verwischte die Peinlichkeit, indem sie den guten alten Doktor Truckenbrot erinnerte, sein letztes Rezept zum Abführen sei sehr angenehm gewesen, sicher könne er es für den Herrn Doktor Oswaldus Baer noch einmal aufschreiben.

Während Paulus Truckenbrot schrieb, sagte Theophrast zu Frau Gertrude: »Ich bringe Ihnen mein eigenes Melissenkraut. Mein Reisesack liegt in der ›Roten Kanne‹. Dann zeige ich Ihnen in Ihrer Küche, wie Sie das Getränk für den Kranken zubereiten müssen.« Und ging schnell, mit entschiedenen Schritten.

»Eigenartig«, sagte Oswaldus Baer vor sich hin, »warum er gerade die ›Rote Kanne‹ gewählt hat. Oder irgend jemand hat ihn dorthin geschickt. Zu Anna Wehrlich.«

»Die Wirtin ›Zur roten Kanne‹ kocht gut«, erwiderte Paulus Truckenbrot mit Bestimmtheit, und verbindlich zu Gertrude Froben: »Aber reicht an Ihre Kochkunst nicht heran.«

»Ich hoffe«, schöne Gewandtheit im kleinen Gespräch, »Sie werden mir doch nicht untreu.«

Rückzu in Truckenbrots Kutsche, noch in derselben Leichtigkeit, fragte sie den Alteingesessenen: »Was halten Sie von dem Mann aus Einsiedeln?«

»Ich glaube, Sie fragen nicht nach dem Mann, Sie fragen nach der Methode. Ich habe in einem langen Leben erfahren, daß nicht alles stimmt, was man uns auf den Hohen Schulen der Medizin beigebracht hat. Es gibt zu viele Erscheinungsformen, die nicht in Einklang zu bringen sind mit der Viersäftelehre. Viele wissen es, niemand spricht es aus, das Lehrgebäude ist ein zu enges Haus. Wir haben uns aber darin eingerichtet.

Gefragt, nach welcher Methode ich heile, werde ich unverzüglich sagen, nach der alten Lehre. Nun habe ich Angst, einer wird kommen und aussprechen, was ist. Dann wird man mich fragen, vielleicht zum Zeugen aufrufen, nach welcher Methode arbeitest du denn? Und wenn ich dann wahrheitsgemäß bekenne, ich habe mich längst von der Lehre der Alten entfernt, es geht in der Praxis gar nicht, sich in allen Stücken danach zu richten, dann werden gewisse Leute nicht mehr Geld aufwenden können für mein Spital. So ist es eine Übereinkunft, wir, die wir nicht an den Universitäten lehren, schweigen und helfen.

Natürlich gibt es dazwischen die Scharlatane, aber die haben in dieser Schlacht nichts zu tun.

Und es wird zur Schlacht kommen. Nur bedaure ich, daß das Schlachtfeld gerade die Stadt sein muß, in der ich lebe. Eine Schlacht ist sehr viel lustiger, wenn man sie aus der Ferne beobachten kann. Unter Umständen wird man dann sogar im Verborgenen ein ganz kleines Feldgeschrei mit anstimmen und ein nicht sehr großes Fähnchen schwenken, das tut niemandem weh, vor allem einem selber nicht. Aber in der eigenen Stadt, wo jeder jeden kennt und sieht?«

Der Doktor war nicht geschwätzig, er redete sehr rasch, leise und leidenschaftslos von sich selbst, als spräche er über einen Fremden.

»Ja, ich habe Angst. Wenn dann eine Kommission kommt und alles und alles durchsucht, welche Menschen ich behandelt habe. Dann werden sie nämlich nicht wissen wollen, waren das Leidende an Galle, Leber, Herz, Magen, dann werden sie fragen, waren das Freunde von Thomas Müntzer, Anhänger von Martin Luther, Verbündete von Hans Denck aus Straßburg?« Und bei Hans Denck schaute er Frau Froben ins Gesicht und sah, daß sie ihn nicht kannte, ja noch nie etwas von ihm gehört hatte, und er sagte zögernd: »Das ist einer, der nach der Verteilung der Güter dieser Welt fragt, ein Taufgesinnter. Ja, das sage ich manches Mal meinen Helfern im Spital, wir müssen zittern, zittern, ob der Mann, der mein Spital gesund verließ, vielleicht ein Taufgesinnter war. Es ist ja schon wichtig, in welcher Gastwirtschaft einer seinen Reisesack unterstellt. Sie wissen, was man der ›Roten Kanne‹ nachsagt? Da sollen Taufgesinnte gesessen und Wein getrunken haben. Ja, wir müssen zittern, nicht, weil ich meine Kunst der Medizin nicht verstehe, sondern weil sie uns hineinziehen in ihren Krieg, den sie überall mit den Leuten haben, die nach der Gerechtigkeit fragen. Kuriere ich einen Bauern, schon kann mich der Vorwurf treffen, wie konnten Sie dem Mann aufhelfen, ohne uns Meldung zu machen. Und sage ich ihnen: ein Mensch. So werden sie nur antworten: gewiß. Aber fahren Sie nicht gern in Ihrer neuen Kutsche spazieren?

Ich wünschte, der Doktor aus Einsiedeln käme nicht gerade hierher. Ich weiß, er wird laut sein. Er kann nicht anders, er ist jung. Und wenn man jung ist und so viel weiß und versteht, muß man laut sein, muß man schreien, oder man sollte gar nicht erst anfangen.

Dabei warte ich darauf, ich habe immer darauf gewartet, daß endlich einer kommt und es ihnen sagt. Es wäre eine große Enttäuschung, wenn der Klang, der den Namen Hohenheim begleitet, nur ein leerer Schall gewesen ist.«

Unversehens hielt die Kutsche. »Wir sind da, verehrte

Frau Froben.« Da war nichts anderes auf der Welt gewesen als die schnelle, leidenschaftslose Stimme.

Als der Doktor von seiner Angst geredet hatte, war das Mitleid gekommen. Sie sah auf seine Hand, große, ruhige Hand, alt, aber noch nicht zitternd. Dieses »noch« hätte sie ihm jetzt nicht sagen können, es wäre kränkend gewesen. So ging sie zurück zum Kranken in ihr Haus, in Frobens Haus. Das Haus war immer angefüllt mit Menschen.

Und nun würde es auch so bleiben. Er wird wieder den ganzen Tag, von früh an, in seiner Druckerei stehen, wird wie immer sagen: Was ich nicht selber mache, ist nicht erledigt. Er wird mittags nicht schon erschöpft sein von der Mühsal des langen Stehens. Sie wird ihm die Suppen und das Fleisch und den Fisch so zubereiten, wie es der Doktor Theophrast vorgeschrieben, sie wird es in Kauf nehmen, daß jetzt für eine Zeitdauer, die er selbst bestimmt, der Mann aus Einsiedeln täglich kommt.

4

Das Haus »Zur roten Kanne« muß nicht geschildert werden, nicht die Einrichtung machte den Ruhm der Gastwirtschaft aus, nicht einmal die Kochkunst, der Ruhm dieses Hauses war die Freundlichkeit der Wirtin. Die Hilfsbereitschaft. Jeder, auch der Fremde, von dem man wußte, morgen wird er schon nicht mehr in der Stadt sein, wurde geachtet. Und bekam ungefragt eine Suppe. Anna Wehrlich brachte diese erste Suppe jedem neuen Gast selbst und setzte sich eine Weile zu ihm, auch wenn noch soviel zu tun war, und redete von Hunden, von Pferden, von Kleidern, vom Wetter. Das gab die Behaglichkeit, es war, als sei man nach Hause gekommen.

Die Kunst der Aufmerksamkeit, ohne die Aufdringlichkeit der unverhüllten Neugier. Natürlich war Anna Wehrlich neugierig, und wenn sie redete, war das nicht immer sehr gescheit. Dem neuen Doktor sagte sie abends, als er endlich zu seiner Suppe kam: »Die Männer sind wie verrückt. Manche wollen zwei, drei Teller, sie sagen, ich hätte ein besonderes Kraut mitgekocht, sie erzählen – ach, das kann ich Ihnen gar nicht sagen, das würde Sie verderben, mein kleiner Doktor«, sie hatte das Vertraute, manchmal ins Vertrauliche Wechselnde. »Sie denken hinterher zu lange darüber nach.«

Wer will es Anna verübeln, wenn sie den Doktor fragt, was er von der Liebe hält. Er sei doch fast in der ganzen Welt gewesen, wie man hörte, in Spanien, in England, in Afrika, bei den Türken, bei den Dänen. Welche Frau taucht in Gedanken auf, wenn die Erinnerung noch einmal durch alle Länder geht?

Der Erfahrene lächelt nachsichtig und weiß: Ein Mann wird auch daran gemessen, was das für Frauen sind, die in der tiefsten Tiefe des Herzens wohnen. Vor Anna brauchte er sich nicht zu bedenken. Er sagte sehr einfach und sehr ehrlich: »Das war Düweke. Das Täubchen, die Holländerin. Die Frau, die ich nie gesehen habe, die Flüchtige. Und Geliebte des Königs von Dänemark.«

Hier nun erzählt Doktor Theophrast der Wirtin »Zur roten Kanne« vom Glück und Ende des guten Königs Christian von Dänemark, bei dem er als Feldscher gedient hatte.

Es war dies aber im Grunde nicht die Geschichte des Königs und nicht die Geschichte der Geliebten, es war das Gleichnis vom Narren.

Und begann: »Ja, Anna, es war wie ein Kreuzzug vor sechs Jahren, als es bekannt wurde, der König von Dänemark will seine Fahnen bis nach Schweden hineintragen. Er will auch dort die Bauern befreien. Und ich sagte mir, sie werden für diesen Feldzug einen Arzt brauchen.«

»Wollten Sie damals Feldarzt werden oder nicht doch Leibarzt bei diesem König und seinem Täubchen?«

»Ich war siebenundzwanzig Jahre alt und wollte Leibarzt des Königs werden, Leibarzt nur dieses einen. Für mich war er der König der Gerechtigkeit. Ich wollte ihm seine Traurigkeit nehmen. Man sagte von ihm, seit dem Tod seines Täubchens habe er nie mehr gelacht. Das waren drei Jahre. Ich wollte nachforschen, mit welchem Gift Düweke umgebracht worden war.«

Anna hörte mit der Leidenschaft zu, die den Mund unbeabsichtigt offenläßt, sie vergaß alles, Basel, die »Rote Kanne«, das Gerede über ihre Suppen.

Jetzt ist da Kopenhagen, und jetzt tritt der Siebenundzwanzigjährige vor den großen und mächtigen und beliebten König der Dänen, vor Christian II., vor den Mann, der seiner Geliebten auch nach dem Tode noch anhängt, als sei er verzaubert.

Jetzt steht Doktor Theophrast auf der Schwelle, Leibarzt zu werden bei einem guten König, auf den die Armen ihre Hoffnung setzten. Jetzt steht der Arzt in der Pforte und kann teilhaben an der Macht, kann Einfluß nehmen auf seinen Patienten, ihn hinlenken, wie er will. Jetzt ist der Versucher da und sagt: Du kannst Regent werden. Du kannst den Menschen doppelt helfen, mit der Kunst der Medizin und mit der Kunst des gerechten Regierens. Halleluja.

Da muß nicht gefragt werden, wieviel Tage, wieviel Wochen, wieviel Monate war Doktor Theophrast am Hofe. Vielleicht genügte dieser eine Mittag.

Eingeladen zur königlichen Tafel. Sonnenglanz auf blauen Teppichen und blauen Stühlen, warmes helles

Holz, guter Geruch von Suppe, von Fisch, Wildbret auch, gebratene Äpfel. Der große Speiseraum ist noch fast leer.

Hier wird es immer so gehalten: Zuerst tritt der König ein.

Nur der Doktor natürlich, der Vertraute des Hauses, darf und soll ungefragt durch alle Räume gehen. Auch soll er die Speisen überprüfen, ob nicht dieses gottverdammte Gift, das schon unser Täubchen aus dem Wege räumte, wieder auf die Tafel gebracht wird. So kommt es, daß an diesem guten Mittag der Doktor in die sonnenbeschienene blaue Halle vor dem König hineingegangen ist. Und dort sind nur die Hunde, viele Hunde, verschiedene Farben, verschiedene Arten, große, kleine. Schon sind ihre Näpfe auf dem Boden bereitgestellt, sie kläffen erwartungsfroh. Vielleicht sind sie auch ein bißchen wild, aber nicht zu sehr, sie sind gut dressiert.

An diesem hellen Mittag sieht unser Doktor mitten zwischen den Hunden einen Menschen, einen Menschen, nicht größer als der größte Hund, er hat kaum Beine, der Kopf ist halslos auf die bucklige Schulter gesetzt. Er spielt mit den Hunden, er wartet mit den Hunden, er spricht mit den Hunden, seine Zunge ist langsam. Ein häßliches Monstrum, aber gutmütig, erfüllt von einer beunruhigenden Heiterkeit.

Er kroch nicht unter dem Tisch hervor, um sich bekannt zu machen: Ich bin der Narr. Er brauchte sich nicht bekannt zu machen, er trug die ewige Kappe mit den ganz kleinen Glöckchen daran.

Und der Doktor Theophrast sah, dieser Mensch wurde wie ein Tier gehalten, bekam seinen Napf mit Essen auf die Erde gestellt zu den Hunden und wurde den Gästen gezeigt so wie die anderen Besonderheiten des

Schlosses, die Uhr, der unterirdische Gang, die Brunnen, der Hundezwinger.

Es war eine tiefe, unüberbrückbare Kluft zwischen dem Herrn am Tisch und dem Menschen da unten beim hölzernen Napf zwischen den Hunden. Und doch stand der Narr manches Mal auf und redete mit dem König, wie niemand sonst zu reden gewagt hätte, ohne versecktes Gleichnis.

Bei diesem Mittagessen aß Theophrast nichts. Es fiel in der Tischrunde niemandem auf.

»Fragten Sie, Anna, ob Menschen durch das Feuer gehen können? Ich sah es im dänischen Krieg. Für diesen König gingen die Kriegsleute durchs Feuer. Natürlich halfen die Feldhauptleute der Natur ein wenig nach, es wurden ihnen nasse Kittel übergezogen. Sie sind durchgekommen. Und was ist nun so ein Narr? Ein Narr ist wie ein Zimmermann, der mit einer Sichel zimmern wollte. Und wenn ein Narr sieht, wie die Leute in nassen Kitteln unversehrt durch das Feuer gehen, so will er das auch und tut's in seiner Unvernunft. Er kam auch ungebrannt hindurch, hatte ein feindliches Haus mit erobert, aber seit diesem Tage kränkelte er. ›Warst du betrunken?‹ fragte ich ihn, als er auf seinem Krankenbett lag. ›Nein‹, sagte er, ›ich trinke nie.‹ – ›Ach‹, sagte ich ihm, ›ein Landsknecht und ein Schwein sollten allezeit voll sein, denn sie wissen nicht, wann man sie absticht, wann sie sterben müssen.‹

Er lachte, brach ab im Lachen, bat, ›laß deine Hände bei mir, hör nicht auf, mich anzufassen, bis ich tot bin‹.

›Du mußt nicht sterben‹, sagte ich ihm, ›nicht jetzt jedenfalls.‹ Ich sagte es sicher, aber ich war nicht sicher. Ich hatte ein großes Mitleid mit ihm, wie er dalag. Ich sah ihn noch vor mir, munter und heiter, wie er zwischen den Hunden gesessen, den hölzernen Napf ausgeleckt wie sie, die Hände des Königs abgeleckt wie sie, und in dem Augenblick, da ich mich danach sehnte, möchte er das doch wenigstens tun, dann ist er gesund, in diesem Augenblick wußte ich, er wird sterben müssen, denn er ist zu Verstand gekommen. Ich hörte ihn mit veränderter Stimme reden, demütig und nicht mehr kindlich, sehr klar.

›In Wahrheit‹, so sagte der kranke Narr, ›ist das hier kein guter König. Er ist zu klein, der Welt voranzugehen als König der Gerechtigkeit. Er wird vergessen werden, weil er es doch nicht wußte, was Liebe ist. Die Menschen glaubten, daß er das Geheimnis der Liebe hätte, weil die Holländerin Düweke, das Täubchen, zu ihm gekommen war, aber er hat sie nie verstanden. Das Täubchen war für uns so etwas wie eine Heilige. Sie hatte aus Holland fliehen müssen. Sie war dort verfolgt worden, weil sie in der Öffentlichkeit Spottlieder auf den spanischen Statthalter der Niederlande gesungen hatte. Mit ihr war der Atem der Unbußfertigkeit gekommen, der Atem der Liebe, Liebe für die vom Meer des Wohlstands Ausgespuckten, Liebe für die Dürstenden und Ausgeplünderten am breiten, schattenlosen Strand. Vor diesem König von Dänemark stand nicht nur das Täubchen, und er hörte nicht nur ihre Stimme, er hörte die Stimme aller Unterdrückten und Gedemütigten. Das ist die stärkste Liebe. Die wird in der Welt bleiben. Liebe, die Veränderung zur Gerechtigkeit erzwingt.

Denn mit dem König ging es nun so. Er strich den Satz, den er bei seiner Krönung hatte unterschreiben müssen: ‚Der König gewähre dem Adel Macht über Hand und Hals seiner Bauern.‘

Da hatte er den Adel verärgert, und die Ritter fühlten sich nicht mehr an den Königseid gebunden. So kam der König in den Ruf, ein Bauernfreund zu sein. Und darum eilten so viele zu seinen Fahnen, weil er dem Adel das Recht genommen hatte, über das Leben der Bauern zu Gericht zu sitzen. Und weil er Gesetze gemacht hatte für die Sicherheit der Gestrandeten. Aber das war, damit der Handel an seinen Häfen nicht vorübergehe.‹

Klarheit des sterbenden Narren. Er war imstande, alle seine Einsichten mitzuteilen.

›Einer vom Adel‹, so sagte der Narr zu mir, ›hat im Auftrag dieser Hofleute Düweke vergiftet, weil sie glaubten, wenn sie weg ist, werden auch ihre Gedanken weg sein.

Ich schäme mich, daß ich dem König die Hand geleckt und mich zu seinen Hunden gesetzt habe.‹

Als ich seine Hand nahm, ihn zu beruhigen, schaute er mich an, lächelte nur und sagte nichts mehr. Auch in seinem Lächeln war eine sehr große Klarheit. Nach einer ganzen Weile sagte er deutlich: ›Laß deine Hand auf mir liegen.‹ Und fragte: ›Werde ich nach meinem Tode auch ein Narr sein?‹«

Verantwortung des Arztes in der Sterbestunde. Da konnte er nicht ausweichen und irgendeine Belanglosigkeit hinwischen. Er durfte auch nicht einmal sagen, nach deinem Tod wirst du gar nichts sein. Theophrast redete laut, damit der Narr ihn hörte: »Wer wird nach dem Tode lahm sein? Niemand. Auch wenn er krumm und lahm geboren wurde.«

Der Narr lächelte wieder: »Schade, daß ich dich nicht zu meinen Lebzeiten getroffen habe. Wir beide zusammen hier bei diesem König: du der Leibarzt, ich der Leibnarr. Wir sind Brüder.«

»Viele werden meinen«, sagte der Doktor Theophrast zu der Wirtin Anna Wehrlich in der »Roten Kanne«, »viele werden meinen, wenn ich erkläre, der Narr ist mein Bruder, dann sage ich das, weil ich auch klein bin und nicht geradegewachsen, weil mein Haupthaar geschwunden ist. Närrisch sein, das liegt nicht im Äußeren. Der Narr ist mein Bruder, weil meine Arbeit als Leibarzt beim König mir verwandt erschien. Ausgeliefert den willkürlichen Eingebungen eines einzelnen.

Ich komme auf einen Seufzer vom König und sage ihm wie der Narr ohne verzierendes Gleichnis die Wahrheit: Wenn du, König, so weiter frißt und säufst, wirst du nicht mehr lange leben. Du bist unmäßig und dumm gegen dein eigenes Fleisch. Ich weiß, welche Speise dir nützt und welche dir schadet. Unter meinen Augen richtest du dich zwar danach, kaum aber habe ich dir den Rücken gekehrt, vergißt du alles, erliegst den tausend Versuchungen, die für dich keine Versuchungen mehr sind. Du gibst Befehle und bekommst alles.

Die Versuchung für mich war: Auf dem Umweg über den König teilhaben an der Macht. Ratschläge geben. Und Herr sein, ohne Herr zu sein.

Da war der Narr unter meiner Hand gestorben.«

»Ach Gott, der arme Kleine. Sie konnten ihn nicht retten?« Anna Wehrlich hatte mitgelitten.

»Ich bin der Narr. Der Leibarzt ist der Narr.«

5

Wenn Bonifacius Amerbach eintritt, wechseln die Frauen die Farbe.

Bonifacius Amerbach, Professor der Jurisprudenz und Rektor der Universität, ist ein Mann, wie er eigentlich nur im Traum vorkommt. Gott mußte gerade seine Amerbachstunde gehabt haben, als der Professor aus dem Nichts erschaffen wurde. Den schönsten Lehm ohne jeden Fehler zu einer schlanken, aufrechten Figur. Für das Gesicht einen besonderen Engel, der danach nie wieder einen Menschen machen durfte, weil dieser Kopf zu gut gelungen war. Gott selbst hatte danach auch noch außer seinem Atem das seltene Feuer in die Augen gegeben. Rötlichblondes Haar und die Selbstsicherheit: Ich brauche nicht einmal die Hand auszustrecken, zu mir kommen sie und geben mir. Sie geraten in freudige Bewegtheit, wenn sie mich nur sehen.

Um ihn war der schöne Hauch des Wohlstands, das Vaterhaus mit der weitverzweigten Familie, da waren Klostergüter, auch die Buchdruckerei des Vaters und – eben Amor, Bacchus, Liebe, Wein, Glück.

Niemand hätte es ihm übelgenommen, wenn er nichts weiter getan hätte, als durch die Straßen zu spazieren, dahin und dorthin zu grüßen. Aber er arbeitet, hat sich der Wissenschaft verschrieben, genießt die Wohltat des Denkens.

Da geht er nun hinein in die »Rote Kanne«. Er darf das, er kann das. Hinter ihm wird niemand her hüsteln: Na, na, na, in dieses Wirtshaus gerade? Er darf alles. Basels Lieblingskind.

Und begrüßt nach seinem leichten, unvergleichlichen Nicken zu Anna den Doktor Theophrast wie einen Freund, mit dem er lange Wege und lange Tage geteilt hat. Dabei hat er ihn eben erst im Haus Froben kennengelernt.

Amerbachs Vater Johann hatte das Rücksichtslose gehabt, das dazu gehört, um mit Büchern sein Geld zu machen.

Das bleibt im Sohn, das Anspruchsvolle. Und nicht einmal im Traum wird der Sohn damit gequält: Der Narr ist mein Bruder. Mein Bruder, der Basilius, ist noch immer, sagen wir, Student. Dabei ist er älter als ich.

An diesem Abend, als sich Bonifacius Amerbach zu Theophrast an den Tisch setzte, kam die Müdigkeit zu dem Mann aus Einsiedeln. Und mit der Müdigkeit kam der Zweifel. Ich habe dem Patienten Froben Hoffnung gelassen. Durfte ich diese Hoffnung verbreiten? Ich habe an anderen, die das gleiche Leiden hatten, erfahren, man muß das Bein nicht wegschneiden. Wenn der Patient auf sich selbst achtet, wenn er sich daran hält, was er essen darf, was er nicht essen darf, könnte er, wie die anderen, die ich gesehen und behandelt habe, noch viele Jahre auf beiden Beinen durch Basels Straßen gehen. Aber es sind immer Unsicherheiten, Ungewißheiten dabei, die niemand kennt, niemand weiß.

Paulus Truckenbrot fühlte sich verantwortlich, etwas nicht Greifbares war geschehen. In der Welle der Begeisterung, die jetzt durch Frobens Haus ging, hatte Erasmus gesagt: Der Eremit, also der Mann aus Einsiedeln, müßte unser Stadtarzt sein. Die da in der Tischrunde bei Froben zustimmend genickt hatten, waren alle keine Mediziner. Sie konnten nichts von den Schwierigkeiten wissen, die auf einen Stadtarzt zukommen. Natürlich wollte er den jungen Kollegen aus Einsiedeln nicht beeinflussen, ihm keineswegs abraten. Er wollte einfach mit ihm reden, vielleicht gar nicht einmal über das hingesagte Wort des Erasmus, der Gast sollte an diesem ersten Abend nicht allein sein. Schön, daß Bonifacius Amerbach schon am Tisch saß. Es fehlte im Grunde das Wort von Oekolampad an den berühmten Doktor. Die beiden Basler wußten das, und vielleicht waren sie auch darum, jeder für sich, gekommen.

Sicher, man mußte das nicht so schwernehmen, aber eine Begrüßung wäre schon angemessen gewesen. Amerbach spürte das. Er hatte zur Rücksichtslosigkeit des Vaters die Empfindsamkeit des Erben angenommen.

Er war es, der den Namen Oekolampad zuerst aussprach. Mit Achtung, niemand konnte sich der Wirkung des Mannes entziehen, des großen Predigers von Basel und des noch größeren Lehrers der Prediger.

»Nennen Sie ihn nicht den Luther von Basel, das ist er nicht. Basel ist anders.«

Truckenbrot unterbrach Amerbach: »Alles, was heute geschieht, müssen Sie mit der Geschichte erklären. Ein Beispiel: 1439 war das große Hungerjahr. Aus dem Sundgau kam das Getreide und gehörte Österreich und dem Adel. Die Nachbarn und Freunde der Stadt, die versagt hatten und hätten helfen können, waren amtlich aufgezeichnet. Sie werden seitdem jedes Jahr öffentlich auf dem Rathaus verlesen. Aber es geht auch heute nicht ohne Habsburg, ohne Österreich, wenn Basel Brot haben soll. Oekolampad muß Rücksicht nehmen.«

Amerbach, lebhaft wie immer: »Reden Sie doch nicht so, als hätte Oekolampad einen Fehler begangen, wenn er sich mit unseren Herren vom Domkapitel verständigt über das Archiv. Warum sollen es die Herren des alten Glaubens nicht haben, es ist ihr Eigentum.«

Der Gast fragte: »Wäre das Archiv nicht wichtig für die Universität?«

Amerbach gab ihm mit der Überlegenheit des Eingeweihten Auskunft: »Wenn man nebeneinander in einer Stadt wohnen will, muß man nicht kleinlich sein.« Und meinte: »Oekolampad kann ganz zufrieden sein, seit Juli 26 ist seine Macht gewachsen.« Er sagte es so, daß man den Grad seiner Anteilnahme nicht heraushören konnte. Er stellte es fest, nichts weiter.

»Ja, ich sehe es an den Schlafzimmern«, behauptete Truckenbrot.

»Das müssen Sie uns allen erklären«, verlangte Amerbach.

»Bitte.«

Armer wegmüder Theophrast. Unser Doktor Truckenbrot ist ja ein wenig geschwätzig, aber er war schon zu alt, dagegen konnte man sich nicht mehr verwahren. Und also stellte er Oekolampads Wort voran: Nicht die Armut sei die Tugend, sondern die Liebe zur Armut.

Oekolampad hatte eine abgewogene Einstellung zu den Gütern des Lebens, zu dem Reichtum, über den Gelderwerb und über die Wohlhabenheit. Auch er kam nicht aus ohne den heiligen Antonius. Er machte ihn zurecht für sich. Antonius zwar zog sich zurück in die Wüste, war selbst unangefochten von all dem Reichtum um ihn herum. Er tat nichts gegen den Überfluß, der sich um ihn ausbreitete. Er persönlich entzog sich dem Überfluß. Oekolampad tat das Seine: er war mäßig im Essen. Nicht weil er krank war oder weil er Schmerzen verspürt hätte, er war wirklich bescheiden. Und wer in sein Haus kam, konnte sehen: hier herrschte Mäßigkeit. Es gab keinen Wein, zum Fisch keine Soße. Er stand mit dem Morgengrauen auf. Sein Zimmer war nur mit dem Notwendigsten ausgestattet. Mitten im schönen Garten Basel ein Stück Dürre.

Es lebten nun schon wieder unter den reichen Leuten einige Herren und Damen, die sich in der Art des Oekolampad ihr gesamtes Haus einrichteten. Die harten Oekolampad-Stühle, die harten Oekolampad-Bänke. Manche hatten zu ihrer eigenen Beschwichtigung eine Oekolampad-Ecke eingerichtet. Sie zeigten damit ihre Liebe zur Armut. Und die einsamen, alten, kränkelnden Witwen hatten nun eben das Oekolampad-Schlafzimmer mit dem harten Bett ohne Kopfkissen. Und nicht einmal das Kreuz an der Wand.

Warum kann sich denn niemand dem Gelächter über diese Traurigkeit entziehen? Auch du nicht, Theophrast.

Da erzählt Truckenbrot natürlich noch die Geschichte von Oekolampads Leiden um die große Wurst.

»Eines Tages trugen sie durch Basel, die Gesellen des Fleischerhandwerks, die große Wurst, die lange Wurst. Zwanzig Gesellen mußten sie tragen. Es war mehr als nur ein Fastnachtsumzug, es war ein Zurschaustellen ihrer Kunst. Oekolampad sah es und wetterte dagegen. In diesen Zeiten die große Wurst durch die Stadt zu tragen, was für ein Unverstand, was für eine Verschwendung, was für eine Herausforderung. Gab es nicht genug Unruhe? Waren die Landstraßen nicht voll von Hungernden, Frierenden, Heimatlosen, Plünderern, Dieben, Mördern, Landstreichern und Huren. Entlassenen und entflohenen Fronbauern, blessierten Landsknechten? Hunger und Missetat in der ganzen Welt. Mußte eine solche Wurst nicht die Begehrlichkeit der Vagabunden wecken. Und Oekolampad floh zurück zu seinem heiligen Antonius, in seine karge Stube. Er floh vor der großen Wurst.

Sie hatten eine besondere Stange dafür konstruiert, daß sie auch durch schmale Gassen den Umzug mit der Wurst haben könnten. Sie hatten an die Stange Scharniere angebracht. Armer Oekolampad, und weißt, jeder von uns weiß es ja: die da in der Stadt zeigen die lange, lange wohlgefüllte Wurst, mit schmackhaften Gewürzen versehen. Und gleichzeitig schauen die Armen der Ärmsten zu und wagen nicht den Gedanken, daß sie ein Zipfelchen davon haben könnten. Sie wissen: Nicht einmal ein Stück Haut wird ihnen zugeworfen werden. Eher sind noch Hunde zugelassen zur Mahlzeit an der großen Wurst.«

Frau Anna, die Wirtin »Zur roten Kanne«, war enttäuscht, alles alte Geschichten, die sie kannte. Warum schwieg der Gast, der Fremde? Merkwürdig, er, den sie nicht kannte, war ihr vertrauter als die beiden Eingesessenen, die jeden Tag an ihrem Haus vorübergingen. Sie wollte etwas sagen, das nur er verstehen konnte. Was priesen die beiden Basel so an. Ausgleich. Anna war eine schnelle Frau. Sie sprach aus, was sie noch kaum zu Ende gedacht hatte: »Wir sind ja eine so gesunde Stadt. Wir haben alles: die Apotheker, den Stadtarzt, die Bruchschneider, die Steinschneider, die praktizierenden Frauen, besonders die Schielende mit den linden Händen. Aber die Narren, die tauben und die törichten Leute werden aus der Stadt geprügelt. Das nennen wir dann Befreiung und Säuberung des öffentlichen Lebens, um der Stadt und Ehre willen.«

Da war das Wort Stadtarzt gefallen. Und Truckenbrot fühlte sich aufgefordert, vor dem Mann aus Einsiedeln, auch wenn der müde war und wenig redete, das zu sagen, was ihn eigentlich hergeführt hatte. Er kannte nicht das Gleichnis vom Leibarzt und Narren, er, seinerseits, malte das Bild vom Stadtarzt.

»Was bedeutet das, Stadtarzt sein: jedermann zu Diensten. Sie haben bei Streitigkeiten über Honorar und Arzneien Begutachtungen zu geben. Aber wenn das noch verhältnismäßig einfach geht, es gibt anderes, was Sie tun müssen. Sie werden bei Verunglückten und bei Ermordeten als Gutachter herangezogen. Bei Verdacht auf offene Krankheiten müssen Sie sagen, der soll die Stadt verlassen. Und was wollen Sie tun, wenn der zu den reichen Familien gehört.

Es begann, Sie wissen, ich kenne die Geschichte meiner Stadt, 1382, mit Spisselins Frau. Sie sind also aufgerufen, stellen Sie sich das vor, nach der Regel: des Menschen Leben und des Arztes Ehre. Ich will Sie nicht erschrecken, daß es manchmal auch heißen kann: des Arztes Leben. Also Spisselins Frau, sie hat das Kind des

Juden Ruben mit einem Stein verletzt. Nun muß der Arzt feststellen, ob es überhaupt eine Wunde ist. Und wenn ja, ob sie wirklich von dem Stein herrührt. Viele haben es gesehen, aber Spisselins Frau ist Spisselins Frau und das Kind eben Rubens Kind. Sie verstehen. Obwohl Zeugen den Steinwurf beobachtet hatten, entschied der Arzt: es war kein Stein, das Kind ist gestürzt und zog sich so die Wunde an der Stirn zu. Nicht wahr, Kinder stürzen doch sehr oft. Mit Spisselins Stein beginnt für mich die Geschichte der Medizin in der Stadt Basel. Sie mögen das für ein wenig einseitig halten, aber der Spruch hieß: des Menschen Leben und des Arztes Ehre.«

6

Geschieht denn nichts in dieser Stadt, während die drei da in aller Ruhe in der »Roten Kanne« sitzen? Sicherlich, es geschieht das in dieser Nacht, was immer in Basel geschieht, der Stundenausrufer geht durch die Gassen, und wenn er ruft, ist es für den einen die Stunde der Liebe und für den anderen die Stunde des Todes.

In dieser Nacht sicherlich sitzen einige Diebe da und überlegen, durch welches Fenster sie in welches Haus gelangen können. Das ist es nicht. Die Stadt ist ein Schlachtfeld, und die Schlacht ruht nicht wie sonst das Schlachten in der Nacht. Es ist ein anderer Streit, und der Waffen sind andere. Basel, Grenzstadt: wie soll hier regiert werden, wer soll regieren. Und weiter wirken über Basel hinaus. In der friedlich ummauerten Stadt ist alles noch unentschieden, und jeder hofft, für sich zu gewinnen. Die altgläubigen Domherren möchten ihren Glanz und ihren Einfluß, die Gewohnheiten und die Einkünfte voll und ganz wiederherstellen. Schmach und

Schande, daß jetzt in unserer schönen Martinskirche der Oekolampad-Schüler Carlin einen Zulauf hat wie die Unseren schon lange nicht mehr. Was heißt das denn, wir müssen unsere Gedanken anziehender machen.

Da sitzt denn nun diese Nacht der junge, ehrgeizige Domherr Cornelius von Lichtenfels und denkt nach, wie das Leben wiederherzustellen sei, so wie es vor dem Einbruch jener Leute war, die in der Landessprache die Messen lesen und singen und nicht mehr in Latein. Er stimmt ja mit Oekolampad sogar soweit überein, das Wohlleben ist schuld am Verfall der Sitten. Der Drang nach den irdischen Gütern lenkt ab vom Streben nach höchster Demut. Er, Cornelius von Lichtenfels, wird ein Buch schreiben über das Leben eines heiligen Mannes, den ein jeder ordentliche Mensch sich zum Vorbild nehmen kann, über den heiligen Benedikt.

Und Carlin? Für diese eine Nacht genügt es zu wissen, daß er, der für die Martinskirche ausersehene Prediger, sich nicht verließ auf sein Aussehen und große Gesten, zu denen er auch gern neigte, er wußte, von ihm wurde mehr verlangt. Also mußte er auch mehr wissen. Um die alten Kirchenväter zu widerlegen, muß man die alten Kirchenväter kennen. Diese Nacht las er nach, was der Kirchenvater Hieronymus über die Kunst des Predigens gesagt hatte. Er hatte festgestellt, und spätestens seitdem war es eine wirksame Methode: Die Tränen der Zuhörer sind dein Lob.

Carlin aber sagte – und das Geheimnis der Stärke war um ihn – entgegen den Weisungen des heiligen Hieronymus: Meine Predigten sollen eure Augen nicht durch Tränen trübe machen. Wenn ihr mich hört, sollt ihr sehen. Und lernen. Der Prediger stirbt, der nicht auch andere lachen machen kann. Er verbreitete Zuversicht.

Also, Carlin, befreie nun deine Hörer von der Angst,

die unsere Kirchenväter nicht genommen haben, die Angst vor dem Zweifachen im Menschen, dem äußerlichen und innerlichen.

Es lehrte der Kirchenvater Hieronymus: Der äußerliche Mensch spricht: Ich aber bin fleischlich und unter die Sünde verkauft; denn ich weiß nicht, was ich tue.

Aus der Angst kam das ewige Schuldgefühl. Und aus dem Schuldgefühl rührte die Bereitschaft her, sich nicht zu wehren gegen die von Gott eingesetzten Oberen, nicht die Grenzen des Standes überschreiten.

Gegen dieses: Du bist schuldig, schuldig schon durch deine Geburt, schuldig am Verlust des Paradieses, schuldig am Tod des Gekreuzigten, schuldig an der Pein des heiligen Sebastian, an den Qualen des heiligen Laurentius, schuldig, schuldig. Gegen dieses wunderbar zusammengefügte, das althergebrachte schützende Gebäude hast du, Carlin, nur dich selbst und deine Worte.

Und Erasmus schlief natürlich auch nicht in dieser Nacht. Er dachte nach über die Arroganz und Anmaßung der päpstlichen Skribenten und Kanonisten. Diese gelehrten Schmeichler sagen ihren Herren nichts anderes als: Herrschaft, Gebiet, Schwerter, Schlüssel, Gewalt. Und fühlte sich krank, zu schwach zum Kämpfen. Er kam ein wenig zur Ruhe bei dem Gedanken: Ein guter Doktor ist jetzt bei uns in der Stadt, ein zuverlässiger. Und erfand die Anrede, mit der er Theophrast von Hohenheim von nun an immer bezeichnen wird: sehr erfahrener Doktor und Eremit.

In dieser Nacht waren natürlich auch Priester unterwegs zur Letzten Ölung der Kranken. Sehnsüchtig erwartet.

In dieser Nacht, als er einen emsigen Priester an seinem Fenster vorübereilen sah, dachte Oekolampad nach über die Letzte Ölung der Altgläubigen. Auch darüber müßte er schreiben, über die Unwirksamkeit des Spruchs: Durch diese heilige Salbung und allermildeste Barmherzigkeit verzeihe dir der Herr alles, was du gesündigt hast mit deinen fünf Sinnen, mit Sehen, Hören, Riechen, Greifen, Schmecken.

Und wenn mein Leben zu Ende geht, müßten im Grunde genommen drei Priester zu mir eilen, denn ich habe drei Leben gehabt bis heute. Und es wird der dreifache Zweifel sein, daß ihre Fürsprache vor Gott etwas ausrichtet, denn ich habe in jedem der drei Leben gesehen, was ich nicht sehen sollte, gehört, was ich nicht hören wollte, gerochen, was ich nicht riechen konnte, gegriffen, was ich nicht greifen durfte, geschmeckt, was besser nie über meine Zunge gegangen wäre.

Im ersten Leben, Vater und Mutter wünschten das, der reiche Kaufmann von Weinsberg und die Mutter aus alter Basler Familie, da geht der Sohn nach Bologna, Jurist soll er werden. Ich schäme mich nicht der Erinnerung an dieses Leben, aber es ist mir unangenehm. Die Sünden des Greifens und des Schmeckens umstrickten mich. Das Essen jenseits der Berge und das Trinken, alles schmeckte dort besser. Oder anders. Süß. Herb. Bitter. Und die Hände der schmalen Vittoria. Am Ende des ersten Lebens schickte der Vater kein Geld mehr. Und die Mutter auch nicht. Wer will diesen Tod beschreiben, als ich zurück nach Weinsberg mußte. Der Gescheiterte. Kein Jurist geworden.

Die Mutter schickte mich in das zweite Leben. Theologie. Am ersten Grundsatz des Heidelberger Lehrers Jost Hahn kranke ich noch heute: Ihr sollt über Glaubenssachen nie disputieren. Ein Stück aus dem zweiten Leben: Einige Monate Lehrer der Söhne des Kurfürsten Philipp von der Pfalz. Diesen gräßlichen lauten Knaben Sprachen beibringen, Kinder anreden mit Untertänigkeit, weil der

Vater ein Fürst ist. Ich kann kein Hoflehrer sein. War das vor zehn Jahren, als der Bischof von Basel mich in die Universitätsstadt rief, als Priester und Prediger? Damals noch Herr von Basel. Mutter rief mich zurück nach Weinsberg. Immer wieder Weinsberg. Aber damals in Basel schon Erasmus. Und Froben. Und damals – spätestens – begann es: Selber Mönch sein und das Mönchsein bekämpfen. In diesem zweiten Leben der Versuch, ein großer Prediger zu werden, wie Luther. Niemand kann diesen Tod ermessen, den ich im Augsburger Dom erlitt, das Haus war zu groß für meine Stimme. Fromme Gläubige gingen mitten unter meinen Worten weg, weil sie mich nicht hören konnten. Das Absterben des zweiten Lebens, ein langes, qualvolles im Brigittenkloster. Klösterliche Übungen, Fasten, Nachtwachen.

Der Beginn des dritten, jetzigen Lebens eng verwurzelt mit dem Tod des zweiten. Wer einmal begonnen hat, sich mit den Gedanken der Reformatoren auseinanderzusetzen, dem wird es nicht gestattet, die Bequemlichkeit: sich selbst leben und um die Meinungen der anderen nicht kümmern. Nicht zufällig kam das Briefchen zu mir ins Kloster geflattert mit der Bitte um ein Gutachten über die Schriften Luthers. Der Augsburger Domherr Bernhard Adelmann, auch vom Bann bedroht wie Luther, wünschte meine Meinung. Und veröffentlichte meine Meinung. Ich sagte und sage: Luther steht der evangelischen Wahrheit näher als seine Gegner. Ich hörte auf Mönch zu sein, um wieder Mensch zu werden.

Und gesündigt im zweiten Leben mit allen fünf Sinnen. Und diese Sünden niemandem gebeichtet, auch nicht der Mutter. Sie ist ja verheiratet, die Wibrandis Keller, geborene Rosenblatt, Tochter eines Ritters und kaiserlichen Feldobersts. Ich hab sie aus dem zweiten Leben hinübergerettet ins dritte. Ich brauche sie. Und welcher Priester kann mir sagen, Gott wird mir das verzeihen? Und in diesem gegenwärtigen Leben bei Sickingen Burgkaplan und die Predigten vor der Gemeinde auf der Ebernburg nicht mehr in Latein gehalten. Alte Zeremonien weggelassen. Ich kann kein Burgkaplan sein. Ich bin nicht zufällig im November 22 mit Hutten nach Basel gegangen. Es war nicht mehr der Bischof, der mich gerufen hat, der reformierte Rat der Stadt setzte mich ein als Lehrer der Heiligen Schrift an der Universität. Doppelte Freiheit von Basel. Nicht mehr zugehörig dem Bereich des kaiserlichen Hauses Habsburg, zugehörig zur schweizerischen Eidgenossenschaft. Und nicht mehr dem Bischof verpflichtet. Als wir uns alle vor dem Mai 25 zum Sakramentsstreit in Basel versammelten, Hans Denck, Thomas Müntzer und Hubmaier, als wir, Zwingli und ich, uns gegen die Schwärmer verwahrten, da gab es schon einige, die mich den neuen Bischof von Basel nannten. Vielleicht Schmeichler damals. Oder Neidische. Wem soll ich das beichten, wem kann ich das beichten, wie genau ich es weiß: Ich bin nicht so stark wie der Bischof, nicht so gesichert durch jahrhundertealtes Herkommen. Ich bin nur so stark wie der reformierte Rat der Stadt.

In dieser Nacht stand der Bäckermeister Humbrecht von seinem Lager auf, dachte nicht an die Liste der falschen Freunde, die kein Getreide geliefert, dachte an seine drei Kinder, Töchter. Gott hat ihn gestraft, daß er keine Söhne bekam. Für wen bäckt er? Für die Stadt. Sicher auch, aber vor allem bäckt er für die Kinder. Er wird unter den Bäckergesellen Ausschau halten, wer geeignet ist, sein Handwerk zu übernehmen, wenn er einmal alt und schwach ist. Für ihn war es gar keine Frage, welchen Prediger er bevorzugte, er ging dorthin, wo seine Zunftbrüder hingingen, in die Martinskirche, zu Carlin, zum Schüler des Oekolampad.

Auch in dieser Nacht sorgte der Schmied Peter Luder, daß sein Feuer nicht ausging. Einen Augenblick, bevor er zum Schürhaken griff, im Schein der Flamme besah er seine Hände, mit Stolz. Er fühlte sich stark und zufrieden und geachtet. Niemand hatte es gewagt, ihn zur Rechenschaft zu ziehen, weil er, seine Familie und seine Freunde in seinem Hause freitags nicht mehr Fisch aßen, sondern vom guten Schwein. Damit hatte er für sich entschieden: er hatte sich aus dem Zwang der Speiseordnung der Altgläubigen gelöst. Ganz im Anfang hatte ihn ein Priester besorgt zur Ordnung rufen wollen. Er aber, unser Peter Luder, hatte erklärt: »Arbeite du mal wie ich, daß das Feuer Tag und Nacht nicht ausgeht, und schlag mit dem großen, schweren Hammer auf das glühende Eisen. Dann wirst du solchen Hunger haben, daß du fasten und Fische essen einfach nicht aushalten kannst.«

Auch in Basel waren die städtischen Feldhauptleute die Hochmütigsten. Sie hatten die langen Messer und wünschten sich noch längere. Sie durften die Stadt verlassen. Sie konnten vieles sehen, was andere nicht zu sehen bekamen. Ihr Stehlen und Vergewaltigen war auch wie ihr Töten – männlich und also schön. Ihre Morde waren glorreiche Abenteuer. Es hatte immer, wenn sie es dann zu Hause in den Kneipen erzählten, den Überzug des Lustigen, aber nie werden sie das Gönnerhafte ablegen.

In dieser Nacht erzählte der Feldhauptmann Eberhard mit der zerhackten Lippe, wo er überall seinen Schuh ausgezogen hat. Suselin, die leichte Tochter vom Kohlenberg, hatte ein Auge dafür: Quartierschuh oder Bundschuh. Darum ging es ihr immer wieder.

Der Quartierschuh: der Schuh der Landsknechte. Bundschuh, Bauernschuh.

Suselin und Eberhard, der an der Lippe Gezeichnete, waren sich einig. Sie beurteilten den Menschen schon bei Lebzeiten danach, was wird er bei seinem Tode noch haben, und so richteten sie ihr Verhalten zu diesem Menschen ein. Die Erwartung, wird er bei seinem Tod mich bedenken, gab Suselin die Kraft, sehr freundlich zu sein. Einem, der nichts anderes hat als das Kleid auf dem Leib, einen Tisch und einen Stuhl, schenkt man doch immer noch Aufmerksamkeit. Tisch und Stuhl kann ich brauchen, ich werde dann zwei Tische haben. Hauptmann Eberhard konnte beim Plündern nach dem Töten, ohne freundlich sein zu müssen, gleich zugreifen.

In dieser Nacht erzählten sie sich, das Wichtigste im Leben sei doch, zur rechten Zeit die rechte Auswahl zu treffen und zu wissen, wann einer stirbt.

In dieser Nacht feierte Jacob Meyer seinen Geburtstag bis ins Morgengrauen, er, in seinem schönen Haus, erworben durch Witwenheirat, redete, vom Wein beschwingt, in Gemeinplätzen.

»Ich hab das Haus im Wortsinne erworben – erst die Witwe vom reichen Billing umworben. Gott hab ihn selig. Er lebe! Prost! Und nun trinken wir auf das Wohl meines verstorbenen Vaters, er war, wie ihr alle wißt, ein Sehhändler. Er handelte mit dem, was er sah. Aber ich, der Ratsherr und Oberzunftmeister der Tuchhändler, schäme mich nicht meines Vaters Heinrich Meyer, der ein einfacher, bescheidener Gremper war, ein Krämer, er hat, wie man von ihm sagte, die Dinge, die er verkaufte, größer gemacht, als sie waren, er hat sie grempig gemacht, versteht ihr. Und wenn mich heute nacht einer einen Gremper nennen will, so hat er mich nicht beschimpft. Ich hab den Handel meines Vaters grempig gemacht, größer, sonst nichts.«

Niemand würde so weit gehen, zu sagen, daß Jacob

Meyer in dieser Nacht wieder nüchtern wurde durch den Anblick seiner Frau, der verwitweten Billing. Aber er wurde noch rechtzeitig zum Morgengrauen zur Besinnung gebracht, daß er den Lastträgern genau Bescheid sagen lassen konnte, welche Tuchballen von welchem Schiff geholt werden sollten.

In dieser Nacht saß unten am Hafen in einer alten, niedrigen Spelunke der gesuchte und flüchtige Bauernhauptmann Michel Blattner, er saß bei den Lastenträgern. Diese jungen Leute an seinem Tisch, die nicht lesen und schreiben konnten, die in ihren Händen und auf ihren Rücken ganz Basel, Stadt und Land, trugen.

In dieser Nacht fühlte er eine gewisse Feierlichkeit in sich, und er hätte es ihnen gern gesagt. Was, Freunde, hätte er ihnen gesagt, wären wir alle ohne euch. Niemand von uns könnte nachdenken über die Lehren der alten Kirchenväter, ob sie, umgeschmiedet, brauchbar sein könnten als Waffe für die Gerechtigkeit. Ihr tragt von den Schiffen die Gewürze und das Getreide, das Salz, die Ballen an Tuch, die Fässer an Papier. Ihr, deren Namen niemand nennt, ihr Lastträger seid die Mächtigen, seid die Stärksten. Aber ihr wißt es nicht. Und ihr würdet mich auslachen, wenn ich es euch erklärte. Ich bin euch fremd, aber ihr habt mich aufgenommen in eurem Kreis.

Und er beschloß, sie nicht mit belehrenden Ansprachen zu erschrecken, er würfelte mit ihnen und trank mit ihnen. Ein Mann aus einer verlorenen Schlacht, aber nicht verloren.

Er wartete mit den Lastträgern auf das erste Morgenlicht. Dann wird er mit ihnen hinausgehen zu den Schiffen, wird seinen Rücken beugen und die Last tragen wie sie.

7

Frau Froben nahm es wie eine persönliche Genugtuung auf, als endlich von Oekolampad eine Einladung für den Doktor Theophrast kam. »Es ist auch für uns eine Ehre«, sagte sie und setzte nach einem zurückhaltenden Blick auf seine Schuhe hinzu, »einmal war ich auch dort mit meinem Mann, und ich habe mich angezogen wie zu einem Empfang bei einem König.«

Er war ein wenig gerührt: Einer kümmert sich um meine äußere Vollkommenheit. Gewiß, es war leichter, sich über saubere Schuhe zu verständigen als über jene andere Vollkommenheit, die er suchte. Er war ausgeliefert jeden Tag, jede Stunde, ausgeliefert der Verführung, alles zu sagen, was er wußte. Er litt darunter, daß er bisher noch nicht einen Menschen gefunden hatte, dem er sich ganz aufschließen konnte, dem er seine Unvollkommenheit vorzeigen konnte. Nur in den Augenblicken der Arbeit, wenn er einen Kranken unter seiner Hand hatte, war er vollkommen. Aber das wußte er nicht und das sagte ihm auch niemand.

Nun stand er vor Oekolampad, dem Vierundvierzigjährigen, dem Mann, der sagen konnte: Meine Stadt Basel. Nicht, weil seine Mutter dort geboren war, sondern weil er Macht ausübte über diese Stadt. Durch ihn, Oekolampad, hielt sich in Basel die Zwischenordnung: Niemand wird gezwungen, die Messe zu halten oder zu hören. Aber der Geistliche, der die Messe nicht hält und nicht anerkennt, soll auch nicht von ihr leben.

Die beiden redeten zusammen, als hätten sie gestern erst ihr Gespräch unterbrochen. Sie fanden tausend Übereinstimmungen. Und einen Augenblick lang war es so, daß Theophrast meinte, sein, Oekolampads, Gesicht ist wie ein Spiegel, und ich finde mich, meine Gedanken, viele von meinen Gedanken.

Oekolampad sagte: »Ich möchte Ihnen Basel erklären, wie ich es sehe. Diese Stadt ist jetzt eine Schöpfung der Kaufleute. Sie ermöglichen das gehobene Leben, sie führen das gehobene Leben. Dazu gehören Gewürze, Seidenzeug, Porzellan, Ziermöbel und Lackwaren – neuerdings bringen das chinesische Dschunken nach Manila. Zum gehobenen Leben gehören Wohlgerüche und Teppiche. Das alles muß hereingeschafft werden auf Schiffen. Für die Schiffe braucht man Mehl. Zwieback für die Schiffe. Pökelfleisch für die Schiffe.

Und jetzt ist, wie ich hörte, eine Zwischenstation auf dem weiten Weg über das Meer eingerichtet auf den Kanaren. Seeleute erzählten mir, nun gibt es auf den Inseln kleine Werften, Schiffsbauholz und Segeltuch lagern dort, auch Proviant, der Zwieback und das Pökelfleisch. Jetzt braucht man sich nicht mehr mit dem Proviant für die weite Reise hin und zurück zu belasten. Das ist die Kunst, auf dem langen Weg zum Bestimmungsort eine Zwischenstation nicht nur zu finden, sondern auch einzurichten.«

»Ich weiß«, sagte Theophrast, »aber ich kenne auch den spanischen Zwiebackbäcker, der die Zwischenstation weder als einen Fortschritt noch als eine Erleichterung betrachtet. Der Schiffseigner kauft bei ihm nicht mehr den Zwieback für die Hin- und Rückreise, er kauft Zwieback nur noch für die Reise zur Zwischenstation. Die Zwischenstation hat den Zwiebackbäkker zugrunde gerichtet. Die alte beschwerliche Art des Reisens ohne Zwischenaufenthalt war für ihn nützlicher.«

Oekolampad sagte: »Ich habe die Welt noch nie mit den Augen eines Zwiebackherstellers betrachtet.«

Johannes Oekolampad;
zeitgenössischer Stich

Theophrastus sagte: »Wenn ich mit dem Zwiebackbäkker rede, bin ich wie er.«

War das schon ein zu großes Wort? Jeden Menschen verstehen? Auch den, der am Alten hängt, weil er vom Alten lebte? Jedenfalls Oekolampad lächelte und meinte: »Ja, ja, wie im 1. Korinther, 9,14. Sie sind immer geworden wie der, mit dem Sie zu tun hatten. Dem Juden ein Jude geworden. Denen, die ohne Gesetz sind, einer wie ohne Gesetz geworden. Den Schwachen wie ein Schwacher geworden. Das war der Prediger Paulus, aber Sie sind kein Prediger, Sie sind Arzt. Wollen Sie im Mitleid mit dem Zwiebackbäcker die gewonnene Sicherheit der Zwischenstation wieder aufheben? Basel ist wie eine Zwischenstation. Das heißt, wir haben die alte Welt verlassen, und in der Zwischenstation ist noch alles von der alten Welt. Die Kartenspieler, die Taschendiebe, die Gesundbeter, die Weissager, die Ratgeber in Angelegenheiten der schwarzen Magie, die Bettler, die Landfahrenden, die überflüssigen Hausdiener, die fahrenden Töchter. Wir haben sie noch in den Gassen herumsitzen, diese, die den ganzen Tag Karten spielen. Und wir haben leider auch in unseren Straßen die Schwärmer. Es sind Wahnsinnige. Sie verlangen die Gemeinschaft der Güter. Stellen Sie sich das vor, in unserer Welt, der Welt der Kaufleute. Es ist wie eine Krankheit. Nicht wie, nein, es ist eine Krankheit. Das vernünftige Denken ist gestört. Von Froben hörte ich, Sie beschäftigen sich mit dem Problem der Geisteskranken. Dann müssen Sie auch auf diese Schwärmer gestoßen sein. Sie müssen zu dem Resultat kommen: Diese Leute, die sich unter dem Mantel der Wiedertäuferei verstecken, sind vom Teufel Besessene. Leute, die sich weigern, Zinsen zu geben, Eide zu schwören, die die Obrigkeit nicht anerkennen.«

»Ja, ich beschäftige mich mit diesen Krankheiten, über

die bisher wenig geforscht wurde. Wir wissen einiges über die Behandlung, kaum etwas über die Heilung, aber nichts vom Ursprung. Ich sehe Menschen, über die Anfälle von Epilepsie kommen, andere werden vom Veitstanz überfallen, die Melancholie beraubt sie der Sinne. Es ist schwer für mich, an die teuflischen Geister zu glauben, von denen die Verweser Gottes jetzt immer wieder reden.«

»Natürlich muß ein Mediziner entscheiden, wo ganz einwandfrei teuflischer Einfluß festzustellen ist. Eben wie bei diesen unglückseligen Schwärmern.«

»Und dann?«

Oekolampad schwieg. Also sagte es der Mann aus Einsiedeln: »Und dann sind Sie zurückgerückt an die Seite der scholastischen Tellerlecker. Wird es dann so sein, daß in Ihrem Basel nach dem alten Gesetz, nach dem Hexenhammer Menschen beurteilt werden. Verurteilt. Ein Gesetz, das sich auf die päpstliche Bulle stützt? Wenn ein Arzt sagt, der und jener ist vom Teufel besessen und besonders der, der die Gemeinschaft von Gütern verlangt.«

»Ich habe darüber noch nicht nachgedacht. Hexen, Zauberer, Ketzer. Was sind Ketzer?« Oekolampad wollte nicht ausweichen. Ein tiefer Ernst lag über seinem langen, schmalen Gesicht. »Wir haben noch viel zu klären«, sagte er, das Gespräch abschließend.

Der Begriff Ketzer war zu klären. Die einen sagten, abfallend vom alten Glauben. Aber da nun diejenigen, die dem neuen Glauben anhingen, auch den Begriff Ketzer mit sich genommen hatten, sagten sie, ein Ketzer heißt: der nicht glaubt die Stücke, die not und geboten sind zu glauben.

Alt- und Neugläubige sagten übereinstimmend: Die Ketzerei ist die höchste, gleichsam unbegreifliche Sünde und unnatürlich. Man scheute sich auch, das Wort Ketzer auszusprechen. Man setzte anderes dafür ein, Verwischendes. Am liebsten das Wort Schwärmer.

Nach dem Besuch bei Oekolampad schlug ihn unversehens die Vorstellung vom Leben eines guten Bürgers. Sie schlug ihn so, daß er körperliche Beklemmungen spürte. Eine Angst quälte ihn, weil er das noch nie empfunden hatte: Ich sehne mich nach dem Leben des guten Bürgers. Eingesetzt sein über das Spital einer Stadt und dort sein für immer und immer, auch mit dem guten Gefühl, ich arbeite ja, ich tue etwas Nützliches.

Dann komme ich nach Hause mittags zum Essen. Zu Hause wartet die Frau. Da stellt sie mit milder Hand den Suppentopf auf den Tisch und teilt aus mit dem großen Löffel, mit jenem großen Holzlöffel, der immer das Symbol all jener bleibt, die keine Suppe haben. Und drei Kinder sitzen um den Tisch, in der Ecke die Katze, draußen die Hunde. Das hat alles seine kleine Ordnung, meine Ordnung.

Und sehnte sich nach dieser Bewegung der Hand einer Frau, sehnte sich nach der abgemessenen Behaglichkeit des guten Bürgers, der seine Pflicht getan hat. Hat Wunden geheilt, Trost zugesprochen, Versprechungen für neuen Trost gegeben, Geheimnisse gehört und bewahrt. Und nicht fragen, was ist draußen vor der Tür. Ich sehe genug von der Welt. Die Welt wird mir in mein Spital gebracht. Und nicht denken, was ist jenseits der Flüsse und der Berge. Nichts wissen wollen von jenseits, jenen Seiten, die Unruhe bringen. Frieden haben mit allen Amtsleuten und allen Geistlichen, nicht mehr in andere Städte gehen. Nicht mehr reden zu den Einfältigen, daß sie ihre Sinne mögen entfalten.

Das war wie ein Schmerz, dieses Hinziehen zur Bequemlichkeit, ich möchte es auch so haben, viele Verantwortung und keine Verantwortung, und verging schnell. Und wich dem Gefühl, mit dem er bei Oekolampad eingetreten war: Es zählt nur die Arbeit. Und es sind da noch so viele ungelöste Aufgaben, die er erledigen mußte. Er wußte, und das war keine Vermessenheit, das war ein sehr nüchternes Wissen: Ich bin auf der Welt der einzige, der die Medizin bewahren kann vor den alten und neuen Verwesern Gottes, vor den eilfertigen Zungen ihrer scholastischen Tellerlecker, die am Ende, wenn man ein wenig an ihnen kratzte, bei dem Bekenntnis blieben: Die Kunst richtet sich nicht nach der Summe der Erfahrungen, sie richtet sich nach der Summe des Geldes, die sie einbringt.

Er, Theophrastus, empfand es, zurückkehrend von Oekolampad in das Haus Froben, zum erstenmal: Es wird keine Entschuldigung für mich geben, daß ich am Ende sage, die Tage sind mir zu kurz gewesen, ich habe nicht genug Zeit gehabt, zu forschen.

8

Das ist etwas Seltenes, die ehrliche Herzlichkeit, die schöne Würde der Freude. Der Alteingesessene, Doktor Paulus Truckenbrot, lud den jungen, baselfremden Kollegen ein, zum Abschied in seinen Weingarten zu kommen. »Draußen vor der Stadt, wir können ungestört reden.«

Es lag etwas Zwingendes in dem Wort ungestört und in dem Klang seiner Stimme, sie war gleichzeitig selbstbewußt und traurig.

Unser Doktor Theophrast von Hohenheim sah scharf hin. Das war kein Leidender, der ihn da eingeladen hatte, der Mann stand ruhig lächelnd vor ihm, die gewisse seltene Milde des Alterns lag über ihm. Duldsamkeit. Dabei hatte der Alteingesessene einen aufrechten Gang und schnelle Bewegungen. Draußen im Weingarten rückte er mit entschiedenen Handgriffen die Stühle vor dem Tisch zurecht.

Er holte Wein und Brot, setzte sich. »Ich habe lange gewartet, mir diesen Augenblick oft herbeigewünscht, daß ich zu jemandem reden könnte. Einer aus unserer Kunst der Medizin. Ich weiß nicht, ob Sie es sind, auf den ich gewartet habe, aber jetzt sind Sie hierher nach Basel gekommen, die Stadt ist erfüllt von Ihrem Ruhm. Sie liegt offen vor Ihnen, Sie brauchten nur einzutreten. Die reichen Familien sind glücklich über Sie. Frobens Heilung macht sichtbare Fortschritte. Man wird Sie einladen, daß Sie zurückkommen. Ihre Erfolge haben den Glanz der Beständigkeit. Sie werden sich entscheiden müssen. Und wenn Sie sich entschieden haben – ich wäre glücklich, wenn Sie kämen – und wenn Sie blieben, dann beginnt gleichzeitig mit dem Einleben in der Stadt eine Lähmung. Ich möchte Ihnen sagen, kommen Sie und kommen Sie doch nicht. Eine Stadt, das bedeutet Frau und Kinder und Pferd und Wagen und Haus und Hof und Weingarten. Es bedeutet das Ende des Denkens. Es bedeutet das Ende des Kämpfens. Es sei denn, Sie finden die Frau, die es nicht gibt. Die Frau, die genauso ist wie ich selber und gleichzeitig völlig anders als ich, weil es genug ist: einer von der Art des Paulus Truckenbrot in der Welt. Die Frau, die das alles weiß und versteht. Aber das gibt es nicht, dafür mußte ich fast siebzig Jahre werden, um das einzusehen. Darum habe ich Sie nicht in meinen Weingarten gebeten. Ich möchte, ob Sie nun wiederkehren oder nicht, ich möchte Ihnen etwas sagen, was ein Mann in der Regel keinem anderen sagt: Ich habe Angst.

Ja, ich habe Angst, weil ich selber versagt habe; das Leben mit all seinen Versuchungen, so bunt, so schön, so lockend. Es ist bequemer, zu wissen und nichts zu sagen. Es ist bequemer, Rezepte zu verschreiben, die die Leute haben wollen, an die sie gewöhnt sind. Ich weiß vom Holze Guajak, es hilft nur begrenzt gegen das, was uns die Lust einbringt. Ich verschreibe das Holz aus Gewohnheit, weil der Apotheker, der Herr Oswald Baer, es hat, weil der unglückselige Ritter Hutten es gepriesen hat. Und ist doch daran gestorben. Ich muß es verschreiben, das Geschrei der Welt zwingt mich dazu.

Und wenn mich einer fragt, nach welcher Methode ich denn heile, so werde ich unverzüglich antworten, und werde nicht müde werden, mich zu wiederholen: nach der althergebrachten des Galenus und des Avicenna. Ich werde unverzüglich sagen, ich glaube an die Vier-Säfte-Lehre, und werde nicht sagen, ich weiß und habe an Hunderten von Krankenbetten gesehen, es stimmt nicht mit dieser Zuordnung. Aber es wird niemand kommen und das öffentlich aussprechen.

Ich habe das noch niemandem gesagt, wie meine Angst aussieht. Sie sind der einzige, und vielleicht habe ich mein ganzes Leben lang auf diesen Augenblick gewartet, daß Sie mir zuhören. Daß Sie auch das sehen, was ich sehe: Da, mitten in diese schöne bunte Welt ist ein großer Kübel gestellt worden oder meinetwegen ein Faß, wie Sie wollen. In diesem Faß ist ein grauer Brei noch aus den Zeiten, als die Menschen nicht denken konnten, als sie nichts wußten, als vielleicht ihre Zungen zu kurz waren, so daß sie nicht reden konnten. Also aus der Zeit kurz vor der Sintflut oder kurz nach der Sintflut. Da ist jedenfalls dieses Faß stehengeblieben mit dem grauen Brei der Unwissenheit. Und dann und wann geben die Hüter des Fasses gewissen ausgewählten Männern große Schöpflöffel, damit sie jede Farbe, die durch das Denken gewonnen wurde, zuschmieren. Ich habe sie ja selber gesehen und gehört, als Student, die beiden Professoren Jakob Sprenger und Heinrich Institores. Gut, mögen Sie mir antworten, die sind lange tot. Aber sie haben doch noch vor ihrem Tode rechtzeitig die Löffel weitergegeben, die großen Schöpflöffel für diesen schrecklichen Brei. Und so sind in ununterbrochener Folge die grauen Fässermänner unterwegs. Ich hatte auf diejenigen gehofft, die dem alten Glauben einen neuen Glauben gegenübersetzten. Aber auch sie haben Teufel und Dämonen nicht abgetan, sie haben sich nur neue Schöpflöffel zurechtgeschnitzt. Und ich verstehe es nicht. Ich habe Angst, ich verstehe die Welt überhaupt nicht. Zumindest nicht mehr ganz. Nur noch einzelnes, vielleicht.«

»Ich kenne das graue Faß, ich weiß, wo es steht. Mitten im Labyrinth, am Irrweg. Es steht dort, wo Monoculus, der Einäugige, seinen Stuhl hat. Ich sehe viele auf einem ergreifenden Gang zu dem Einäugigen, und wenn sie ihn finden, bleiben sie bei ihm, und da sie unter seinem grauen Brei wohnen, sind sie schließlich ganz blind. Und suchen, wo nichts ist.«

»Das ist«, so meinte Doktor Truckenbrot, »auch das alte Gleichnis: ›Wo ein Blinder den anderen führt, fallen beide in die Grube.‹«

»Das ist«, sagte unser Theophrastus, »schlimmer, denn es sind Ärzte auf diesem großen Irrgang. Wenn ein Arzt fällt, so ist das ein Geringes. Aber die Kranken werden mitfallen.«

Basilius an Helena

»Mit ernstester Bekümmernis haben Wir neulich vernommen, daß sehr viele Personen beiderlei Geschlechts, abfallend vom allgemeinen Glauben, mit dämonischen Wesen fleischliche Bündnisse eingegangen sind.«

Das, was das Wort verwischend hinschleift, bemäntelt, wie eine dürre Gestalt sich den Schlafrock überzieht, um die traurige Wahrheit zu verbergen, wenn der Besucher kommt, das kann nur entkleidet werden mit anderen Zeichen.

Wer aber will die Zeichen dagegensetzen, wer kann die Zeichen setzen, was für Zeichen. Sie müssen klar sein, verständlich für jeden. Sie müssen hart und gütig sein. Sie müssen verwunden und heilen. Sie müssen schreien und ganz sacht sein. Sie müssen das Weinen der Liebe und das Lachen des Verstandes haben.

Wo aber ist das Herz, das aufgetan ist wie Tafeln, in denen diese Zeichen eingegraben sind.

Ich kenne das Herz. Ich habe es gefunden. Ich zeige es Dir, Helena, meine Liebe.

Ich habe Dir schon tausend Briefe geschrieben, aber tausend nicht abgeschickt. Wenn ich einen Boten fand, dem ich glaubte trauen zu können, traute ich der Botschaft meiner Worte nicht. Heute aber schreie ich nach Dir, und Du sollst den Schrei hören. Ich weiß nicht, wieviel Jahre Du mich nicht gesehen hast. Ich weiß es nicht. Erst habe ich angefangen, die Stunden zu zählen, dann die Tage. Als die Tage in Jahre übergingen, habe ich aufgehört, sie abgezählt und ordentlich aneinanderzureihen. Meine Tage waren nicht so ordentlich. Und ich kann zu Dir nicht in die Welt hineinlaufen. Ich kann nur warten. Wenn Du kommst, Helena, sage den Tag, sage

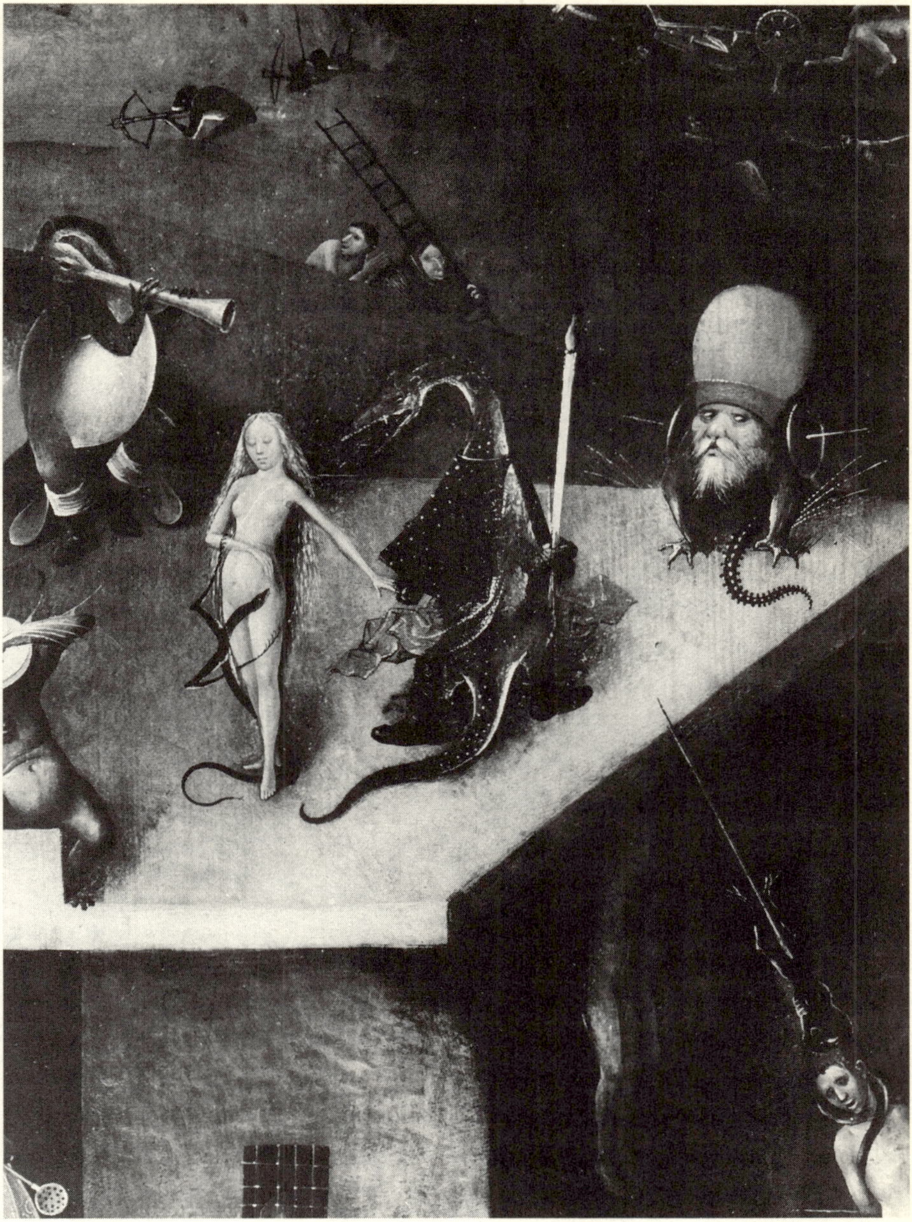

Hieronymus Bosch:
Das jüngste Gericht (Ausschnitt), Wien;
Öl auf Holz

die Stunde. Ich werde Dir entgegengehen bis draußen vor die Tore. Du wirst mich wiedererkennen. Ein alter Mann steht am Wegesrand.

Basilius Amerbach liebte Übertreibungen. Als er diesen Brief an seine Helena schrieb, war er achtunddreißig Jahre alt, aber eben fünf Jahre älter als sein Bruder Bonifacius und der Doktor aus Einsiedeln. Auch er hatte ganz hoffnungsvoll angefangen, in Paris die Juristerei studiert wie der Bruder.

Aber wer bin ich denn, Helena? Ein Nichts, ein Niemand. Sohn eines berühmten Vaters und Bruder eines berühmten Bruders. Ohne Bedauern gebe ich es zu: Er ist der Guttuende, der Wohltäter. Bonifacius. Mir bleibt Basilius, das Königliche, und das bedeutet eben Nichtstun. Und so kann ich tun, was ich will. Ich habe sie nicht über mich bestimmen lassen. Ich will nicht Buchdrucker werden wie der Vater und nicht Jurist sein wie der Bruder.

Nun bin ich ihr Narr. Manchmal gibt es den lustigen Abend bei Professor Bonifacius. Da mache ich, der Student, ihnen den schwäbelnden Oekolampad nach. Und da sitzen jene, die tagsüber als Richter richteten und lachen. Worüber, warum lachen sie dann, wenn der Abend weitergeht? Sie lachen über das Gerade, über die eindeutigen Dinge. Das landsknechtliche Lachen, das, was der Frundsberg kann und den fahrenden Töchtern beibringt, wenn er über die Werke der Liebe und der Verdauung Witze macht.

Ich leide nicht darunter, meine einzige Helena, daß ich unter ihnen – rechne mir das nicht als Überheblichkeit zu – mich ziemlich verloren fühle, weil ich weiß, wenn ich ihnen dieses Lachen des Verstandes erkläre, wenn ich ihnen die aufgeschlagenen Tafeln dieses Herzens zeige, möchten sie das nicht anerkennen.

Der Mann, der die Tafeln seines Herzens uns aufgetan hat, ist Hieronymus Bosch. Versuche nicht, seinem Leben nachzurennen. Wann er geheiratet, mit wem er Kinder gezeugt. Wen er geliebt und wen er verachtet hat, das siehst Du, wenn Du sehen willst.

Man kann, so erklärt man mir, die Lage des Paradieses mathematisch ergründen und festlegen, der Domherr von Lichtenfels soll sich zur Zeit damit befassen.

Du kannst viel genauer den Standort dieses Malers berechnen. Mit zwei festen Punkten: Er lebte bis vor etwa zehn Jahren in der Hauptstadt der Provinz Nordbrabant, Hertogenbosch, Eingesessene sagten »den Bosch«.

Der zweite Punkt: In Hertogenbosch lehrte der große Prediger Denis de Rijckel, andere nannten ihn auch Dionysius, der Kartäuser. Wie er lehrte, zeigt sich am reinsten bei seinem Schüler. Wenn Du mich verstehst, verehrte Helena, brauchtest Du Dich nicht erst nach dem Namen des Schülers zu erkundigen. Jeder von uns kennt ihn sehr genau: es ist der Professor der Theologie Jakob Sprenger.

»Die vier letzten Dinge«, Thema des Lehrers, daran arbeitete nun der Schüler weiter: Tod – Jüngstes Gericht – Himmel – Hölle.

Aber nie predigt ein Mann wie Dionysius so Einschneidendes ohne Auftrag. Er begleitete mit seinen Worten das Eindringen der Fremden, der Habsburg-Spanier. Er kam mit den kaiserlichen Gouverneuren, als die Niederlande zu Habsburgs Provinz wurden. Seitdem hörten die Unruhen nicht auf. Die Bauern wehrten sich gegen unerträgliche Abgaben, sie eroberten Haarlem. Die Eindringlinge schlugen sie nieder, nannten ihr Morden das Käse-und-Brot-Spiel. Vielleicht war es erst der herzzerreißende große Aufmarsch der Bettler in Brüssel, der Beinlosen, Armlosen, Augenlosen, der Gezeichneten, der aller Welt die Bedrückung zeigte. Und Anteilnahme aller jener Menschen erzwang, die für das Recht fühlten. Ein blühendes Land, Helena, wurde und wird Tag für Tag zerstört. Mit allen Mitteln, auch denen des Wortes. Da schöpfte Prediger Dionysius mit hingebungsvollem Eifer aus dem großen grauen Faß. Da hatten sie es mitten in Hertogenbosch aufgestellt, bis an den Rand gefüllt mit dem Brei der Unwissenheit, um jedes Denken zu ersticken. Als Mann hast Du zwei Möglichkeiten: mit aus dem Faß zu schöpfen und den grauen Brei verteilen oder gegen den anquellenden Brei ein festes Werk bauen. Natürlich kannst Du auch davonlaufen, aber das zähle ich nicht zu den Möglichkeiten.

Du wirst einwenden, zärtliche Helena: Der Mann war ein Maler, ein Künstler. Er lebte seinen Eingebungen, seinem Genie. Er war geängstigt von Träumen, geplagt von Krankheiten. Das alles spiegeln seine Arbeiten wider. Du gehst, fürchte ich, meine Schöne, davon aus: Ein Künstler ist ein Besessener. Man darf ihm gar nicht den Verstand zutrauen. Man darf auf keinen Fall so weit gehen, daß man ihm die Methode, mit dem Lachen des Verstandes zu wirken, zubilligt. Und Du setzt noch hinzu, zögernd vielleicht schon: Aber jedenfalls nicht in dieser Zeit.

Du gestattest, daß ich Dich daran erinnere: Sogar ein Wissenschaftler wie Reuchlin, unübertroffen in seinen Kenntnissen über die hebräische Sprache – die Anregungen dafür gab ihm der unvergeßliche Pico della Mirandola –, benutzte das Lachen des Verstandes. Um die frömmelnden Gaunereien der Schurken rings um das graue Faß bloßzulegen, schrieb er die Komödie vom Mönch Sergius.

Das Lachen, Lächeln und Augenzwinkern des Verstandes ist nicht der Mantel des Versteckens.

Laß sehen, was Hieronymus Bosch aus dem zweiten der letzten Dinge machte: Jüngstes Gericht. Dreiteilige verschließbare Altartafel. Setze das ganze Werk einem wohldurchdachten Haus gleich, meine empfindsame Helena. Dann stelle Dir vor, wie sie ringsum gehen, weil sie den Schlüssel zur Haustür nicht haben. Sie zerschlagen ein Fenster und steigen ein. Und probieren mit den Schlüsseln, die sie bei sich tragen, die einzelnen Kammern zu öffnen. Das geht. Ganz besonders Kühne dringen in den Keller vor. Oben hat einer eine Stube schon aufgeschlossen. Und nun ist es seine Kammer geworden. Er richtet sich darin ein und sieht, was er sehen will, sieht die Dinge, die er nicht aussprechen kann und nicht aussprechen mag und nicht aussprechen darf. Die Dinge, die den Mann von der Frau unterscheiden. Da sitzt er nun mitten unter den Symbolen, sieht das Männliche groß und aufgeblasen, verwandelt zu Musikinstrumenten, zu flüchtigen Hasen, zu Schlittschuhen, zu schartigen Messern und vor allem zu Schnäbeln. Ach, der lange, schöne, kräftige Storchenschnabel. Damit nun verbringt er sein Leben in der Kammer. Da bekommst Du ihn nicht wieder heraus. Da hat er sich selbst drinnen verfangen.

Ein anderer hat sich das Sprichwörterzimmer aufgetan und trägt das Buch seines Lebens bei sich. Die Welt mit allem, was darin vorgekommen war, ist und vorkommen wird, aufgegliedert durch Sprichwörter. In diesem Zimmer, liebe Helena, kannst Du ganz ruhig wohnen. Es ist wohltemperiert.

Zur breiten Diele war ja kein besonderer Schlüssel nötig: die allgemeine Einsicht, daß das Leben ungerecht sei, daß es Arme und Reiche gäbe. In der Diele eine mit einer spärlichen Kerze erleuchtete Ecke, gewidmet den Brüdern und Schwestern vom gemeinsamen Leben. Vorsicht, wenn sie zu schnell daran vorbeigehen, verlöscht diese kleine Kerze im Zugwind. Gleich neben der Ecke in der Diele, wo derer gedacht wird, die verändernd auf die Ungerechtigkeiten in der Welt einwirken wollten, gleich daneben geht es abwärts in den Keller der Entrüstung.

Dort unten finden sie, es sei doch viel Jüdisches in der Art des Hieronymus Bosch, zu malen. All die abstoßenden Leibesverkürzungen, die Köpfe auf die Füße, und aus Tierteilen Menschen gebaut und aus Menschenteilen Tiere gemacht, diese Methode sei dem Maler am Ende eben doch von einem Juden eingegeben worden, dem Hochmeister eines geheimnisvollen Ordens. Daneben im Keller der gut ausgestattete Bastelraum, wo sie das »Es« maßgerecht behobeln. Es malte aus ihm. Es, das von anderen Eingeblasene, Es, das Krankhafte, Es, das Wahnsinnige. Einige derjenigen, die sich im Keller der Entrüstung mit Eifer zu schaffen machten, meinten: Bosch habe ein wahres Talent, Ruinen herzustellen und schöne Feuer. Er habe eben eine verbrannte Phantasie. Auch habe er andere Künstler zu Irrungen verleitet. Und unten im Keller sitzen noch jene, die mit dem Begriff Volk spielen. Sie erklären, was das sei: der Riese mit dem Kinderkopf. Und das Volk sei gepeitscht, zwischen höllischen Ängsten und schluchzender Rührung. Wer fertigt die Peitsche an? Wer schwingt sie? Schluchzende Rührung und höllische Angst läßt sich herstellen.

Professor Jakob Sprenger hat die Klausel der Abschwörung vorgegeben: Ich schwöre zu glauben, daß nicht allein alle bloßen Ketzer und Abtrünnigen in dem höllischen Feuer ewige Pein werden leiden müssen, sondern auch insbesondere diejenigen, die mit der Ketzerei der Hexen befleckt sind. Die in den Händen der Teufel dem in der heiligen Taufe erhaltenen Glauben abschwören, sich den Unflätereien der Teufel ergeben. Ich schwöre dieser Ketzerei ab, die fälschlich und lügenhaft vorgibt: es gäbe gar keine Hexen auf Erden, es dürfe niemand glauben, daß sie durch Hilfe der Teufel Schaden tun könnten.

Es war immer wieder notwendig, den Teufel genau zu erklären. So sagte man, es sei zusammengepreßte Luft, von Gott zugelassen. Er könne als ein mächtiges Wesen die Luft so dicht machen, daß sie völlig sichtbar wird. Der Luftkörper kann eine Ähnlichkeit mit einem menschlichen Körper bekommen. Schön ausgeschmückter Peitschenstiel des Professors Jakob Sprenger.

Eine Hexe klagte über allzu große Hitze des umarmenden Teufels. Die andere über zu große Kälte. Die eine fand bei ihm ein weit größeres Vergnügen als bei menschlichen Umarmungen, die andere klagte über Schmerz, hat Abscheu und Widerwillen und würde längst gern Verzicht darauf getan haben, wenn sie sich nur von ihm losmachen könnte.

Immer war es einer im schwarzen Kleid, mal auf dem Feld bei den Kühen, abends in der Küche, mal mit buntem Samtrock, grauen Strümpfen, schwarzem Hut. Und die daraus gezeugten Kinder, die dämonischen Wesen, die ihrerseits wieder mit den Menschen schlafen, das seien die Windwürmer. Das sind die Elben oder die zehrenden Dinger. Wie Raupen. Spitzige Schnäbel. Schwarze Köpfe und Flügel.

Nimm doch den Hausschlüssel, Helena. Hieronymus hat es ihnen hingemalt: »Mit ernstester Bekümmernis haben Wir neulich vernommen, daß sehr viele Personen beiderlei Geschlechts, abfallend vom allgemeinen Glauben, mit dämonischen Wesen fleischliche Bündnisse eingegangen sind.« Er malte die zehrenden Dinger.

Ich sage ja nicht, schau Dich nicht in den einzelnen

Stuben um. Ich sage nur, zwänge Dich nicht durchs eingeschlagene Fenster, wenn Du durch die Haustür gehen kannst. Bleib lange genug in der Diele. Hab acht, gegen wen sich die Bulle des Papstes Innozenz und dann das Gesetz richtete: Da waren die Brüder und Schwestern vom freien Geist oder vom gemeinsamen Leben oder von Unserer Lieben Frau oder von der edlen Bruderschaft des Heiligen Blutes, sie beantworteten die Frage nach der Vollkommenheit: Wenn wir uns als vollkommen betrachten, dann gibt es für uns keine Sünde. Dann können wir jedem Trieb – in Übereinstimmung mit Gott, vor dem wir ja vollkommen sind – nachgeben. So wird über sie berichtet, und sie werden in die Sphäre der wilden Ausschweifungen gerückt.

Sie aber wollen nicht betteln. Sie wollen arbeiten. Kranke pflegen. Arme versorgen. Witwen unterstützen und Waisen helfen. Sie stellen mit ihrer Frage nach Vollkommenheit alles in Frage. Sie kommen immer wieder darauf zurück, es muß sein wie zu den Zeiten der Apostel. Sie erfinden keine Spitzfindigkeiten, sondern sie verrichten Werke der Demut und Liebe. Man wirft ihnen vor, sie leugneten sogar die Teufel. Der Lehre von den vier letzten Dingen stellen sie ihre Forderung von den drei ersten Dingen entgegen. Dreierlei müsse der Mensch lernen, um ein Mensch zu sein: Er müsse das Leben in der Gemeinschaft erlernen, er müsse für die Wissenschaft den Zweifel und für die Kunst die Form erlernen.

Sie sagen, die angeborene Schwachheit ist keine Sünde. Was Gott erschaffen hat, ist gut. Sie beharren auf der Teilung in allen Stücken.

Die Teilung aber stellten sie in das Ermessen des einzelnen.

Und zu der Zeit auch ließen die entrechteten Bauern

als Zeichen des Aufruhrs den Bundschuh an einer Stange auffliegen. Vieles von ihnen haben diejenigen, die uns heute geblieben sind, übernommen: die Täufer.

Melanchthon sagt: Kein Mitleid mit den Täufern, denn sie sind vom Satan verhärtet.

Luther sagt: Man kann diese Ungeheuer weder durch Schwert noch durch Feuer bändigen. Sie verlassen Weib, Kind, Haus und Hof und alles, was sie haben.

Zwingli sagt über die Hexen: Ich glaube, sie können Milch aus dem Axtstiel laufen lassen. Auch er bezieht sich auf den 2. Moses, 22. Kapitel, Vers 18. Seine Lesart: Zauberei sollst du nicht leben lassen, sagt, die Sache steht hier für die Person.

Also: die Reformierten übernehmen den Satz vom Teufel, von den dämonischen Wesen, von den Ungeheuern und übertragen ihn auf die Täufer. Und ich, Basilius, soll da Freude an der Juristerei haben, Helena.

Ich weiß nicht, wie lange Du mich noch achten kannst, freundliche Helena. Verzeih mir, daß ich nicht so bin wie Pico, der alles wußte und folgerichtig handelte. Für das Jüngste Gericht von Hieronymus solltest Du ruhig wissen, wie war Pico della Mirandola.

Man hatte auch an den Professor Jakob Sprenger gedacht, ob er nicht segensreich auf den Fürsten von Mirandola einwirken könnte, jedoch hatte der Orden des heiligen Dominikus, dem sehr an dem Wohlergehen jenes jungen Gelehrten gelegen war, sich lieber der Mithilfe des dem Fürsten befreundeten, sehr eifrigen und dem Orden treu ergebenen Predigers Savonarola bedient, den Wunsch in dem jungen Gelehrten zu wecken, dem Orden beizutreten. In allen Kirchen wurde verkündet, Pico ist bereit, einzutreten, seine abweichende Meinung zu widerrufen und als einfacher Bruder Dienst zu tun. Es war ja nicht angängig, anzunehmen, daß der edle

Fürst aus dem Samen des Kaisers Konstantin fleischlichen Umgang mit dämonischen Wesen gehabt hätte. Für sein zartes jugendliches Alter war sein Wissen doch über alle Maßen erstaunlich, mit fünfundzwanzig Jahren in der Öffentlichkeit neunhundert Thesen über Wesen und Gesicht des Menschen verteidigen zu wollen. Dem segensreichen Einfluß des Dominikanerbruders Savonarola war es auch gelungen, den Fürsten zu einer schriftlichen Arbeit über die sieben Hauptfeinde der Kirche zu veranlassen. Diese Arbeit würde ein gutes Rüstzeug sein für jene Männer, die den harten Weg angetreten hatten nach Salzburg und nach Bremen. Die sieben Hauptfeinde: die Ungläubigen, die Juden, die Mohammedaner, die Heiden, die Ketzer, die Scheinchristen und die Abergläubischen.

Der Erzbischof von Salzburg wäre auch nicht undankbar für diese Unterstützung. Gleichzeitig mit dem Ketzerunwesen könnte dem Unwesen der Juden in seiner Stadt ein Ende gemacht werden. Die Welt sah mit Erwartung auf die Feder des jungen Pico della Mirandola.

Es überkam ihn, Pico, keine Rührseligkeit, auch nicht das Erinnern an die Stunden bei den Gelehrten, die ihm den Schlüssel zum Buch gegeben hatten, hebräische Schriftzeichen zu verstehen.

Es war nicht so, daß ein Rausch von Dankbarkeit ihn überschwemmte. In ihm war die Ruhe der Vernunft. Sein: »Ich kann nicht«, ich kann nicht über den zweiten Hauptfeind der Kirche schreiben, war kein wilder Ausbruch der Verzweiflung, es war das Bekenntnis: Ich will nicht!

Sein Entschluß, nicht mehr zu schreiben, war kein Verzicht auf Wirken.

Nun sollte der Tag kommen, von dem er oft gesprochen und geträumt hatte: weggehen aus seinem Haus und in jedem Schloß, jeder Stadt predigen über den Menschen und über seine Würde. Weggehen und vorher Anweisung geben, die Armen und Kranken im Spital von Florenz sollen die Erben aller seiner Liegenschaften sein. Nicht die Demut predigen, nicht reden von der Nichtigkeit des Lebens und der Schönheit des Todes, reden vom Sinn des Lebens. Er war nicht brauchbar für den Orden des heiligen Dominikus, wenn er sich selbst als ein Bote Gottes betrachtete, der mit Feuer und Schwert ausgestattet ist, wenn er danach strebte, zu sein wie die Cherubim: sie kämpfen, werden erleuchtet und sind zuletzt vollendet.

Der plötzliche und unerwartete Tod dieses jungen, sehr gelehrten Mannes gab Anlaß zu Gerüchten: Dieser Mann ist ermordet worden. Vergiftet. Das Gerücht wurde genährt durch die erstaunliche Grabesrede, die der Bruder Savonarola aus dem Orden des heiligen Dominikus hielt. Dieses Ordensmitglied verriet damit ein Geheimnis. Er klagte sich an: »Ich, Savonarola, habe gewünscht, Gott möge dich dafür züchtigen, daß du noch immer nicht den Wunsch hattest, auf den Spuren des heiligen Dominikus zu wandeln. Ich habe es nicht gewollt, daß du so hart gezüchtigt werden solltest. Ich bin nicht schuld an deinem Tode.«

Diesen unverzeihlichen Leichtsinn, Du verstehst das, Helena, konnte niemand der Verantwortlichen des Ordens vergessen. Natürlich kann man keine Fürsten und Nachkommen, wie diesen Pico, aus dem Samen des Kaisers Konstantin verbrennen.

Auf dem geschlossenen Altarbild vom Jüngsten Gericht, auf beiden Außenseiten, werden zwei Möglichkeiten gezeigt, auf die Welt einzuwirken, sie zu verändern. Die sanfte, waffenlose Art, alles weggeben. Ähnlich wie bei unserem Pico die erstaunten, am Ende ratlosen, doch klugen Augen. Ein Reicher steht da im Vorhof seines Schlosses, im Grau. Im unentschiedenen Grau. Aber die goldenen Sporen sind da, zeigen an, er hat ein Pferd und wird auch reiten. Und der Abstand zu den Armen, den Bettlern, den Narren, den Verwachsenen. Da haben die Bettelnden den abgeschnittenen nackten Fuß auf ein Tuch gestellt, den verwundeten Fuß ohne Schuh. Als Ausweis?

Der Begüterte wird ihre Umstände nicht ändern, auch wenn seine Rechte die breit geöffnete Börse leert. So ändert er nicht die Welt. Er nicht. Es bleibt: das Arme, das Böse. Das Arme, das Böse?

Schon eher so: Auf dem anderen Flügel und auch in Boschs abwartendem Grau der bärtige, gebeugte, nicht alte Mann, der auf dem Wege ist. Mit der Waffe, der langen Lanze, dem großen Messer, dem geschlossenen Beutel. Und dem Buch. Güte, unbewaffnete Güte hilft nichts gegen das fest Eingefahrene: das Arme ist das Böse. Denn, haben diese, auf dem anderen Flügel, das Geld, erbettelt zwar, werden sie doch gehängt, immer.

Zum Henken gehört in der Regel, entschuldige mich, Helena, die Leiter. Auch zum Erobern einer Stadt. Das hier im Mittelteil des Jüngsten Gerichts gleicht einer belagerten und schon eroberten Stadt. An den Vorwerken, vor der Stadt, die Bude, die Schenke, das Schlachthaus der Sieger. Da werden die Menschen wie Hühner an eine Stange gehängt. An den Köpfen – und gebraten. Die Belagerungswerkzeuge sind umgewandelt in Foltergegenstände. Denn es ist gelungen, die Stadt aufzubrechen. Und über der Schwierigkeit, der Unmöglichkeit, sich dagegen zu wehren, über den nackten Opfern die unentschiedene Geste des Richters, Sinnlosigkeit. Da ist keine Möglichkeit, unten in der Stadt auszuweichen. Es ist immer wieder ein Mensch, der Schlanke, Suchende, der sich das nicht vorstellen kann. Der Schöne, Edle.

Aber Du mußt es Dir vorstellen: Was ist das, ein Dämon. Wie ist das, mit Dämonen schlafen. Sieh an, die Schlange auf dem Dach. Da stehst Du, empfindsame und allergetreueste Helena, Du stehst sehr aufrecht, nackt, und Dein langes goldenes Haar umfließt Dich bis zu den Kniekehlen. Du hast Deine Augen geschlossen und läßt alles über Dich ergehen. Deine linke Hand am starren Arm greift nach hinten, abwehrend. Suchend. Schon frißt sich in Deinen Schoß ein das zehrende Ding. Der Windwurm mit dem schwarzen Kopf und den spitzigen Gliedern. Aber Deine linke Hand greift auch noch nach dem anderen Dämon, dem grünen Ungeheuer mit den Männerschuhen und der geweihten Kerze. Es ist das Unbegreifliche an Dir, meine sonst so vertraute Helena, daß Deine schönen, blassen Lippen, diese vollen, gern küssenden Lippen den Anhauch von Wohlbehagen nicht verleugnen. Und dabei lauert der nächste Dämon. Das alte, bärtige Gesicht mit dem päpstlichen Hut. Dieser wüste Kopf ohne Umwege auf den züngelnden Schweif eines sehr niederen Dämons gesetzt. Musik dazu vom blaugrünen Dudelsackdämon, aufgeblähte Stärke des Mannes.

Deine Stadt, Deine Behausung, Dein Leben. Das Sinnvolle, dahinein: Dämonen.

Dieses Jüngste Gericht ist die Antwort an die Hüter des grauen Fasses. Antwort auf ihr Gesetz: »Ein vom allgemeinen Glauben Abfallender ist dem Fleischesakt mit dämonischen Wesen verfallen.«

Hieronymus wendet die zwei Forderungen an: Der Mensch muß für die Wissenschaft den Zweifel und für die Kunst die Form erlernen.

Er malt den Zweifel über die Existenz der Dämonen, indem er die Unwesen genau nach den Worten des mörderischen Gesetzes festlegt.

Und für seine Kunst hat Hieronymus die Form gefunden: das Lächeln des Verstandes, der Vernunft.

Der Steinschneider

1

In der Stadt, in die unser Theophrastus nun zurückkehrt, in Straßburg, gab es im Ablauf des Jahres 1526 einige Umstände, die auf zweierlei Weise betrachtet werden können.

Ohne Beziehung zueinander.

Im Zusammenhang miteinander.

Versuchen wir uns an den Beziehungen und Zusammenhängen.

Der neue Doktor Theophrast von Hohenheim behandelt die auch in Straßburg wütende Lustseuche nicht mit dem Holz Guajak.

Der reformierte Rat der Stadt hatte einen großen Vorrat am Holz Guajak, bezogen vom Haus Fugger.

Der neue Doktor Theophrastus scheitert in einer öffentlichen medizinischen Disputation.

Hans Denck, auch genannt der Papst der Taufgesinnten, mißtrauisch von allen Reformierten betrachtet, hat in Straßburg großen Zulauf von Handwerkern und kleinen Leuten.

Nach einer öffentlichen theologischen Disputation wird er Weihnachten 1526 mit seiner Frau ausgewiesen.

Hans Denck forscht über Wahrheit und Weisheit. Er findet den Grundsatz: Du mußt wissen, vom wem die

Weisheit kommt, das bestimmt die Wahrheit. Denck verwirft den teuflischen Einfluß auf den Menschen.

Theophrast von Hohenheim sucht die natürlichen Ursachen der Krankheiten.

Beide Männer gleichzeitig in einer Stadt, Zugewanderte, beschäftigen sich mit der Existenz oder Nichtexistenz des Bösen. Des Teufels.

Unterwegs von Basel nach Straßburg bestätigte unser Theophrast es sich selbst nachdrücklich: Er wird in Straßburg bleiben und nicht nach Basel gehen. Nicht wegen irgendeiner Versuchung, was sollte da Versuchung sein? Die Weingärten, die Rosengärten? Nicht für mich.

Nur die Druckerei. Frobens Druckerei. Aber man braucht nicht in derselben Stadt zu sitzen, um ein Buch herauszubringen. Es wird sogar besser sein, sonst heißt es, er ist Frobens Leibarzt und hat sich bei ihm eingenistet. Es ist Frobens Gutmütigkeit, daß er sein Buch über die Kunst der Medizin herausgebracht hat. Noch ein Buch mehr, schön. Und Frobens Frau war nicht dagegen. Die Eingeweihten wissen, sie bestimmt in der Druckerei, zumindest seit seiner Krankheit.

Es wird nicht leicht mit ihr sein, sie beherrscht sogar Erasmus. Er hat den Geist, sie aber hat das Instrument, die Druckstempel, das, was einen Mann wie Erasmus mehr reizt als jedes Bett. Schreiben und das gedruckte Buch sehen, die andere Lust des Sichverschwendens.

Frau Froben, klein und schlank, zugreifend, heiter, rechthaberisch und empfindsam.

Truckenbrot hatte gewarnt vor der Abhängigkeit der Ärzte in den großen Städten. Er, Doktor Theophrast, abhängig ausgerechnet von der Frau eines Drukkers?

Und erinnerte sich, wie sie seine Hand genommen,

herumgedreht, lange betrachtet, dann mit ihrer ein wenig heiseren Stimme gesagt hatte: »Ihre Hand ist wie eine Stadt. Ich kann mir vorstellen, viele wohnen in dieser Stadt sehr ruhig.«

Es gelang ihm nicht, darüber zu lächeln, es war ganz förmlich gesagt, fast abweisend. Die Dame aus dem breiten Tal sagt dem Waldmenschen aus Einsiedeln eine Verbindlichkeit.

Aber welche Frau sonst aus den reichen Familien findet so ein Bild, so einen Vergleich: Deine Hand ist wie eine Stadt. Mit Frau Gertrude kann man reden. Und schließlich, er ist nicht magenkrank wie Erasmus, nicht anfällig und leicht zu kränken. Er wird mit ihr auskommen können, wenn er will.

Und ertappte sich, daß er den Freunden in Straßburg als erstes sagte: »Ich glaube, sie würden mich gerne in Basel haben.«

»Ich habe Angst, du gehst wirklich«, sagte Verena, »du gehst, und wir wissen im Grunde noch gar nichts von dir.«

Welch ein Anspruch. Wer ist Verena, die so unbefangen sagt, ich will dich ergründen. Wer kann schon über einen anderen Menschen alles wissen. Nicht einmal mein Vater, der mich am nächsten kennt, der mich eingewiesen hat in die Kunst der Medizin, kann mich verstehen, warum ich nicht zu ihm zurückgekehrt bin nach Villach und mit ihm zusammen zu den Kranken gehe, wie in den Tagen der Kindheit.

Wer ist Verena? Ihm erging es jedesmal von neuem seltsam, wenn er sie sah. Sie erinnerte ihn an diese eine. Diese mit den bloßen Füßen in den Sandalen und dem Kleid aus weißem Leinen, das schon verwaschen war. Auf der Wallfahrt zur wundertätigen Mutter Gottes nach Einsiedeln.

Sie erinnerte ihn an das Kind, als er selber Kind war. »Wo kommst du her?« fragte er damals in Einsiedeln.

»Aus dem silbernen Tal, wir sind Bauern aus dem Fluchttal, dem steinernen Tal. Wo sie schon eine andere Sprache reden, italienisch.«

Und flüsternd, während der Vater die alte Frau behutsam untersuchte, mit dem wichtigen Eifer, den nur Kinder kennen, erzählte sie: »Niemand weiß soviel wie die Großmutter, sie hat Riesen getroffen und mit ihnen geredet, als ihr die Ziege weggelaufen war, der Riese hat ihr geholfen, hat die Ziege vom steilen Felsen runtergehoben. Sie wollte ihn mir noch zeigen, er war stark und dabei freundlich, sie redete viel von ihm. ›Großmutter‹, habe ich sie mal gefragt, ›willst du denn immer im engen Felstal bleiben und gar nicht in die Städte gehen, wo man den Kaiser zu sehen bekommt und die vielen feinen bunten Menschen?‹ Da hat sie gelacht und gesagt: ›Schöner ist es, von den Riesen zu erzählen als von den Leuten, die sich da bei den hohen Herren herumdrücken.‹ Einmal, als die Großmutter Durst hatte, hat der Riese ihr eine Quelle aufgetan. ›Wer tut mir in den großen Städten eine Quelle auf, wenn ich trinken möchte‹, hat sie gesagt. ›Da kenne ich niemanden, da hilft mir niemand. Schöner ist es bei den Riesen, glaub es mir.‹«

Was die wundertätige Mutter Gottes von Einsiedeln nicht heilen konnte, das sollte der Vater zustande bringen. Tag um Tag kamen die Kranken zurück.

Eines Tages, unangekündigt, in dem täglichen Einerlei des Betens, Weinens, Schreiens kamst du, Verena. Ein Kind wie ich. Da war es, als gehörten wir beide nicht dazu. Die anderen redeten vielwortig auf den Doktor, den Vater, ein. Sie hatten die Kranke mitgebracht auf einer Trage, in eine Decke gehüllt, hatten sie in die Stube des Doktors getragen. Die ganze Familie war mitgekommen. Arme Leute. Und hatten eine Ziege als Geschenk mitgebracht.

Sie schrien in ihrer Angst: »Unsere Großmutter ißt nicht, sie trinkt nicht, sie redet nicht. Von dir haben wir gehört, Doktor, du kannst heilen. Du bist unsere Hoffnung.«

Vor ihm stand das Kind, Verena. Sandfarbenes Haar. Sie war müde, aber sie getraute sich nicht, sich zu setzen. Alle standen sie um die Trage, im zähen Eifer, das Leben der guten Frau zu bewahren. Wir beide auch. Weil du müde warst und inmitten aller deiner Leute verlassen, hast du dich an meiner Hand festgehalten.

Einsiedeln, das ist lange her.

So bist du ein Teil von mir geworden, unablösbar, von dem Augenblick an, als wir Hand in Hand vor der alten Frau, der Großmutter, standen. Und wir erkannten das Geheimnis gleichzeitig. Das Geheimnis der alten Frau, das die anderen nicht sahen. Du sagtest leise: »Ich glaube, sie ist nicht krank.« Da begriffen wir, wieder gleichzeitig, ich sprach es aus: »Sie will nicht.« Wir konnten die Hände nicht voneinander lösen. Wir wollten leben. Und wußten von da an, was das ist: Wollen. Dann, und auch wieder gleichzeitig, taten wir die Hände auseinander. Es sollte uns niemand auslachen, es sollte niemand sehen. Von da an, nur wir beide wußten das, blieben unsere Hände ineinander.

2

Dencks Frau hier in Straßburg war nicht die Verena aus den Kindertagen, aus dem Fluchttal. Ihre Füße steckten zwar auch in Sandalen, und ihr Kleid war aus weißem Leinen, ohne Schmuck um den Hals. Ihr Name derselbe.

Sie konnte nicht älter sein als zwanzig Jahre. Theophrast sah die Faltenlosigkeit ihres Gesichts. Ob sie schön war, konnte er nicht einmal sagen. Ihre Augen waren sehr groß, aber ihr Mund auch. Ihre Haare glatt und lang und dunkel. Er dachte, wenn sie zärtlich ist, muß das eine verschwenderische Zärtlichkeit sein.

Verenas Leben war Hans Denck. So selbstverständlich war ihre Liebe wie atmen. Wer es nicht glauben wollte, daß es das in der Welt gab, aber auch wer sich ausruhen wollte und wer Aufrichtung suchte, ging zu den beiden.

Mit Freude begrüßte sie den aus Basel Zurückgekehrten, als gehöre er zu ihnen. Als gehöre er zu uns. Uns, Leute von Straßburg, Hans Denck, der Lehrer, einige Prediger, ein Buchdrucker, nach ihm, dem Hans, nannten wir uns die Denck-Leute oder einfach die Denkenden.

Wir sind mitten hineingesetzt in diese Welt und sehen uns um und haben uns entschieden, nicht die uns vorgezeichnete Bahn zu gehen. Dann wäre Hans im Hohen Stift zu Regensburg Lehrer geblieben, die freie Zeit im Stiftsgärtchen verbringend. Dann wäre ich, Verena, in der Rheinniederung geblieben. Ich wäre in die Dienste gezwungen worden irgendeines Menschen, der das Land besitzt, den ich nicht kenne und den ich nicht liebe.

Wir haben uns selbst abgetrennt von dieser so wohlgefälligen und bunten Ordnung. Wir haben uns entschieden, entschieden aber nicht für Weltflucht. Wir haben uns in eine große Stadt gesetzt, um von hier aus zu wirken. So ist unser Leben auch schon Alltag geworden.

Aber uns wird nie der Überdruß des Alltags treffen. Auch wir kannten die Lieder: »Wer große Beschwerden ertragen will, der stehe auf und ziehe fort, wohl auf den rechten Weg. Vater, Mutter, Gut und Ehren und sich selbst muß er verlassen. Den Weg muß er gehen und kennen, sich nicht um die Kochtöpfe sorgen noch um das darin gekochte Fleisch.«

Auch wir haben gesungen: »Findest du einen Bruder auf dem Weg, so teile mit ihm dein Brot und deinen Wein.«

Auch wir wußten über Einsiedeln, daß dort Unsere Liebe Frau im finstern Walde wohnt. Auch wir fragten, was gehst du nach Unserer Lieben Frau vom Walde? Den Mönchen hat Gott nicht seinen Wald gegeben, denn sie selbst sind voller Sünden. Sie sollten Gott für sich selber bitten, daß die Sünden ihnen vergeben werden. Und es waren unter uns einige, die die Wallfahrtsstätten mit zerschlagen haben, die Reliquien ausgeräumt, die Türen zugemauert. Weil sie geglaubt hatten, mit dem Verlust des Gegenstandes sei die Wallfahrt auch erledigt. Erledigt?

Da war noch die Liebe und die Gewohnheit der Wallfahrenden. Das war nicht erledigt. Die Menschen, die Leidenden, die Trostsuchenden, kannten den Platz, und sie gingen hin. Sie gingen zu Unserer Lieben Frau im finsteren Wald. Da haben wir begriffen, was die Liebe und die Gewohnheit der Wallfahrenden ist. Wir können sie nicht einfach Heuchler nennen, weil sie wissen müßten, was wir ihnen oft genug gesagt hatten: In den Schreinen, die ihr anbetet, sind nur alte Kleider. Wir müssen es ihnen jeden Tag wieder sagen. Sie sollen nicht die hölzernen Körper der Toten so sehr ehren. Sie sollen sich um die Lebenden kümmern. Ihre Kinder erziehen, die Kranken pflegen, die Armen speisen.

Da war nun an einem guten Tag der Doktor Theophrast zu uns in die Stadt nach Straßburg gekommen, und er hatte fast den gleichen Weg wie die Unseren. War auch Schüler im Kloster gewesen. Hatte auch gezweifelt und war noch im Zweifel befangen. Und war auch Kämpfender in dieser großen Schlacht gewesen, die jetzt verloren scheint. Er hat sich nicht auf die Seite der siegreichen Mörder geschlagen. Er ist kein Fürstendiener geworden. Wir wissen nicht, wem er dienen will. Ich kann nicht sehen, wie er ist. Vielleicht, weil ich sein Ziel nicht kenne.

Aber ich mag ihn. Wenn es denn so ist: Der Mensch ist ein in den Sand am Meer gemaltes Bild. Also habe ich mir dein Bild in den Sand gemalt. Nicht mit einem fremden Stab in der Hand. Ich kniete mich hin, um den Sand zwischen den Fingern zu spüren. Ich verrichtete diese Arbeit mit Ergriffenheit, trug gewissenhaft ein Güte, Zärtlichkeit, Freundlichkeit, Zuverlässigkeit und lief jeden Tag zu der Stelle, um zu sehen, ob es noch da ist. Es gehörte schon eine Portion unbeschwerten Mutes dazu, dein Bild gerade hier anzulegen angesichts des großen, gefräßigen Meeres.

Dann bist du nach Basel gegangen. Verfangen in mein Bild von dir vergaß ich das Meer, wollte nicht wahrhaben, daß die Umrisse jeden Abend undeutlicher wurden. Zwar noch an derselben Stelle, aber so verschwommen. Mit diesem schon die Grenze zur Einfalt streifenden Mut beugte ich mich jedesmal tief nieder, um dich noch zu erkennen. Die Finger suchten die vertrauten Züge und waren schon zufrieden, den Sand zu spüren.

Nun bist du aus Basel zurück.

3

Nun bist du aus Basel zurück. Nun kann ich dir erzählen, wie es war, als ich Hans Denck traf. Ich weiß niemanden, vor dem ich sonst so über meine Liebe reden kann. Das ist keine Krankheit, das ist ein Geheimnis, und du, verehrter Doktor Theophrast, mußt mein Geheimnis bewahren.

Ich rede von der Schönheit des Mannes, der, vom Sinn seines Strebens erfüllt, leuchtet mit ruhiger Kraft. Er bedarf nicht des Aufschreiens, er steht da, und wenn er lächelt und seine Lippen entblößen die Zähne, dann ist es, als lächle Gott. Wie ist Gott? Ein Mann? Nicht die bleiche Schlaffheit, die müden Züge. Das Gesicht wohl hart und straff, aber edel und klug. Ich sah ihn. Unverwechselbar. Was wollte ich. Nichts. Nur neben ihm atmen. Ergriffen werden von seiner Kraft. Mit ihm streben nach der Gerechtigkeit. Fragen an ihn stellen und seine Antwort hören, seine Stimme. Ich war begierig auf seine Stimme.

Schöner Augenblick: ich sehe dich zum erstenmal. Das ist ein Augenblick, der aus der Erinnerung noch sehr oft herausgeholt wird. Ich, Verena, sehe Hans Denck. Die Schnelligkeit, mit der du aufstehst. Die Leichtigkeit, mit der du durch das Zimmer gehst. Da stehst du, noch fremder Mann, deine Stimme hat das Tiefe, Singende, das, was ich immer wieder hören will. In deiner Gegenwart bin ich ruhig. Geborgen. Ein Mann, was ist das? Einer, zu dem ich sage: Mein König. Mein stolzer König. Mein großer König. Mein guter König. Gerecht und weise und gütig. Einer, der Antwort weiß, wenn ich meinen Kopf auf seine Schulter lege und frage: Was soll nun werden? Einer, der aber nie sagt: Meine Königin, weil ich das unerträglich fände. Einer, der nicht kniet. Einer, der auch nicht den gleichgültigen Schlag auf den Hintern gibt, den Pferdeschlag, den lobenden, vertraulichen. Einer, der weiß, ich kann alles und bekomme alles, was ich will. Der weiß, ich rede mit den wirklichen Königen und Fürsten und Großen wie mit Schuhputzern. Und einer, der versteht, daß ich mit den Schuhputzern rede wie mit Königen. Einer, der weiß, ich bin unerschrocken vor den Mächtigen und bin unverwundbar und unantastbar. Und wenn jene sagen, liebes Kind, Sie mit Ihrem klugen Köpfchen, dann spucke ich auf ihre Anrede »liebes Kind«, die sie ja freundlich meinen. Ihre Freundlichkeit.

Zu dir aber komme ich nach Hause wie am ersten Tag und frage wieder, was soll nun werden? Es ist spät. Da öffnest du die Tür und bist nicht König, bist Koch, hast Fleisch gebraten, Bohnen gekocht, und dein Haar ist noch voll Rauch, und fragst, ob es schmeckt. Ich habe das Fleisch auf der Zunge und schmecke es nicht, ich warte nur auf deine Stimme, und wenn sie sagt, guten Tag, liebes Kind, bist du nicht König. Ein Mann.

Und Verena sagte dem Theophrast: »Wir sind herumgejagt worden, seit man uns aus Nürnberg ausgewiesen hat. Aber jetzt ist Straßburg unsere Wohnstätte. Es ist etwas Schönes, zu wohnen.«

An diesem Tag oder an einem anderen sagte Theophrast zu Hans Denck: »Wenn wir erkennen« – und es war für Verena und für alle zu hören, daß er es erkannt hatte –, »wenn wir erkennen, ein anderer ist besser als wir selbst, und besser, das kann vielleicht bedeuten nötiger, wichtiger als wir selbst, so müssen wir ihn höher schätzen als uns selbst. So wie der Arm oder die Hand den Kopf und das Herz und das Auge mehr beschützt als sich selbst. Mit meiner Hand will ich dein Herz schützen.«

In die Ergriffenheit hinein sagte Denck, und er war eben der Lehrer: »So nicht. Der nächste Schritt ist dann nämlich die Überlegung: Die Hand soll nicht das Auge sein wollen. Mit dieser Lehre wird an den Zuständen der Welt nichts geändert. Das, was ist, wird nur befestigt.«

Vielleicht aber wollte er nichts anderes als die Rührung verwischen.

Arme, empfindsame Verena, sie wollte hineinsinken, sich betäuben mit schönen Gefühlen. Es war bestimmt nicht leicht, die Frau von Hans Denck zu sein.

4

Auch er, Hans Denck, wollte noch einmal einen Menschen schaffen nach seinem Bilde. Seine Gedanken sollten ihre Gedanken sein. Schöne Verena, Traum und Erfüllung gleichzeitig. Sie ist ein Teil seiner selbst, unablösbar, und sitzt mit Selbstverständlichkeit neben ihrem Hans, geht überallhin mit ihm und kann auch allein sein. Eine Frau, ruhig, groß gewachsen, nicht herrschsüchtig, sie braucht nicht den Triumph zu feiern, ich habe diesen klugen Mann gewonnen, den mutigen, den barmherzigen, den unbeugsamen.

Sie hatte beides, seine Gedanken und auch eigene. Sie war schon, bevor sie zu ihm kam, eine Frau mit unverwechselbaren Zügen. Er wußte, soviel Zeit wird er gar nicht haben, eine unwissende Frau zu erwekken.

An einem Tag, am frühen Morgen, redeten sie davon, wie nach knapp sieben Jahren der neuen Regentschaft des Kaisers Karl V. an das alte Rittertum erinnert werden sollte, auch eine Art des Sichwehrens gegen die Denkenden. Das Volk mit Bildern ablenken. Noch einmal aufwärmen den großen Triumphzug des Kaisers Maximilian. In den Städten wurden die Bilder feilgehalten vom großen und mutigen, aber wenig großmütigen Ritter, vom Ritter ohne Lächeln. Der Ritter ohne die Entschuldigung des Verliebtseins, dieses heiteren, selbstverständlichen, verschenkenden Verliebtseins. Und so sind alle seine Diener.

Und die Diener seiner Nachfolger sind noch unerträglicher, weil bei ihnen der Eifer dazukommt. Wenn diese lieben, geschieht es ohne die Gabe der Veränderung. Sie sind immer gleich, am Morgen, am Mittag und am Abend, an der Tafel und an dem Bettuch, gefräßig und laut. Ihre Frauen nehmen sie hin. Es kommt über sie nie mehr das freudige Erschrecken, derselbe Mann ist ein anderer, das lärmt und fällt zusammen. So sterben in diesen Frauen die vielen Träume, und so hören sie auf zu denken.

Dann kommen die Maler und trösten mit ihrem Trost, den bunten Bildern.

»Triumphzug der Ritter«, sagte Hans Denck.

»Dafür schenke ich dir einen Gedanken, den du noch nicht gedacht. Hör zu«, sagte Verena, »mein Vater zeigte mir eines Tages ein Bild. Ein gepanzerter Ritter, harte Augen, hartes Gesicht, harte Hände. Aufrecht sitzend auf seinem Pferd, erschlägt er einen Löwen. Ein schöner, männlicher Mann.

Der Ritter durchbohrt den Löwen mit der Lanze, zerhaut ihn mit seinem Schwert, läßt sein Pferd, das sonst so geduldige, den Leib des Löwen zerstampfen. Dreifache und sehr gründliche Vernichtung.

Mein Vater erzählte weiter: ›Dieses Bild wurde einem Löwen gezeigt. Da sagte der Löwe: ‚Ein Bild, von Menschen gemalt. Aber wartet nur, wenn wir malen. Schade, daß wir es noch nicht können.‘‹«

Vielleicht erst da hat er, Denck, klar verstanden, daß es nicht seine Eitelkeit ist, sondern seine Aufgabe, zu schreiben, damit in der Welt die Wahrheit bleibt. Aber nicht diese verfluchte, von jedem wie eine Hure beanspruchte und hin und her zu wendende, nicht die tausendfache, sondern die einfache, die Löwenwahrheit.

Jetzt brauchen wir beide im Grunde nichts mehr zu reden. Wir wissen alles voneinander. Was ich unklar gedacht, hast du klar gesagt. Ich werde dich immer lieben, schöne Verena, kluge, zärtliche, mit deiner tiefen, warmen Stimme. Ich werde dich immer lieben, weil es deine Stimme war, beides zusammen, der Klang tief, warm, zärtlich und der Sinn klug, ermutigend, heiter.

5

Der da zu Verena kam, war ganz unverhüllt. Er brachte auch keine Entschuldigungen vor, keine einleitenden Reden. Er sagte zu ihr: »Uns ist an den Schriften Ihres Mannes gelegen.« Sie hatten von einem Bekenntnis für den Rat in Nürnberg gehört, vom vorigen Jahr. Sie waren gewarnt worden. Die Warnungen und Zuschriften gingen von Stadt zu Stadt. Sie kamen von denen, die Einfluß hatten auf die Ratsgeschäfte. Die Zuschriften waren in einem gewissen brüderlichen Ton gehalten. Die gewonnenen Freiheiten mußten eingezäunt werden. Der Mann war einer der zahl- und namenlosen kleinen Regierenden der Stadt, er sah, diese Frau wird ihm nicht die Kisten aufschließen. Sie ist nicht einzuschüchtern. Befehlen wird sie nicht gehorchen.

Verena schaute auf diesen Mann. Er war groß wie sie, und sie hatte Mitleid mit ihm. Sie sah, wie er sich verzehrte vor Eifer, seine Aufgabe durchzuführen. »Setzen Sie sich«, sagte sie, »fragen Sie mich alles, was Sie wollen. Legen Sie Ihr Schreibzeug ruhig auf den Tisch, ich kenne das, Sie schreiben zwei verschiedene Notizen, Ihre Meinung, Ihre Meldung. Ich kenne Ihre

Arbeit, aber machen Sie es sich um Gottes willen bequem.«

Er bekam einen roten Kopf und sah so ertappt aus, so ungeheuer hilflos.

Verena setzte sich auch mit ihrer ruhigen Sicherheit, ihrem Lächeln. »Ich kann mir denken, Sie suchen das Bekenntnis. Es wird bald in Druck gehen. Dann hat es alle Welt. Ich zum Beispiel kenne es auswendig. Es ist gut geschrieben.« Sie wußte, sie spielte mit ihm, aber es war auch gleichzeitig ein tiefer Ernst. Sie wollte ihn wandeln, ändern, beeinflussen. Sie zitierte aus dem Bekenntnis für den Rat zu Nürnberg 1525: »Es schaue niemand auf die Hohen dieser Welt, es sei ein Großer in der Macht, in der Kunst oder im Reichtum. Man richte sein Herz auf die Verachteten und Kleinen dieser Welt. Wehe dem, der anderswo hinsieht denn auf dieses Ziel. Wer diesen Weg nicht geht – eben zu den Verachteten und Kleinen dieser Welt –, der wird ewig irren. Und wer einen anderen Weg weist, der ist ein Dieb und Mörder.«

Da er aufgehört hatte zu schreiben, fragte sie: »Was ist Ihre Meinung dazu?«

»Einen Augenblick«, entgegnete er und schrieb weiter. Es war, als klammere er sich an seine Feder. Er bat schließlich um Tinte.

Da zitierte sie, und es war ihr auch ein Vergnügen, ihm ihre Furchtlosigkeit zu zeigen, sie zitierte weiter aus dem Bekenntnis: »Wer den Geist nicht hat, der sucht Licht und findet Finsternis. Er sucht Leben und findet nur den Tod. Das ist die Ursache, daß sich die Allergelehrtesten allezeit am allermeisten über die Wahrheit ärgern, denn sie meinen, es liegt nur an ihrem Verstand, weil sie so klug sind und lesen können.«

Sie sah, er schwitzte. Das, was er geheim gesucht

hatte, sagte sie ihm, und er fand alles gerechtfertigt. Was sie aus Dencks Schriften hersagte, war seine Meinung.

Und konnte doch nicht seine Meinung sein.

Als sie ihm noch Wein und Kuchen gab, sagte er wie ein wirklicher Mensch und nicht wie einer, der vom Rat geschickt war, ein herzliches Dankeschön.

Sie hatte einen Traum: Du mußt fliehen, Verena. Ohne zu murren und ohne Angst machte sie sich an die Arbeit, das Weggehen vorzubereiten. Sie rannte nicht herum, sie setzte sich und dachte nach. Jetzt ist Sommer, es wird leicht sein, zu gehen, ohne schweres Gepäck. Aber der Winter wird kommen. Du und dein Mann, ihr werdet Schuhe brauchen für den Schnee und Mäntel.

Sie stand auf und fand die Schuhe nicht, nicht ihre, nicht die für Hans. Die Mäntel hatte sie schon zusammengebündelt. Freunde hatten die Kerzen ausgeblasen. Niemand von ihnen dachte jetzt in der heißen Sommernacht, der Fluchtnacht, an die Kälte und an den Schnee. Sie riefen, mahnten zur Eile. Da entschied auch sie sich, wegzulaufen im dünnen Schuh. Und kehrte doch auf der Schwelle noch einmal um, beschämt, daß sie zwar an die Schuhe gedacht hatte, doch nicht an die Schriften.

Alle Blätter, die sie im Dunkel fand, steckte sie in einen Sack und war schon wieder von Zögern und Ängsten erfüllt: Wird das Bekenntnis für den Rat zu Nürnberg auch dabeisein? Sie ging zurück zur Truhe, bückte sich bis tief auf den Grund und fand die Schuhe. Erlösung, die nun keine Erlösung mehr war.

Aber aufwachen und den Geliebten sehen, ihn streicheln bis zu den Füßen. Da war die kleine Welt in Ordnung. Sie sah im frühen Morgenlicht auf dem Pult die druckfertigen Seiten, unterm Bett die Schuhe, und sie hatten jeder nur ein Paar für Sommer und Winter. Sie wird nicht suchen müssen, wenn die Stunde der Flucht kommt.

Warum schon wieder fliehen? Hier in Straßburg zusammen sein mit den Freunden und arbeiten. Dem Doktor Theophrast erzählte sie den Traum. Er sagte: »Jetzt müßte ich dir ein Paar Schuhe kaufen, aber es würde dich kränken.«

»Manches Mal«, meinte Verena, »müßte es wunderschön sein, mindestens sechs Paar Schuhe zu haben. Manchmal überlege ich, was steht denn am Ende unseres Bemühens, das Wohlleben. Aber wird das Wohlleben mich nicht verändern und ungerecht machen? Den Hans nicht. Der ist immer gerecht, unangreifbar. Und der Gedanke, daß er ein anderer sein würde, wenn er von heute auf morgen soviel Geld hätte wie der Kaufmann Fugger, ist lächerlich. Was wäre mein erster Wunsch? Ein Pferd. Einmal kam ich mit Hans an einer Wiese vorbei, da lag ein kleines Pferd, eben aus dem Mutterleib gestoßen, verschmiert, unansehnlich. Er hat die Geduld, zu warten, bis es groß wird und schön. Und erklärt mir genau, wie es sein wird. Schwarz. Und wie sicher es sein wird, auf diesem schwarzen Pferd nach Hause zu reiten.

Ich habe nicht die Geduld, nicht diese Freundlichkeit. Ich bin hochfahrend und unfähig, in diesem schmutzigen Tier die spätere Schönheit zu erkennen.

Ich schaue mich auf der Wiese um und sehe ein weißes Pferd, schon aufgezäumt, ausgewachsen.

Für andere aufgezäumt. Ich habe schon längst den Weg der Einsicht und des Verstandes verlassen, vergessen, daß ich mich auf das schwarze Pferd gefreut und vorbereitet. Ich bin trunken schon durch den Anblick des goldenen Zaumzeugs und werde so ein Opfer des Begehrens, weil es da keine Grenze gibt. Ich kann alles haben. Alles, was für andere verschlossen ist, wird mir aufgetan. Und aufgetan nicht mit Hilfe meines Verstandes, auch nicht mit Hilfe meiner Arbeit, es wird mir aufgetan mit einem Schlüssel, den ich nicht gemacht und nicht gewollt. Geld wurde mir gegeben.

Und so reißen die Dinge ihre Mäuler auf, wachsen zusammen zu einem großen Schlund und saugen mich ein und zeichnen mich, drücken mir ihren Stempel auf. Ich empfinde Verachtung denjenigen gegenüber, die diese Dinge nicht haben können und nie haben werden. Ordentliche Leute, die nur an den Wiesen, gefüllt mit den schönen Pferden, vorübergehen, die nicht einmal vom Besitz zu träumen wagen, ordentliche Leute geraten so außerhalb meines Blickfeldes. Ich sehe sie nicht, ich brauche sie nicht zu sehen, weil sie nicht einmal die Erlaubnis haben, die Wiese zu betreten, die fest umzäunte Pferdewiese. Weil ihnen niemals ein Fohlen zuwachsen wird, weder ein schwarzes noch ein weißes.

Vielleicht werde ich, ein sonst unbescholtener Mensch, durch die Dinge bösartig. Und ich – ein im Grunde nicht unvernünftiger Mensch – glaube, daß der schnelle Gang meiner Pferde mich selber schneller macht und heraushebt über alle anderen.«

6

Das sind Sehnsüchte. Und Ängste, wie man nicht werden will. Verena erzählte. Und Verena hörte zu. Sie war wirklich erstaunlich, weil sie nicht dazwischenredete. Der Mann aus Einsiedeln konnte ihr das andere Gesicht des Vaters zeigen.

Manches Mal fragte er sich, warum gehe ich denn nicht nach Villach, zum Vater? War es, um ihm nicht täglich vorweisen zu müssen: Ich bin besser als du. War es, um ihn nicht zu kränken?

Vieles wurzelte vom Vater her so fest in ihm, daß er Mühe hatte, zu erkennen: Das habe ich ja einfach übernommen, ohne zu denken, ohne es selbst zu erproben. Ich habe den Satz geschrieben: »Mein Vater, der mich nie verlassen hat.« Nie verlassen mit all den Eigenarten, die er als Kind beim Vater sich abgesehen hatte. Die ständig wiederkehrenden Fragen in der gleichen Tonart an die Kranken. Das ließ sich nicht immer vermeiden, die Kranken ein wenig behandeln wie Kinder. Wenn sie aufstanden, ihnen sagen, »fein, daß wir das geschafft haben«. Aber es durfte sich in ihm, Theophrast, nicht festsetzen. Er wehrte sich dagegen, so zu werden wie der Vater, und war gleichzeitig stolz auf ihn.

Mein Vater, der Mann, der im Sommer die Äpfel vorzeitig vom Baum schüttelt, damit die Äste nicht brechen. Das war eine seiner tausend Bedächtigkeiten. Verschwenden der Früchte, damit der Baum bleibt, damit die nächste Blüte bleibt. Schönheit und Nützlichkeit. So schüttelte er vorzeitig die Äpfel vom Baum und schenkte sie seinen Kranken für ein Mus.

Ich kann nicht. Ich kann dorthin nicht zurückkehren und im Apfelgarten meines Vaters spazierengehen.

Ich kann nicht die vom Sturm heruntergerissenen Rosen festbinden. Es bekümmert mich nicht. Ich weiß, das ist schon ein hohes Maß an menschlicher Güte, das er da erreicht, den Kranken seine Äpfel zu bringen. Das tut auch nicht jeder. Aber es ist nicht das Maß, mit dem ich gemessen werden will.

So gehe ich nicht zurück zum Vater, um ihm meine Achtung zu erhalten. Ich gehöre zu den anderen.

Zu denen, die mit Schmerzen und Hingabe die Umwälzung aller Dinge erstreben. Ich weiß nicht, welche unter ihnen den rechten Weg haben. Wer will es wagen, sie zu messen. Ich weiß nicht einmal, ist in die Umwälzung aller Dinge auch der Apfelbaum im Garten des Vaters einbezogen, die Befreiung vom sorgenvollen Gedanken: Wird der Ast brechen und dem Baum Schaden tun? Der Vater wird sich zu dieser Angst zurücksehnen. Es erfüllte seine Tage, seine Zeit, seine Stunden, die Sorge war ihm angenehm, war Lust.

Und einmal, noch in Einsiedeln – die Mutter war ja bald nach seiner Geburt gestorben –, hatte er gehört, wie der Vater einem anderen eine Frau überließ und Anweisungen gab, wie sanft sie berührt werden sollte. Es hatte ihn, das Kind, gekränkt, beides, das Weggeben und die Bemerkungen. Es hörte auf, ihn zu kränken, als er das Gesicht des Vaters sah, als der mit Freundlichkeit sagte: »Ich bin eben nett zu allen. Ich nehme auch Schwachsinnige in meiner Kutsche mit, damit sie nicht laufen müssen.«

Und der Vater gab es auch in Villach nicht auf, mit den Patienten wie mit hilflosen Kindern zu reden, unterschiedslos. Wenn der kranke Schmied von seiner Arbeit erzählte, er hätte mit dem schweren Hammer schon wieder einen Schlag getan, sagte der Vater auch »fein« in dem Ton, wie man eben Kinder lobt. Sie, die Leidenden und Kranken, merkten es nicht, daß er zwar fein sagte, aber ganz etwas anderes dachte. Eine alte Frau hatte dem Vater einen Korb Äpfel gebracht. Schwer geschleppt. »Fein«, sagte er und fuhr mit seinen schnellen Fingern der Alten, erwartungsvoll zu ihm Aufschauenden über den Arm und dachte nicht, fein, dachte, an meinem Baum hängen schönere Äpfel, was soll ich damit. Das Streicheln war keine Freundlichkeit. Es war Gewandtheit, Sicherheit der Erfahrung. Die alte Frau hatte dankbar die Wärme der Finger gespürt und fühlte sich geehrt.

Würde des Menschen. Darf ich so werden, voll unbeteiligter Freundlichkeit?

Ungern, mit Unbehagen stellte er sich die Zärtlichkeiten des Vaters vor. Das Streicheln der Alten sollte ja ihm nur bestätigen, sieh an, so wirke ich. Es war ein Ausdruck der Eitelkeit. Einmal hatte er ihm gesagt, es könnte auch ausreichen, eine Puppe zu streicheln, um die Fingerfertigkeit zu erhalten, eine Figur aus Wachs oder aus Holz. Und hatte gesagt, es könnte auch ausreichen, mit einem sehr kleinen Löffel Honig in der Milch umzurühren, als Bestätigung, die Finger sind noch geschmeidig, die Finger können noch feinste Bewegungen aushalten. Aber es ist besser, sie versuchen es am Lebendigen, dann spüren sie auch Regungen. Dabei bewunderte er die Lebhaftigkeit des Vaters, die ersten chirurgischen Handgriffe hatte er bei ihm gesehen, von ihm gelernt.

So werden wie der Vater, und nicht so werden. Als er den Satz Verena sagte: »Mein Vater, der mich nie verlassen hat«, begann er zu lächeln. Schon aus diesem Satz kann ein Späterer, ein Schüler, herauslesen, was er will. Abwehr gegen den Vater oder Anhänglichkeit.

Von Villach konnte er ausgehen – aber nicht zurückkehren. Weites Tal, über das Erwartung gebreitet ist. Und für die Erwartung braucht man Geduld. Die Geduld, zu bleiben. Ich kann nicht bleiben, ich will entgegengehen. Es soll nicht auf mich zukommen. Erwartung kann schön sein, aber zu lang herausgezögerte Erwartung wird unerträglich.

Er konnte sich noch an all die Gerüche erinnern, die in Villach von den Winden herangetragen wurden. Er konnte sich in die Zeit seiner Begierde nach dem Fremden zurückversetzen. Ich will den Gerüchen, die von überall herkommen, nachgehen. Ihr sagt, der Winter kommt von Moskau, dann will ich nach Moskau. Hier ist zwar der Geschmack vom Winter, aber nicht der Ursprung des Winters. Hier ist das Tal aller Jahreszeiten. Hier weht im Frühling ein hoher, dünner Klang. Später sah ich, der muß von den serbischen Bergwiesen kommen, wo ein Kind stand und auf der Hirtenflöte blies. Das Kind stand ganz allein bei den Schafen, und ein Hund war dabei. Das war dieser unentschiedene, herbe Klang. Und dann trugen die Winde vom Süden den Geruch Italiens heran. Eine Ahnung von Leichtigkeit inmitten der Herbheit. Das ist der Sommer von Rom, und manche sagten gar, von Afrika. Aber er hat das Wilde und gleichzeitig unerwartet Kühle, weil er vorbeiging an den weißen Bergen von Carrara und von dort das Klare mitbrachte. Und der Herbst von Villach mit wehmütiger Milde, vielleicht von den südfranzösischen Kathedralen her.

»Da überall«, hatte damals Theophrast dem Vater gesagt, »werde ich hingehen und selber nachsehen, ob der Ursprung der Jahreszeiten von jenen Gegenden kommt.«

Und später dann, als er dort war, und Verena verstand das, hatte es ihn manchmal wie ein Erschrecken überfallen: als er so weit weg war in den Richtungen der vier Winde, war es oft so wie in Villach, der Abend oder der Morgen oder die Nacht.

Ausgehen von Villach, aber nicht zurückkehren.

Und auch nicht zurückkehren ins Kloster, zu den Benediktinern von Sankt André im Lavantal. Nicht zu diesen Männern, die sich Väter nannten.

Die Väter vom Lavantal, die ein reiches Bauernland beherrschten, eine fruchtbare Ebene. Die wohlgenährten Väter, die auch immer eilig vor sich hin gingen mit kleinen, aber doch gewichtigen Schritten unter den lan-

Hans Burgkmair: Jacob Fugger;
Farbholzschnitt um 1511

gen braunen Mänteln. Die freundlichen Väter – mit dem Abweisenden im Freundlichsein. Die tiefen, satten Stimmen der Väter.

Auch dort nicht wieder hin, Verena.

Er hatte es gespürt, wie die Luft draußen wärmer war, als er an einem Aprilmittag herauskam aus dem umfriedeten Gemäuer des Benediktinerklosters. Das Abgeschlossene im Hof war Kälte. Er hatte es erlernt, die Kälte zu ertragen. Nur darum konnte er den warmen Hauch wie ein Streicheln empfinden. Da hatte er sich befreit von den Vätern.

Verena fragte nicht: Und wo sind sie, die deinem Herzen am nächsten wohnen, diese, bei denen du zum erstenmal das unerklärliche Gefühl des Geborgenseins umschrieben hast mit der ziemlich scharfen Kennzeichnung: der Verstand des Herzens.

Also, Verena, hör zu, das sind seine alten Geschichten. Alt? Besser gesagt, aus der Zeit, als er noch unterwegs war.

Schwaz, die Stadt am Inn. Da war der dicke alte Landsknecht, der die Zähne verloren hatte, aber er konnte sich verständlich machen.

Der alte dicke Landsknecht, jetzt Holzhacker bei seinem Feldhauptmann Frundsberg, erklärte dem Doktor Theophrast Schwaz.

Oben am Berg, man sah es, wenn man auf den Friedhof ging, von der Kirche aus, oben hatte Frundsberg sein Schloß. Nicht sehr groß zwar, aber doch sehr deutlich auf den Berg gesetzt, als sei er der Herr der Stadt.

Jedoch er ist nicht der Herr der Stadt. Der Herr der Stadt ist der Herr Fugger, der so sehr beachtet werden muß: Wenn der Kaiser von der Jagd kommt, bevor er nach Innsbruck einreitet, und er ist gern zur Jagd hier, dann läßt der Kaiser seine Spielleute Ruhe halten, der

Kaiser Max, der Gute. Der Fugger soll schlafen, er soll nicht gestört werden.

Schwaz, Stadt des Bergbaus. Das sind so Fuggers tausend Bergleute. Und seit 1517 können sie beten, wie sie wollen. Die Bergleute sind für den Fugger das Wichtigste, also ist er sehr besorgt, daß sie auch gut beten können. Jedoch, sie sind für ihn auch das Gleichgültigste. Sie werden eben krank, dort unter Tage beim Silber, bei den Dämpfen. Wenn sie bei mir sind, kommen sie nicht in einem Krieg um, indem ich sie in meinem Berg aufnehme, bewahre ich sie vor einem bitteren Ende.

Ein Doktor ist da? Ich soll Medikamente aufwenden für diese Leute? Die Leute sollen unwissend in den Berg gehen, so wie ein Krieger in den Krieg. Meine Bergleute sollen nicht verängstigt werden.

Steiler Anstieg zur Burg von Frundsberg. Da hatte der große Feldhauptmann des Kaisers Max schon viele Pferde zuschanden geritten.

Das breite Inntal, die grünen Kupferdächer. Das schöne Schwaz im Tal. Schön, wenn auf den Bergen der Schnee lag und die Sonne darüber glitzerte. Für wen schön? Wenn die zum Jagen kamen.

Weg mit diesem ganzen bunten Jagdgefolge. Das zeige ich dir nicht, Verena. Weg mit dem Feldhauptmann und seinem dicken, alten, zahnlosen Landsknecht. Diese alle laufen dort oben herum in der Sonne. Sie haben ihre Witze und ihre Huren. Und gemeinsam mit den Kaufleuten, scheint es, haben sie die ganze Welt.

Nur weil der Doktor Theophrast selber unter die Erde ging, konnten sein Herz und sein Verstand bewegt werden. Aber er war nicht wie sie, mit denen er unter Tage einging. Er erwog ernsthaft, dazubleiben. Selbst das Gestein aus dem Berge zu holen, mit ihnen zu verschmelzen und vergessen. War das die Lösung, in diesem

Zwei Mediziner disputieren;
anonymer Holzschnitt

feuchten, kalten Berg hinter der sparsamen Lampe einher und dafür sorgen, daß sie nicht erlischt dort unten? Aber hier nicht allein sein, hier einer von ihnen werden ohne Namen, und tiefer hinab und hinein, dann mit ihnen sich sehnen nach dem Tageslicht und dann lachend über das glücklich vollbrachte Tagwerk aus einem Becher trinken. Mit ihnen das Brot brechen. Und wußte, nie wird er das können. Er war schon mit seinen ersten Schritten vertan. Er sieht in ihre Gesichter und weiß mehr als sie, weiß, ob sie von Krankheit gezeichnet sind. Und weil er mehr weiß, muß er mitteilen, was er erfahren hat. Es geht nicht, sich zu vergraben und eine andere Art von Selbstgefälligkeit zu zeigen: Seht doch her, wie ich mich demütige. Ich will nichts anderes sein als diese Letzten hier unten im Bergwerk. Er war etwas anderes. Sie brauchten ihn, und sie begriffen, daß er sie brauchte. Wie sehr er sie brauchte. Da war der Verstand seines Herzens geboren.

7

Eine öffentliche Disputation, einige Zeit vorher durch Anschläge angekündigt, ist immer ein Ereignis für die ganze Stadt. Straßburg war berühmt dafür, daß jeder seine Meinung frei äußern konnte. Männer, ehemals erzogen von den Orden der Dominikaner und Benediktiner, hatten sich hier eingerichtet; die Stühle, auf denen sie nun saßen, waren sehr groß. Es war etwas mehr als ein Jahr vergangen nach dem Aufstand der Bauern, bei dem auch ihr Platz auf den sehr großen Stühlen in Frage gestellt worden war.

Nun aber keine Erinnerung an diese schwierigen Tage, in denen der reformierte Rat der Stadt doch so weit vorausschauend war, daß er in demselben Jahr, als die Bauern überall voranmarschierten, einen großen Vorrat vom wundertätigen Holz Guajak eingekauft hatte. Der Rat der Stadt war von solchem Weitblick, daß er gegen beides gleichzeitig kämpfen konnte, gegen den Anspruch der Besitzlosen auf Besitz und gegen die peinliche Krankheit, die einem die Lust an der Lust verderben konnte.

Der Ankauf dieser Säcke mit dem wundertätigen Heilmittel war nicht ohne Schwierigkeiten vor sich gegangen, man hatte geheime Wege nehmen müssen, da die weitverzweigten Kriegshandlungen den Transport gefährdeten. Einmal hieß es schon, die ganze Sendung sei verlorengegangen, aber das große, edelmütige Haus Fugger hatte am Ende doch den lang ersehnten Transport mit dem Medikament glücklich durch alle Wirren gebracht. Das Geld war nicht für umsonst ausgeworfen, nun hofften die Apotheker auf guten Gewinn. Sie hofften, lange Zeit von der großen Menge des Guajakholzes leben zu können.

Natürlich sitzen unter den Zuhörern bei einer öffentlichen Disputation nicht nur Studenten, auch Apotheker sind dabei und ganz einfach nur Neugierige. Leute, die den neuen Mann kennenlernen wollen, der jetzt gerade Bürger von Straßburg geworden ist.

Öffentliche Disputationen gab es nicht nur auf dem Gebiet der Medizin. Eine weitere Veranstaltung war geplant mit dem auch erst neuerdings hinzugezogenen Theologen und Philosophen Hans Denck. Hier war das Thema angegeben, die neueste Arbeit Dencks unter den Gedanken gestellt: »Es wird geredet, daß die Schrift sagt, Gott mache das Gute und das Böse. Ist es nicht auch so, daß sich dann jemand für seine schlechten Taten entschuldigt und sagt, es war von Gott eingegeben?«

Darstellung der Syphilissymptome;
zeitgenössischer Stich

Ein Vorschlag war das für eine Disputation. Kein Mensch erklärte, daß Denck sich verantworten müsse, da er in vielen Dingen abweicht von den Lehrmeinungen der Reformatoren von Straßburg.

So darf man das nicht sehen. Eine Disputation ist eine Disputation in aller Öffentlichkeit und hat mit einem Verhör nicht das mindeste zu tun.

Es ließ sich nicht verleugnen, daß einige der reformierten Veranstalter geschult waren im Gedankensystem des Dominikanervaters Thomas von Aquin. Seine Methode war ungebrochen brauchbar für sie: Etwas wird zur Diskussion gestellt. Es wird mit Zitaten der Gegner angegriffen. Es wird mit Zitaten der Anhänger verteidigt. Es wird immer bewiesen: Der Glaube hat recht, nicht die Beobachtung der Dinge. Schon vor Beginn der Diskussion waren die Antworten bekannt. Sie stritten nicht über die Dinge, sie stritten über den Namen der Dinge.

Einem unerfahrenen Zuhörer an den Disputationen ist es natürlich unbenommen, zu denken, jeder kann mit jedem disputieren. Wenn es hier über medizinische Themen Streitgespräche gibt, dann herrscht die reine, freie, unabhängige Wissenschaft.

Dieser Teilnehmer am Streitgespräch, der heute Theophrast gegenübersteht, ist – man muß das sagen – ein wunderschöner Mann, ein edles Profil, eine tiefe, angenehme, feste Stimme, hochgewachsen, ein wenig älter als der Mann aus Einsiedeln, sehr sicher tritt er auf. Er hat immer Erfolge beim Heilen der Krankheiten. Wer von seinen Patienten nicht durchkam, der war eben durch Gott geschlagen, da konnte die beste Kunst der Medizin auch nichts mehr tun.

Dieses hier, dieses Straßburg mit den neuen Gedanken und dem alten befestigten Besitz mußte man kennen. Der Wunderschöne kennt es, er kennt vor allem seine Freunde, die Apotheker, in deren Lagerhäusern die Säcke mit dem wundertätigen Holz stehen.

Warum setzt Doktor Theophrast sich hier nicht durch? Es ist eigenartig. Er kommt auf dieser Disputation vor den erwartungsvollen Zuhörern nicht dazu, seine Gedanken auszubreiten. Er, der weitgereiste Mann, der sich sogar mit den Tataren verständigen konnte, so daß er aus der Gefangenschaft erlöst wurde, er, der mit schwedischen Bergleuten reden konnte, sich in Afrika, in Spanien, in England verständlich machen und durchsetzen konnte, scheitert in Straßburg.

Aber da soll man doch bitte keine Zusammenhänge suchen, das ist eben seine Heftigkeit, das ist natürlich seine stammelnde Zunge, man weiß, so geht es Menschen, die schneller denken, als sie reden können. Das ist ganz einfach sein Äußeres auch, er ist kleiner als der andere, nicht so glatt, nicht so schön.

Einer von den Zuhörern ruft Theophrast zu: »Wo hast du denn das gelernt?« Und er erwidert sofort: »Von Bauern.« Das erste Gelächter.

Hat er da etwa von seinen chirurgischen Erfahrungen bei den Feldzügen geredet und dieses heruntergekommene Gebiet der Bader und nahe verwandt mit dem der Henker der wirklichen Kunst der Medizin zugeordnet? Hat er nicht auch etwas über das Holz gesagt? Hat er nicht geäußert, daß seine Erfahrungen mit dem in aller Welt angepriesenen Holze schlecht waren? Eines weiß er genau, vom Leibarzt und vom Narren hat er bestimmt nicht geredet.

Später konnte er sich nicht mehr erinnern, an welcher Stelle er begann, die Wortschlacht gegen den Straßburger Arzt zu verlieren. Er stand da vor den vielen und konnte mit seiner Stimme nicht durchkommen und wurde ver-

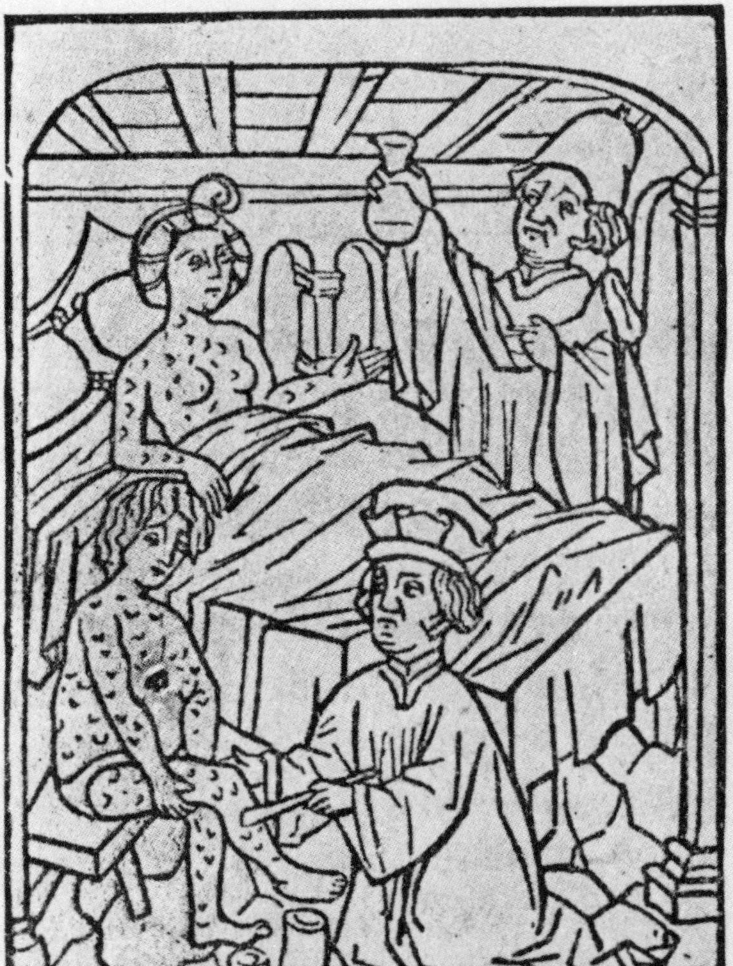

Behandlung der Syphilis;
Holzschnitt Ende des 15. Jh.

lacht. Schon begann es »Wald-esel, Wald-esel. – Einsiedler, Ein-esel.«

Eine Welle der Wut überschwemmte ihn, und da sie ihn beschimpften, schrie er zurück, auch Tiernamen. Gleichzeitig sagte ihm sein Verstand, so nicht, so geht es nicht, ich muß sie überzeugen.

Er begriff nicht, warum sie gegen ihn waren. Er sah, der andere hielt die Versammlung in der Hand, der Glatte, der Glanzvolle, der Große, der Schöne mit dem blonden Haar. Und er, der die Erfahrungen aus der Anschauung hatte, kam nicht einmal dazu, einen Satz zu Ende zu bringen. Er wurde plötzlich unsicher über sich selbst. Ich stottere ja, dachte er, es ist wie in den Kindertagen. Ich stottere ja.

Es war kein sehr glücklicher Augenblick, als er wegging mitten aus der Disputation und dem anderen das Feld allein überließ. Er fühlte sich wie zerschlagen, und es war ihm schlecht. Zum erstenmal in seinem Leben war es ihm nicht gelungen, seine Zuhörer zu überzeugen. Er fand keine andere Erklärung: Ich habe versagt.

Hans Denck gab sich damit nicht zufrieden.

»Ich glaube nicht, daß das so einfach ist. Man sagt, in unserer Stadt, in Straßburg herrscht die größte Freiheit. Aber das ist wie mit der Weisheit. Du mußt wissen, von wem sie kommt. Du mußt immer fragen: woher, für wen? Haben alle Leute ›Waldesel‹ geschrien oder war es nur eine Gruppe, die geschrien hat? Ich glaube, wir müssen noch etwas dazulernen über die Kunst, öffentliche Disputationen zu veranstalten.«

»Ich habe gestottert«, entgegnete Theophrast, »sonst hätte ich mich in der Disputation behauptet.«

»Und wenn du geschliffen geredet hättest, sie hätten dir die Worte mitten im Satz abgehackt. Das ist kein Zufall. Aber es ist ein Rezept. Ich kannte das bisher nicht.

Das habe ich jetzt gelernt, und es wird mir nützlich sein für meine Disputation am 22. Dezember, wenn dir das ein Trost ist.«

»Ja, es ist ein Trost, aber es ist keine Antwort auf die Frage, welche Leute das waren.«

Hans Denck wußte nichts von den Säcken mit dem Holz Guajak in den Apotheken, aber er wußte, daß nichts dem Zufall zugeschrieben werden konnte.

»Ist es«, fragte Verena, »weil Theophrastus so oft zu uns kommt?«

»Das würde die Studenten der Medizin und die Herren Mediziner selber und schon gar die Apotheker nicht so sehr erregen. Ich glaube, man kann die Wurzel für dieses Eselgeschrei und für dieses Einsiedelgeschrei ganz einfach finden. Die Leute sind ja viel einfältiger, als wir denken. Diese Leute, die sich zu so einem Geschrei hergeben, sie schreien für Geld, und sie schreien um Geld, und sie schreien wegen des Geldes. Die Mediziner schreien über abtrünnige Patienten, und den Apothekern sind die Rezepte vielleicht nicht kostspielig genug.«

»Aber«, so sagte Verena, »das wird nie aufhören, diese Gier nach dem Geld. Geld haben, Besitz haben. Haben, haben, haben.«

»Eine Zeit wird kommen«, sagte Hans Denck, »dann wird abgeschafft sein die Gier nach Besitz. Die Gedanken werden abgezogen von den erniedrigenden Umwegen. Du wirst diese Geschichte nicht mehr verstehen, wenn der Besitz als das gilt, was er wirklich ist: nichts. Wenn ein Haus nichts anderes ist als eine Stätte zum Wohnen, aber für jeden. Und wenn ein Pferd nichts anderes ist als die Möglichkeit, schneller von einer Stadt zur anderen zu kommen. Für jeden.

Dann wirst du die Geschichte nicht mehr verstehen,

wie es mit dem Denken eines schönen Kindes soweit kam: Als die Mutter im Sterben lag und der alte Vater verzweifelt war, ging sie mit ihrem Geliebten durchs Haus und zeigte ihm alles: ›Siehe, das wird mir gehören, wenn ...‹ Als dann der Vater aber nicht starb, aufs neue heiratete, nahm das schöne Kind nicht den Geliebten, sondern einen anderen, Hinkenden, der ihr ein Pferd versprochen, der im Haus am Markt mit seiner alten Mutter lebte. Nun hatte sie das Pferd zwar noch nicht, weil die Mutter des Hinkenden nicht wollte, daß sie mit dem Pferd am Ende doch nur zum Geliebten ritt. Nun wartete das schöne Kind wiederum auf den Tod. Auf den Tod der Mutter des Hinkenden. Dann wird sie in den Stall gehen, sich das schönste Pferd nehmen, den Geliebten holen. Wer fragt nach dem Hinkenden. Er ist überflüssig. Er war das Mittel, zu Geld und Pferd und Haus zu gelangen, auf ehrbare Weise. Was geschah aber, als die Mutter des Hinkenden nicht starb, sich spät zwar, aber doch noch auf die Freuden des Lebens besann, aufs neue heiratete? Da mußte das schöne Kind wiederum nachdenken, wo und wie es nun seinen Leib einsetzen konnte für die hohen Ziele: Haus und Pferd. Für das schöne Kind gehörte immer dazu: das Warten auf den Tod anderer.«

8

Und Theophrast fragte sich: Geht es denn in der Welt nicht ohne Schutzherrn? Hätten diese Leute mich auch verlacht, wenn ihnen bekanntgemacht worden wäre, hinter mir steht der Statthalter des Kaisers zum Beispiel.

Er war ja eben noch bei diesem Statthalter gewesen, beim Markgrafen Philipp I. von Baden, war dort im Schloß verabschiedet worden mit allen Ehren und, so nannte man das, Zeichen der Huld. Er hatte dem Markgrafen Schweigen versprechen müssen. Der Herr wünschte, daß seine Krankheit mit der Bezeichnung Dysenterie umschrieben würde.

Es war ein wenig komplizierter gewesen mit diesem Markgrafen, und es war nicht so sehr der ständige Durchfall, an dem er litt, er litt an Kinderlosigkeit und behauptete steif und fest, daß er behext sei.

Als unser Theophrast ihm entgegenhielt, Personen der Obrigkeit werden ja nicht behext, beharrte der Markgraf trotzdem auf seiner Meinung, denn im Grunde ging es um die Teilung seines Landes, vor der der Markgraf von Baden sich ungemein fürchtete. Nämlich der Vater, Markgraf Christophorus I., hatte sechs Söhne. Drei davon waren dem geistlichen Stand übergeben worden. So war also das Land des Vaters in drei Teile geteilt worden. Und nun litt Philippus unter dieser Kinderlosigkeit, denn er konnte keinen seiner Brüder leiden und war verzweifelt, daß sein Besitz dem einen oder dem anderen zufallen sollte, weil er ohne Erben sterben würde.

Er hatte eine ständige Angst, daß er vergiftet werden würde. Und im Grunde wurde der Doktor Theophrast als Leibkoch bei ihm gehalten, jede Speise mußte der Mann aus Einsiedeln probieren, über lange Wochen hindurch.

Und jeden Tag, zur Mittagsmahlzeit, wurde vom Markgrafen von Baden die alte Familiengeschichte heraufbeschworen, die traurige Geschichte zur Zeit des Kaisers Barbarossa, da war in seiner Verwandtschaft in der Badenschen Linie eine gewisse Frau Ida, von der man sagte, sie beherrsche die Kunst, wie man Menschen durch ein heimliches Gift vom Brote half. Menschen vom Brote helfen. Der Markgraf zitterte, wenn er diese tägliche Geschichte erzählte. Und Frau Ida hatte eine so feindselige Haltung ihrem eigenen Mann gegenüber, daß sie ihn vergiftete, eben vom Brote half.

Seitdem waren fast alle Nachkommen dem Kummer und der Melancholie ergeben.

Aber sie hatten das Land wenigstens ungeteilt besessen. Und seinem Arzt, dem Doktor Theophrast, eröffnete der Herr Markgraf bei einem Überfall ganz besonders drückender Melancholie, daß es immer sein heimlicher Wunsch gewesen, seine beiden Brüder vom Brote zu schaffen, wie es der Frau Ida aus Kaiser Barbarossas Zeiten geglückt war.

Und es war in jenem Schloß so, der Besitzer hatte sich lange Zeit überlegt, wie denn die Menschen angezogen sein sollten, daß sie zu seinen Wänden paßten, wegen der Harmonie.

Eben gerade nach dem allgemeinen Sieg über die Bauern war das Verlangen des Schloßherrn nach einer durch Menschen ungestörten Wirkung des Raumes besonders groß. Der Markgraf von Baden hatte herausgefunden, daß zu seinen purpurroten Wänden am besten Menschen in grünen Kleidern paßten.

Unser Doktor Theophrast, nachdem ihm diese Harmonie sehr vielwortig vom Schloßherrn erklärt worden war, geriet in die Versuchung zu sagen: Ich komme nie wieder hierher. Ich werde Euer Schloß nie mehr betreten, wenn Ihr nicht aufhört, die Menschen zu verachten. Ich werde Eure Leiden nicht mehr heilen.

Er begriff, es würde andere geben, andere Ärzte, die jene grünen Männer überhaupt nicht zur Kenntnis nehmen, ja mehr noch, die sich selbst grün kleiden würden. Durch Wegbleiben und Sich-Zurückziehen war die Würdelosigkeit nicht aus der Welt zu schaffen. Sie war auch nicht aus der Welt zu bringen durch ein großes Feuer. Es würde nichts nützen, dieses eine Schloß auszuräuchern.

Man braucht einen Schutzherrn?

Hatte Oekolampad ihn vielleicht darum an den Markgrafen empfohlen, damit der Name Theophrast von Hohenheim ein anderes Gewicht bekommen sollte.

9

Theophrast hatte sich die Zeit genommen und hörte sich die Disputation der ehemaligen Benediktiner und Dominikaner mit Hans Denck an.

Er saß mit einem seltsamen Gefühl dort im Raum, als wäre er selbst dieser Hans Denck. Mit Genugtuung sah er, wie Denck die Disputation eröffnete.

Denck begann: »Ihr könnt zwar den Hirten töten, aber nicht die Gemeinde.« Und verschwieg nicht seine Beziehungen zum Bruder Thomas Müntzer.

Das gab schon Bewegung im Saal. Theophrast wußte, Oekolampad in Basel war einer der ersten, der eilig erklärt hatte: »Ich habe mich nie von Müntzer beeinflussen lassen.«

Dies Jahr war er zu einem Patienten gekommen, einem Handwerker, der hatte ihm voll Angst gesagt: »Ich werde sterben, und ich habe, niemand weiß das, in meinem Haus einen Brief von Müntzer versteckt. Wenn sie ihn bei meinem Tode finden, werden sie meine Frau und meine Kinder bestrafen.« Und er hatte im gleichen Atemzug angeführt: »Aber wenn sie ihn erst später finden, zur Zeit meiner Enkel, dann wird der Brief mich rechtfertigen. Ich habe die Sache der Bauern nicht verraten, ich habe Tuch geliefert für die Fahnen mit dem Bundschuh.«

Und Hans Denck zitiert noch einmal Müntzer. Er macht totgeglaubte Worte noch einmal lebendig, in dieser gesättigten Stadt: »Jetzt ist nicht die Zeit zu feiern, sondern jeder, wo er steht, in welcher Stadt oder in welchem Land, kämpfe gegen die aussaugenden Fürsten, solange es noch Tag ist.

Damals«, erklärte Hans Denck den Zuhörern, »war das alles so einfach, so klar. Jetzt sagt zwar Luther, ›der Müntzer ist tot, aber sein Geist ist noch immer lebendig‹. Welches denn ist sein Geist? Wo ist die Reinheit seiner Lehre erhalten? Jeder weiß, in Müntzers Kirche war Wohnung für alle, Juden und Heiden. Aber es sind noch so viele Fragen, die er nun nicht mehr beantworten kann. Er hinterließ uns kein geschlossenes Werk, er hinterließ den Aufruf, zu ändern. Und darum war seine Lehre auch so unauslöschlich, weil er den äußersten Beweis für diese Wahrheit gegeben hat, sich selbst. Nun ist zwar der Hirte getötet, aber wir, die Gemeinde, sind geblieben.«

Der einstmalige Benediktiner, der Gesprächspartner, mußte sich selbst zugeben, es war nichts von Raserei, nichts von Unbesonnenheit, keine Aufregung bei Hans Denck, kein Anzeichen des teuflischen Besessenseins. Es war sehr eindrucksvoll, wie jetzt Hans Denck sagte: »Gott will und wird allen Menschen helfen, nicht nur denen, die die Schrift kennen und besitzen. Nicht das äußerliche Wort ist das Entscheidende, sondern das innere. Und das innere Wort ist allen Menschen gegeben, auch den Juden und Heiden. Alle Menschen, alle Völker haben das innere Wort – das Gewissen.«

Der einstmalige Benediktiner ging nicht auf irgendeinen eben vorgetragenen Gedanken ein, er warf ihm die Frage zu: »Was lehren Sie über den Zustand nach dem Tod und den künftigen Aufenthalt der abgeschiedenen Seelen?«

»Darüber diskutiere ich nicht.«

»Ich denke, Sie sind zur Disputation bereit über alle Fragen.«

»Gegen die Frage nach dem Eigentum sind alle anderen Fragen unerheblich. Wie stehen Sie«, fragte Hans Denck, »zur Verteilung des Besitzes?«

Er bekam die Entgegnung: »Über die Verteilung des Besitzes disputieren wir nicht – er ist verteilt.«

Was wird er entgegnen, überlegte Theophrast – was würde ich entgegnen?

Hans Denck sagte: »Wir nehmen uns nicht den Fürsten Pico della Mirandola als Beispiel, wie einer seine Güter freiwillig weggegeben hat. Wir sagen, nicht das freiwillige Geschenk ist das Ziel, wir fordern Neuaufteilung des Besitzes. So ist das für die Reichen eine fortwährende Bedrohung.«

Unverzüglich entgegnete der von den Benediktinern Erzogene und nun Reformierte: »Sie haben es leicht, sich der Freuden dieser Erde zu enthalten, da Sie der Hefe des Volkes angehören. Jetzt aber machen Sie sich aus Ihrer Nichtigkeit einen Adel zurecht. Jeder Bauer ist sein eigener Gott.«

Hans Denck entgegnete: »Das hat Zwingli gesagt. Sie verstecken sich hinter Zwinglis Worten.«

»Ja gut, Sie haben recht, man kann es etwas abändern, nur ein einziges Wort, vielleicht das entscheidende Wort: Jeder Bauer war sein eigener Gott.« Und schickte ein kleines Lachen hinterher.

Theophrast deutete für sich den Klang des Lachens: sie sind sicher und ruchlos. Er wußte und hatte es an den Krankenbetten immer wieder erfahren: Dieses letzte Jahr, dieses Jahr mit den Bauern lastete auf ihnen allen. Irgendwo und irgendwie war jeder daran beteiligt, sei es, er habe einen Flüchtigen verborgen oder nicht verborgen, ihm zu essen gegeben oder nicht beköstigt.

Sei es, er habe ihn gesehen und gemeldet oder nicht gemeldet. Und dann, wenn sie zusammen sitzen, dann können sie nicht schweigen. Sie haben alle etwas zu verbergen. Sünden, die sie täglich, stündlich bedrücken, die sie beiseite wischen wollen mit vielen, vielen Reden. So machen sie sich Legenden über sich selbst zurecht, erfinden, warum sie nicht teilgenommen haben an der Erhebung der Bauern. Sie waren kleinmütig geworden und kleingläubig. Es war leichter, über die Beschaffenheit der verschiedenen Würste zu reden, in welchen Städten sie gewesen waren und welche Wurst besonders gut schmeckte. Es war dann einfacher und billiger, zu erklären, die Wurst von Mühlhausen sei doch unübertroffen. Nur in Thüringen verstehe man, zur Würze die rechten Kräuter hineinzutun. So saßen sie dann abends in den Wirtschaften und erzählten sich gegenseitig, was und wann und wo sie etwas gegessen hätten. Etwas Gutes oder etwas Schlechtes.

Ich gehöre nicht zu den Sicheren und nicht zu den Ruchlosen – aber gehöre ich denn schon zu den Denck-Leuten?

Er stimmte überein mit den Täufern, die da sagten: Unser Tun entscheidet. Mochte sein, es hatte für ihn eine Zeit gegeben, vielleicht sogar auch eine sehr lange, in der er davon lebte: Unser Tun entscheidet nicht. Gott wird tun, Gott ist der Handelnde.

Das, was er als Arzt sah, hinderte das schnelle, entschiedene Bekenntnis: Unser Tun entscheidet. Es hinderte ihn, weil er zuviel Sterbende gesehen hatte und weil er einige unter den Sterbenden gesehen hatte, die nach Gott geschrien. Weil er mit einigen unter den Sterbenskranken geredet hatte, die Trost fanden, nach dem Tode gebe es eine ausgleichende Gerechtigkeit. Weil er Gesunde gesprochen hatte, denen die Ungleichheiten im Leben nur darum erträglich erschienen, weil sie fest rechneten mit dem gerechten Gericht am Ende aller Tage.

Es war nicht so, daß er den Entscheidungen auswich, die die Täufer vollzogen. Es waren nicht seine Entscheidungen. Er suchte für sich den Sinn seines Lebens und konnte ihn nicht darin finden, sich zu opfern. War er darum wie Erasmus, der gesagt hatte, ich kann kein Märtyrer sein?

Jetzt kam der Zwischenruf, auf den Denck gewartet hatte. Er hatte gelernt durch die Disputation des Theophrast, er wußte, sie haben vorbereitete Fragen und sie haben ihre Leute, die die Fragen wie ein brennendes Stück Holz in die Diskussion werfen.

»Die Wiedertäufer verhindern die Taufe der Kinder. Wir wissen, der Teufel hat die Macht, schwere Körper durch die Luft zu führen, er kann nur mit solchen Menschen durch die Luft fahren, die mit Hexensalbe gesalbt wurden. Hauptbestandteil der Hexensalbe sind die gemahlenen Knochen der ungetauften Kinder. Weil sie die Taufe verhindern, sind sie schuld an der Verführung durch den Teufel.«

Da stand Hans Denck und sagte sehr ruhig: »Sie kommen mit Spitzfindigkeiten. Damit können Sie unwissende Leute, die nicht lesen und schreiben können, erschrecken. Wir aber sagen: Es sind keine bösen Geister vorhanden. Es gibt keinen Teufel.«

Und Theophrast sah, worin seine Ruhe und Überlegenheit gegründet war. Denck-Leute hatten mitten unter den Widersachern Platz genommen. Sie verhinderten durch ihre Anwesenheit die geplanten störenden Rufe der Gegner.

Bei der Gestaltung des Teufels dachte man immer wieder an Leviathan. Er schien wegen seiner ungeheuren Größe geeignet zu sein als der Dämon des Übermutes.

Nichts wird wieder so, wie es war. Alles Schöne und Gewohnte zerbrochen. Das Gewohnte zerstoben, zerstört. Weihnachten 1526. Ihr beide, Hans und Verena, ihr dürft hier nicht mehr wohnen, nicht in Straßburg, nicht in Nürnberg. Nun werdet ihr wieder unterwegs sein. Aber nicht, weil es sie trieb und weil sie nicht seßhaft werden konnten. Die Sicheren, die Gesicherten, die Besitzenden, diejenigen, die das Merkmal des Vorzugs trugen, wünschten keinen Einbruch in ihre festumrissenen, glatten Gedankengebäude. Zur Aufrechterhaltung der Ordnung, zur Aufrechterhaltung der Gesetze gehörte das Böse – der Teufel.

Abschied nehmen von einem Freund, das ist einer der tausend Tode. Aber wer an seine Arbeit geht, weint nicht, wenn es eine Arbeit ist von der Art, daß Menschen darüber reden. Die Denck-Leute wußten vom in der Stadt zurückbleibenden Theophrast: Die Kranken werden nicht aufhören, die Geschichten der wundersamen Heilung durch den Mann von Einsiedeln zu erzählen. Und Theophrast wußte, die Gedemütigten in aller Welt werden die Predigten von Hans Denck weitertragen. So werden sie voneinander wissen, daß sie am Leben sind und wirken.

Weil sie so groß und schmal war, mußte Verena sich niederbeugen, als sie den Mann aus Einsiedeln sacht berührte. Und hatte dabei ein schwebendes Lächeln, aber nur wie ein Hauch.

Als sie sah, daß er es war, den es erschreckt hatte,

sagte sie, und das Schwebende war in ihre Stimme gegangen, sie sagte es wie eine Entschuldigung: »Meine Lippen werden still sein wie Staub.« Unvermittelt fragte sie: »Wie sehe ich aus?«

»Gelöst«, sagte er sachlich.

»Du hast mir Schuhe geschenkt, nach meinem bösen Traum – beinahe. Aber diese gedachten Schuhe werden unzerreißbar sein. Sie werden mich sicher gehen lassen, wohin auch immer wir geraten. Ich habe für dich eine Gegengabe.

Ich schenke dir den Leviathan, den mit dem großen und guten und harten Herzen. Dann wirst du fragen, wie kann sein Herz gut sein, wenn es hart ist? Es ist hart gegen die Heuchler und Gaukler und Betrüger und gegen ihre Beschützer. Weil die Beschützer so mächtig sind, ist sein Herz hart geschaffen, fest wie der untere Mühlstein, der das meiste zu ertragen und auszurichten hat.

So ein Herz mögen die Mächtigen nicht. Da schicken sie ihre Knechte los mit Schwertern und Geschützen, das Herz zu zerschlagen.

Aber Leviathan ist gemacht, ohne Furcht zu sein. Sein Kleid sind die schönen bunten Schuppen der Unantastbarkeit, unlösbar verbunden. Die silbern glitzernden der Zärtlichkeit. Die grünlich schimmernden der Schnelligkeit. Dazwischen die wohlgeformten der Weisheit und des Könnens.

Darum laß dich nicht erschrecken, wenn andere sagen, dieser Leviathan ist das Gewundene, das Ungeheuer, das Feindliche, das Teuflische.

Er ist dir nicht feindlich, und darum schenke ich dir den Leviathan, das große Wassertier, von dem ich weiß: Leviathan wird nicht flehen und nicht heucheln, wenn er die Betrüger, die eifrigen Diener der Mächtigen, sieht, wie sie ihn angreifen, wie sie die Geschütze auf ihn richten.

Er steht nicht auf vor ihnen, er lacht nur, schaut ihnen zu; entdeckt ihnen, was sie in den Händen halten:

Euer Eisen ist Stroh.

Euer Erz ist faules Holz.

Und weint dann über ihr Entsetzen: Weil sie doch schon ihr Stroh für Eisen hielten und ihr faules Holz für Erz. Denn sein Herz ist zwar hart, aber doch gut.«

»Vielen Dank, Verena, er ist schön und hart. Aber am Ende wird Leviathan gegessen.«

»Am Ende ja: Wenn niemand mehr im Stroh etwas anderes sieht als Stroh, leer und ausgedroschen. Wenn das faule Holz als faules Holz erkannt ist.

Dann wird Leviathan nicht mehr gebraucht. Dann wird er zum Freudenfest noch einmal gefeiert, als Festbraten.«

Zweiter Basilius-Brief

Basilius an Helena

Wenn Du mich fragst, meine so entfernte Helena, warum hier und schon wieder dieser Hieronymus Bosch und wer ist er eigentlich, wie ist er, zeige ihn mir, so muß ich Dir erklären, ich kann ihn Dir nicht schildern. Ich habe ihn nicht gesehen. Man sagt, seit 1516 ist er tot. Und was hättest Du von der Darstellung, er war groß, und auch wenn die Sonne nicht schien, leuchteten seine Augen, er brauchte nicht die Abspiegelung, er trug den Himmel in sich. So kann ich Dir nicht dienen, Helena, meine Göttliche. Nichts weiß ich von der Geschicklichkeit seiner Finger, nichts vom Klang seiner Stimme. Soll ich mich den Gefahren einer Erfindung aussetzen? Ich kann ihn Dir auch nicht durch den Spiegel seiner Frau zeigen oder seiner Geliebten, ob sie ihm gestohlen wurde durch den, wie ein gelehrter Professor vermutet, jüdischen Erfinder aller seiner Gedanken, weggeritten mit dem Entführer durch die schwarze Nacht auf einem schwarzen Pferd, die schönste Frau, die schönsten Gedanken, alles hin, alles nicht mehr seines, und schuld an allem jüdischer Schwarmgeist.

Aber zeigen kann ich Dir den, der neben ihm saß und gleichzeitig mit ihm lernte in Hertogenbosch. Zeigen kann ich Dir den anderen Hieronymus, der ist täglich zu sehen in Basel, im Hause Froben, Erfinder des »frommen Gastmahls«. Erasmus aus Rotterdam. Du kennst die Brüder des gemeinsamen Lebens, die dann nach der Hexenbulle von den Dominikanern Verfolgten. Vorerst waren sie geduldet, durften Klöster bilden, und so wurde unser unehelich geborener Erasmus von seinen Vormündern 1481 der Klosterschule zu Hertogenbosch »überstellt«, wie er sagt, wurde erzogen von den Brüdern zum gemeinsamen Leben. Seine ersten Gedanken wurden von denen gebildet, die mit äußerster Sittenstrenge zumindest die Erneuerung des Menschen anstrebten.

Die Widersacher der Brüder des gemeinsamen Lebens kennst Du schon, Du kennst den gewaltigen Prediger der vier letzten Dinge, den Kartäusermönch Dionysius, und den von ihm unterrichteten Professor Sprenger. Die grob Einherfahrenden, sie lehrten Angst, nicht Liebe.

Gegen die Angstverbreiter der eine Hieronymus und der andere Hieronymus, der fortan Erasmus genannt wurde, gegen die Hüter des grauen Fasses, jeder mit seinen Gaben. Der eine blieb in Hertogenbosch, der andere mußte dann zu den Augustinerchorherren ins Kloster Emmaus in Steyn bei Gouda und schrieb dort seine erste Arbeit: »Gegen die Barbaren«.

Ungern erzählt Erasmus über seine Jugendzeit, mußt Du wissen, meine Verehrungswürdige, gerade besonders ungern hier in Basel, wo jeder immer wieder mit Stolz nachweist, wie angesehen die Familien sind, aus denen man kommt. Wir, die Amerbachs, die Frobens, die Lachners. In diesen Tagen Glanz und Stolz der Stadt.

Er aber zeigt uns seine ihm im Geist Verwandten, das sind seine Freunde. Obenan steht der eine, der uns allen ein Vorbild ist an Gelehrsamkeit, Bescheidenheit und Freundlichkeit. Thomas Morus in England. Einen Mann kannst Du am besten beschreiben durch seine Frau. Laß mich den Erasmus anführen. Er sagt über die Frau des Thomas Morus, des Mannes, der die »Utopia« erfand:

»Thomas konnte die Sehnsucht nach einer Frau nicht abschütteln. Er wollte also lieber ein reiner Ehemann als ein unkeuscher Priester sein. Er führte ein noch ziemlich junges Mädchen heim – aus edlem Geschlecht.« Du siehst, Helena, wie es unseren Erasmus kratzt, sein Herkommen. Weiter seine Beschreibung über die Frauen des Morus: »Noch ungebildet, da sie immer auf dem Lande bei Eltern und Schwestern gehalten worden war, um sie noch mehr nach seiner Art bilden zu können. Er ließ sie in den Wissenschaften unterrichten, machte sie in jeder Art Musik geschickt und hatte sie fast ganz so gebildet, daß er mit ihr gern sein ganzes Leben verbracht hätte –«, Traum des Mannes, sie, die Einzige, die Erwählte, Ton in des Töpfers Hand. »Wenn nicht ein frühzeitiger Tod die junge Frau dahingerafft hätte. Indes erst nach Geburt einiger Kinder. Nicht lange hielt er es aus, ehelos zu leben. Wenige Monate nach dem Begräbnis seiner Frau ehelichte er eine Witwe, mehr um seine Familie zu versorgen als zur Lust, zumal sie weder übermäßig schön und auch kein Mädchen mehr war.« So, meine Taube, pflegte er über seine eigene Auswahl unter den

Frauen zu scherzen. Aber eben mit dieser leisen Art des Spottes auch im eigenen Hause halte er, Morus, selbst die Alte im Zaum. Schreibt Erasmus: »Was sollte er denn auch nicht erreichen, nachdem er es fertiggebracht hat, daß seine Frau, die sich schon dem Greisenalter zuneigt, dazu keineswegs von weicher Gemütsart, schließlich noch dazu sehr bedacht auf Besitz ist, Zither, Laute und Flöte spielen lernte und ihrem Mann in diesen Dingen das täglich geforderte Übungspensum leistet?« Also: Thomas Morus siehst Du durch den Spiegel seiner Frau. So hat Erasmus sie gesehen: eine gebändigte Alte, von Natur aus unfreundlich gesponnen, aber die tägliche Einwirkung des guten Geistes von Thomas machte sie angenehm.

Glaube ja nicht, ich bitte, daß es eine etwas hergeholte Methode ist, daß ich unbedingt mit der Auslegung von Bosch-Bildern vor Dir glänzen will, weil ich sonst nichts hätte, Dich zu unterhalten und Deine Aufmerksamkeit für mich zu fesseln. Sicher dürfte ich Deiner freundlichen Anteilnahme auch gewiß sein, wenn ich Dir von unserem Basler Leben das berichtete, was das Tagesgespräch ist: Ein Prior eines neulich aufgelösten Klosters hat nunmehr eine Achtzigjährige geheiratet. Ganz Basel lacht, und man erzählt die deutlichen Dinge, und mit Recht erwartest Du jetzt ein Wort über Erasmus, er lacht auch, aber wenn er dieselbe Begebenheit erzählt, ist sie schon anders geworden. Nicht mehr nur nacktes Fleisch und Haut und trocken und feucht, dann ist in seiner Schilderung dieser seltsamen Hochzeit unsere ganze Welt eingefangen, dann siehst Du den Prior, der sich nicht gewandelt hat seit den Jugendtagen seines Theologiestudiums, zu dem er sich gedrängt hatte, weil er »wegen ungesunder Geistesverfettung kaum zu irgendeiner Wissenschaft taugte«.

Entschuldige mich, es kann auf mich nicht anders wirken, der fast tägliche Umgang mit Erasmus, selbst auf die Gefahr hin, daß Du mich der Unselbständigkeit zeihst: im »frommen Gastmahl« wird in aller Umständlichkeit im Gespräch ein Bild beschrieben, keines von Bosch, eine Wandmalerei in einem Gartenhaus. Auch eine Eule auf diesem gemalten Garten im Garten, sie sei eine Griechin, spräche nur griechisch, sei klug, sage sie, ich fliege nicht für jedermann.

Und wenn nun ich, der armselige Basilius, mit dem Gedanken jetzt fast täglich umgehe, ich möchte mich der Medizin widmen, angestoßen durch den Mann aus Einsiedeln, der uns alle hier in Basel erstaunt, fast erschreckt hat durch seine Kunst der Medizin, die Unbeugsamkeit, mit der er dieser Kunst anhängt, wenn ich nun frage, wie steht es denn eigentlich um unsere Medizin, so wirst Du mir gestatten, nehme ich wieder ein Bild des Hieronymus Bosch zu Hilfe:

Der Steinschneider, der Geldschneider. Der wirken kann auch wegen der Dummheit und Gutgläubigkeit der Leute. Einer kommt zum Doktor und bittet, Meister, nimm mir den Backenzahn heraus, und der Medizinmeister beginnt seine Operation oben auf dem Kopf. Von da, durch die Knochenschale hindurch wird er sich winden, bis er an den Backenzahn kommt. Backenzahn, dafür stehe das Wort keye, erklärte mir ein niederländischer Taufgesinnter. Das runde Bild hat eine Umschreibung: Meester, snyt die keye ras, myne name is lubbert das. Die gelehrten Professoren sagen, die Umschriftung bedeutet: Meister, schneide die Steine raus, mein Name ist Lubbert Dachs, und das bedeute, betrogener, gehörnter Dachs.

Damit schon ist das Bild auf die sachteste Weise hinübergezogen zu den Gedanken, die auf den Unterleib gerichtet sind. Das Lachen wird Dir durch diese Erklärung vorgelacht. Du sollst lustig sein über die weltbewegende Geschichte: eine Frau hat einen Mann betrogen. Und nun, beiläufig wird der Mann noch weiter betrogen, durch einen seltsamen Medizinmeister, der seine zwei Helfer bei sich hat. Eine aufmerksame Alte mit einem bitteren Geldmund – wenn man die Gier nach Geld an der Schmallippigkeit eines Menschen messen will. Die Alte mit den ungütig beteiligten Augen stützt sich auf einen steinernen Tisch, sie trägt ein langes, grünes Kleid, hat ein weißes, weites Tuch über ihrem Kopf. Und oben auf den Kopf gelegt ein rotes, nicht sehr dikkes, jedoch deutlich verschlossenes Buch. Der andere Helfer ist kein Beobachtender, er hat zu tun bei der Operation, die im vollen Gange ist – der Kopf ist schon geöffnet –, der andere Helfer, ein Mönch, kann man meinen wegen der Tonsur und des langen, schwarzen Kleides, hat zur Betäubung des Patienten beigetragen, deutlich zeigt er sein Zeichen vor: den Zinnkrug, das Gefäß für den Wein. Und auf dem Tisch die weiße Seerose, Nymphea alba. Sagt der große Vater Galen über die Wirkung der weißen Seerose, sie ist geeignet für den Mann, dessen Männlichkeit zur Unzeit zu verfließen pflegt, etwa im Schlaf, in der Nacht. Unsinn, sagt Doktor Theophrast. Der ist ja ein richtiger Klunkermutz, unser Medizinmeister, er hat versprochen: Gleichzeitig mit dem Eingriff in den Kopf – um ihn von dem schmerzenden Backenzahn zu befreien – wird er dem unzeitigen Fluß Einhalt gebieten können. Also auf Vater Galenus reiten sie herum, das gibt sich einen gelehrten Anstrich, Nymphea alba.

Steht es so um unsere Medizin, ist sie in die Hände der Klunkermutzen gefallen? Was ist ein Mutz, wirst Du fragen, meine Helena, niemand kann es Dir so gut erklä-

Hieronymus Bosch:
Das Steinschneiden, Madrid;
Öl auf Holz

ren wie der Doktor Theophrast, Mutz, das ist etwas Verstümmeltes, etwas Gestutztes, dessen Kräfte nicht ausreichen, ein Tier ohne Schwanz, Theophrast sagt, wenn der Sommer kommt, hat der Mutz nichts, womit er den Fliegen wehre. Und der beklunkerte Mutz? Der Klunker hat sich immer an der Bekleidung erhalten, zuerst war das Klümpchen Kot gemeint, das in der Schafwolle hängengebliebene, dann wurden die Gewänder mit Wappen verziert, und wenn ein so geschmückter Medizinmeister zu den Bauern kam, sagten sie, der hat sich aber beklunkert.

Wer gibt mir, wirst Du fragen, verehrte Helena, das Recht, diesen am Menschen wirkenden Medizinmeister in die Reihe der Klunkermutze zu stellen? Bosch selber, sein Operierender, dessen rechte Schulter ein Wappen schmückt, trägt als Kopfbedeckung den Trichter, den umgestülpten Trichter.

Den »Steinschneider« kannst Du nur verstehen mit Hilfe des Trichters. Trichter, Trechter, Trachter, die Römer hatten das mitgebracht, damals, mit dem Weinanbau, das Wort für das Füllgerät.

Trajectio, trajectionis, das Hinübersetzen, die Übertreibung. Die Dinge aus der natürlichen Ordnung nehmen. Der Mann aus »den Bosch« hat auf seinem Bild die Dinge aus der natürlichen Ordnung genommen, er hat alles übertrieben, um darauf aufmerksam zu machen, wie sehr diese natürliche Ordnung eine Unordnung ist. Er hat die Trichtermethode für die Malkunst angewendet. Gewiß, der Trichter hat wie für den Wein auch für die Medizin seine klare, eingängige Aufgabe. Ich sah in Doktor Truckenbrots Spital, wie die Methode angewendet wird, den Bandwurm zu vertreiben. Zünde alte Schuhsohlen an und ziehe den Rauch davon durch einen Trichter in Dich ein. Also durch den Trichter werden Dämpfe und Rauch an die zu behandelnden Stellen geleitet, man läßt auch den Dampf in die Ohren gehen, durch den Trichter, der auf einen Hafen gesetzt ist. Und für das Würfelspiel, vertraute Helena, Du kannst es nicht kennen, weil es verboten ist, braucht die Welt den Trichter. Ich sah einmal einen Spieler, der hatte die Finger von der Gicht so gekrümmt, daß er einen Vikar anstellte und bezahlte, der mußte nun an seiner Stelle die Würfel durch den Trichter auf das Brettspiel werfen. Und der Trichter über dem Mühlstein? Hast Du nicht selber das rührende Lied schon gesungen . . . und der Mühlknecht stürzt in den Trichter, gerade jetzt, da er das Korn aufgießt, stürzt er in die Tiefe.

Die einen sagen: Tiefe, die anderen sagen: hohler Wirbel, beides hat der Trichter. Er steht für die erhabene tiefste Tiefe im Meere und gleichzeitig für die abgründige Hohlheit im menschlichen Kopf.

Und so kannst Du mit der Trichtermethode alles zeigen, das Schöne und das Erbärmliche auf der Welt.

Die Versuchungen des heiligen Antonius

1

Zwei Männer kamen zu Oporinus. Es ist nicht notwendig, zu wissen, wie sie gekleidet waren, sicherlich korrekt, zugeknöpft bis oben, nicht bunt, nicht streng. Ihr Auftreten brachte nichts Beunruhigendes, im Gegenteil, mit ihnen füllte eine leichte Heiterkeit den Raum. Keine unbestimmte, unerklärbare Heiterkeit, sie hatten das Gelöste von erfolgsgewohnten Männern.

Wenn sie sich jetzt breit, aber doch beherrscht in den Bewegungen niedersetzten, so war es, als habe ganz Basel, Stadt und Land, hier für eine Weile Platz genommen. Das neue Basel mit dem neuen Glaubensbekenntnis. Das mächtige Basel, das kluge Basel. Eben das heitere Basel. Die Klarheit eines besonnten Februartages lag über ihnen. Auch das Zurückhaltende. Noch nicht vorzeigen, wie sie werden sollen, Blüten und Blätter.

Das neue Glaubensbekenntnis war im Grunde das des Herrn Oekolampad und wohl zu unterscheiden von den Versuchen in Wittenberg, Nürnberg, Genf, Straßburg, Zürich. Von Mühlhausen in Thüringen gar nicht erst zu reden.

Natürlich machte sich Herr Oekolampad nicht am frühen Morgen auf, ein kleines Gespräch mit einem jungen Mann zu führen, der noch keine andere Leistung aufzuweisen hatte als die äußerst subtile Übersetzung seines Namens: Herbst.

Dafür gab es eben Leute. Zuverlässig und ausgesucht. Diakone. Helfer.

Beide Helfer saßen vor Oporinus mit der ruhigen Gelassenheit von Männern, die nicht nur zu kämpfen brauchen, die auch schon ans Bewahren denken können, an das Umgrenzen und Abzäunen des Gewonnenen. Beide hatten jederzeit Zutritt zu Oekolampad. Seine Gedanken waren auch ihre Gedanken. Und sollten sie gefragt werden, warum sie über dieses oder jenes so dächten, es würde ihnen gar nichts anderes in den Sinn kommen, als zu antworten: »Oekolampad hat das gesagt.« Beide sehr arbeitsame, sehr eifrige Männer. Der erste Helfer, ausgebildet nicht nur in Theologie, auch in Jurisprudenz, hatte sich besonders ausgezeichnet bei der Auflösung der Klöster. Und daß es so musterhaft ordnungsgemäß zugegangen war bei der Endabrechnung mit jeder Nonne und jedem Mönch, war im wesentlichen sein Verdienst. Er lispelte ein wenig. Das störte ihn nicht, er wußte, es gab ihm etwas Unverwechselbares.

Als erfolgsgewohnter Mann war er nicht ohne eine gewisse Eitelkeit. So spielte er ein wenig mit dem Namen herum: »Oporin – Oporine. Stunde des Zeitenwechsels. Göttliche Stunden. Kinder des Zeus: Frühling, Sommer, Herbst und Winter. Die vier Göttinnen der Menschheit. Gesetzliche Ordnung. Gerechtigkeit. Eintracht und Eigentumsrecht.«

Und mit sachlicher Schwärmerei: »Opora, Frühherbst, Erntezeit. Oporinus, das hat Klang, das ist ein Versprechen.«

Der zweite Helfer, auch hochgebildet, aber als Prediger vor einfachen Leuten an einfache Worte gewöhnt, unterbrach: »Opora, Hundstage.«

Hans Bock:
Johannes Oporinus

Er sagte das in dem sicheren Ton eines Mannes, über den Oekolampad einmal geäußert hatte: Er hat gerade Augen. Und das bedeutete aus dem Munde Oekolampads: Er ist unabdingbar und furchtlos. Ohne Eile korrigierte er den durch die Beschäftigung mit der Jurisprudenz ein wenig zu weltlich gewordenen Kollegen: »Bei aller gewonnenen Freiheit ein bißchen Zurückhaltung mit Zeus und den von ihm gezeugten Göttern und Göttinnen, Halbgöttern und Halbgöttinnen. Hier ist Basel, und hier gilt der dreieinige, alleinige Gott noch immer.« Und zu Oporinus gewandt: »Besonders jetzt im Frühjahr 1527, da wir auf einen Gast warten. Einen Gast, den wir berufen haben. Einen weltbekannten zwar, aber uns dennoch fremden. Sie, Herr Oporinus, könnten uns helfen, daß dieser Gast kein Fremder in unserer Stadt bleibt, daß er sich wohl fühlt.«

»Warum ich?«

»Wir könnten Ihnen antworten mit der überraschenden Frage: Warum nicht? Oder wer sonst, wenn nicht Sie?«

Der zweite Helfer sprach hier nicht den Namen Oekolampad aus. Nicht bei jeder Frage nach dem Warum mußte er schließlich erwähnt werden. Mit einer verbindlichen Handbewegung gab er dem ersten Diakon das Wort.

»Sie, Herr Oporinus, sind für uns sozusagen ein aufgeblättertes Buch, lesbar. Jeder Punkt, jedes Ausrufezeichen, jeder Absatz verständlich. Sie arbeiten für unseren Buchdrucker Froben. Darum liegt der Vergleich auf der Hand.« Der erste Helfer kam ins Träumen: »Die schöne Welt des Buches. Liber, das Buch. Liber, der Gott der Anpflanzung, der Sorgenbefreier, Bacchus gleich.«

Der zweite Helfer, der Prediger, unterbrach: »Libera – Erlöse. Anfangswort des Totengebetes unserer altgläubigen Freundfeinde. Feinde wollen wir doch heute noch nicht so nackt aussprechen, da es zuviel Gemeinsames gibt. Bleiben wir beim Erlösen. Unser junger Freund hier könnte uns erlösen von manchen Zweifeln, manchen Ungewißheiten, den berufenen Gast betreffend, den Doktor beider Medizin, den Herrn Theophrast von Hohenheim.«

»Während Sie, junger Mann, bei Froben arbeiteten«, ergänzte der erste den zweiten Helfer, »war Doktor Theophrast auch dort. Sie kopierten unsere griechischen Kirchenväter. Der Doktor untersuchte Frobens Bein. Die Früchte Ihrer Arbeit sind genau abzuschätzen. Greifbare Ergebnisse. Aber was hat der Doktor gemacht? Wir wissen nur, der verehrungswürdige Freund des Hauses Froben, Herr Erasmus von Rotterdam, war so verzaubert, daß er sich mit der ganzen Macht seiner Persönlichkeit für die Berufung dieses Doktors an unsere Universität einsetzte. Mit dem Hinweis, ihm gleichzeitig die Stadtarztstelle zu geben. Wir wissen, er hat dem Herrn von Hohenheim sogar einen eigenhändigen Brief geschrieben.«

»Ich habe den Doktor damals nicht gesehen. Nur ...« Johannes Oporinus zögerte.

»Nur, bitte was?«

»Nur Frau Froben. Sie kam in die Werkstatt wie immer, aber an dem Tag war es nicht wie immer. Auf dem Weg zur Druckerei und noch vor der Tür hat sie gesungen.«

»Ist das so ungewöhnlich?«

»Ich habe sie noch nie singen hören.«

»Ja, natürlich, das ist eigenartig. Wann singen junge Frauen?« Der erste Helfer, der Rechtskundige, wußte: »Es gibt Untersuchungen darüber, begonnen vor achtzig Jahren von Jakob Sprenger. Wir können darauf aufbauen. Im Lied ist immer etwas Fleischliches.«

»Zeigte sich Frau Froben sonst verändert, rotes Gesicht oder schneller Atem?«

Der juristisch Gebildete unterbrach: »Das ist zu früh, verehrter Kollege. Ich glaube nicht, daß wir von daher an den Herrn Doktor Theophrast gelangen. Wir wissen, er ist Frauen gegenüber zurückhaltend. Das ist seine Stärke.«

»Oder seine Schwäche.«

»Jedenfalls, man kennt leider keine solchen Geschichten über ihn.«

»Wenn man lange genug sucht, kann auch dem Übel abgeholfen werden. Was hielt ihn denn so lange im Schloß des Markgrafen von Baden. Erfreut der sich nicht bester Gesundheit? Er klagt zwar über Kinderlosigkeit. Die Abgrenzungen im Bereich der Medizin sind so ungenau wie das Ende eines Waldes. Ist es noch das kleine Gehölz, noch der Bach, noch die Wiese, noch der Weg, wie ist denn das?«

»Sie meinen, es gehört die Natur eines höheren Wesens dazu, nicht im Gesträuch hängenzubleiben, den Bach trockenen Fußes zu überqueren, auf der Wiese das Gras nicht zur Unzeit zu zertreten und, angelangt beim Weg, die Richtung zu wissen?«

Der zweite Helfer blickte mit seinen geraden Augen versonnen durch das Fenster, dachte nach, sagte nichts. Dachte weiter nach. Dann, mit seinen manchmal sparsamen, aber doch auch immer geraden Worten, bemerkte er: »Ich jedenfalls kenne keinen Mediziner, der nicht mindestens Beeren vom Gesträuch gekostet, aus dem Bach getrunken und auf der Wiese geschlafen hätte.«

Oporinus war sichtlich verwirrt. »Ich verstehe nichts. Was soll ich mit dem Markgrafen von Baden?«

»Er hat recht. Wir sind abgekommen. Wir dachten an die Markgräfin, weil wir den Schlüssel suchten, uns den

Doktor Theophrast aufzutun. Wir wissen nicht, wer hinter ihm steht und warum.«

Der Jurist ergänzte: »Oder glauben Sie allen Ernstes, junger Freund, daß heute ein so gelehrter und erfolgreicher Mann ganz für sich allein kommt und geht. Wer so viel kann, hat auch jemanden, der sich sein Können zunutze machen will. So ein Mann bringt nicht nur seine Erfahrungen in die Stadt mit, sondern auch – unsichtbar zwar – seine Anhänger und Gönner. Wir wollen nur wissen, wie hoch der zu suchen ist, der hinter ihm steht.«

»Früher waren die Zeiten einfacher. Da war alles genau voneinander zu unterscheiden, wer zu wem gehörte. Der Knecht zum Herrn.«

»Es war übersichtlicher. Hattest du den Knecht des Herrn, hattest du den Herrn schon selber.«

Der zweite Helfer, der Prediger, konnte in seiner Stimme etwas Besorgtes, Mitfühlendes schwingen lassen. Er fragte: »Wir haben gehört, Herr Oporinus, Sie sind nicht glücklich mit Ihrem Vater?«

Der andere ergänzte: »Die Welt ist wirklich schwer zu verstehen. Früher ruhte die Verantwortung für die Kinder auf den Eltern. Jetzt lastet die Verantwortung für die Eltern auf den Kindern.«

Der Mann mit den einfachen Worten, der zweite Helfer, übernahm das Gespräch: »Denken Sie einmal nach. Wie waren die Beziehungen Ihres Herrn Vaters zu den Bauern, als sie unsere schöne Stadt bedrohten? Waren die Beziehungen unfreundlich oder waren sie freundlich? Wie ist denn das? Hat Ihr Herr Vater sein Kunstverständnis als Maler den Aufrührern zur Verfügung gestellt, hat er ihnen Flugblätter gemalt, oder hat er sich geweigert, die Hand für sie zu rühren? Sie brauchen uns jetzt keine Antwort zu geben. Sie brauchen das alles nur still für sich zu überdenken. Wie steht es mit Ihrer Sohnesliebe? Ist sie bestärkt, weil Sie dasselbe fühlen und wollen wie er? Weil sein Umgang mit bestimmten Leuten auch Ihr Umgang ist? Oder ist die Sohnesliebe schwach? Was fühlen Sie, was wollen Sie? Mögen Sie die Leute, die Ihr Herr Vater mag? Wie ist denn das? Und, wenn Sie mit ihm zum Abendmahl gehen, sind Sie so andächtig wie er? Gibt es da etwas Unausgesprochenes? Fühlen Sie, daß Ihre Andacht inniger ist, tiefer? Würde eine Einladung an Ihren Herrn Vater aufs Rathaus mit dem Ziel einer genauen Befragung in verschiedenen Punkten Ihnen Erleichterung verschaffen? Oder würde es Sie beunruhigen? Wie ist das?«

Da war es ihm, als müsse er seinen Vater beschützen. Reue kam über alles Verächtliche, das er gedacht hatte, als im Vaterhaus die Bauern aus und ein gingen: Für die verschwendet er Zeit. Andere Maler werden in die Häuser der Reichen eingeladen und bekommen die guten Aufträge. Ich habe nicht einmal einen anständigen Mantel. Angst schob die Reue beiseite. Was wissen die alles?

»Wir denken uns«, die sachliche Stimme des ersten Helfers kam auf ihn zu, »wir denken uns, daß Sie sich gern dem medizinischen Studium hingeben würden.«

»Nein, das war nie mein Ehrgeiz. Ich habe eine große Lust an meiner Arbeit hier bei Froben. Ich möchte einmal selber eine Druckerei haben.«

»Wir sind sicher, daß Sie Ihre Liebe für die Kunst der Medizin entdecken. Und wir sind gewiß, daß Sie als Schüler unserem Doktor Theophrast sehr geschickt zur Hand gehen werden.«

»Das kann ich nicht.«

»Sie sind zu bescheiden.«

»Nein, ich bin nicht bescheiden. Ich ekle mich vor

Kranken, schon vor dem Geruch. Ich hätte jeden Tag Angst, ich könnte mich anstecken und müßte vorzeitig sterben.«

Oporinus hatte sich schon an das Lispeln des ersten Helfers, des juristischen Beraters, gewöhnt. Er nahm es nicht mehr wahr. Es war gar nicht möglich, dieses Gebrechen lächerlich zu finden. Da es nur eine Schwäche der Zunge und nicht des Geistes war. »Natürlich müssen Sie den Stadtarzt bei allen Krankenbesuchen begleiten. Auch wenn er in die Gefängnisse geht. Sie werden lernen, die notwendigen Handreichungen geschickt zu machen. Sie sollen ihm unentbehrlich werden.«

Der andere fügte an: »Sind nicht in den Gefängnissen auch eine Reihe von Leuten, die sich weigerten, das Abendmahl zu nehmen? Oder von denen man vermutete, sie würden sich weigern, das Abendmahl in der rechten Gestalt einzunehmen?«

»Mein Vater würde nie . . .«

»Jetzt haben Sie Ihren Vater erwähnt. Das war nicht nötig.«

»Wir wissen noch nicht genau den Ankunftstag des Doktors Theophrast. Gehen Sie solange ruhig in die Druckerei von Froben. Denken Sie ein wenig nach über die Kunst der Medizin.«

2

Oekolampad wartete auf die Rückkehr seiner Helfer. Ja, gewiß, er hatte der Berufung des Theophrast von Hohenheim nach Basel zugestimmt. Das war noch vor Weihnachten gewesen, in der freudigen Bewegtheit, in der Erwartung auf das Fest, in der Zeit, da das Herz gern ein wenig weich ist.

Aber gerade Weihnachten hatte ihm Ärger gebracht,

Ärger ausgerechnet mit Carlin, mit dem Prediger, der ihm am nächsten stand. Es zeigte sich immer mehr, daß sich Carlins Ansichten den Wahnsinnigen zuwandten, die alles zerstören wollten. Mit den nicht enden wollenden Fragen nach der Verteilung des Besitzes und mit der steten und lästigen Erinnerung an die Bauern damals vor der Stadt. Er, Oekolampad, wird zu entscheiden haben, was mit Carlin geschieht.

Ach, könnte ich stark sein wie Zwingli in Zürich, auch der hat seine Prediger gehabt, seine jungen Anhänger, die ihm am nächsten standen. Einen von denen hat er jetzt am 5. Januar, nach dem Aufwachen aus der freudigen Weihnachtsversunkenheit, in der Limmat ertränken lassen. Felix Mantz. Es war nun bekannt geworden, daß Felix Mantz mindestens zwei Briefe an den später hingerichteten Thomas Müntzer mit unterschrieben hatte und hatte sich darin selbst bezeichnet: Dein Bruder und neuer junger Müntzer.

Sicher, auch in Basel wird sich eine geeignete Stelle am Rhein finden. Aber selbst dann, wenn dieser eine, dieser Carlin dorthin gebracht wird, die Bedrohung seines Friedenswerkes ist damit nicht ertränkt. Denn jetzt ist Hans Denck auch wieder unterwegs, ausgewiesen aus Straßburg. Was mache ich, wenn Denck hierherkommt?

Und er betete, Denck möge nicht nach Basel kommen. Sie hatten einmal, anfangs, dieselben Gedanken gehabt über die Irrtümer der Altgläubigen. Es war ein glänzendes Beispiel für die ganze Welt gewesen, wie Zwingli das Geld, das die Marienverehrung einbrachte, dem städtischen Spital von Zürich gab. Es waren so viele wundervolle Ansätze da, Nächstenliebe zu üben.

Ach, werde ich dann stark sein wie Zwingli, wenn Hans Denck in meine Stadt kommt?

Ich bin der Hort gegen die Schwarmgeister. Ich muß

das, was wir gewonnen haben, jetzt gegen zwei Seiten verteidigen. Gegen die Altgläubigen, die mir vorwerfen, durch uns seien diese Wirrköpfe erst ins Spiel gekommen, diese neuen, jungen Müntzer.

Ich habe den Fehler gemacht, mir ausgerechnet einen Mann als Stadtarzt herzurufen, der zumindest gleichzeitig mit Denck in einer Stadt war. Wenn ich nun zum Äußersten gehe und Carlin in Gewahrsam nehme und auch den Hans Denck, im Augenblick, da er das Stadtgebiet betritt, habe ich mich dem Stadtarzt ausgeliefert. Es gehört zu seinen Pflichten, die Gefangenen zu besuchen. Er wird dann zu mir kommen, verlangen, sie freizulassen. Er wird versuchen, auf mich einzuwirken. Und bald wird er sich als mein Gewissen fühlen. In seinem Ehrgeiz gestärkt durch den Brief des Erasmus, den wir sehr genau kennen. Schon mit dem ersten Satz hat ja Erasmus sich dem neuen Doktor ausgeliefert: »Es ist nicht sinnlos, dem Arzt, durch den uns Gott die Gesundheit des Körpers zur Verfügung stellt, ständige Gesundheit der Seele zu wünschen.« Er, Oekolampad, wird sich nicht in diese Abhängigkeit bringen. Es wird ihm gleichgültig sein, wie die Seele des neuen Doktors beschaffen ist. Auch der zweite Satz in diesem Erasmus-Brief war nicht weniger beunruhigend: »Ich wundere mich, daß Du mich so genau erkannt, obwohl Du mich nur einmal gesehen hast.« Nein, Oekolampad wird diesen Doktor nicht als Arzt für sich selber rufen. Er will nicht so genau erkannt werden.

3

Es ist schön, im Rosengarten von Bonifacius Amerbach zu sitzen. Das sind die großen Tage, in denen Bonifacius sagt: »Wir beide zusammen, wir werden die neue Universität schaffen.«

Der Professor für die Jurisprudenz, Amerbach, erklärt das mit dem ihm eigenen Feuer dem Doktor Theophrast von Hohenheim.

Mit ihnen im Garten sitzt das Füchslein. Man kann auch sagen, Frau Martha Amerbach geborene Fuchs aus Neuenburg am Rhein. Sie sind erst wenige Wochen verheiratet. Und der unterhaltsamste Hochzeitsgast, an dessen Geschichten sich alle noch lange erinnern werden, war der Mann aus Einsiedeln.

Und nun ist da dieses angenehme, weite Meer der Freundschaft, eine schnell gewachsene Freundschaft. Und der Professor Amerbach wiederholt: »Wir beide zusammen.«

Der neue Doktor hat jetzt zum erstenmal in seinem Leben das Gefühl eines Triumphes. Er ist in allen Ehren eingeladen von der Stadt, mit guter Bezahlung. Vorbei ist die Zeit des Suchens. Und er entwirft gemeinsam mit seinem Freund Bonifacius das Bild der neuen Universität.

»Wir werden alles lehren können, was uns aus Begrenzung, aus Unwissen, aus Angst vorenthalten wurde. Unsere Universität Basel wird die Universität ohne Angst heißen. Studenten werden aus aller Welt kommen. Wir werden die ersten sein, die beim richtigen Namen nennen, was zu sagen ist. Und da sehr vieles Neues zu sagen ist, werden wir es auch in einer neuen Sprache tun. In einer verständlichen Sprache. Wir lehren nicht für wenige Auserwählte, wir wollen von allen verstanden werden. Sicher, das wird nicht leicht werden. Und wie ich unseren guten Oekolampad kenne, wird er Bedenken haben und wird sagen, das alles geht ihm zu schnell.«

»Aber ich meine, es kann nicht schnell genug gehen«, entgegnet Bonifacius. »Die Wurzeln müssen nicht abgehackt werden.«

»Aber man muß die Wurzeln freilegen können und sie untersuchen, wo sie verfault sind; zu vieles haben wir, ohne nach Begründung und Berechtigung zu fragen, übernommen. Die Dämonen sind die Dämonen geblieben. Und auch wir bejahen, daß zur Zauberei noch immer das Bindeglied, die Hexe und der Zauberer, notwendig ist. Wir haben das alles übernommen, ohne zu fragen. In der Jurisprudenz wie in der Medizin. Wir werden Stück für Stück ausräumen, mit geduldiger Ungeduld und mit unantastbarer Gründlichkeit.«

»Wir müssen für uns die Theologen gewinnen und überzeugen. Ich möchte keine Gegensätze, keine unüberwindbaren Gegensätze und keine Schwierigkeiten, keine unausräumbaren Schwierigkeiten. Trotzdem wird es nicht leicht werden«, meint Bonifacius. »Aber ehe sie dir, mein lieber Theophrast, auch nur ein einziges Haar krümmen, dann fällt mein Kopf.«

Schöner Frühling im Rosengarten. Die Jungverheirateten sitzen in der linden Luft. Das schöne Füchslein lächelt und schweigt. Professor Amerbach sagt an diesem lauen Frühlingsabend: »Mein erstes Kind, wenn es ein Sohn ist, wird den Namen Theophrast bekommen.«

Lange Frühlingsabende, an denen man draußen sitzen kann.

Noch nie habe ich mich einem Menschen so nahe gefühlt wie dir, Bonifacius. Ich brauche mich nicht mehr unter den Leuten umzutun: Wo ist der, dem ich alles sagen kann, der meine Zweifel versteht und meine Ängste.

Hans Holbein d. J.:
Bonifacius Amerbach

Bei dem ich auch einmal sitzen kann, ohne etwas zu reden. Hier ist der Mensch, bei dem ich mich nicht zu verstellen brauche, bei dem ich mich nicht zu verstecken brauche. Sicher, es gibt auch hier diese eine unüberschreitbare Grenze: Das Geheimnis zwischen Arzt und Kranken wirst du nie erfahren. Wenn ich in den Turm gehe zu den verlassenen Kranken, die nicht wissen, wann sie sterben sollen, die nicht wissen, ob sie weiterleben sollen, dann wirst auch du, mein Freund Bonifacius, nicht erfahren, ob sie mir Aufträge mitgeben nach draußen. Dir wird nicht preisgegeben, was sie in der Verzweiflung, was sie in ihrer Angst sagten.

So beginnt es mit Bonifacius. Theophrast dachte: Amerbach, du bist ein Teil der Stadt. Für mich bist du die Stadt.

Über das Füchslein ist nichts weiter zu sagen. Sie ist die junge Frau des berühmten Professors und die Tochter des reichen Neuenburger Kaufmanns Fuchs. Ihr wird alles zubereitet. Sie braucht nichts zu tun, und sie will auch nichts tun. Ihr Leben besteht nur darin, auf ihren Bonifacius zu warten. Sie ist wie ein kostbares Gefäß, schön anzuschauen, zerbrechlich auch. Sie geht durch Haus und Garten mit jener gleichbleibenden Heiterkeit, die nur durch völlige Unwissenheit bewahrt bleiben kann.

Dahinschweben über die sauberen Teppiche, ohne zu fragen, woher die Teppiche kommen. Im Garten sich ein wenig niederbeugen und den Duft der Rosen atmen, ohne je nachzudenken, wie kam sie über den Winter. Nicht einmal Erde zwischen den Fingern gehabt. Die Ängstlichkeit bei der Aussaat nicht kennen, ich habe den Samen zu flach in den Boden gelegt, Vögel werden kommen, alles wegpicken. Oder ich habe den Samen zu tief eingebracht, der Weg ans Licht wird zu lang, nie wird etwas Grünes herausbrechen. Über Martha Amerbach kann wirklich nichts berichtet werden. Vor dem Kraut stehen, nicht ahnen, wie es heißt. Und wenn es genießbar ist, nicht wissen, wofür es gut ist, für Fleisch oder Soße oder Suppe oder süße Speise. Das Messer nie zur Hand nehmen, ein Kraut zu schneiden. Nicht säen, nicht ernten.

Nicht jene Lust haben, mit dem Fingernagel ein Blatt aus fremdem Garten zu rauben, zwischen die Zähne zu nehmen, zu zerbeißen, zu kosten mit der Zunge. Nicht den Mut haben, auszuspucken, wenn es bitter ist.

Alles ist fertig in diesem Leben, Vorspeise, Hauptspeise und Nachspeise.

Dein Gesicht, Martha Amerbach, ist leer. Niemand sieht das jetzt, weil es noch jung ist und engelgleich, sanft. Nichts denken, auch nicht lesen. Lesen strengt an, das könnte Falten geben im Gesicht. Nichts anderes tun als achtgeben auf die eigene Schönheit. Zehn Zehen hat ein Mensch. Und jeder einzelne Zeh ist eine große Aufgabe und erfordert alle Aufmerksamkeit.

Es ist nicht nötig, zu erklären, wie schnell so ein Tag vergeht. Nach dem anstrengenden Schlaf der Nacht muß der Leib ausgestreckt werden auf einer weichen Matte, aus Stroh geflochten. Nicht denken an Kornfelder und Dreschflegel. Etwa auch noch an Bauern.

Nur sich selbst fragen, wie liegt der große Zeh? Liegt er ruhig? Wie liegt das Bein? Liegt es lang ausgestreckt oder in dem Knie angewinkelt? Wie liegt das rechte Bein? Wie liegt das linke Bein? Wie liegt der Rücken? Ist das Stroh zu hart? Wie liegt der Kopf?

Er liegt auf der rechten Seite und denkt ja doch etwas. Träge zwar, aber sie denkt an Frau Froben. Denkt ohne Beunruhigung, mit einer kleinen Verachtung: Kaufmannsfrau. Ich möchte nicht mit ihr tauschen. Ich möchte nicht in der Druckerei stehen, mit den Gesellen reden. Ich möchte nicht die Fässer Papier zählen, bedrucktes und unbedrucktes. Ich möchte nicht den Rechnungen nachgehen für alles, was angeliefert werden muß. Nicht mit den Korrektoren reden. Nicht mit den Verfassern der Bücher. Man verliert doch im Umgang mit soviel Gewöhnlichem. Die Hände werden grob. Vielleicht macht auch das viele Herumrennen zwischen Haus und Werkstatt hungrig. Da muß man doch dick werden. Und die Stimme wird vielleicht ein wenig hart. Ich möchte nicht tauschen.

4

Doktor Truckenbrot kam von der Universität. Er kam zu Gertrude Froben, unangemeldet. Er fand sie bei der Arbeit in der Werkstatt. Er wollte nicht bleiben, wollte nichts essen, er hatte nur hereingeschaut, um irgend jemandem zu berichten. Nicht irgend jemandem mußte das gesagt werden, und es war ihm nicht gleichgültig, sie hatte Anspruch auf den Bericht. Er, der alte Paulus Trukkenbrot, war für diesen einen Tag, für wenige Stunden herausgerissen aus seiner argwöhnischen Zurückhaltung. Er hatte die Antrittsvorlesung von Doktor Theophrast von Hohenheim gehört, er war doch gefaßt gewesen auf die blasse Allerweltssprache, auf rücksichtsvolle Wortwahl.

»Wie er da stand, so habe ich vielleicht einmal von mir geträumt, möchte ich da stehen. Es war herrlich. Und wenn ein Mann das von einem anderen Mann sagt, dann ist das ohne Neid. Er hat ja bei seiner Antrittsvorlesung nicht mit vorsichtiger Zurückhaltung geredet, die Rücksicht ist oder auch Angst. Mir war, als stände noch einmal jener Pico da, wie er vor den Studenten sprach: Was ist der Sinn des Lebens. Was ist die Würde des Menschen. In diesem Augenblick, als er so redete, breitete er vor ihnen alles aus, nicht nur die Erinnerung an Pico. Er zeigte sich selbst, sein ganzes Herz und – ohne daß er es aussprach, erklärte er es ihnen sehr genau, woher er kam und wem er sich zugehörig fühlte. Sie spürten das. Sie spürten es, und sie wurden anders. Sie schauten ihn an und hörten ihm zu mit Herzklopfen. Alle Gemeinplätze, die sie gewohnt waren: ›So will ich das keineswegs ausdrücken.‹ – ›Ich kann das jetzt in diesem Rahmen nicht ausführen.‹ – ›In diesem Zusammenhang eine Bemerkung.‹ – ›Ich will nicht breit darauf eingehen.‹ All das sagte er nicht. Es war erstaunlich. Er verzichtete auf die billige Art, die Zuhörer aufmunternd anzulächeln. Er lachte nicht über eigene Späßchen, und er hob auch nicht den Zeigefinger auf. Also: Er biederte sich nicht bei seinen Zuhörern an und achtete doch auf jeden einzelnen. Er hielt sie mit seiner Stimme ruhig und zwang sie, zuzuhören. Er stand da, sehr würdig, sehr stark, sehr schön. In diesem Augenblick war ich froh, Mediziner zu sein.«

So war Doktor Truckenbrot: ein lebendiges Gefäß voller Erfahrungen und wußte alles, kannte alles, hatte alles gesehen. Hatte auch begonnen zu schreiben. Hatte aufgegeben zu kämpfen.

Er konnte sich in langen Stunden, wenn er Nächte hindurch an den Krankenbetten wachte, sagen: Es war wegen der Frau. Er sagte es ohne Bitternis, er war duldsam gegen sich selbst, heute, im Alter. Der in Basel geborene hatte in Straßburg gearbeitet.

Es war nicht irgendwann, er hatte es gewußt von Anfang an, er war kein Märtyrer. Man hatte ihn, als er gerade sein Doktordiplom bekommen, unzählige Male nach den Verhören zu Gefangenen gerufen. Er hatte die ausgerenkten Knochen gerichtet, die eingebrannten Wunden mit Salben versorgt. Er hatte nie, nicht ein einziges Mal auch nur durch ein Augenzucken zu verstehen gegeben, diese hier ist eine Hexe. Er hatte schweigsam gearbeitet.

Und es war ein großes Mitleiden in ihm. Er hatte nichts anderes tun können, als beruhigend über schmerzende, zitternde Hände, Arme, Beine, Füße zu streichen. Er ging neben dem Henker. Er ging sehr aufrecht und sehr deutlich für sich allein. Es war sein Platz und seine Arbeit damals in Straßburg. Er sah sie sterben. Das letzte, was sie hatten, waren seine Augen, an die sie sich klammerten, und er nahm seine Augen von ihnen nicht weg, hoffte, sie werden das wissen: Ich gehe zu deinem Vater, zu deiner Mutter, zu deinen Brüdern. Ich kann sie nicht trösten, weil ich keinen Trost weiß. Ich kann ihnen nur sagen: Sie waren keine Zauberer und keine Hexen.

Da stand er vor ihnen, großgewachsen, seine Augen waren voll Schmerz. Bei ihm konnten sie weinen. Es war nicht einer unter denen, die durch ihn vom Tod des Nächsten erfuhren, der gesagt hätte: Du bist ja ihr Helfer.

Sie wußten, er kam zu ihren geheimen Zusammenkünften und erklärte ihnen, wer mit dem Gesetz geschlagen werden sollte. Fast jeden Abend – immer an anderen Orten – redete er vor ihnen.

Eine lange Abhandlung schwebte ihm vor über die Unsinnigkeit des Satzes aus dem Gesetzeswerk: Und der Behexte geht in den Nächten über weite, unwegsame Strecken zum Gegenstand seiner Liebe. Einer muß doch beginnen, die beiden Professoren zu widerlegen.

Andere Sätze schoben sich vor, der Ritt auf dem Besen, der Ritt durch die Lüfte überhaupt.

Er hatte sich vorgenommen, gegen das Kapitel über die Gabe des Schweigens das seine zu stellen. Aber was blieb in der Welt? Das, was Sprenger und Institores in ihrem Gesetzbuch festgelegt hatten. »Die Gabe des Schweigens«, sagten die beiden Professoren, »rührt aus drei Quellen her. Erstens aus einer natürlichen Verstockung des Gemütes, da einige so weich von Natur sind, daß sie bei der geringsten Tortur gleich alles von sich sagen, auch wohl Unwahrheiten. Andere sind aber so hartnäckig, daß sie sich lieber alle Glieder in Stücke zerfoltern lassen, ehe sie bekennen. Die zweite Art von Stillschweigen kommt von Zaubersachen her, die Hexen bei sich in den Kleidern oder in den Haaren verborgen halten.« Es gab die Anweisung: »Weiter muß man den Hexen alle Haare vom Körper wegscheren, damit sie keine Zaubersachen bei sich behalten, und diese Vorsicht muß sich auch auf die geheimsten Örter erstrecken.«

Wieder kam der Ungetaufte hinein: »Uns ist ein Beispiel von einer Hexe bekannt, die einen erstgeborenen, ungetauften Knaben im Ofen briet.«

Und von diesem trug sie dann Knochenstücke bei sich.

Die dritte Art des Stillschweigens: Es können auch andere, selbst weit entfernte Hexen eine zu folternde so bezaubern, daß sie keinen Laut von sich gibt.

Es sei auch vorgekommen, daß sich jemand ein Zaubermittel unter den Arm eingenäht hatte, zwischen Haut und Fleisch. Darum seien diese Leute, als man sie schließlich gefangen, nicht brennfähig gewesen. Man hätte solche Leute ins Wasser werfen müssen. Sie seien aber auch nicht untergegangen. Dann schließlich habe man die Stelle, eingenäht zwischen Haut und Fleisch, gefunden und habe sie herausgebrannt, herausgeschnitten, und so sei am Ende der Körper doch brennfähig geworden.

Da geh hindurch, Doktor der Medizin.

Es war notwendig, daß ein Buch gegen das Gesetzeswerk geschrieben wurde. Und wenn einer es schreiben konnte, dann er, Paulus Truckenbrot. Schreiben und einen Drucker finden, es hinausschicken in alle Welt, ohne Rücksicht auf mich, und keine Angst. Keine Angst, für die Wahrheit verbrannt oder ins Wasser gestoßen zu werden, mit ihren verfluchten Bleigewichten.

Was denn sind ihre Bleigewichte gegen das Gewicht dieses Buches? Da wird jedes Wort wie ein eiserner Hammer auf sie fallen.

Und geht in den Nächten über weite, unwegsame Strecken zum Gegenstand seiner Liebe.

Da wart ihr Gegenstand meiner Liebe. Ihr Geschundenen.

Buchdruck kostet Geld.

Also sah ich mich nach Geld um und suchte nach einem nützlichen Patienten. Jedem Gebot steht das Gegengebot gegenüber. Das Gebot, den Verfolgten zu helfen, brachte für mich das Gegengebot, den Reichen meine Kunst anzubieten.

Meine Zeit mußte ich nun anders verteilen. Meine Zeit verteilte ich anders. Dieser Patient, in Straßburg, damals, war alt und hatte eine sehr junge Frau. Sie redete vom Stolz. Sie hörte nicht auf, ihren Stolz zu preisen. Als ich ihr erklärte, den Stolz kann man ablegen wie Kleid und Hemd und schnell wieder überziehen, fragte sie ein wenig kindlich: »Schnell?«

Ihre Kleider waren kostbar, sie liebte den roten Samt. Hoch bis zum Hals hinauf geschlossen, eng anliegende lange Ärmel. Es begann, als ich sagte: »Sie sollten dunkelgrünen Samt tragen.« Eine Woche später hatte sie das dunkelgrüne Kleid angezogen. Ich sagte: »Sie sollten nicht so hochgeschlossen gehen.« Das neue Kleid trug sie nun bis zum Gürtel aufgeschnitten, mit schwarzen Schnüren über der Brust zusammengehalten, ein weißes Seidentuch darunter. Ich war nicht sicher. Auch ging ich nicht jeden Tag hin. Ich meinte: »Sie sollten nicht schwarze Schnüre nehmen.« Am anderen Abend hatte sie ein gelbes Band eingezogen. Von da an wartete sie auf die Finger.

Ich dachte an mein Buch, entschuldigte mich vor mir selbst: Du willst sie nicht streicheln, sie will gestreichelt werden. Du leihst ihr deine hilfreichen Finger zu ihrer Beruhigung, wie eine ärztliche Dienstleistung. Du wirst bezahlt, und sie zahlen gut.

Und geht in den Nächten weite, unwegsame Strekken ...

Gut, sagte ich mir, auch das mußt du an dir selber erfahren, auch das gehört zum Buch. Du gehst durch die Nacht und bist nicht behext. Du mußt nur leise sein, daß der Alte nicht aufwacht und dich findet und schreit: »Ein Dämon saugt an den Brüsten meiner Frau.«

Jetzt also erzählst du der Rotsamtenen von Inkubus, dem Aufliegenden, dem zur Hexe einkehrenden bösen männlichen Dämon. Und von Sukkubus, dem Unterliegenden, ebenfalls bösen weiblichen Dämon. Und redest auf weißen Laken über das Buch, über das Gesetz, das du mit deinen Worten wegfegen willst, und glaubst, du nimmst die irdischen Dinge, ohne dich von ihnen beherrschen zu lassen. Du meinst, die irdischen Dinge sollen dich nicht stören, sondern, wenn sie nun einmal auf dich gekommen sind, dir dienen.

Es ist nicht so, daß ich in jenen Augenblicken alles vergessen hatte, nur, ich war leise geworden. Leise Lippen sind fast schon stumme Lippen.

Ich selbst schnitt dem Alten das linke Bein ab, eine Gangrän. Ich hatte ihn gerettet. Er würde noch lange Jahre zu leben haben. Er bezahlte gut. Jetzt hatte ich das Geld für das Buch. Und konnte gehen.

Als ich mich verabschiedete, lächelte die Rotsamtene. Hätte sie geweint, wäre ich nicht noch einmal umgekehrt.

Es dauerte drei Jahre, dann war er tot. Die Witwe wollte geheiratet werden.

Doktor Truckenbrot konnte es nicht unterlassen, mit Frau Froben über das Kleid zu sprechen, das sie trug. Ein dunkelgelbes Kleid mit grünen Schnüren. Er aber, Truckenbrot, meinte noch immer seine Rotsamtene. Er spielte ein wenig mit sich selbst. Und sagte im selben Ton von damals: »Sie sollten, Frau Froben, einmal dunkelgrünen Samt tragen.«

Und dachte noch einmal seine ganze Geschichte, wie es weitergegangen war: Die Witwe wollte geheiratet werden. Dann wollte sie weg aus Straßburg, »wo jeder uns kennt und meint, wir hätten dem Alten beim Sterben geholfen«. Sie machte mir angst. Ich ließ mir angst machen. Sie war besorgt um meine beschriebenen Seiten. »Wir dürfen das beim Umzug nicht bei uns haben. Wenn sie es finden, nehmen sie es weg.« Ich sah zu, wie sie die Seiten sorgfältig übereinanderlegte und verschnürte. »Ich kenne zuverlässige Leute«, sagte ich, »die wissen die geheimen Wege nach Basel, auch bei Nacht.« Aber sie hatte alles schon bedacht, wie sie sagte, und bezahlt. »Das macht man mit Geld«, erklärte sie, »nicht mit Vertrauen.«

Es dauerte noch lange, bis ich aufhörte, in jedem Fremden den verspäteten Boten mit meinem Buch zu sehen. Manchmal, wenn es nachts klopft, ertappe ich mich dabei, daß nicht mein erster Gedanke ist, ein

Kranker ruft mich, ich denke, jetzt kommt der Erwartete.

»Warum dunkelgrüner Samt, Doktor Truckenbrot?« fragte Frau Froben. »Jetzt, im Sommer?« Sie zog den Abstand, verwahrte sich dagegen, mit der anderen verglichen zu werden.

»Ah ja, Verzeihung, ich vergaß, daß es Sommer ist.«

Sie hatte begriffen, aber sie sagte es ihm nicht, daß er litt, wie sie, an einer Unzufriedenheit mit sich selbst.

5

Theophrast hatte nicht die Zeit, zu überlegen, was das Besondere an dem neuen Schüler Oporinus war. Vom ersten Tag seines Aufenthalts in Basel an kamen Hilfesuchende, die er nicht abweisen konnte. Er bereitete die Vorlesungen vor. Er richtete seinen Experimentierofen ein. Der neue Gehilfe und Schüler störte nicht, er war aufmerksam und gab sich Mühe. Theophrast gewöhnte sich an den täglichen Begleiter.

Die alte Wäscherin mit den rissigen Händen setzte sich ruhig hin, sprach eine Weile nichts. Theophrast wies sie nicht ab. Von da an kam sie jeden Tag.

Oporinus beschwerte sich: »Sie ist nicht krank. Ihr fehlt nichts. Was will sie?«

»Sie ist allein.«

»Alleinsein ist keine Krankheit.«

»Wie wenig weißt du vom Menschen. Wirst du es denn nie lernen, Herbst?« Wenn Theophrast ungehalten war, sagte er Herbst.

Die Frau blickte dankbar vor sich hin. Sie lächelte schon nicht mehr. Sie konnte es nicht wegen der Anstrengung. Sie hatte ein arbeitsames Leben gehabt. Sechs

Kinder und alle gestorben. Auch der Mann aus ihrem Leben davongelaufen. Nie mehr hatte sie etwas von ihm gehört. Sie war als Wäscherin gegangen, um ihren Kindern das Brot zu verschaffen. Sie war berühmt gewesen als die beste Wäscherin in Basel. Die Reichen hatten sie in ihr Haus gerufen. Ihre Kinder hatten ihr Kraft gegeben für das mühsame Dasein. Nun waren alle, für die sie zu sorgen hatte, tot. Die Pest und Schwäche. Sie wußte es nicht, warum Gott sie so geschlagen hatte. Während ihr Mann weit weg in der Welt war, irgendwo, mußte sie sechsmal das Sterben sehen, an den eigenen Kindern. War es ein Trost, daß sie in ihren Armen entschlafen waren? Sie hatte niemanden, den sie danach fragen konnte. Über sie war nun die Zeit der großen Stummheit hereingebrochen. Es gab niemanden, mit dem sie reden konnte, niemanden, der ihr zugehört hätte. Niemanden, dem sie auch nur den Namen ihrer sechs Kinder hätte einmal sagen können, damit sie für sich die Erinnerung wachrief an diese Zeit, die doch erfüllt gewesen war. Abends zwar müde und erschöpft, aber doch erwartet. Nun wartete niemand mehr. Schon lange nicht.

Sie hatte vor der Apotheke des Baer gestanden. Die Tür war offen gewesen. Sie hatte einen Streit gehört, wie der Apotheker auf den neuen Stadtarzt schimpfte. Sie hatte nicht verstanden, warum, sie hatte nur gehört, daß sich nun die Zeiten für Apotheker verschlechtern würden. Dann kam das Gerücht auch zu ihr: Wer arm ist, braucht bei diesem Mann nichts zu zahlen. Ich bin nicht krank, dachte sie sich. Ich bin nur traurig. Ist Traurigkeit eine Krankheit? Die Toten kann er mir nicht wieder zum Leben erwecken. Jeden Tag hörte sie Neues über ihn, wenn sie allein durch die Straßen ging, da und dort hineinschaute. Beim Bäcker hörte sie etwas über ihn.

Die Huren redeten über ihn, mit Dankbarkeit und einer merkwürdigen Ehrfurcht. Die Wäscherin war noch nicht so abgestorben, daß sie keine Neugierde gespürt hätte. Sie wollte diesen Mann einfach sehen. Nichts weiter.

Und von da an ging sie jeden Tag zu ihm. Sie holte sich Kraft bei ihm. Hier konnte sie von den sechs Kindern reden. Und durch ihre Erzählungen standen sie noch einmal da, als seien sie leibhaftig anwesend. Über die kindlichen Dummheiten lachte jemand mit ihr. Das hielt sie einen Tag aufrecht, und sie überlegte sich schon, welche Geschichten sie ihm am nächsten Tag erzählen könnte. Wie an einer Schnur ließ sie sich daran leiten oder wie an einem Rosenkranz, den sie Perle für Perle abbetete. Er hatte sich darauf eingelassen, er hatte es angenommen. Nun mußte es regelmäßig ausgeübt werden. Er wußte, wenn auch nur eine Perle fehlt, wird die Frau stürzen. Nicht leiblich, nicht vor aller Augen, und sagte es dem Schüler Oporinus: »Das ist etwas, das du nicht lernen kannst. Das kann dir niemand erklären. Das mußt du spüren.«

Bemühen, daß Oporinus das Gespür bekommt. Da war immer wieder: die Sehnsucht, sich dem Schüler so mitzuteilen, daß es am Ende gleich ist, ob er mit der Frau spricht oder ich.

Der Schüler, der einem selber fast gleicht, ist der größte Trost vor der Angst, weggehen zu müssen, mitten aus der Arbeit.

6

Wie war das mit Frau Froben? Nur Theophrast sah, ihre Liebe war noch nicht aufgeweckt. Als er ihr das sagte, erschrak sie. »Ich wußte das nicht. Ich habe meinen Mann und die Kinder. Ich habe Haus und Druckerei. Es fehlt mir nichts, ich bin zufrieden. Es kommen die Freunde und die Bekannten. Sie sehen mein Glück. Mein Tag ist ausgefüllt. Mein Leben ist ausgefüllt. Ich gehe nicht mehr hin und her, ich suche nichts bei den Gesellen.«

»Hat Froben je gesagt, wie Sie sind? Hat er gesagt, nimm deine Augen weg, sie verwirren mich? Hat er seine Linke unter Ihren Kopf gelegt und Sie mit seiner Rechten gestreichelt? Hat er die Schönheit Ihres Gesichts beschrieben? Hat er gerätselt über die Farbe Ihrer Augen? Hat er gemerkt, daß im Braun ein wenig Grün schimmert? Hat er für Sie den Mohn vom Feld gestohlen, im Vorübergehen, zu zeigen, wie schön, wie herb, wie bitter, wie zerbrechlich, wie beständig er Sie findet?«

»Vielleicht am Anfang, jetzt nicht mehr. Ich habe das vergessen.« Jetzt auch rief er sie stets Gertrude. Und das Wort mit dem dumpfen U ging hart und unfreundlich durch das Haus. Nur in den ersten Tagen hatte er ihre geheime, leise Bitte verstanden und sie nicht Gertrude genannt. Gertrude, das klang nach Klößen und Sauerkraut und saurem Bier. Und hatte beachtet, daß sie Rahel genannt werden wollte, wie jene, die sieben Jahre und eine Woche auf den Bräutigam gewartet hatte. Sie hatte sich gewünscht, so zu sein wie Rahel, für den Geliebten stehlen können und das Gestohlene verbergen. Für den Geliebten sterben.

Es war nicht notwendig gewesen, aus dem Hause des Vaters mit dem geliebten Mann zu fliehen und auf die Flucht die kleinen Hausgötter mitzunehmen und vor dem Vater unter dem Sattel zu verstecken und sich auf das Reittier zu schwingen, die Götter unterm Hintern zu spüren und schwören, ich habe diese Götter nie gesehen. Ich weiß nicht, wo sie sind.

So war die vielbewunderte Rahel gewesen, nicht sie,

Gertrude Lachner, zweite Frau des Johannes Froben. In ihr, mit ihr hatte eine Druckerei eine andere geheiratet, das Haus Lachner das Haus Froben. Und die Hausgötter waren die Druckstöcke, die Lettern. Sie wurden von einem Haus mit geschäftiger Feierlichkeit in das andere überbracht, wurden vorher genau besichtigt und auf ihre Tauglichkeit befingert.

Flucht war nicht nötig. Nicht verstecken.

Erasmus saß da in der Tischrunde als der Mann mit der Angst vor dem Altwerden. Und war klug genug, daß er über sich spotten konnte, über sich und seine Angst, hatte Worte aus seinem Gedicht greifbar, das er schon vor zwanzig Jahren beim Übergang über die Alpen geschrieben: »Eh wir's recht erst wissen, was Leben ist, kommt jäh einbrechend das Ende.«

Und war begierig, von dem Mediziner Theophrast genau erklärt zu bekommen, was das war: »Der gräßlich leise Andrang unbekannter Schwächen.«

Und lächelte wehmütig, zitierte sich selbst »über die verschwundenen Träume der schweigenden Nächte«.

»Wie schlafen Sie?« fragte Theophrast.

»Es muß alles zugezogen und völlig abgedunkelt sein. Ich möchte nicht durch das Glitzern auch nur eines Sterns gestört werden. Und wenn ich das nicht haben kann, wenn aus irgendeinem Grunde das Fenster nicht abgedichtet sein kann, so lege ich mir eine Binde über die Augen. Für die Nacht. Fest, daß sie nicht verrutscht, wenn ich mich wälze und drehe.«

Und zitierte wiederum sich selber, als er noch immer wehmütig lächelnd sagte: »Ich möchte die wunderbar gleitenden Sohlen der Tage ein wenig anhalten.« Und fragte, ob es einen medizinisch gesicherten Begriff gebe für das, was er herausgefunden hatte: »Was uns süß dünkte, das schmeckt der gedenkenden Zunge nun bitterer als Galle.« Und feierte sich selbst als den Erfinder des sachten Wortes von der gedenkenden Zunge.

Theophrast, nicht unkundig in der Wissenschaft um die Zunge, erwiderte, und nur in seinen Augen stand das Lächeln: »In letzter Zeit habe ich mich sehr oft mit dem Phänomen der zwei Zungen in einem Munde zu beschäftigen. Ich meine damit nicht das schöne Küssen, wie Sie sich leicht denken können, ich meine die schamlose Verlogenheit. Die Heuchelei.«

Erasmus sagte ein wenig beiläufig, wie hingewischt: »Übrigens, mein sehr gelehrter Doktor und Eremit, unser Domherr Cornelius von Lichtenfels möchte Sie sprechen. Bringen Sie dorthin Zeit mit, der Domherr hört sich gern reden.« Und setzte hinzu: »Wer nicht.« Und meinte weiter: »Ich weiß nicht, ob wir mit dem einfachen Begriff Heuchelei weiterkommen, um unseren jetzigen sehr schwierigen Zustand hier in Basel zu begreifen. Wenn Sie mich fragen, woran wir am meisten leiden: sie haben uns den Lettner genommen.«

Frau Froben stand leise auf. Das kränkte Erasmus, obwohl er wußte, sie mußte nach den Kindern sehen. Er empfand es als unharmonisch und konnte es nicht ertragen, daß einer herumlief, während er redete. Er wartete ab, bis sie das Zimmer verlassen hatte. Sie fehlte ihm jetzt in der Tischrunde, er mußte es zugeben, widerwillig, weil sie ihn oft in der Druckerei kritisierte. Ihre Kenntnisse in Griechisch und Latein machten sie zu einer Sachverständigen. Und er sagte: »Wir haben das Ende aller Dinge schon gesehen. Wir haben den Bau untersucht und die Fehler gefunden und aufgeschrieben. Wir waren Zeugen, wie andere unser schriftliches Urteil über das Haus als Anleitung genommen haben, Hand anzulegen.

Etwa die Gedanken über den Lettner. Die mächtige

Wand im Haus. Anfangs stand im Gebäude nur ein Lesepult. Denn das Heilige Buch ist groß und schwer. Und derjenige, der des Lesens mächtig ist, der Lektor, soll alle Aufmerksamkeit auf die Reinheit des Textes verwenden. Seine Hände sollen nicht unter der Schwere des Buches zittern.

Zuerst stand das Pult auf gleicher Höhe mit den Zuhörern. Später, als viele kamen und die hinten nichts sehen konnten, wurde das Pult erhöht. Denn manches Mal waren auch abgearbeitete und müde und alte Leute gekommen, die nichts verstehen konnten. So sollten sie wenigstens den Prediger sehen.

Dann reichte der eine Lesende nicht aus. Sänger wurden gebraucht. Das Pult wurde verbreitert zur Bank.

Und: aus Holz wurde Stein, aus der Bank wurde die steinerne Wand. Eine hohe Wand, eine trennende Wand. Zwar mit Türen, aber die Türen nicht für die Zuhörer. Lektoren und Sänger konnten heraustreten zu den Hörern. Die Zuhörer durften nicht hingehen, nicht mehr hinter die Wand. Und es wurde Gewohnheit, die Trennung zwischen Bevorzugten und Gewöhnlichen, zwischen Geweihten und Nichtgeweihten war hingenommen. Sogar mit Bewunderung. Und Blumenschmuck. Erst lebendige Blumen vor das Pult gestellt, dann hölzerne geschnitzt, dann steinerne geformt.

Jetzt sind andere hingegangen und haben die Trennwände herausgerissen. Wir sehen, wie unsere Gedanken Handlung werden. Wir haben diese Handlung gewünscht, aber wir haben diese Handlung nicht so gewünscht. Wir haben sie nicht von diesen Leuten gewünscht. Nicht von Bauernlümmeln und ihrem ungebildeten Anhang. Wir haben im Grunde nicht gewünscht, daß diese Leute hingehen und die steinernen Kunstwerke herausreißen mit ihren unverständigen Händen.

Mit ihrem groben Herzen. Sie werden es nie begreifen, was das bedeutet: ein Weinblatt, eine Weinranke, eine Weintraube aus Stein. Diese unempfindlichen Hände und diese groben Herzen sind uns zu nahe gekommen. Wir anerkennen, die Zeit war gekommen, den Lettner in Frage zu stellen. Da aber jetzt auch wir die Erfahrung dieser Zerstörung hingenommen haben, müssen wir über die Trennwand noch einmal nachdenken. Ob sie nicht eine gewisse Berechtigung hatte. Jetzt, da sie gewaltsam weggenommen ist, können wir nicht eine neue hinstellen. Unsere Aufgabe wird es sein, die unsichtbare Trennwand anzufertigen.«

7

Frau Froben hatte niemanden, dem sie das erzählen konnte:

Ich sah einen Mann, groß und aufrecht. Er stand erhöht vor allen anderen. Er stand im Freien, und viele waren vor ihm versammelt. Sie hörten zu, was er ihnen sagte. Sie hörten ihm begierig zu.

Er redete heftig, und die Bewegungen seiner Arme waren heftig. Arme wie Flügel. Der Mann trug eine dunkelgrüne Jacke. Und auf der linken Schulter war die Jacke zerschlissen. Da war nicht Zeit gewesen, sie zu nähen. Er aber redete vor ihnen von einer Stadt, von einer ganz bestimmten, die es überall geben könnte, die aber nirgendwo war. Von der Stätte, an der Menschen Zuflucht finden, aufgenommen werden, ausruhen können, um friedlich und arbeitsam und glücklich zu leben. Jetzt, sagte er, ist es, als sei alles verschüttet, als falle auf uns die schreckliche Last: die Erde ist wüst und leer. Menschen geben Menschen keinen Platz. Die Verfolgten bleiben immer verfolgt. Die Beladenen immer beladen. Die Bedrückten immer bedrückt. Sie hetzen die Leute mit Gespenstern, reden ihnen ein, daß der Traum von einer besseren Welt durch dämonische Wesen eingegeben ist. Und sie verschonen nicht einmal die innerste Stube. Das, was das Geheime sein sollte zwischen den Menschen, die Liebe, auch da mitten hinein setzen sie die Gespenster, die Dämonen.

Wir aber wollen es wenigstens sein, von denen man einmal sagen kann, wir haben es versucht, den Platz vor den Gespenstern zu verteidigen.

Die Leute sagten, das ist Carlin.

Sie war wie gelähmt. Sie wartete auf den Mann Carlin und wußte, er wird nicht kommen. Nicht zu ihr. In die Druckerei vielleicht, aber dann sind die Druckstempel gemeint und nicht sie. Er wird sie gar nicht gesehen haben, wie er dastand und vor der Gemeinde redete. Sie war nicht fähig, die Anordnung zu geben, säubert meine Fenster. Früher hatte sie das manchmal selber getan, aber jetzt, in diesem Sommer, nicht. Es war gleichgültig geworden, nicht gleichgültig, unwichtig.

Die Bedienerin meinte: »Die Nachbarn lachen uns aus. Soll ich nicht endlich die Vorhänge herunternehmen und waschen?«

»Nein«, sie sagte es sehr schroff und schämte sich. Schämte sich vor dem Mann in der zerrissenen Jacke und vor denen, die überall in der Welt verbluteten und starben um der Gerechtigkeit willen.

Sie sollten leiden und gelitten haben nur darum, daß es hieß, Frau Frobens Haus zieren die schönsten Vorhänge?

Oh, manierliche und appetitliche Welt. Du wirst mich verachten, wenn du hierherkommst, Carlin, erschöpft vom Kampf und hungrig und durstig. Du wirst mich verachten, wenn du in meine geputzte und glitzernde Welt kommst, die ich mir gebaut. Meine Teller an den Wänden, meine Rosen in den Vasen aus meinem Garten, in Vasen, die nach meinen Wünschen unter des Töpfers Hand wuchsen. Du wirst lächeln über mich und mich verachten, weil ich meine Gedanken tagelang daran verschwendete, wie die beste Form für eine Rosenvase sein könnte. Du wirst es nicht verstehen, wie ich lange Stunden neben dem Töpfer stand, manchmal mit Herzklopfen, ob er das Stück so fertigbrächte, wie ich es wünschte.

Du wirst mit Froben reden, mit Amerbach. Du wirst wissen wollen, ob sie dir helfen können. Ich würde zurück in die Küche gehen und die Tür nicht aufhalten, denn ich kann nicht beides zu gleicher Zeit, an die Eigenarten aller meiner Tischgäste denken und dich verstehen. Einmal werde ich doch vor der Tischzeit hereinkommen, nur um nach dir zu schauen, unter einem Vorwand, ohne einen Vorwand. Ich will wissen, ob es dir gefällt in meinem Hause.

Ich sehe, du warst erschöpft. Jetzt bist du ein wenig erlöst, wie einer, der nach Hause gekommen ist. Das verwirrt und beglückt mich gleichzeitig.

Das war es, was lähmte. Sie wollte gleichzeitig draußen sein bei denen, die sie nicht kannte, aber von denen sie wußte, daß es sie gab. Und sie wollte drinnen bleiben, bei denen, die sie genau und sicher kannte.

Als sie bemerkte, darüber konnte sie mit niemandem sprechen, raffte sie sich auf ohne Lächeln, ohne Singen, gab die Anweisung, alle Vorhänge herunterzunehmen, zu waschen, zu bleichen in der Sonne auf der grünen Wiese. Sie wußte es nicht, würde der ersehnte Gast sie verachten, weil saubere oder weil unsaubere Vorhänge vor den Fenstern hingen.

Ein Vormittag, grauer Nebel, nichts von der Sonne zu ahnen, da wurde sein Name genannt. Sie hatte an ihn gedacht, schon den ganzen Morgen. Sein Name wurde genannt, und ihr Herz begann zu schlagen. Sie war begierig, etwas von ihm zu erfahren, aber sie wollte niemandem ihre Begierde zeigen. Nun war Doktor Truckenbrot gekommen und erzählte von Carlin. Einen Augenblick beneidete sie den Alteingesessenen: Das hat er mir voraus, er kennt den anderen. Dann hörte sie zu.

Wie jedes Weihnachten die ganze Kirche ausgeschmückt war mit Kerzen, und man redete nur vom schönen Fest und von der Geburt des Herrn, und jeder war's zufrieden. Das süße Christkindlein und der liebe Gott.

Er aber, unser Carlin, sagte, ich kann nicht. Ich kann nicht inmitten der Selbstzufriedenheit Vergeßlichkeit predigen. Und nahm die Kerzen aus den Fenstern und dachte nach, die Zürcher haben damals einen Brief an Thomas Müntzer geschrieben: Warum, nachdem wir die Heiligenbilder entfernt haben, benutzt Du Bilder. Sage uns bitte, was sind das für Bilder. Aber inzwischen war der Mai gewesen, die Bauern bei Frankenhausen geschlagen und der Bruder Thomas hingerichtet. Die Antwort mußte er nun selber finden.

Was waren das für Bilder? Was könnten das hier in Basel für Bilder sein, für dieses Weihnachtsfest? Ein Weihnachten, bei dem man diesen Mai nicht vergessen kann.

Zusammen mit Doktor Truckenbrot, dem Kunstverständigen, war er auf die Lösung gekommen: Urs Graf hat das, was sie suchen. Urs Graf, der unbußfertige Maler, der Kupferstecher.

Es war dies das Bild vom großen, dürren Baum. Seine leeren Äste verzweigen sich an den Enden zu starren

Spitzen. Wie Spieße. Das ist kein Lebensbaum. Und es wäre auch zu einfach, zu sagen, es ist der Baum des Todes. Denn diese beiden Bauern leben ja noch. Sie sind hochaufgerichtet in der Mitte des Bildes. Ihre Leiber ungeschützt, nur mit starken Stricken an den Stamm des Baumes gebunden. Beide linken Arme hochgerissen, fast ausgerenkt. Und an den Handgelenken über eine Astgabel zusammengebunden. Zwei linke Hände, zu Fäusten geballt. Geschlossene Hände, ohnmächtige Hände, nicht wie Blätter, von denen man weiß, daß sie sich auftun werden. Diese Hände hier werden absterben. So wie die Hände und Beine und Köpfe schon abgestorben sind, die da an den Baum genagelt, gebunden und gehängt wurden. Die beiden Männer in der Mitte des Bildes, nicht alt, stehen nicht da als ein Abbild der Phantasie eines Malers, der sich in das geheimnisvolle, tiefsinnige Dunkel von irgendwelchen Greueltaten versenkt, um anzuklagen, um zu erzählen, wie grausam das Leben ist. Dieser Kupferstecher verbreitet nicht den allgemeinen Nebel der Todestraurigkeit, wie er da und dort in den Totentänzen aufgebracht wurde, um den Leuten die tröstliche Geschichte zu erzählen vom König und vom Edelmann und vom Bauern und vom Bettler, die alle vom grausigen Tod ereilt werden. Das hier ist keine Schwärmerei von der Sehnsucht, eins sein mit den allgemeinen menschlichen Qualen und hinabtauchen in die wundersamen Gefilde des Leidens, in jene ganz entfernten Gefilde, in denen schon irgendeine Belohnung ausstehen soll.

Das Bild ist viel einfacher. Es zeigt fast wie auf einer Lehrtafel: Hier sind die von euch Geschundenen. Auch wenn die Mörder nicht im Bilde zu sehen sind, es bleibt kein Zweifel, wer diese hier nackt ausgezogen und an den Baum gefesselt hat. Der schöne Gesang vom Tod, der für alle gleichermaßen bereitet ist, geht hier nicht. Wer dieses Bild ansieht, denkt an die Bauern von Frankenhausen.

Das war das Bild, das Carlin nahm und statt der Kerzen ins Fenster stellte. Mitten in den Raum der Kirche trug er diesen Krieg mit den Bauern.

Oekolampad wurde das gemeldet. So erzählte Doktor Truckenbrot abermals die Geschichte. Und Oekolampad bestimmte, das Bild muß hinaus. Also wurde das Bild entfernt, damit die Gemüter der weihnachtlich gestimmten Basler Kirchgänger nicht aufgeschreckt würden. Es ist besser, schlafende Fromme zu haben um sich herum. Es ist besser, ungestört durch Bilder der Wirklichkeit, andächtige Lieder zu singen.

Carlin aber, getroffen von Oekolampads Unnachgiebigkeit, setzte sich hin, dachte nach: Ich gehe nicht hin. Mit meinem Wegbleiben erhebe ich deutlichen Einspruch.

Ich gehe nicht hin? Wenn ich nicht gehe, können sie meine Abwesenheit deuten, wie sie wollen. Sie können sagen, er ist krank, hustet, ist schwach. Es wird ihnen sogar angenehm sein, wenn ich nicht komme. Sie werden einen anderen Prediger finden mit glatten, guten, schönen Worten.

Was ich nicht selber erledige, ist nie getan. Also ging er hin. Trat auf die Kanzel, predigte: »Heute beginnen wir nicht mit einem Gebet. Ich kann nicht beten. Ich will nicht beten. Ich rede nicht mit Gott, ich rede mit euch. Heute wollen wir die Augen auftun und die Welt sehen, wie sie ist. Heute wollen wir nachdenken, was wir tun sollen, damit Gerechtigkeit werde.«

Und dieses Wort »heute« kam hart über sie wie eine Peitsche.

8

Domherr Cornelius von Lichtenfels war ein schlanker, überaus selbstbewußter, schöner, junger Mann von großer Gelehrsamkeit, der auch gern im Haus Froben am Tisch Platz genommen hätte. Der auch gern sich Amerbachs Bildersammlung angesehen hätte, wenn diese Oekolampad-Leute nicht in der Stadt gewohnt hätten. Basel sah er als seinen verlorenen Garten an. Zwar nicht ganz verloren, aber die Wege, die er bereitet hatte, änderten andere, verbreiterten sie oder gaben ihnen Biegungen, die er nicht geduldet hätte.

Der Domherr, aufgeschlossen und freundlich, von äußerster Korrektheit, mit jedem Verständnis für alle Neuerungen, aber unerbittlich am Alten festhaltend, am alten Gefüge. Er kannte alle neuen Lehrmeinungen und schüttelte sie von sich ab wie Regentropfen.

Er saß an seinem Lebenswerk. Noch einmal das Bild des heiligen Benedikt entwerfen, des Mannes, der sich in den Brennesseln gewälzt hatte, um seine Träume, sein Verlangen wegzubrennen.

Die Klöster leerten sich. Basel zahlte die Entlaufenen auch noch aus. In den Badestuben trieben Männlein und Weiblein, wie der Domherr sagte, ihr Unwesen. Dem gegenüber wollte er sein Traumbild stellen. Die ganze Welt eine Brennesselwelt. Statt der sinnlichen Bäder ein Weg in die Brennesseln. Die Welt würde besser sein.

Cornelius von Lichtenfels mußte jedoch einsehen, es war zweierlei: eine Abhandlung über die glückliche Wirkung der Brennesseln zu schreiben und die Brennesseln selbst an sich zu versuchen. Längst war er davon abgekommen.

Die Ärzte hatten ihm etwas anderes geraten: Jeden Abend, sehr heiß getrunken, süßen, schweren, roten

Wein und siebenerlei Gewürze darin. Das Getränk tat seine Wirkung. Er war zufrieden des Abends und ergab sich dem schönen Wahn einer schwebenden Müdigkeit. Nicht Müdigkeit, daß er nicht mehr hätte denken und arbeiten können, Müdigkeit solcher Art, daß ihn der Anblick besonderer Bilder nicht einmal mehr erregte. Ohne Kampf war die Erregung niedergezwungen. Das Leben könnte so angenehm sein, wenn diese erschreckenden Magenschmerzen nicht gewesen wären.

Die Ärzte, auch Oswaldus Baer, rieten ihm, gegen die Magenschmerzen in das heiße, schöne abendliche würzige Weingetränk ein schmerzlinderndes Pulver hineinzugeben. Das verlieh zwar dem Getränk ein wenig Bitternis, aber er gewöhnte sich daran. Doch der Schmerz blieb, eine ganze lange Zeit. Cornelius von Lichtenfels war nicht dazu gemacht, sich in den Schmerz zu ergeben. Er konnte beim besten Willen diese Krankheit nicht als eine Strafe Gottes ansehen, denn das Leben, das er führte, war nicht gegen Gott. Er hatte sich, wie er von sich sagte, die Reinheit seines Fleisches erhalten.

Es wurde unerträglich mit den Schmerzen, der Übelkeit, der Eßunlust. Er merkte, seine Sprache ließ nach. Er konnte im Schmerzanfall schwer zusammenhängend reden. Das Umsetzen der Gedanken in die Sprache gelang immer schwieriger. Angst und Unruhe kamen in ihm auf. Er konnte nicht liegen, nicht sitzen, die Augen taten ihm weh.

Da ließ er Theophrast rufen, zwar mit dem Vorbehalt: dieser Mann ist im Glauben unsicher.

Das, was Doktor Theophrast gelernt hatte, hatte jeder Arzt gelernt. Das, was er sah, konnte jeder sehen. Der Kranke hatte das Magengesicht. Er hatte die schweren, steilen Falten herunter von der Nase, am Mund vorüber zum Kinn. Er war gezeichnet, so wie es schon bei Hippokrates stand. Und er sagte es ihm, ohne lateinische Ausdrücke. Er redete mit ihm so, wie er mit den Bauern redete.

»Im Feldzug unter dem dänischen König, da kam ein Koch zu mir, der jammerte: ›Ich habe solche Magenschmerzen.‹ So wie Sie, Herr von Lichtenfels. Es war der Koch nicht für den König, aber für die obersten Feldhauptleute. Ich habe ihn gefragt: ›Probierst du das alles, ehe du es auftischst?‹ – ›Ja‹, hat er gesagt, ›ich probiere.‹ – ›Wie probierst du? Gleich aus dem großen Kessel?‹ – ›Ja, gleich aus dem großen Kessel.‹ – ›Gleich vom Holzlöffel?‹ – ›Ja, gleich vom Holzlöffel.‹ – ›So heiß?‹ – ›Ganz heiß‹, sagte er stolz. ›Das kann ich. Und jeden Tag ein paarmal.‹ – ›Und wie würzt du?‹ – ›Ganz scharf würze ich. Viel Pfeffer. Die Herren mögen das. Sie sagen, die Frauen mögen das.‹«

»Ich bin kein Koch«, sagte der Domherr verbindlich lächelnd, »aber ich liebe solche Geschichten aus dem Leben.« Und er erklärte mit einer gewissen Feierlichkeit: »Sie bekommen einhundert Gulden, wenn Sie mich gesund machen. Für meine Gesundheit ist mir nichts zu teuer.«

»Sie haben diesen Preis gemacht. Ich nehme an«, entgegnete Theophrast sachlich.

Cornelius von Lichtenfels meinte: »Die guten vollbrachten Nützlichkeiten. Das sind die Heilungen der Kranken. Da gibt es Leute, die über Sie sagen, Sie könnten Tote erwecken. Verehrter Doktor Theophrastus, das würde ich für böse Wunder halten. Ich hoffe doch nicht, daß Sie zu den Leuten gehören, die Tote mit dem Kopf wackeln lassen. Solche bösen Wunder können nicht von Bestand sein. Manche Menschen verdienten sich damit ihr Geld. Natürlich sind davon wohl zu unterscheiden die guten vollbrachten Nützlichkeiten. Eben die Heilungen der Kranken. Zum guten Wunder gehört viererlei. Lassen Sie sich das gesagt sein. Erstens, das gute Wunder ist von Gott. Zweitens, das gute Wunder ist außerhalb der Ordnung der Natur. Drittens muß das gute Wunder augenfällig sein. Verstehen Sie, das ist vielleicht das Allerwichtigste. Wenn Sie keinen Zeugen haben, keinen zuverlässigen Zeugen, dann nützt Ihnen das beste Wunder nichts. Und Punkt vier ergänzt Punkt drei: Das gute Wunder muß zur Stärkung des Glaubens dienen.«

Nach einer kleinen Atempause meinte er: »Das Unglück in die altdeutsche Welt brach ein durch die Fremden, die Südländer, die Italiener und deren Lehrer, die Juden. Wir wurden in dieser altdeutschen Welt, in dieser reinen Welt, in dieser gesunden Welt gestört, wir wurden abgehalten, in dem uns bestimmten Gefilde, in der ganzen Tiefe des Wissens, bestimmend für alle, zu verweilen, wir wurden gestört durch die südlichen und fremden Skeptiker.

Der Altdeutsche nahm die Wirklichkeit und verwandelte sie in das Gefühl für diese ins Menschliche umgebildeten Dämonen. Die Dämonen sind der Schlüssel zur Welt. Alles, was unverständlich ist, wird einem Dämon zugeschrieben.«

Er hörte sich wirklich gern reden. »Die Macht der Dämonen liegt in den Lenden der Menschen. Unter allen Schlachten sind die Schlachten des Streites am härtesten, wo ein fortwährender Kampf, aber selten ein Sieg ist.«

Er bedauerte auch die Bereitwilligkeit, die jeden Satz als erwiesen nahm, wenn er nur von Aristoteles aufgestellt war. Er erklärte, wenn er die Macht dazu hätte, würde er alle Bücher des Philosophen verbrennen, da sie eine Quelle des Irrtums, ein Strom der Unwissenheit seien.

Theophrast entgegnete: »Was für eine Macht brauchen Sie dazu? Und was ist Verbrennen, wenn es niemand sieht? Am Ende ist nur der Gebrannte wirklich davon überzeugt, daß es Feuer war. Sie, verehrter Domherr, werden keine Worte ins Feuer werfen. Eher Menschen.«

»Was wollen Sie, Doktor von Hohenheim?«

»Zumindest die Befreiung der Chirurgie von der Haarschneidekunst.«

Als der Abend kam, brachte die Haushälterin das dampfende Weingetränk herein, zur festgesetzten Stunde, wie immer. Ohne zu zögern, trank der Domherr mit geschlossenen Augen, schnell und genießerisch gleichzeitig.

»Das ist es«, sagte Theophrast. »Sie trinken Ihren eigenen Schmerz in sich hinein. Zu heiß, zu scharf gewürzt, zu viel, zu lange schon.«

Der Domherr wehrte sich. »Das geht Sie nichts an.«

»Sie haben mich als Ihren Arzt gerufen, und ich bin sicher, der Schmerz wird allmählich vergehen, wenn Sie dieses Getränk weglassen.«

»Das kann ich nicht. Das ist mein Leben.«

»Das Getränk ist nicht Ihr Leben, das Getränk wird Ihren Tod bedeuten. Wenn Sie das jeden Abend weiter trinken, werden Sie in fünf Jahren den Kuckuck nicht mehr rufen hören. Hier ist jede ärztliche Kunst umsonst.« Er packte seine Tasche zusammen, stand auf.

»Was denn, Sie wollen gehen, mir kein Medikament verschreiben?«

»Sie brauchen kein Medikament.«

Und jetzt kam der Schmerz. Und der Herr von Lichtenfels ließ sich gehen. Das erstemal ließ er sich gehen vor diesem Arzt. Er griff nach seinen Händen, weinte wie ein Kind. Theophrast setzte sich, ließ die angstzitternden Hände des anderen nicht los, sagte ganz sachlich: »Wir werden Sie jetzt ins Bett bringen. Ich werde Ihnen einen lösenden Schlaftrank geben. Sie werden sehr schnell einschlafen, und Sie werden gut schlafen. Wenn Sie morgen aufwachen, brauchen Sie nichts weiter zu tun, als Ihrer Haushälterin sofort den Befehl zu geben, das abendliche Getränk nicht mehr zusammenzurühren.«

»Bitte, bleiben Sie noch. Bitte, bleiben Sie die Nacht hier. Bleiben Sie, bis ich eingeschlafen bin. Und ich verlange, daß Sie morgen früh wieder da sind, wenn ich aufgewacht bin. Bleiben Sie dann weiter bei mir, mindestens bis zu dem ersten Abend, wenn ich mein Getränk nicht habe. Ich habe Angst. Ich weiß nicht, ob ich es aushalten kann ohne das Getränk.« Er sah das Zögern in den Augen des Doktors, und trotz seiner Hilflosigkeit oder gerade wegen der Hilflosigkeit und wegen der Schmerzen kam der Hochmut in ihm auf, und er sagte nicht mehr in dem Ton des Kindes, nur noch in dem schmerzgequälten Ton: »Bleiben Sie um Gottes willen, Sie kriegen Ihre hundert Gulden. Ich bin reich genug, um Sie bezahlen zu können. Also bleiben Sie.«

Er hörte den Ton der Verachtung. Und blieb, denn es war ein Kranker, der ihn gerufen hatte. Jetzt konnte er nicht gehen. Er konnte den Faden der Hoffnung bei dem anderen nicht abschneiden. Er dachte nur, da sitzt du nun bei diesem einen Reichen und bewachst seinen Schlaf. Die einzige Rechtfertigung, die du jetzt vor dir selbst hast, sind eben diese hundert Gulden. Und er dachte nach, welche Medikamente er für die Armen am dringendsten brauchte. Schreibpapier würde er sich auch kaufen und Tinte. Oporinus sollte seine Vorlesungen aufschreiben.

Am anderen Morgen fühlte der Domherr sich ausgeschlafen und stark. Und als Gesunder wehrte er sich gegen den Mann, der seine Schwäche gesehen hatte.

»Sie haben mich nicht untersucht, nichts betastet.«

»Ich habe Ihr Gesicht gesehen.«

»Das ist lächerlich«, schimpfte die Haushälterin. »Das hat meine Großmutter schon immer gesagt, sie sieht alles am Gesicht. Dafür brauche ich nicht zu studieren. Das ist keine Kunst der Medizin. Das ist eine unerhörte Geldschneiderei. Dafür hundert Gulden. Und nimmt meinem Domherrn das Getränk weg.«

Der Doktor fragte ruhig dazwischen: »Haben sich die Schmerzen gebessert?«

»Es ist besser«, sagte der Domherr.

Die Haushälterin schimpfte weiter: »So etwas ist mir überhaupt noch nicht vorgekommen, eine solche Anmaßung.«

Theophrast verabschiedete sich. »Sie finden mich in der Stadt, wenn Sie mich brauchen.«

Cornelius von Lichtenfels, erlöst vom Schmerz, schaute ihm durch das Fenster eine Weile nach. Überlegte: Was hat er in dem Knauf seines übermäßig langen Schwertes. Hat er dort wirklich das Pulver mit dem Geheimnis des ewigen Lebens? Und was dann – wenn er die gemeinen Leute davon genießen läßt? Erschreckender Gedanke: Die gemeinen Leute werden länger leben, also haben sie die Möglichkeit, klüger zu werden oder länger zu dienen. Länger leben heißt – länger denken. Denken führt weg vom Dienen. Es ist ein gefährliches Mittel, wenn es nur einer hat und wie ein Gott als Gnade verschenken kann, unberechenbar.

9

Doktor Truckenbrot sah es, er spürte es, überlegte, soll ich es Theophrastus sagen oder soll ich es nicht sagen. Es ist eine Vermutung, es ist ein Verdacht gegen Oporinus. Ich weiß es nicht. Manches Mal erscheint mir sein Eifer ungewöhnlich, daß er immer dabei ist bei den Vorlesungen, bei allen Krankenbesuchen, auch in den Gefängnissen. Dann wieder denke ich, er ist eben ein eifrig Lernender.

Truckenbrot lebte länger in der Stadt als Theophrast. Er kannte diejenigen, die alten Glaubens waren, und auch diejenigen, die den neuen Glauben verteidigten. Er konnte sich vorstellen, daß sich beide nicht uneinig waren in ihrem Mißtrauen gegen den neuen Doktor. Er soll ihnen aber nicht hilflos ausgeliefert sein, er soll es wenigstens wissen. Mit der notwendigen Zurückhaltung, aber nicht ohne das übereinstimmende Lächeln fragte er: »Was macht Herr Discophorus?«

Der andere verstand ihn schon: »Was macht Herr Blutegel, meinen Sie?« Er lächelte nicht zurück.

»Bisher«, so redete Doktor Truckenbrot weiter, »ist es noch nicht gelungen, aus dem Egel einen Menschen zu machen. Auch wenn er an eine sehr günstige Stelle gesetzt wird, damit er sich vollsauge mit Blut. Was wird sein, verehrter Kollege? Das schwarze Geschöpf, der Ringelwurm, wird zusehends dick und rund, so dick schließlich, daß er erschlafft und abfällt. Da liegt er denn losgelöst und satt. Bewegte er sich vorher kriechend, Platz suchend für seine Rüsselsäge, die er ansetzte, um durchzukommen zum Blut, so braucht er jetzt nichts anderes mehr als zu verdauen. Wir wissen, ein alter, erfahrener Ringelwurm kann von einer Stunde Saugen länger leben als ein Jahr.«

»Es gibt viele Discophori«, entgegnete Theophrast. »Auf meinen Reisen habe ich sie immer wieder getroffen. Es stimmt, sie greifen den Menschen an, sie sind eine Landplage. Ich weiß, wo sie gern leben, in den Niederungen der Flüsse, an der Donau, auch am Rhein, mit den rostbraunen Längsbinden auf dem Rücken. Ich traf auch die ungarischen mit vier braunen Längsbinden. Es waren dieselben wie im südwestlichen Asien und wie in Nordafrika. In Spanien und Italien sah ich den kleinen Drachenegel mit sechs Reihen gelb und schwarz getüpfelten Flecken auf dem Rücken. Aber der gefährlichste ist der Pferdeegel.«

»Sie verstehen mich«, unterbrach Doktor Truckenbrot, »denn der Pferdeegel ist derjenige unter den Ringelwürmern, der es am liebsten hat, wenn er getrunken wird. Dann muß er nur zusehen, daß er sich nicht zu früh festhakt, schon am Gaumen oder im Schlund. Dort ist er noch erreichbar für Zangen. Er muß sorgen, daß er weiterkommt bis in den Magen. Da fühlt er sich wohl, geborgen, warm, sicher, ohne Anstrengung.«

»Ich weiß, vielen Dank«, entgegnete Theophrastus, »aber es gibt Brechmittel oder auch Getränke, mit denen so ein Tier zum Absterben gebracht werden kann. Schwarzen Koriander mit Wermutsaft.«

»Knoblauch mögen sie auch nicht«, ergänzte Doktor Truckenbrot, »aber es ist schwer, die Wunden dann zu heilen.«

Jetzt hatte er es ihm gesagt. Es war ausgesprochen und angedeutet. Er brauchte nichts zu verwischen mit einem verlegenen Gelächter. Er redete unvermittelt von Froben, von seinem Bein, wie gut es dem Mann nun ging, die Arbeit in der Druckerei nahm einen sichtbaren Aufschwung.

Wer unter meinen Schülern ist es, fragte sich Theophrast. Ich kann nicht sagen, nennen Sie doch bitte einen Namen.

Truckenbrot redete weiter aus seinem Leben, mit dem Wunsch, der junge, neue Doktor möchte für sich selbst Nutzanwendungen daraus ziehen.

Natürlich war Truckenbrot auch bei dem Fest gewesen, am kaiserlichen Hofe in Wien bei Maximilian. Er hatte die leise Musik noch im Ohr. Er wußte nicht, warum er jetzt dem neuangekommenen Doktor Theophrast diese alte Geschichte erzählte vom Dichter und Doktor Grünpeck.

Das war vor fünfundzwanzig Jahren, als alle übereingekommen waren, den kaiserlichen Leibarzt Doktor Grünpeck nur noch mit seinem Namen anzureden. Als sie anfingen, Grünpeck aus der Reihe der Leibärzte – bei weitem nicht herauszustoßen, sondern – herauszudrücken. Also es sagte niemand mehr Doktor zu ihm. Und spätestens in diesem Augenblick, als auch der Kaiser selber ihn nur noch Herr Grünpeck anredete, wußte Grünpeck, er ist erledigt. Er spürte es an diesem Fest, an dieser festlich gedeckten Tafel, wo es Weintrauben und Spanferkel und Fasanen und weißes, lockeres Brot gab, er spürte es am Verhalten aller. Früher, da ging das achtungsvolle Geraune neben ihm her: Der Dichter und Doktor.

Noch einmal wollte er es ausprobieren. Stand von der Tafel auf, erzählte laut vor allen Gästen, wie es war, als er zum ersten Male dem Kaiser Maximilian Auge in Auge gegenübergestanden hatte. Er redete lange, und er redete viel. Aber noch war er so geachtet, daß ihn niemand unterbrach. Jedoch nicht mehr so geachtet, daß man nicht Unruhe zeigte. Es war formvollendet, was er sagte. Es war ein Brei aus Angst und dennoch erfüllt von aller törichten Eitelkeit der Welt. Er wollte es nicht glau-

Tiroler Meister:
Joseph Grünpeck (links),
Leibarzt des Kaisers, deutet Wunderzeichen;
Federzeichnung

ben, daß Macht und Einfluß ihm weggeschlagen waren. Er erzählte, und das war an diesem festlichen Abend besonders peinlich, von der Gefangenschaft des Kaisers Maximilian in Brügge. Wie er da dem Kranken geholfen hatte. Es war wie ein jämmerliches Umsichschlagen, als er, der große Doktor und Dichter, sagte: »Der Kaiser verlangte nach Wasser, und ich gab ihm Wasser.«

Als einer anfing zu lachen, da war der Doktor Grünpeck eigentlich schon gestorben. Nicht erst dann, als sie dem Kaiser sagten, der Grünpeck hat die Franzosenkrankheit. Das war nur noch der letzte und wirksamste Tritt. Beim Kampf um das Krankenbett des Kaisers. Und Doktor Truckenbrot fügte an: »Spätestens an diesem Tage war ich froh, nicht den Zwang in mir zu verspüren, mich an eine Leibarztstelle setzen zu wollen. Man muß im Augenblick der Berufung als kaiserlicher Leibarzt damit rechnen, daß man fallengelassen wird. Aber wer ist schon so stark, daß er im Hochgefühl der Freude auch an das Gesicherte seiner Arbeit denkt. Und sollte er doch das Ende in Erwägung ziehen, dann ist die Eitelkeit immer noch stärker, die es im Augenblick des Anfangs nie zugeben wird, mich selbst könnte das betreffen. Der Anfangende wird immer sagen: Mich nicht, mich trifft keine Ungeschicklichkeit, keine Unglückseligkeit. Ich werde nicht jämmerlich um mich schlagen müssen.«

Sicherlich, darin stimmte Theophrast mit Doktor Truckenbrot überein, es war nicht erstrebenswert, Leibarzt zu sein. Das war verhältnismäßig einfach. Aber seine Zweifel gingen tiefer: Bin ich es denn wirklich, ausersehen, der Apostel? Und diese Zweifel gingen nicht weg. Gewiß, schon von seinem Vater hatte er erfahren, mit dem leiblichen Helfen allein ist es nicht getan. Der Kranke braucht Zuspruch. Braucht immer wieder Zuspruch. Dann hatte er, Theophrastus, für sich erweitert, nicht nur Zuspruch, nicht nur Trost braucht der Kranke, der Kranke muß aus seiner Unwissenheit geführt werden. Denn die größte Krankheit ist es, nichts zu wissen und in der Dumpfheit der Tage zu verbleiben, ausgeliefert sein dem Auf und Nieder zwischen Tag und Nacht. Manchmal war er sehr stolz, daß es auf ihn gelegt war, den Menschen zu zeigen, was es ist, ein Mensch zu sein. Aber dann, wenn er in die Schlösser gerufen wurde, zu den Markgrafen, und in die reichen Häuser zu den Domherren, wenn er von den Bedienten dort ehrerbietig empfangen wurde, dann hätte er am liebsten herausgeschrien: Ich bin kein Diener für euch Herren. Ich kann euch nicht helfen. Ich will euch nicht helfen. Ich werde euch nicht helfen. Aber ich muß euch helfen.

Der Zweifel aber kam auch immer wieder über die Wirksamkeit seiner Worte bei den Unwissenden. Wenn er von ihnen gegangen war, in eine andere Stadt, in einen anderen Ort, in ein anderes Haus, in ein anderes Land, dann tauchte ihr Bild immer wieder vor ihm auf. Eben noch habe ich neben ihnen gesessen. Sie sind durch meine Hand gesund geworden, und ihre Augen leuchteten verständig auf, als ich versuchte, ihnen die Welt zu erklären. Aber so, wie der Leib von irgendeiner Krankheit wieder heimgesucht wird, so wird ihr Geist nicht behalten können, was ich ihnen gesagt habe. Wenn ich nicht täglich bei ihnen bin. Ich müßte immer wieder hinkommen zu ihnen. Nachschauen, ob das, was ich dort in die Erde gepflanzt habe, aufgegangen ist. Ob es ein Baum geworden ist oder ein Gras oder ein Unkraut.

Nun habe ich mich hier festgesetzt in dieser Stadt Basel, und jeder hier weiß so gut wie ich, in der Kunst der Medizin bin ich unangreifbar. Aber wäre es nicht besser, ich ginge zurück in die Dörfer und Städte und reihte mich ein in die Kette der Prediger?

Natürlich hatte es ihn überrascht, er hatte das nicht gewußt. Er hatte es nicht gewußt, daß sie den Oporinus zu ihm geschickt hatten als Aufpasser. Im Grunde konnte er es sich auch nicht so recht vorstellen. Oporinus war doch ein liebenswürdiger, bescheidener Mensch, und er mochte ihn eben gerade wegen seiner Bescheidenheit. Viele andere Schüler hatte Theophrastus schon gehabt, aber noch nie hatte einer von denen so bereitwillig zugegeben, ich kann das nicht, das verstehe ich nicht, bitte, erklären Sie mir das noch einmal. Bisher hatte er das für die besondere Gewissenhaftigkeit gehalten. Nun war ein Mißtrauen dazugekommen. Aber Mißtrauen ist schon Schwäche. Ich bin nicht schwach, sagte er sich, und wenn es darum geht, wird er noch eher mein Schüler sein als euer Knecht. Ein Kampf. Sicher. Und wenn ihr wollt, auch der Kampf um eben diesen Schüler. Ich mag ihn, weil ich ihn für aufrichtig halte, weil er zweifelt. Weil er seinen Zweifel vor mir nicht verbirgt. Auch weil er ängstlich ist und seine Angst vor mir nicht versteckt. Ich muß meine Arbeit hier in dieser Stadt nicht mit Mißtrauen beginnen. In ihre Intrigen will ich mich nicht einmischen. Ihre Intrigen mitspielen heißt ja schon Rücksicht nehmen. Ich muß nicht Rücksicht nehmen, nicht auf die Leute um Oekolampad, nicht auf die scholastischen Doktoren. Meine ganze Rücksicht kann nur den Kranken gelten und unter den Kranken vor allen denen, die sonst verlassen sind. Ich habe nichts zu verbergen. Die mich eingeladen haben in diese Stadt, wissen alles von mir. Sie wissen alles von mir und alles von meinem Vater. Sie wissen, warum er aus Einsiedeln weggegangen ist, und es ist ihnen nicht unbekannt, daß ich bei den Ägyptern war, bei den Tataren, bei den Fischern an der Ostsee. Sie wissen, ich habe mir die Universität Rostock angeschaut.

Rostock. Im fast hundertjährigen Tor der alte Torhüter fragte, als er eintrat in die Stadt: »Was sind Sie, Student der Medizin?« Weises Lächeln im Gesicht des Torhüters. »Mediziner ist heute fast jeder. Jeder redet dem anderen was ein. Ich kannte einmal einen Doktor, jedenfalls sagte der, er sei einer, der meinte, ich sei nicht krank und hätte keine Schmerzen. Ich bin einmal beim Hausbau gestürzt, und seitdem hinke ich. Und dann und wann, besonders im Herbst, wenn es kalt wird, kommen die Schmerzen. Nun war neulich der Herzog in der Stadt zu Besuch. Mitten auf dem Markt scheute sein Pferd, und er stürzte auf das Pflaster, erhob sich stöhnend, ging dann merklich hinkend zu dem Empfangssaal ins Rathaus. Jedenfalls, an demselben Tag hatte ich unerträgliche Schmerzen, und der Doktor kam zu mir und fragte: ›Hast du den Herzog vom Pferd fallen sehen?‹ Ich sagte: ›Ja, ich habe das gesehen.‹ – ›Du kannst dir nicht vorstellen‹, sagte der Doktor, ›wieviel Leute mich heute gerufen haben, sie alle haben Schmerzen im Bein, und alle beginnen zu hinken. Ich brauch dein Bein nicht erst zu untersuchen, ich weiß, wenn ich dir sage, stehe auf und gehe, so wirst du gehen können. Du bist nicht der Herzog, und du bist nicht vom Pferd gefallen, du hast gar kein Pferd.‹ – Na, ich hab ihn überredet, mein Bein doch zu untersuchen, und er stellte fest, es ist ein ganzes Stück kürzer als das andere. Da gab der alte Doktor zu: ›Jetzt hab ich von dir was gelernt. Ich hab gelernt, ich darf nicht hochmütig sein zu den Kranken und alle als Hypochonder bewerten, als Leute, die sagen, es tut ihnen etwas weh, und dann tut ihnen nichts weh.‹«

Der Doktor in Rostock hatte es nur dem Torhüter gesagt und nur vor diesem zugegeben: »Ich hinke doch auch. Hast du es nicht gemerkt? Auch ich habe den Herzog vom Pferd fallen sehen.«

»Wenn Sie das eines Tages können«, hatte der Torhüter damals dem Studenten der Medizin erklärt, »wenn Sie so mit den Kranken reden können, dann war Ihre Reise nach Rostock nicht umsonst.«

»Danke«, hatte Theophrast damals gesagt, »sicher werde ich dann und wann Zeuge werden, wenn Herzöge von ihren Pferden fallen. Ich werde mich hüten müssen, dann auch zu hinken.«

Also die Leute von Basel wußten, daß er sich längere Zeit aufgehalten hatte in der Stadt an der Ostsee.

Und die Herren, die ihn eingeladen hatten, wußten auch, wie er in Schwaz in Tirol unter Tage gewesen war bei den Bergarbeitern. Sie wußten genau, wann er mit wem geredet hatte, und sie wußten auch, warum er aus Salzburg geflohen war.

10

Der überaus gelehrte Erasmus saß am Tisch von Frau Froben, betrachtete mit einer gewissen Heiterkeit die Speisen, die er nicht essen konnte. Er hatte seinen guten Tag. Heute schien die Sonne. Er sah auch heute noch alles als eine Art Spiel an, die Ereignisse um ihn herum. Glaubte und hoffte, es wird sich regeln, so wie ein Spiel eben zu Ende geht nach einer gewissen Zeit. Mit einem deutlichen Ende, zu dem er sagen konnte, Schluß der Vorstellung, nun bitte Beifall. Er war in der Welt zu Hause, ganz und gar, wußte, was es alles gab. Fleischer und Fischhändler. Nur ließ er seine Fleischer und seine Fischhändler wie Kardinäle miteinander reden. Der Gestank des Fisches – und die schwarzen, grün schillernden, dicken Fliegen saßen nicht auf dem Fleisch bei seinen Fleischhändlern. Das war schon acht Jahre her, seit er, Erasmus, sein Fischessen geschrieben hatte. Und hatte den Fischhändler sagen lassen: »Wäre ich aber Kaiser, so wüßte ich, was ich täte.« Und hatte den Fleischer sagen lassen: »Da wollen wir dich zum Kaiser machen. Und meinetwegen auch zum Papst. Was wirst du tun?« Und hatte den Fischhändler sagen lassen: »Ich würde sofort einen Friedensvertrag entwerfen, in meinem ganzen Reich einen Waffenstillstand verkünden. Die Soldaten nach Hause schicken und die Todesstrafe darüber verhängen, wenn einer sich auch nur an des anderen Huhn vergriffe.« Und an jedem Fischessen, an jedem Tisch saß er, Erasmus, mit seiner Wunde: Ich bin ein entlaufener Mönch, preisgegeben den Landstraßen wie so viele. Wir alle sind entlaufene Mönche. Ausgebrochen aus einer strengen Zucht, geprägt in den Jahren der Kindheit, suchen wir nun etwas, von dem wir nicht wissen, wie es aussieht. Zurück geht es nicht mehr.

So sitzt er im Hause Froben am »frommen Gastmahl«. Er immer derselbe, der sich nicht gewandelt hat. Nicht eingerichtet nach der Zeit. Friedsam, auch heiter und nie ohne den Abstand der Ironie, bemüht, alles zu verstehen, alles zu erklären, alles zu schlichten. Und weiß: Es ist mein Schicksal, von allen Seiten gesteinigt zu werden, während ich bemüht bin, für alle besorgt zu sein.

Und sitzt gern beim »frommen Gastmahl«, obwohl er das Essen schon gar nicht mehr so gut verträgt. Aber die Gespräche bei Tisch. Und wenn er heiter ist, gibt er sogar zu, es ist heller im Zimmer, wenn sie da ist. Die Dame, sagt er. Heute ist er besonders aufmerksam zu ihr, erklärt ihr seine Welt: »Der Mensch versteht nichts, wenn er Ironie nicht begreift. Er versteht nicht einmal die Liebe.«

Und erinnert sich, nicht ohne Eitelkeit, einer Formulierung, die er an seinen lieben Thomas Morus geschrieben hat. Und zitiert sich selbst, hier bei der Tischgesellschaft: »Bei uns herrscht jene verkehrte Frömmigkeit, die schneller die gröbste Lästerung Christi verzeiht als das feinste Tröpfchen Spott, das einen Prälaten oder Fürsten trifft, zumal in Sachen Finanzen.« Hält inne, faßt sich an sein Kinn, wenn er nachdenkt. Schaut zu Frau Froben, bewundert heute ihr volles rötliches Haar, sie ist ja schön, wenn sie ihn nicht in der Druckerei stört, sagt: »Ich behaupte, daß auch zur Liebe eben dieses feinste Tröpfchen Spott gehört. Aber wenn es da ist, wird es nicht zur Kenntnis genommen. Ungern wird bei den großen Liebenden Tristan und Isolde die Stelle erwähnt, wo sie endlich allein zusammen in der Höhle sitzen und Hunger haben. Es geht nicht, die Liebe in der Höhle, in der Weltabgeschiedenheit. Gebraucht würde hier der Fleischer, der das Fleisch zur Suppe bringt. Der ganze Fleischmarkt. Sie können sich nicht aneinander erfreuen, wenn sie Hunger haben. Auch wird in unseren Dichterschulen, die die Größe dieser unserer Zeit schildern und eben die Größe der Liebe, wohlgemerkt nur der fürstlichen Liebe, die ja die höchste auf Erden ist, ungern darüber gesprochen, daß am Ende der Held sehr leicht eine zweite Isolde findet. Eine mit den kleinen Händen. Isolde Weißhand. Bei uns gibt es diesen Ausweg nicht. Jedenfalls nicht in den jetzigen Dichterschulen, wie sie vom Meister Celtes begründet wurden. Über uns schwebt noch immer oder schon wieder der Geist des großen Ritters Maximilian. Nur seine Umstände sind ein wenig erneuert. In einer Höhle werden wir ihn nicht treffen. Von Höhlen reden wir neuerdings überhaupt nicht mehr gern, seit wir wissen, daß sie Zufluchtsstätten gewesen sind für die Frauen und Kinder der Bauern. Als Bild nehmen die Dichter dann eben lieber die offene Felswand, an die sie den Kaiser stellen, allen sichtbar. Und sie malen den Engel, der ihn von dort erlöst. Sie malen ihn und glauben selber nicht daran.

Sie wissen ganz genau: es war der Bauernjunge, der den Kaiser erlöste, und sie würden, in dieselbe Lage gebracht, selber niemals nach dem Engel rufen, sondern nach den starken Armen des Bauern, des Holzfällers. Sie alle verketten sich gar nicht in die große Liebe. Sie suchen und finden immer die kleinen Hände, die eifrigen, die willigen, die weißen Händchen, die Zugang zu den Wurstkesseln haben. Gott sei Dank ist das Leben nicht so, wie sie es uns erklären und vorschreiben.«

Und kannte die Methode der altgläubigen Professoren der Theologie: »Wem sie wohlgesinnt sind, den lesen sie so, daß sie durch Drehen und Wenden alles entschuldigen. Wen sie nicht mögen, den lesen sie so, daß sie alles verleumden.« Und bezieht sich selbst mit ein, wenn er das »sie« verläßt und ein »wir« einsetzt und fragt: »Warum wollen wir lieber triumphieren als heilen, lieber niederschlagen als lehren?«

1531 in einer Tischrede sagt Luther: »Erasmus ist ein Aal. Niemand kann ihn ergreifen denn Christus allein. Der Mann ist doppelt.«

Seit 1525 konnte niemand mehr sagen, er sei unverändert. Erasmus nicht. Hatte vorher nicht Partei genommen, sich nicht entschieden, auf diese oder jene Seite gestellt. Hatte sich nur empfunden als Verteidiger der vier Gottesgaben: Vernunft, Herz, Wissen und Gewissen. Hatte abermals gesagt und den Geist Picos mächtig beschworen, es ist dem Menschen freigestellt, ob er in die Welt des Viehs hinabsteigen will oder sich in die Welt des Geistes erheben. Und wehrte sich gegen die schreckliche Einengung des Menschen durch die Neugläubigen, verwahrte sich im Namen der Würde des Menschen gegen den tödlichen Satz des großen Mannes aus Wittenberg: »Der Mensch ist ausgeliefert wie das Beil dem Zimmermann, wie das Reittier dem Reiter. Wenn Gott aufsitzt und will, geht er, wohin Gott will. Sitzt aber der Satan auf, so will und geht er, wohin der Satan will.«

Und sitzt am Tisch im Hause Froben, betrachtet die süße Mehlspeise, die Frau Gertrude bereitet hat. Kostet sie, lobt sie, fragt den Doktor Theophrast: »Wenn ein Mensch den Aussatz hat und Ihnen wird gesagt, der Kranke ist zu heilen, wenn man seine Haut mit dem warmen Blut eines geschlachteten Kindes bestreicht. Was tun Sie dann, Doktor der Medizin? Welchen Ratschlag geben Sie?« Und wischt mit einer Handbewegung seine Frage beiseite, erklärt selbst: »Mit unmenschlichen Mitteln kann man keine Krankheiten heilen.«

Und Doktor Theophrast fragt: »Waren die Bauern die Kinder? Und wurden geschlachtet, damit der kranke Glauben wiederhergestellt wird? Der Glauben an die sieben Sakramente. Der Glauben an die wundertätige Sieben überhaupt. Und war nicht mit der Heilung des kranken Glaubens die Wiederherstellung des kranken Zehnten gemeint.«

Niemand antwortet dem Doktor. Und Frau Froben trägt den Nachtisch aus dem Zimmer. Als sie zurückkommt, mit Wein, plaudert Bonifacius Amerbach. Der in der Liebe Erfahrene und Erfolgreiche. Er redet nicht jetzt über die Liebe, er macht Bemerkungen über die in der scholastischen Methode befangenen Herren Doktoren der Medizin, über ihre Engstirnigkeit: »Und es wird der Tag kommen, an dem diese mit Hohngelächter aus der Universität herausgetrieben werden.« Amerbach malt mit besonderem Vergnügen diesen Tag aus. Er schildert jeden einzelnen der Herren Professoren, wie der sich wohl dabei verhalten würde.

Schöne Heiterkeit der Tischrunde.

II

Theophrast wurde ans Krankenbett der Frau Katharina Luder gerufen, der Mutter des Schmieds. Er sah, ein altgläubiger Priester war schon zugegen. Nicht ohne Schwierigkeiten hatte der Altgläubige sich finden lassen, für seine Mutter aber hätte Peder Luder die drei goldenen Haare des Teufels aus der Hölle geholt. Nun war Pater Joseph gekommen, der behäbige, freundliche Benediktiner. Die Kranke lag nicht teilnahmslos, aber sehr schwach. Neben dem Bett auf einem schmalen Tisch lagen Kräuter und Salz, stand der Napf mit Öl.

»Ich gehe«, sagte Pater Joseph, »sie hat schon gebeichtet und ihr Gewissen erleichtert. Ich lasse Sie jetzt mit der Gläubigen allein. Und schließe auch Sie, werter Doktor, in mein Gebet ein, daß Sie darüber völlige Klarheit haben sollen: Die Heilige Schrift lehrt, man möge auch in den Krankheiten die ordentliche Arznei, die Gott den Menschen zu Nutze erschaffen hat, gebrauchen. Zur Ölung komme ich dann wieder herein.«

Der Doktor ließ sich nicht auf die Frage ein, was denn, Benediktinerbruder, verstehst du unter ordentlicher Arznei?

Da lagen die geweihten Kräuter, die gesegneten, beschwert vom Spruch: Herr, heiliger Vater, du wolltest segnen und heiligen diese Kreaturen, die Kräuter, wie du gesegnet hast die fünf Brote in der Wüste und die zwei Fische und hast damit gesättigt fünftausend Menschen.

Mutter Katharina nahm mit einer rührenden Gläubigkeit vom Bitterkraut, hielt ihm das getrocknete Bündel entgegen, sagte: »Es ist ein gutes Kraut. Der ganze große Segen ist darüber gesprochen.«

Wie konnte er da entgegnen – nachdem er ihre Augen gesehen hatte –: Nimm es nicht, es ist dir schädlich, ich weiß es.

Fünf Brote in der Wüste und zwei Fische. Unantastbar. Über die fünf Brote und die zwei Fische gab es nichts zu diskutieren. Wie leiblich anwesend hockten sie vor jedem Krankenbett, die zwei Fische, kalt, nicht zu greifen, mit blöde glotzenden Augen, böse und hämisch und sehr glatt. Geht weg, ihr zwei Fische, wie kriege ich euch weg, ohne zu erklären, daß ich euer Feind bin.

Ich kann nicht euer Feind sein. Ich muß euer Feind sein. Er hatte es erfahren, wenn er den Trost nahm, nahm er die Hoffnung. Nicht alles, was er wußte, durfte er aussprechen am Bett der Kranken.

Als Pater Joseph zurückkehrte, legte Theophrast sogar Hand mit an, den schmalen Tisch nah an das Bett zu rükken. Er blieb noch bei der Ölung, um die Kranke nicht zu kränken. Er stand ruhig, als der Altgläubige die Heiligen als Nothelfer rief. Sachte schob er die Decke zurück, damit die Glieder der Frau mit dem geweihten Öl berührt werden konnten. Beim Spruch sah er der ruhiger werdenden Frau in die Augen, lächelte.

»Durch diese heilige Salbung und allermildeste Barmherzigkeit verzeihe dir der Herr alles, was du gesündigt hast mit deinen fünf Sinnen, mit Sehen, mit Hören, mit Riechen, mit Greifen, mit Schmecken.«

Unter dem Lächeln des Arztes schlief sie ein.

»Sie wird sterben«, sagte Pater Joseph. »So ist ihre Seele wenigstens gerettet.«

»Sicher wird sie sterben«, entgegnete Theophrast, »wie wir alle einmal sterben müssen, aber sie wird nicht heute und nicht an dieser Krankheit sterben. In fünf Tagen wird sie aufstehen und herumgehen.«

»Wie kommt es, daß Sie ihr geholfen haben? Ich habe von Ihnen gehört, Sie sind nicht für geweihte Kräuter, nicht für die Ölung.«

»Im Lande der Scholastiker muß man Scholastik kennen. Aber in einem können Sie ganz gewiß sein: ich werde niemals eine Krankenstube zum Kampfplatz unserer Auseinandersetzungen machen. Dafür habe ich die Universität, dafür werde ich eine Druckerei finden.«

12

Noch nie war der Zulauf zu irgendwelchen Vorlesungen so groß gewesen. Studenten kamen von auswärts, es war, als übe dieser kleine Mann einen unerklärlichen Zauber aus. Man mußte ihn hören.

Viele hielten sich in Stichworten seine Gedanken fest und trugen seine Meinungen an andere Plätze. Zu seinem Patienten, dem Domherrn Cornelius von Lichtenfels, der erfuhr, Theophrast sagt: »Verlaßt euch nicht auf diese Väter, sagt nicht, wir haben Vater Galen und Vater Avicenna. Auch der Papst ist nicht Vater, die Obrigkeit ist nicht Vater, die Apostel sind nicht Vater. Es ist viel einzuwenden gegen die enge Verkettung des Menschen mit anderen, die Gewalt über ihn haben und sich Vater nennen. Und dadurch in Abhängigkeit geraten.« Und er ist auch gegen Strafe durch diese Nichtbefugten. Die Obrigkeit soll nicht wie ein Vater sein und ist nicht wie ein Vater, es ist ein gleisnerischer Mantel.

Und Theophrast bedachte gleichzeitig: Aber der

Mensch will den Vater. Der Mensch will den, an den er sich lehnen kann, das Angesicht verbergen, für einen Augenblick nur. Er will die Stärke des anderen spüren. Er will sie wie eine Selbstverständlichkeit spüren, einen Menschen auch, vor dem er sich zu verantworten hat für alles, was man getan hat.

Theophrast will den Menschen herausnehmen aus der Gewalt, die andere über ihn haben. Aber was setzt er dafür?

Das gefällt mir nicht, was er da vorträgt, überlegte der Domherr, das sind Probleme außerhalb der Medizin. Ich muß das ja nun nicht unterstützen und ihm umgehend die hundert Gulden schicken, auch noch als eine Honorierung für seine Worte. Er soll auf seine hundert Gulden warten.

Am nächsten Tag schon lag der Zettel bei Oekolampad auf dem Tisch. Theophrastus sagt: »Sie machen mir den Inhalt des zehnten Gebotes zum Vorwurf: Du sollst nichts Fremdes begehren. Ich suche nach den Ursachen der Krankheit, und Sie sagen, ich verstoße gegen das zehnte Gebot. Ursachen suchen bedeutet für Sie, Fremdes begehren. Dann ist das zehnte Gebot das Ende aller Wissenschaften.«

Bei Oswald Baer redete man in der Apotheke darüber, Theophrast sagt: »Ich für mein Teil schäme mich, in welchen Ruf die Kunst der Medizin gekommen ist. Für Geld verkauft der Henker, der Hurenwirt, der Hundefänger, Menschenschmalz verkaufen sie und Hundeschmalz. Es wird von Ärzten verschrieben und in den Apotheken gehandelt. Wer viel Geld hat, hat das Ansehen, ein guter Arzt zu sein. Sie vergessen ihre Seele, damit sie Haus und Hof aufputzen.

Und sie rechnen, wenn sie zum Kranken gehen: ein Gang – ein Gulden. Verdient oder unverdient. Sie haben kein Mitleid mit den Kranken, sie laufen herum wie verzierte Bilder. So haben sie die Kranken genarrt.«

Und Theophrast beschreibt in der Vorlesung das besondere Herzzittern. Und sagt: »Das Herzzittern, das ist ein Angreifen. Das Zittern, das empfinden meistens die großen Herren. Das ist keine Krankheit der einfachen Leute. Gott teilt jedem Stand seine Leiden zu.«

Und erklärte, warum es gut ist, wenn ein Arzt in die Küche schaut: »Ich sah in eine Küche und erkannte: In einer kupfernen Pfanne wurden die Schleie mit Salz gesotten. Ihr freßt das Gift in euch hinein.«

Er hielt seine Lesungen als Versuche. Versuche über den Prozeß, wie Krankheiten geboren werden. Er scheute sich nicht, immer wieder zu erwähnen: »Die gewissesten Kunstgriffe sind alle vom gemeinen Mann.« Er sagte weiter: »Es haben die Alten nicht so gemeint, wie ihr es auslegt.« Er wandte sich vor allem gegen die Ausleger der Alten. Sagte, »es heißt: lernen, lernen, lernen und erfahren«.

Mit Behutsamkeit sprach Theophrast vom Verständnis des gemeinen Mannes für die Medizin. »Manches versteht der gemeine Mann besser, und man kann von ihm lernen. Aber manches Mal ist es auch so, bei einer leichten Krankheit nimmt der gemeine Mann zu schwere Mittel, es ist, als nehme er zur Unzeit ein Schwert.« Und sagte: »Jede Kreatur hat ihren eigenen Mai, hat ihren eigenen Herbst und ihre eigene Ernte.« Er redete vom großen Mai in der ganzen Welt, und sie verstanden alle, er dachte an diesen Aufstand. An diesen Aufstand, der im Mai gewesen und niedergeschlagen. Der große Mai der ganzen Welt.

Und hielt einen neuen Versuch über das Wesen der Frau, sagte: »Die Frau trägt den Garten, darin Adam geboren ist, noch in ihrem Schoß.« Er vergleicht den Leib der Frau mit dem Paradies. Die Frau, verachtet und hoch gepriesen, Tier und Mutter Gottes, wie bist du? Er suchte vergleichende Bilder, kam auf den Granatapfel, das alte und ewige Zeichen der Liebe. Matrix, die Ursache, die Quelle, die Gebärmutter, auch das Verzeichnis. Und er verfing sich wieder im Netz der Buchstaben. Bei dem Nachdenken über die Hirnschale der Frau, über die Hirnschale der Maria. Und er geriet in den Zwang, seine Erkenntnisse dem Buch der Bücher abermals anzugleichen.

Es war lebensgefährlich, öffentlich auszusagen gegen die zum Gesetz erstarrten Worte der Bibel. Das hatte er mindestens seit den Tagen von Salzburg erfahren, als Denunzianten ihn beim Bischof angezeigt hatten. Seitdem suchte er eine Methode, seine Erfahrungen und Erkenntnisse in Einklang zu bringen mit dem erstarrten Wort. Er litt darunter. Er konnte nicht alles sagen, was er dachte, oder so rein sagen, wie er es dachte. Er mußte es verwischen, zu tausend alten Worten ein neues. Es gab etwas, das sich nicht lohnte, zu Ende zu denken, es war sinnlos. Also berief er sich auf die Apokalypse und auf die gegenwärtigen anerkannten Darsteller, Maler der Apokalypse, wenn die Rede auf die Mutter Maria kam: Sie steht eben auf Monden und ist mit Sonnen umkleidet.

Wie ein Mensch einen Stein in der Hand verbergen kann, die Hand mit dem Stein ins Wasser taucht, die Hand herausnimmt. Der Stein bleibt liegen, so erklärte er die Entstehung des Menschen. »Gott ist in seiner Schöpfung nicht aus dem Stuhl gekommen, nur mit der Hand hat er gewirkt. Die Hand ist der Aronstab, die Hand das Erschaffende.«

Und fühlte einen großen Stolz in sich, daß die Kunst, mit der Hand zu wirken, seine Kunst war. Mit seiner

Hand am Menschen noch einmal belebend wirken, Schmerzen nehmen, Leben verlängern.

»Der Himmel gibt dem Arzt die Weisheit nicht. Er ererbt sie auch nicht, sondern sie nimmt bei ihm zu wie die Kunst bei einem fleißigen Meister. Der Arzt geht aus der Natur und nicht aus der Spekulation, seine Eltern sind der Mikrokosmos und der Makrokosmos. Laßt eure Phantasie nicht in Spekulationen davongehen.

Ich muß noch einmal das anmerken, was mir so lange in ihrer Medizin widerwärtig gewesen ist, daß sie die Erscheinungen und Einflüsse der Früchte und Mineralien als unbrauchbare und unnötige Dinge in der Arznei genannt haben. Und ihre Spekulation der Säfte hierfür gesetzt. Aus diesem Unverstand haben sie die vier Säfte erdacht, um aus diesen die Ursachen und Eigenschaften der Krankheiten zu erfahren. Das reimt sich wie eine Mücke gegen einen Esel. Durch die Kunst, Säfte aus den Pflanzen zu ziehen und zu mischen und die Metalle zu verwandeln und die Zusammensetzung der Nichtmetalle zu erkennen, durch das Eröffnen des Verschlossenen, durch das Aufbrechen der Geheimnisse der Natur werden die Heilmittel gewonnen. Hierin liegt der Irrtum, daß die Ärzte nicht wissen, was diese geheimen Heilmittel sind. Sie wissen nicht, was das Kupfer macht, sie wissen nicht, was den Aussatz macht, sie wissen nicht, was den Rost auf dem Eisen macht, sie wissen nicht, was die Geschwüre und die Beulen macht. Durch die Erfindung der vier Säfte ist die ganze Medizin betrogen worden. Aus der Phantasie des eigenen Kopfes wird nichts verstanden, sondern aus dem Licht der Natur.

Es soll die Kunst der Medizin sein, daß sie weiß, was es ist, das da im Blei schmilzt, was die Härte im Eisen ist, was die Farben und die Rubine sind und was die geheimen Heilkräfte darin sind.

Entweder ihr versagt in der Kunst, und ihr werdet der Heuchelei anhängen – im Namen des Herrn – wie bisher und also weiter töten, verkrüppeln, lähmen, oder ihr werdet wissen, was ist in dem Kraut, was ist in dem Metall.

Die Kunst liegt im Erkennen, was darinnen ist, und nicht das Zusammensetzen mit geflickten Stücken. Was sind die besten Hosen? Die ganzen. Die geflickten und die zusammengestückten sind die schlechtesten.

Die Natur ist der Arzt, du nicht. Schaue, daß du lernst, wo ihre Apotheken sind, wo ihre Wahrheit geschrieben steht.

Sowenig du das Schwarze aus dem Schwarzen erkennen kannst, sowenig kannst du Krankheiten erkennen. Wer da begreift, was schwarz macht, der ist der Philosoph. Wer das nicht erkennt, sondern nur sieht, was das Schwarze ist, derselbe ist nichts und kann nichts anderes als bescheißen oder malen mit dem Schwarzen. Wer ein wirklicher Philosoph ist, der soll in die Fakultät der Ärzte treten und das Äußere in das Innerste wenden. Das Umwenden gibt den Arzt.

Aus der Anatomie geht die Kunst der Rezepte, daß Glied zu Glied, Heilmittel zu Heilmittel und Krankheit zu Krankheit gesetzt werden. Hierin liegt der Griff und nicht in der Zahl, im ersten, im zweiten, im dritten Grad. Woher nehmen diejenigen, die die ewigen Lehrsätze verteidigen, ihren Verstand, daß sie sagen, Hitze, Kälte, Feuchtigkeit, Trockenheit sollen die Krankheit machen und sollen auch heilen. Sie sagen, die Gegensätze heilen. Also Heißes vertreibt Kaltes. Das ist falsch und in der Medizin nie wahr gewesen, sondern Heilkraft und Krankheit, das sind die Gegensätze. Heilkraft ist die Gesundheit, und die Krankheit ist gegen die Gesundheit. Diese zwei sind gegeneinander, und das eine vertreibt das andere mit dem Tod. Die Kunst des Vertreibens ist: nie mehr wiederkommen. Wo ist der Winter vertrieben worden oder der Sommer? Nie. Sie weisen uns den Lauf der Zeit, nicht der Krankheiten.

Etwas anderes ist die Krankheit, etwas anderes sind die Elemente. Die Elemente werden nicht krank, der Körper wird krank. Da ihr doch Schüler seid, lernt und hört. Aber wenn in euch nicht täglich das befestigt wird, was ich lehre, wo wird euch der Grund der Medizin gegeben werden? Erkennt den Mikrokosmos in der äußeren Natur, und ihr werdet die Wunder und die großen Geheimnisse begreifen, die im Menschen liegen. Nicht mir zum Dienst, sondern euch und den Kranken; denn wer ist je gewesen, der den Menschen als einen Menschen genommen hat? Es sind alle Fakultäten erblindet, niemand kennt ihn. Daraus entspringt das Verderben. Der Mensch wird zwar vorgenommen von den Theologen und auch von den Juristen, aber niemand will ihn wirklich erkennen.«

Er war allen anderen Versuchungen nicht erlegen. Kein Pferd, keinen Wagen, kein Haus, keinen Garten. Er hatte seine Zeit nicht verloren mit Liebeständelei, hatte Bestätigung nicht gesucht im aufleuchtenden Gesicht der Frauen, hatte nicht mit Augenzwinkern Einverständnis hergestellt. Und war doch der Versuchung ausgeliefert, während der Vorlesung, als die Schüler erwartungsvoll und aufmerksam zu ihm schauten, als einige emsig mitschrieben, was er vortrug.

Es kam die Versuchung. Alles zu sagen, was er wußte.

Er wußte, er war in der Kunst der Medizin allen überlegen, viele waren gefangen im abgesteckten Gedankenzwang und wollten nicht hinaus. Einige konnten nicht hinaus. Sollte er es ihnen sagen? Sollte er die alten Lehrmeister und die gegenwärtigen Nachplapperer beim Namen nennen und fragen: Was sind sie denn? Suppenwüste. Wüste, die Stelle zwischen Brustknorpel und Rippen. Aber gemeint sind die Rippen vom Hammel. Ein Nichts, das man aus der Suppe nimmt. Ausgelaugt. Suppenrippchen.

13

Gertrude Froben dachte nach über die eigenartige Sicherheit, die sie überkam bei dem Gedanken an einen Menschen, von dem sie wußte, er übt zu bestimmter Stunde seine Arbeit aus, Tag für Tag. In ihren Überlegungen ging sie mit zur Universität.

Sie dachte nach über diesen Theophrast. Amerbach und die Frauen, darüber gab es nichts zu rätseln. Aber wie war es mit ihm? Hatte er eine, von der er sagen konnte, sie ist dort und ich bin hier, obwohl wir doch zusammengehören. Das Gute und das Schlechte wollten wir beide gemeinsam leben wie zwei, die sich richtig lieben. Wer will das ergründen? Sie nicht.

Sie war froh, wenn er kam. Um nach ihrem Mann zu sehen. Aber heute wird sie ihm etwas Besonderes sagen.

Er wird dastehen mit Freundlichkeit und Abstand, aber mit seinen lebhaften schwarzen Augen. Sie wird festlich sein, und er wird es merken, wie er alles merkte. Das Feuer in seinen Augen war nicht ein Abglanz des Vergangenen, es war diese Anteilnahme, die sich an das, was ihm gerade entgegenkam, verschwendete und versuchte, es zu ergründen. Das war der Abstand zwischen ihr und ihm.

Aber nun wird sie auf ihn zugehen und fragen: Wollen Sie ein ungewöhnliches Wort hören? Weil – ich glaube – ich hätte mich gefürchtet vor einem Mann mit einem Bein. Wenn einer an der Kirchentür steht, ein Bettler, dann schaue ich beiseite, mir wird schlecht, ich kann nichts Häßliches, nichts Zerstörtes sehen. So wie ich auch eine Kanne, wenn sie nur ein wenig angeschlagen ist, nicht mehr ertragen kann. Mich ekelt davor. Sprünge nur in tönernen Kannen sind unerträglich. Sie haben es auch für mich getan. Natürlich für ihn, ja, gewiß doch. Aber es ist auch für mich, daß ich mich an meinem Mann freuen kann. Ich würde keinen Ekel empfinden, wenn er bei mir ist, aber ... Heute nehme ich mir den Mut für das ungewöhnliche Wort.

Das alles hätte sie gesagt, wenn er gekommen wäre. Sie hätte ihn gefeiert als den Retter ihres Mannes – sie hatte schon gesehen, wie er vor ihr stand, sachlich, gerecht blickend, sie hatte schon gehört, wie er sie aufmunternd fragte: Und was ist das ungewöhnliche Wort?

Nun wird sie es nie sagen, das ist kein Wort, das man redet. Das war zu schwierig, einen halben Schritt zu ihm gehen, er war kleiner als sie, sie wird sich doch nicht niederbeugen und seinen Mund suchen. Auch nicht mit den Fingern.

Es hilft kein Versperren, auch der Sommer findet den Menschen. Bei irgendeinem der fast täglichen Tischgespräche hatte es der Doktor Theophrast gesagt.

Schon tagelang lag Sonne über der Stadt. Es war heiß. In diesen Tagen wuchs eine unersättliche Gier nach der Hand, nach der Stimme des Mannes aus Einsiedeln. Er soll nichts anderes sagen als nur diesen einen einzigen Namen, nach dem sie sich sehnt, daß sie so gerufen wird: Rahel. In diesen heißen Sommertagen wuchs die Gier nach dieser Stimme, und unter der Stimme wegschmelzen, verschmelzen mit dem Klang, wie ein Sterben, eine Tür aufstoßen und danach noch stärker leben. Die Schalen deiner Hände.

»Heute wollen wir nicht beten«, da war es die Stimme des anderen. Und Arme wie Flügel.

Dann war er noch spät gekommen, um nach Froben zu sehen. Unerwartet um die Abendzeit. Froben hatte sich schon schlafen gelegt.

»Wecken wir ihn nicht.« Sie sagte es. Und als er gehen wollte, klammerte sie sich an ihn wie ein Kind, unvermutet, heftig. Sie legte ihren Kopf an seine Schulter, nicht um zu weinen, um Schutz zu suchen, verbergen, vergraben, vergessen. Wie eine Trunkene hob sie ihr Gesicht auf, erwartungsvoll. Sie sah ihn nicht an, sie sah nirgendwohin.

»Wachen Sie auf, Frau Froben, Sie träumen.«

»Nein«, sagte sie, »ich träume nicht. Ich weiß, wo ich bin.«

»Sie wissen es nicht. Sie haben alles vergessen. Ich muß Sie aufwecken, und ich kenne das Mittel, wie Sie wach werden.« Und er schlug sie auf den Hintern. So ein leichter Schlag, der alle Zärtlichkeit abtötet.

»Das«, sagte sie, »haben Sie in Einsiedeln gelernt bei den Pferdeknechten. Ich bin kein Tier, kein Pferd, kein Hund. Ich bin nicht gemacht für Schläge.«

Und ich, er wollte es sagen, aber er sagte es nicht, bin nicht gemacht für Ihre Zärtlichkeiten. Er lächelte nur, redete weiter, ohne sie zu berühren, sagte: »Es gleicht der Mensch dem Vieh in so vielen Stücken, auch in der Angst.« Seine Worte lösten ihre Arme von seinem Hals und ihren Kopf von seiner Schulter. Er redete weiter: »Ich weiß, Sie verachten mich, weil Sie feiner sind, aus angesehener Familie. So empfindsam geworden hier im milden Tal bei den warmen Suppen und Kuchen. Sie halten mich für grob. Sie würden, wenn Sie nicht so gut erzogen wären, jetzt ›Waldesel‹ zu mir sagen. Sie lauschen genußvoll den Vorträgen des Herrn Erasmus und übersehen, wie er seinen Teller zurückschiebt mit Halbzerkautem. Sie lieben die Bilder des Herrn Holbein, die schönen, lebensgenauen Gesichter. Wenn neue Stoffe gekommen sind, sind Sie die erste, die sich eine Auswahl ins Haus schicken läßt. Und trotzdem haben Sie Angst und suchen einen Menschen, bei dem Sie sich betäuben können. Wenigstens für ein paar Augenblicke am Tag, und Sie nehmen es in Kauf, daß dieser Mensch Sie berühren wird. Sie wollen berührt werden, um das Vergessen zu vergrößern. Ein Waldesel, verehrte Frau Froben, ist ein störrisches Tier.«

Dritter Basilius-Brief

Basilius an Helena

Schwebend werden, meine wunderbare Helena, und fliegen. Ein schöner Traum, zu Dir fliegen. Aber es ist nicht, wie Du denkst, ein Zustand höchsten Glücks, sondern ein Hauptanklagepunkt in den Hexenprozessen. Dir will ich es sagen, einmal war ich als Gehilfe dabei. Und es wurden bei einer Frau die drei Anklagepunkte untersucht: Das Maleficium, die böse Tat. Das zweite: Menschen können sich selbst und andere in Tiere verwandeln. Das dritte: Striga. Nennen sie es. Das Verbrechen der Luftfahrten auf Besenstielen, Ziegenböcken. Durch den Schornstein hinaus auf das Dach und über das Dach, eingesalbt mit dem Fett der geschlachteten und ungetauften Kinder.

Ich hörte auf, Jurisprudenz zu studieren, weil ich nicht als Gehilfe dabeisein wollte, meine Allerschönste, aber das habe ich Dir schon einmal gesagt, entschuldige. Man verbrennt die Hexen und Zauberer, weil sie nicht wiederauferstehen sollen, weil man die äußerste Gewißheit ihrer Zerstörung haben will. Ich gebe es nur Dir zu, mir war der heidnische Gedanke ein Trost über den Aufenthalt der Seelen der Abgeschiedenen. Man sagt, die Seelen sinken in die Fische und schwimmen mit ihnen in den Flüssen und Weltmeeren, bis es sich entscheidet, ob der Himmel oder die Hölle ihr Ziel sein soll.

Über die Luftfahrt habe ich noch einmal nachgedacht, weil ich von unserem gelehrten Doktor Theophrast neulich in einer Vorlesung hörte: Wenn man sagt, der ist wie ein Löwe, der wie ein Wolf, der wie ein Fuchs, der singt wie eine Nachtigall, so ist das ein viehisches Lob und stirbt ab mit dem Tier im Menschen. Daß ich das Viehische so genau erkläre, geschieht, damit der Mensch erkenne, wer er ist und was das Vieh außerhalb und in ihm ist. Außerhalb ist das Vieh vollkommener, denn es braucht nicht zu lernen, es kann fliegen. Der Mensch lerne schwimmen, springen, laufen, schleichen – auch fliegen. Denn der Menschenleib ist so geartet, daß er zu allen Dingen abzurichten ist. Wer gut bauen kann, ist deswegen noch nicht weise. Er ist nicht höher zu werten als ein Storch, der mehr Kunst zu seinem Nest braucht als eine Taube. Wer gut singen kann, ist nichts als ein Tier gleich der Nachtigall, die darin den Raben übertrifft. Beide sind nur Vieh und Vögel. Der gute Schwätzer gleicht dem Specht, der darin den Kranich übertrifft. Stufenweise scheiden sich auch die Eigenschaften der Menschen.

Wundere Dich nicht, meine sehr gestrenge Helena, über die Genauigkeit meiner Zitate, ich bin dazu übergegangen, seine Vorlesungen mitzuschreiben, manches Mal bilde ich mir ein, ich bin der einzige, der ihn richtig verstanden hat. Nichts gegen Oporinus, aber mir scheint, ihm fehlt schon beim Zuhören das Bewegtsein. Vielleicht auch nur sind es meine Jahre, die ich ihm leider vorausḥabe. Er schmeckt es eben einfach nicht, das Unerhörte, wenn der Doktor Theophrast ganz ruhig erklärt, der Mensch kann auch das Fliegen erlernen, mir ist dann alles wie in eine andere Ebene gerückt. Ins Reine. Klare. Weg von der grauen, schleimigen Striga. Strix, die Eule. Er sagt: Der gute Schwätzer gleicht einem Specht, sagt, die gute Sängerin gleicht einer Nachtigall. Sagt nicht: Die Frau gleicht einer Eule, und also ist sie eine Hexe. Ob der Oporinus das herausschmeckt, was unser Theophrast nicht sagt?

Ob er herausschmeckt, was das bedeutet, wenn er sagt: Das Vieh ist vor dem Menschen erschaffen, und die viehische Vernunft ist verteilt. Deswegen ist der Mensch ein Tier, weil er von den Tieren stammt und auch weil er viehische Vernunft, Vorsicht und Kunst in sich trägt. Kenntnis des Menschen kann deshalb durch Studium der Tiere gewonnen werden. Die Tiere sind des Menschen Spiegel. In ihnen soll der Mensch sich sehen und erkennen. Niemand wundere sich, daß der Hund seinen Herrn kennt, daß die Vögel gut singen. Das Vieh soll sich eher über den Menschen wundern, daß er so viehisch ist und lebt. Wenn sich der Mensch aus Eigennutz zum Menschen gesellt, so tut das der Hund auch. Der Hund ist, wie ein Hund in seiner viehischen Vernunft sein soll, und der Mensch ist auch so hündisch. Eine Sau, die wüstet, ist säuisch. Auch ein Mensch, der von der Sau die säuische Art hat. Wenn der Papagei redet, der Sittich, die Dohle, der Star, so sagt nicht, der Vogel sei menschlich. Nur der Mensch, der seine Zunge nicht mit größerem Nutzen braucht als ein solcher Vogel, ist wie ein Papagei. Die Kraft deiner Worte soll menschlich sein. Wundere dich nicht, daß das Tier soviel Witz hat und Verstand. Wundere dich über deinen tierischen Verstand.

Galen bei der Lehre;
aus einem mittelalterlichen Manuskript

Das viehische Verstandeslicht ist auch in dir. Eine Schlange, die da wund wird, heilt sich selbst. Auch der Mensch sucht seine Heilung in Kräutern und Steinen. Wundere dich bei der Schlange nicht darüber, denn du bist ein Sohn der Schlange. Wenn die Hunde uneins werden, balgen und beißen, geschieht es aus Neid und Geiz, weil einer alles fressen will und dem anderen nichts gönnt. So ist auch der Mensch ein Sohn der Hunde. Darum haftet dem Menschen Neid an, Untreue und Mißgunst, daß einer dem anderen nichts lassen, sondern alles in sich selbst hineinfressen will.

Alles Vieh liegt im Menschen, aber nicht alle Tiere werden erkannt oder offenbart. Das ist wohl so, daß der Mensch die Fuchslist, den Haß und den Neid des Wolfes hat, nichts aber auf einmal. Wie diese Eigenschaften in Gattungen verteilt sind, so müssen sie auch im Menschen eine jede ihre Stätte und ihren Platz haben. Weil im Menschen alle Viehnatur ist, muß eine hervorgetrieben und – gelockt werden.

Der Zornige ist wie ein tollwütiger Hund, nicht wie ein Mensch. Wer mörderisch ist, ist wie ein Bär. Der Dieb gleicht einem Raben, der Ehebrecher gleicht dem Hund. Der Hochmütige und Eitle dem Hahn. Aber ein guter Geselle hat auch die guten Eigenschaften des Hundes.

Helena, ich lerne bei diesem Mann aus Einsiedeln mehr als auf allen Universitäten. Er hat beides, Kenntnis und Erkenntnis, und weiß, wohin er seine Zuhörer lenken will. Er macht sie sehen, was er sieht: Die Pythagoreer lassen verbrecherische Menschen die Gestalt von Tieren annehmen, sogar die von Pflanzen. Wenn Du daher einen Menschen siehst, der ganz dem Bauche ergeben ist und gleichsam auf der Erde kriecht, so wisse, das, was Du siehst, ist ein Strauch und kein Mensch.

In seinem Sinne habe ich noch einmal nachgedacht über Strix. Über die Eule mit ihrem rostfarbenen Schleier, sie wird in der Gefangenschaft zahm und erfreut und erstaunt durch merkwürdige, komisch wirkende Bewegungen. Sie scheint den Menschen nachzuahmen. Sie war das Symbol für Glück und unermüdliches Studium. Dann wurde sie umgeändert, wurde zum Symbol der falschen Weisheit gemacht von unseren guten Kirchenvätern. Schließlich kamen die Männer vom grauen Faß, bemächtigten sich des Vogels der Weisheit und der Erkenntnis und sagten es lateinisch, strix, von stringere: berühren, leicht berühren, kaum merkbar, aber deutlich, mehr ein Ablösen. So wie die Nacht mit der Dämmerung der Sonne die Farbe nimmt, so nimmt die Eule, die Hexe, den Menschen das Menschsein.

Ich rede von den Luftfahrten, Vertraute meiner einsamen nächtlichen Stunden. Du mußt wissen, wenn Du zu Gericht gehst, warum der Richter dort so ruhig sitzen kann. Nämlich: es gibt gute und schlechte Luftfahrten. Was aber sind denn die guten, wirst Du fragen. Mindestens zweierlei. Christus wurde in die Wüste entrückt und dort Versuchungen des Teufels ausgeliefert. Und nach ihm Antonius. Der Heilige. Der Große.

Ich rede von den Versuchungen des heiligen Antonius. Auf einem geflügelten, mausschwänzigen, drachengeflügelten Frosch reist er einher durch die Luft an den Ort seiner Bestimmung. Geleitet durch diese besondere Luft von Fischen, manche mit gutmütig glotzenden Augen. Die Fische unseres Hieronymus Bosch. Da haben sich ja auch welche auf eine längere Reise eingerichtet, ein Mann und eine Frau, sie reiten ganz gelassen durch einen fast heiteren Himmel auf einem besonders gutartigen Fisch. An einer langen Stange, über die Schulter gehalten, trägt der leider ein wenig fettleibige Fischreiter einen Kessel dampfenden Wassers, damit sie sich unterwegs vielleicht einmal einen Tee gönnen können. Sie ist eine Dame und hat auf dem glatten Fisch aufgesessen, wie eben eine Dame auf einem Reittier aufzusitzen pflegt, aber sie ist dennoch nur eine verschreckte, verprellte Nebenerscheinung in diesem weltergreifenden Schauspiel um den großen Antonius.

Ich weiß, meine kleine Helena, Du betest täglich zu Deinem heiligen Antonius. Er ist der Verantwortliche für all die lieben Gegenstände, die Du bei Dir trugst und verloren hast. Er bringt sie Dir alle wieder. Er ist auch der freundliche Erhalter der verloren geglaubten Ehen. Aber dieser Antonius ist nicht der Antonius. Man hatte zwei, um einen zu haben.

Am Anfang, als es nötig war, wurde Antonius von Ägypten erschaffen. Ein reicher Mann, ein vollkommener Mann, weil er hingegangen war und alles, was er besaß, verkauft und den Armen gegeben hatte. Nur für seine – die einen sagen, Schwester, die anderen sagen, seine Frau behielt er etwas zurück. Wir wollen nicht so streng sein, ihm die Frau zugestehen. Er hat sie nun ohnehin verlassen. Ernährte sich aber in einem armseligen Dorf von seiner Hände Arbeit. Da schon versuchte ihn der Geist der Unkeuschheit. Er nahm einmal am Tag Speise zu sich: Brot, Salz, frisches Wasser. Nach Sonnenuntergang. Sein Bett waren zusammengeflochtene Binsen. Ich erinnere mich, Dir, meine mit Recht zornige Schöne, dürfte ich das gar nicht gestehen, bei einer unserer reichen Damen traf ich auf ein Binsenbett, angeblich weil Oekolampad so schläft, das sind unsere Binsenweisheiten. Ich habe Deine Vergebung verdient, die Binsen sind eine untaugliche Stätte. Jedenfalls war dieser Antonius ein Bild für Mäßigkeit, arbeitsame Mäßigkeit. Und eines Tages, die einen sagen, entrückte er sich selbst durch die Lüfte in die Wüste, die anderen sagen, durch Geister wurde er entrückt. Das sind die hilfreichen Geister, wohl zu unterscheiden von den bösen Dämonen, die ihn in der Wüste versuchten.

Durch den heißen braunen Sand ist er dann gelaufen, von einer Grotte zu einem verfallenen Schloß. Da sei ihm eine schöne Königin begegnet. Er aber, unser arbeitsamer und enthaltsamer Antonius, habe sich niedergesetzt und nur mit ihr philosophiert, habe nur Honig und Milch ihrer Stimme eingesogen.

Die Welt, meine Helena, braucht den heiligen Antonius. Besonders diejenigen unter den Geistlichen, die nicht in Grotten und nicht in Ruinen und nicht im anmutigen Gespräch mit Königinnen und nicht bei täglich einmal Wasser, Brot und Salz leben. Sie brauchen ihn, weil sie nicht weggeben, was sie haben, weil sie ihren Besitz vermehren, sich einnisten von Rom aus in die fruchtbarsten Täler der Erde, sie brauchen ihn, weil sie andere für sich arbeiten lassen. Den Zehnten von allen Erträgnissen, ohne Gegenleistung, nehmen sie. Als Anspruch.

Jetzt stell Dir ein reiches Tal vor, zwischen Alpen und Pyrenäen. Da wird der Anspruch in Frage gestellt. Da verlangen nun umgekehrt die Städte von den Geistlichen den Zehnten aus den Einkünften des Ackerbaus, der Fischwirtschaft, der Viehzucht, des Weinbaus, der Webereien. Und gründen Schulen, bauen Spitäler für Arme und Alte und Kranke. Und sie, die auch Handel mit Erfolg betreiben und ihre Schiffe unterwegs haben im Mittelmeer, nehmen den großen Antonius nicht mehr ernst. Nicht nur, weil sie unter den Mantel geschaut, mit dem er die Tische der reichen Geistlichen verdeckt, sondern weil ein Leben in Wüsteneien bei Wasser, Brot und Salz ohne Frauen unglücklich ist.

Hieronymus Bosch:
Die Versuchungen des heiligen Antonius (Ausschnitt), Lissabon;
Öl auf Holz

Sie aber, die Talmenschen von Béziers, lehren: Der Mensch hat Anspruch auf Glück, für Glück halten sie: das Leben in der Gemeinschaft, wissenschaftliches Forschen, die Erfahrungen zu Kunstwerken formen. Sie nannten sich, nicht ohne den verständlichen Hochmut gegenüber den dicken, faulen Unwissenden, den Ungepflegten des Verstandes, »die Reinen«. Katharer. Und hatten natürlich schon im Entstehen ihre Abweichungen untereinander. Die von Béziers waren anders in der Reinheit ihrer wissenschaftlichen Erkenntnisse als die von Albi. Sie stimmten mit Sicherheit nur in einem überein: Nieder, nieder Rom, Rom.

Und hatten auch all die Streitpunkte, was wird mit dem Menschen nach dem Tode. Und sind die Fische die vorläufigen tröstlichen Behälter der Seelen.

Da wurde es Zeit, den Antonius zu erneuern. Unter den eifrigsten Predigern, die von Rom aus zu den Talmenschen geschickt wurden, war der bemerkenswert schöne Ferdinand Martini. Ein erfahrener Streiter des Herrn. Dabeigewesen bei dem ungeschickten Kreuzzug nach Jerusalem, der nur Tote, Pestilenz und fremde Gedanken gebracht hatte. Und Ferdinand Martini war wieder dabei, als der erste Kreuzzug eingeleitet wurde gegen die Leute im Tal, die Reinen, die Albigenser. Martini mitten unter den bei Jerusalem Erprobten aus dem harten, binsenreichen Norden. Auch aus Schwaben Fremde in dem Tal und aus Bayern.

Nicht von Ferdinand Martini, aber von einem, neben dem er stand, kam das Wort bei der Einnahme der reichen Handelsstadt Béziers. Das Wort eines der anführenden Geistlichen über die siebentausend Frauen und Kinder und Kranke und Greise, die man beim Aufsprengen der Kathedrale im ängstlichen, weinenden, schreienden Gebet fand. Gefragt: Wie sollen wir die sogenannten Reinen von den wirklich Gläubigen jetzt hier im Gebet unterscheiden, kam das Wort: Schlagt alle nieder. Gott kennt die Seinen. Wenn sie tot sind, wird er sie sortieren. Seine Sache. Alles Leben in der Stadt erschlagen. Zwanzigtausend Tote.

Aber die Reinen waren nicht auszurotten. Die Fremden führten länger als zwanzig Jahre gegen sie ihren Krieg. Den ersten Kreuzzug, den zweiten Kreuzzug. Sie räucherten die Häuser aus, die Hütten. Sie jagten die Reinen bis hinauf in die Gebirgstäler. Aber wenn die Fremden gegangen waren, kamen die Reinen wieder herab, arbeiteten mit den Bauern auf den verwüsteten Feldern, heilten die Kranken und lehrten die Verängstigten, daß sie nicht verängstigt sein sollten. Und sangen ihre Lieder über die Stärke der zärtlichen Liebe – sie braucht nicht durch Versuchungen bewiesen zu werden, nicht durch Dämonen und Teufel unterstrichen. Sie ist da, bei diesen Talmenschen. Sie feierten die Eule mit ihrem weichen rostfarbenen Schleier als Zeichen des Glücks und als Aufforderung zum unermüdlichen Lernen, auch in den Beschwernissen der Nacht. Und nahmen für sich in Anspruch das Komische des klugen Tieres, wie es mit plump und doch graziös anmutenden Bewegungen andere nachzumachen scheint. Im Nachmachen entlarvt und kennzeichnet und Lachen hervorruft. Wen sie sehr liebten, den nannten sie Käuzchen.

Helena, sie hatten doch Angst vor dem Käuzchen. Du mußt den Ausspruch eines hohen, an Rom geketteten Geistlichen kennen, der sagte: Ich ziehe einen Dolchstoß in mein Herz einem satirischen Lied vor.

Als Ferdinand Martini im Jahre 1231 in Padua starb, bedachten sich die verantwortlichen Kardinäle in Rom nur ein Jahr. Dieser in den Albigenser Kreuzzügen erprobte Prediger wurde in einer ergreifenden Feierstunde 1232 heiliggesprochen. Unter dem Namen Antonius von Padua. Auf ihn nun geladen die Ereignisse aus dem Leben des großen Antonius von Ägypten. Die Bescheidenheit: einmal am Tag essen, und das nach dem Untergang der Sonne, Wasser, Brot und Salz. Und die Königin in der Wüste nicht angerührt.

Anberaumt wurde ihm zu Ehren das erhebende menschliche Fest der Tierweihe, jedes Jahr im Januar vom 15. bis 25., zum Gedenken an seine Tätigkeit als Prediger. An seine Zeit im Tal zwischen den Alpen und den Pyrenäen, zum Gedenken an seine Arbeit dort. Als die Menschen ihn nicht mehr hören wollten, hörten ihm die Fische zu.

Schlagt alle nieder. Gott kennt die Seinen. Siebentausend Tote in der Kathedrale von Béziers. Da steht Ferdinand Martini, der Prediger. Genannt: Hammer der Ketzer. Meldet: Die Menschen konnten nicht hören. Meldet: Ich habe den Toten gepredigt. Ich habe den toten Seelen das Verworfene ihres Lebens vorgehalten. Ich habe die Stummen verdammt.

Jetzt, bei der Heiligsprechung, kann man dieser festlichen Gemeinde das Bild von Béziers nicht so grausam naherücken. Ich habe über siebentausend Tote hinweggeredet.

Spätestens in diesem Augenblick besannen die Heiligsprecher sich auf die Methode des »frommen Betrugs«, sie nannten es Nachhilfe bei den Texten: Es ist zwar heidnisch, für Seelen Fische einzusetzen. Aber denkt an die vielen Einfältigen, die den guten Antonius brauchen, lebensnotwendig:

Als die Menschen ihn nicht mehr hören wollten, hörten ihm die Fische zu. Aber die Fische waren stumm.

Béziers, das war nicht gestern – vor dreihundert Jahren – von unserem anmutigen Basel her gerechnet,

Béziers, das ist heute. Hast Du die Lieder gehört der verfolgten und ausgetriebenen Düweke, der Holländerin, die den spanischen Statthalter verspottet hat? Wir wissen, sie sang von den Reinen. Ich habe es selbst dort gehört, in Löwen, als ich versuchte zu studieren, sie redeten in den Gasthäusern von der Gnadenlosigkeit der Sieger von Béziers und meinten die spanischen Diener des Hauses Habsburg, jetzt.

Und warteten, nicht ohne Spott: Jetzt ist ein dritter heiliger Antonius fällig.

Es ist unzulässig, wird ein Gelehrter, ein Professor sicherlich, aufstehen und sagen, den heiligen Antonius des Hieronymus Bosch in den Zusammenhang zu stellen mit den Toten von Béziers. Die Fische sind die verschiedenartigen Träger der Dämonen. Und die Dämonen sind die Hexen und Zauberer. Dieser Professor gibt zu, im Hexenhammer ist nachzulesen, wie die Sekte der Hexen und Zauberer wirkt. Er gibt zu, Antonius mit allem Zubehör ist Boschs unerbittliche Ironie am verderbten Klerus. Und er schließt daraus: Bosch habe gemeint, da die ganze Erdoberfläche endgültig von Dämonen eingenommen sei, scheine die einzige Heilsmöglichkeit in der Abkehr von der Welt zu liegen.

Den einen Schritt weiter wird der Professor nicht mit mir gehen, daß Bosch sagt: Die Welt ist nicht eingenommen von Dämonen, die den Klerus wegen seiner Verderbtheit plagen, daß Bosch sagt: Der Klerus braucht die Dämonen als ein notwendiges Werkzeug, um die Reinen unrein zu machen.

Da siehst Du, meine Helena, auf dem Bild: Antonius hat sein Buch beiseite gelegt, und der Blaue hat es genommen, mit seinen dürren, schon verdorrten Fingern versucht er den Gedanken nachzugehen. Er liest nicht mit dem Verstand, er liest mit den Fingern. Er, der mit dem Kopf des Schakals, des Wolfes, mit seinem fressenden Kopf. Aber es ist nichts in ihm, und der azurblaue Mantel kann nichts überdecken, auch wissen wir, dieses Blau ist die Farbe des Ehebruchs. Die Wunde unter dem Mantel ist zu groß, so leer ist er, die Gedärme hängen heraus.

Nein, nicht wie ein Schakal ist er eingedrungen in das blühende Tal, sondern nur wie ein Frett, wie so ein hübsches Tierchen, Frettchen. Er hat den Kopf eines gewöhnlichen Dachses, kein Schakal. Auch ein Schwanzkopf. Das Frettchen, geeignet zur Rattenjagd. Mit roten Augen. Leicht zähmbar. So also ist er in das Tal eingebrochen wie ein Frettchen, zierlich, jedoch blutgierig, und hat nicht nur die wilden Kaninchen gerissen, ist über die Vögel hergefallen und über die Nester. Hat die Eier ausgetrunken und hat die Menschen in der Kirche gegriffen, auch die Kinder, die dort auf die Bänke gelegt waren zum Schlafen. Und als sie ihn sahen, den Semmelblonden mit seinen rötlich freundlich strahlenden Augen, da wollten die ungeschickten Hände der Kleinen nach ihm greifen, mit ihm spielen. Er aber, spielerisches, geschicktes, zwar ein wenig verfettetes, dennoch wendiges Frettchen, hat schon sein Maul aufgerissen, ihnen die Hände abzubeißen, sein gar nicht sehr großes, aber doch mit scharfen Zähnen besetztes Maul. Ein reizendes Tier, ein reißendes Tier.

Mit Tonsur und Brille wegen der Kurzsichtigkeit, an seinem verfressenen Leib vorüber, auf dem Wasser unter ihm, an ihn geschoben, als Segel vor dem zu Fisch gewordenen Entenleib mit den Menschenhänden als Flossen, gleichzeitig auch als Wappenschild vor dem entleerten Azurblauen das Zeichen: ein Fisch. Eine aufgeschnittene Flunder, rund wie eine Rose ist die Flunder, sagten die Fischer, gewachsen aus einem auf das

Wasser gefallenen Stern, daraus wird der Lorind, der in die Irre gegangene Stern, ein irriger Stern, ein verirrter Stern.

Das war ja Martinis große Predigt vor den Verirrten.

Erst haben sie gesagt, meine Helena: Die Macht des Teufels ist durch Christus gebrochen. Nun sagen sie: Zweifel an der Macht des Teufels und der Dämonen ist wie der Spott und der Hohn, den sie aus den Tagen der Katharer kennen. Katharer gleich Ketzer. Heute also sagen sie, wer die Dämonen, die sie erst ausgetrieben hatten, anzweifelt, ist ein Ketzer.

Die Bulle »Mit wachsender Bekümmernis . . .« und das Gesetz, der Hexenhammer – Martini nannten sie Hammer der Ketzer –, sind Zeugnisse beständigen Glaubenseifers.

Denn mindestens seit den Tagen des Ferdinand Martini bezeichneten sie die Reinen als die Verworfenen. Und hatten die beiden Kreuzzüge gegen die Albigenser auch mit Verlautbarungen, auch mit Bullen unterstrichen, in denen zu lesen war: »Wenn ein Neuling in die Schule der Verworfenen eintritt, so erscheint ihm eine Art Frosch. Einige geben ihm einen Kuß auf den Hintern, andere ziehen die Zunge mit dem Speichel des Tieres in den Mund.« Da war der Teufel ein Frosch, ein Drache, aber auch eine Fliege.

Setze Du nun den heiligen Antonius, den dritten, den aus Hertogenbosch, auf den drachengeflügelten Frosch und laß ihn fliegen. Laß ihn auffliegen mit dem schweren Körper des Predigers vor toten Seelen, vor Fischen.

Einige Dich mit dem Professor oder einige Dich mit ihm nicht, wir wollen keinesfalls die Mühen verunglimpfen, die er sich gemacht hat, »das Erlöschen der Bosch-Symbole aufzuhalten«. Ihm verdanken wir, daß wir mehrere Lösungen haben für das Wort, das unser Hieronymus auf den Brief schrieb, den ein Schnabeldämon trägt. Du wirst verstehen, meine einzigartige Helena, wenn ich mich der Auffassung anschließe, die da liest: Protest.

Protest gegen das Gesetz, das auf der Überzeugung ruht: Menschen schlafen mit Dämonen.

Protest gegen das Gesetz, das mit Hilfe des Unterleibs die Besitzenden in ihrem Besitz erhält.

Protest gegen das Gesetz, das den Aberglauben über das Hexenwesen zum Mord an Ketzern und Aufrührern mißbraucht.

Protest gegen den Hexenhammer des Professors Jakob Sprenger.

Protest gegen den Ketzerhammer des Ferdinand Martini, genannt der milde und liebenswerte heilige Antonius von Padua.

Der Garten der Lüste
oder
Die Veränderung der Welt

I

Sein Herz sollte endlich offenbart werden. Die anderen tasteten nach den Brosamen, er griff zur Schüssel.

Die anderen begannen zu schreien. Niemand schreit, wer nicht verwundet wird. Niemand wird verwundet, der nicht empfindlich ist. Niemand ist empfindlich, der nicht vergänglich ist und bleibt.

Sie schreien, denn ihre Kunst ist zerbrechlich und tödlich. Die Kunst der Arznei schreit nicht wider ihn, denn sie ist unzerbrechlich. Auf einen so unzerbrechlichen Grund gesetzt, daß Himmel und Erde müssen zerbrechen, ehe die Kunst der Medizin stirbt.

Ihr Schreien ist ein Anzeichen, daß sie selbst krank sind. Ihre Krankheit ist der Kampf gegen ihn, denn er berührte den Puls, der ihnen schlägt, ihre Selbstgefälligkeit, ihre Eitelkeit, ihre Unwissenheit.

Oporinus fing an, diesen Mann zu verehren, weil das Arbeiten mit ihm übersichtlich war. Der Tag war genau eingeteilt und begann sehr früh mit dem Besuch der Kranken im Spital und in den Gefängnissen. Dann, noch in den Vormittagsstunden, die Vorlesungen an der Universität, am Nachmittag Hausbesuche, am Abend endlich essen im Wirtshaus, Gespräche, Gelächter und trinken. Danach, bis spät in die Nacht, aufschreiben der Beobachtungen.

Anfangs lief er überall mit, sagte sich selbst, ich bin der ungeschickte Aufpasser, es steht mir ja an die Stirn geschrieben. Mit Mißtrauen beobachtete er den Doktor, ob der ihn auslache, anschreie. Theophrast war geduldig und erklärte ausführlich. Anfangs war es für Oporinus schwierig, und er konnte sich vieles nicht mehr selbst zurechtrücken und sich sagen, das ist unerheblich. Er meinte und war ja darauf angesetzt – nichts ist unerheblich. Wenn er einen Tropfen Urin aus dem Kolben verschüttete, bevor er das Glas aufs Feuer setzte, so verzieh er sich selbst diese Ungeschicklichkeit tagelang nicht.

Dann kamen die einfachen Worte des Doktors, »vergiß es«, und es war endlich abgetan.

Oporinus sah sehr wohl, der Doktor Theophrast war frei von Selbstzufriedenheit und jenseits jeder Eitelkeit. Er wußte mehr als die anderen Doktoren und gab sich keine Mühe, das zu verbergen. Die Kranken bestätigten es ihm.

Ganze Tage, an denen Oporinus vergaß, daß er Aufpasser war, an denen er gar keine Zeit hatte, darüber nachzudenken, was er berichten sollte. Das war dann seine beste Zeit, er war heiter und schnell, immer zur Stelle, wenn er gerufen wurde, gutwillig zur Stelle.

An diesem Sommerabend war alles getan, abgetan. Vor den Schülern unterrichtet, mittags Froben untersucht, an der Tafel Platz genommen. Ganz früh schon war er in den Gefängnissen gewesen. Am Nachmittag noch einmal im Spital. Nun war es dieser lange Sommerabend. Er dachte nach über seinen Tag. Dachte nach, ob die Schüler ihn verstanden hatten. Nahm das Buch, nahm die Geschichte vom Propheten Jesaja, und es geschah ihm wieder dasselbe: Ich bin Jesaja.

Das schloß sich um ihn herum wie eine gläserne Kugel. Er aber saß allein in dieser Kugel, abgeschlossen.

Und sah. Sah alles. Er redete auch und wurde nicht gehört. Sagt Jesaja, sagt Theophrast: »Und mein Volk versteht mich nicht.«

An diesem Sommerabend weiß Theophrastus nicht, welche Schüler ihn verstehen. Er ist nicht einmal sicher, ob der Vertraute Oporinus ihn begreift. Ein Ochse lernt's, ein Esel weiß es. Sollte nicht der Mensch doch noch zur Erkenntnis kommen, zumal er mehr ist als ein Vieh?

Der Sommer war so heiß, daß die Früchte vorzeitig fielen. Vorzeitig gefallene Früchte. Bitter. Nicht einmal tauglich zum Fraß für die Schweine.

Du genießt diese Zeit des Lehrens vor den Studenten, schaust in ihre Augen, die verstehen wollen, und weißt, dieser Tag wird sich nie wiederholen. Während es geschieht, während sie zu dir aufschauen, wehrst du dich schon gegen das Vergehen. Du willst die Menschen wandeln, diese jungen Leute, diese Zuhörer. Du willst Einfluß nehmen auf deinen Schüler Oporinus. Warum denn gerade auf diesen? Warum denn Oporinus, an dem du manches Mal verzweifelst und von dem du denkst, nie wird er vordringen bis zum Grund der Arznei. Aber dann bist du wieder gerührt, wenn er anfängt von seinem Vater zu reden; wie er, der Oporinus, sich verantwortlich fühlt für den Vater, den Maler. Du spürst hinter diesem Reden einen Hauch von Verachtung. Verachtung den Einfachen und Gewöhnlichen gegenüber, auch dann, wenn du zu den Kranken gehst. Du siehst, Oporinus ist nicht ergriffen von der Liebe zu den gewöhnlichen Leuten. Du meinst, du kannst es ihm beibringen. Du willst, daß er dein Geschöpf wird, ganz und gar. Einen Menschen wandeln heißt ihn besitzen.

Das Vieh läuft zu seinem Herrn und anerkennt ihn, läuft zu seinem Haus, seinem Trog, seiner Krippe. Du weißt nicht, ob dieser dein Schüler Oporinus dich anerkennt.

Er las ihm, Oporinus, seine Schrift vor und sah, der Schüler verstand nicht. In die Augen seines Zuhörers kam nicht jenes schnelle Aufleuchten: Ich verstehe den Sinn. Um seinen Mund spielte nicht das Lächeln des geheimen Einverständnisses, er schmeckte es nicht. Erleichterung überkam ihn. Wenn der Vertraute Oporinus das nicht merkt, und den Schüler konnte man gewiß nicht unter die Unwissenden rechnen, dann werden es viele andere auch nicht erkennen. Die Überwacher. Die grauen Fässermänner. Dann kann er die Arbeit in Ruhe zu Ende bringen, dann wird er Drucker finden. Sie werden es Zeile für Zeile lesen und denken, was ist das für ein gelehrter, vielbelesener Mann. Er sagt uns zwar nichts grundsätzlich Neues, aber immerhin doch Beachtliches.

Enttäuschung schlug ihn. Mein Schüler versteht mich nicht. Das Handwerk habe ich ihm beigebracht, das ist das eine, das kann er. Aber den Himmel hat er nicht verstanden noch in seinem Maul geschmeckt.

Die gläserne Kugel war um ihn herum, und er sah: Sie gehen in buntem Ornat mit Schmuck und Fransen – die anderen Herren Doktoren. Es wird die Stunde kommen, da werden sie vom Stuhl geworfen werden, sagt der Prophet Jesaja. Plenus sum. Ich bin satt. Es ist genug. Ich brauche nicht zu betteln und Schätze zu sammeln, Leute und Land zu gewinnen. Wir wollen kein Gepränge, keine Zeremonien veranstalten. All das ist soviel wert wie der Regen vom vorigen Jahr. Eure Feste, eure Kirchenfeste, eure Patronatsfeste, eure Jahresfeste. Ich bin's müde. Sie ernähren sich mit gestohlenem Gut. Sie nehmen alle gern Geschenke und trachten nach Gaben. Gaben lieben, Güter lieben ist der Anfang aller Hurerei.

Aufwachen am anderen Morgen. Leichtes Aufwachen, heiteres Aufwachen. Selbstgewählter Alltag. Nicht das süße Erwachen neben der geliebten Frau. Keiner ist da, der neben ihm atmet. Allein aufstehen. Allein wie die Apostel. An die Arbeit gehen und unter dem Wort stehen: »Wenn die Apostel etwas Tödliches berühren, es wird ihnen nichts schaden. Auf die Kranken werden sie die Hände legen, und es wird besser mit ihnen.«

Auf die Kranken wird er seine Hände legen – denn der Arzt schlägt keinen Kranken aus, hilft ihm und vermag's. Du wirst dich nähren von deiner Hände Arbeit, wohl dir, du hast es gut.

Gewiß, seiner Hände Arbeit nährte ihn so gut, daß es keine Mildtätigkeit war, wenn Frau Froben ihn aufforderte, bei ihnen zu wohnen. Er nahm es an, sagte nicht, ich werde Ihnen viel Umstände machen. Er wußte, es machte Umstände, denn er brauchte Platz für seinen Experimentierofen. Auch dieser Platz wurde ihm eingeräumt.

Er wollte nicht zugeben, daß er hier in ein kleines Königreich gekommen war, mit einer Königin, der man Tribut zollen mußte. Mit Schmeicheleien vielleicht. Er sah das ja alles, wie die Frau behandelt sein wollte. Das Leiden des Mannes gab ihr das Recht zu regieren. Wenn es auch niemand aussprach, Frau Froben mußte bei allen Entscheidungen gefragt werden. Alle waren abhängig von ihr. Er sah, wie auch Erasmus darunter litt. Er mußte Zugeständnisse machen, weil sie ihm Berechnungen entgegenhielt, von denen er nichts verstand. Es war sinnlos, sich bei Froben über sie zu beschweren.

Gewiß, Froben hörte sich alle Klagen an, versprach, er werde darauf einwirken, daß für das Titelblatt der Schmuck und die Buchstaben genommen würden, die

Erasmus sich vorstellte. Aber am Ende entschied doch Frau Froben mit dem Wort, gegen das es schwer etwas einzuwenden gab: »Das wird zu teuer.« Und sogar Erasmus mußte es zugeben, die Frau hatte einen genauen Überblick über den Buchmarkt. Sie wußte, was alles die anderen herstellten, was sie dafür bezahlten, was sie dafür forderten.

Eine schöne Arbeit für die Druckereien waren die Aderlaßkalender und die Laxierkalender. Sie wußte, daß Theophrast in seinen Vorlesungen die Laßtafelkunst mit Spott bedachte. Er sagte: »Das sind die Irrungen der Laßzettelärzte.« Sie wußte, im Buchdruck herrscht die scholastische Medizin. Sie unterhielt sich darüber mit ihrem Gast, dem Mann aus Einsiedeln, nicht.

Er, Theophrast, wollte nicht abhängig sein, auch nicht aus Bequemlichkeit. Ausbrechen aus diesem Königreich. Keine Komplimente machen müssen, weder über Bücher, die unter ihrer Leitung entstanden waren, noch über ihr Aussehen. Denn je mehr sie arbeitete, desto schöner wurde sie im Grunde. Eine denkende Frau. Aber eine selbstgerechte, selbstherrliche, die keine Kritik an ihren Entscheidungen zuließ. Ich will nicht schmeicheln, ich kann nicht schmeicheln. Ich kann auch nicht diesen Handel anbieten: Hier Frobens Bein, da mein Buch.

Von nun an suchte er die Gelegenheit, nach Zürich zu kommen. Zu Froschauer, dem Buchdrucker.

Er fand keine mehr, um die er sieben Jahre dienen würde. Er fand nicht einmal eine, um die er einen Tag dienen würde. Mag sein, er suchte. Auch rücksichtslos. Aber er brauchte keine Zuflucht. Er unterhielt sich gern. Er sah die Schönheiten. Er sah seine Möglichkeiten. Er wollte nicht. Er brauchte nicht Begeisterung durch das Fleisch. Er suchte nicht das Verschwimmen des Geistes im Gefühl. Er entzog sich nicht, er floh nicht. Er gab mit seinen Händen Erlösung, aber nicht mit der Zunge. Er war an der Erlösung nur beteiligt als Erlösender. Nicht seine Schmerzen mußten gelindert werden.

2

An einem Abend sagte Oporinus zu seinem Lehrer Theophrast: »Die Leute fragen mich immer wieder, warum Sie so allein sind. Die Leute fragen mich immer wieder, ob Sie nicht wissen, wie Liebe ist.«

»Doch, ich weiß es«, sagte Theophrast nur, sonst nichts. Was sollte er ihm, Oporinus, erzählen? Von Verena, dem Kind? Von den Kranken? Von der jungen Frau, die im untersten Verlies im Turm der schönen Stadt Basel saß, abgeschlossen vom Tageslicht? Unter dem Verdacht, sie sei eine Hexe und eine Ketzerin.

Nach dem Verhör war er zu ihr gerufen worden, nach der Folter. Und wußte nichts anderes als ihren Namen: Maria. Und begriff, wie im Augenblick, als er da unten im Fackelschein eintrat, die Schwäche und die Hoffnung auf Lindern der Schmerzen und Freiwerden überging in eine hartnäckige Liebe. Eine Liebe, die schon an den Tod gerührt hat.

Und er muß auch diese Liebe abschneiden. Er will sich ihrer nicht berühmen noch erinnern. Er muß auslöschen das, was war, und niemanden, auch nicht die zerschundene Maria, wissen lassen, was sie da im Betroffensein und in ihren Schmerzen gesagt und getan hat. Auslöschen das Erinnern an die Bewegung ihrer Finger, die erst ruhig wurden, als er seine Hand darüber legte. Vergessen, wie zuerst ihr Haar seine Hand berührte, als sie ihr Gesicht über seine Hand beugte.

Das war alles sehr zerbrechlich und durfte nicht zerbrochen werden.

Am anderen Tage, als er hinkam, waren ihr die Haare geschoren. Da war sie wieder gefoltert worden. Und konnte nicht mehr sprechen.

Hatte Oporinus gefragt, ob er nicht wisse, was Liebe sei?

3

Seit Amerbach mit dem Füchslein verheiratet war, kam die Langeweile. Sonst war das Zusammensein nur auf Stunden beschränkt, aber nun Tag für Tag. Er, der große Professor mit seinem ganzen Himmelreich der Universität, es graute ihm schon jetzt vor zu Hause, vor der Einöde mit seiner Frau. Daher brauchte er den Unterhalter Theophrastus, der auch schweigsam sein konnte. Schweigsam über das Ende der langen Abende. Diese Frau mußte man betrügen. Sie war zu schmalbrüstig. Sie war ein schönes Bild, schon vollendet, nicht mehr zu verändern. Von nun an war seine große Sorge: Daß sie nur ja nichts davon erfährt.

Bonifacius Amerbach wußte, Suselin, die Schwarzhaarige, Blauäugige, Langbeinige, war von Zwingli erweckt worden, in Einsiedeln damals. Von da an wurde sie nur noch »unsere liebe Frau aus Einsiedeln« genannt. Sie war dann nach Basel gegangen, hatte den schwarzweißen Rock getragen, den Rock der fahrenden Töchter. Aus dieser Zeit war ihre Liebe zu den Pferden geblieben.

»Das Schönste ist«, so sagte sie verträumt zu Theophrast, »die Wange am Pferdehals.« Noch jetzt schlief sie oft lieber bei den Pferden als bei ihren Liebhabern. Es ärgerte Amerbach, wenn er sie im Pferdestall suchen mußte. Aber er suchte sie im Pferdestall.

Die junge Suselin redete oft wie eine alte Frau, die schon das Leben hinter sich gebracht hat. Und wenn sie sagte, »wir haben manchen Spaß gehabt«, wußte man nicht, wen sie meinte.

Suselin hatte ihre genauen Maßstäbe für die Zuneigung: die Geschenke der Männer. Geld nahm sie auch.

Leider verstand sie nicht, was das ist, Ironie. Es ging in ihr Köpfchen nicht hinein. Was sie glücklich machte, war ein Pelz etwa, über den andere Frauen sich ärgern sollten.

Aber auch Suselin wurde eines Tages durch Carlin betroffen, nur das hielt nicht lange an. Sie war rasch beeindruckt von dem, was sie hörte. Sie wäre nie mit den Taufgesinnten gegangen, aber das, was sie predigten, bewegte sie. Es gab ganze lange Tage, an denen sie ihre zerschlissensten Schuhe und geflickte Kleider hervorsuchte, die schönen Pelze nicht beachtete, um wenigstens äußerlich ihnen zu gleichen. Damit schreckte sie die reichen Besucher – und ermunterte sie auch, dem armen, schönen Kind mehr zu schenken.

Theophrast war der einzige, dem Bonifacius Amerbach seine Geliebte zeigte. Vor ihm brauchte er sie nicht zu verstecken. Und er wußte, er konnte besser reden, wenn eine Frau dabei war. Er fühlte sich nur ganz gelöst, wenn unter seinen Zuhörern, unter seinen Zuschauern eben diese Frau saß, die er gerade liebte.

Das war kein Prahlen, wenn er das Austreiben der Doktoren der Medizin aus der Fakultät schilderte. Das war in diesem Augenblick die Wahrheit, und er fühlte sich sehr stark.

Aber die Stärke mußte sofort bewiesen werden. Gleich. Da draußen in seinem Weingarten hatte er einen Schuppen mit Allerlei. Und in diesem Allerlei waren auch immer einige Hufeisen. Theophrast kannte das schon. Wenn ein Mann sich vor einer Frau beweisen will, zerbricht er Hufeisen.

Er betrachtete seinen Freund Amerbach abschätzend. Lächelte nicht. Dachte: Ich weiß, du kannst Hufeisen zerbrechen, aber deine Halsadern werden dabei anschwellen. Und ich weiß auch: Aus dem Inneren der Frau, ganz von unten her, wird der Begeisterungsschrei über das vollendete Werk kommen, wenn du die Stücke des Hufeisens in beiden Händen hältst.

Und dachte abermals nach über die Liebe.

War es nicht so, daß auch er, Theophrast, das könnte, wie es über jenen Tristan gesagt war: Bringe sie so weit, daß sie ihrem Mann die Schlüssel stiehlt und Wachs nimmt und dir das Wachs mit dem Abdruck gibt für die dreimal verschlossenen Türen. Und war nicht jedem ganz gewöhnlichen Mann gegeben – nicht nur dem Tristan –, daß eine Frau zu ihm sagte: Ich will dich sehen. Ich verlange, was du gewährst. Ich gewähre, was du verlangst, solange es möglich ist. Und sicher hätte es das bei ihm gegeben, daß die eine ihm gesagt hätte: Was eine Frau jemals um einen Mann gewagt hat, ich will es tun. Und gewiß hätte eine die Schlüssel gestohlen und das Wachs aus dem Fenster geworfen, damit er es im Graben findet.

Bonifacius redete in diesem Suselinsommer mit Theophrast darüber. Der Mann aus Einsiedeln meinte: »Aber du brauchst auch den Mann, der die Schlüssel machen kann, den Schmied. Er muß zuverlässig und verschwiegen sein. Und dann mußt du die zwei Tage warten, bis sie fertig sind.«

Und er, Theophrast, fragte Bonifacius Amerbach: »Würdest du dich als Narr verkleiden, wenn deine Geliebte es verlangt? Das anziehen, was sie sagt, den Rock mit der Kapuze, das Gesicht verschmutzt, und einen Käse in der Kapuze tragen?«

Und Amerbach sagte ja. Ohne Einschränkung.

Theophrastus entgegnete: »Ich weiß nicht, ob es diese Frau gibt, die sagt, Gott verhüte, daß ich mich jemals ohne ihn freue.«

Suselin lebte in dem Viertel, das den fahrenden Töchtern, den Henkern, den Namenlosen, den Verachteten vorbehalten war, auf dem Kohlenberg bei Frau Ursula, der zuverlässigen alten Frau, bei der jeder Rat und Unterkommen fand. Suselin wohnte dort, wo ein Basler, der etwas auf sich hielt, nicht hinging.

Wie Theophrast sich einlebte in die Stadt, fühlte er Verachtung in sich wachsen. Es war ihm peinlich. In Basel war alles gleichzeitig: Sucht nach der Welt, Flucht aus der Welt. Gleichzeitig war das alles auch im Haus Froben.

Er ging täglich auf den Kohlenberg, fragte nicht, ob sein Vorgänger, der Stadtarzt, das auch so gehalten hatte, und wachte bei den Kranken, bei den verachtetsten Frauen, die nun von allen verlassen waren, von ihren Liebhabern und Freunden, und kehrte manche Nacht gar nicht erst in das Haus Froben zurück. An diesen langen Abenden bewirtete ihn die Frau Ursula, es war ihr eine Ehre. Sie wich nicht von seiner Seite, er sollte bei ihr alle Bequemlichkeit haben.

Sie lernte ihn bald so gut kennen wie sich selbst, wußte, wann sie schweigen sollte, wußte, wann er ganz gern zuhörte, wenn sie redete, ohne daß er irgend etwas sagte. Über die Dämonen hatte sie eine eigene Meinung.

»Die Menschen werden immer schlechter, überall Krieg und überall Liebe. Das nackte Fleisch. Dämonen? Ich weiß nichts von Dämonen. Unsinn. Ich habe noch nie mit einem Dämon geschlafen, und ich müßte es wissen. Zu mir sind sie alle gekommen, der Abt, groß und schwer. Eine Hand konnte mich da umfassen, wo andere zwei Hände brauchen. Aber dann kümmerte er sich nur noch um sich selber. Ich sollte ihm ein dünnes Seidentuch geben, das er mitgebracht hatte. Sein eigener Seidenlappen war ihm lieber als meine Haut. Dämonen? Wunsch und Traum jeder Frau. Einer, der unermüdlich ist, der kommt, wenn ich rufe, der die ersehnte Härte hat, die noch zärtlich ist. Einer, der geht, wenn ich denke, es ist genug. Einer, der lacht, wenn ich weine, und so mein Weinen umwandelt in Lachen. Ich weiß, was in Frauen das Verlangen nach Dämonen weckt. Das sind Kerle, die sich um nichts anderes kümmern als um sich selbst. Das sind diese rohen Kerle, die vom Bett weggehen wie aus einer Gastwirtschaft, torkelnd und blöde. Warum ruft eine Frau nach einem Dämon? Sie wünscht sich so einen, der sich in ihr vergräbt, der ihr unablösbar gehört. Einer, der zu keiner Stunde gleichgültig ist, der immer kommt. Hast du einen Dämon, bist du nicht verlassen.

Die Kerle, so wie sie sind, können ja nicht mal von Hunden ertragen werden. Ich habe einen gesehen, wie er seinen Hund mit schneller Hand streichelte, ohne alle Aufmerksamkeit. Der Hund hat gemerkt, da ist keine Anteilnahme. Da stand er auf, da setzte er sich auf den Boden. Dann habe ich den Kerl wiedergesehen. Da streichelte er den Hund mit dem Fuß. Und dann habe ich zu dem Hund gesehen. Der blieb sitzen und ließ sich das gefallen. Zufriedenes Tier. Aber eine Frau will nicht achtlos mit dem Fuß gestreichelt werden. Ich habe einen anderen Kerl gesehen. Der ließ sich von einer Katze die Fläche seiner Hand lecken und sagte: ›Das grausamste Tier und leckt jedem die Hand.‹

Der Kerl redet zwar über das Tier und über nichts

sonst, aber er meint seine Geliebte. Der hält er die Hand hin. Nicht die schnelle Zunge der Katze soll darübergehen, ihre Zunge. Und dann verscheucht er mit einer Bewegung seiner Hand das Tier. Ist das Liebe? Dann doch besser einen Dämon haben.«

Als der Doktor gegangen war, sagte die alte Ursula zu Suselin: »Das hat nichts von Entsagung an sich mit unserem Freund Theophrast. Auch nichts von krankhafter Furcht. Der weiß um die Liebe. Der will sie nicht erniedrigen. Er ist geschaffen nur für die eine oder sonst für niemanden.«

Und Frau Ursula sagte weiter: »Aber vielleicht flieht er doch vor der Liebe. Liebe hat immer den Tod zum Nachbar. Er hat mir einmal erklärt, er hat keine Zeit für Liebeständelei. Er weiß, die Liebe braucht Zeit.«

4

Es gab eine Vielfalt von Diakonen, in den Klöstern ausgebildet, die sich dem Oekolampad zur Verfügung stellten als Helfer. Gebildete Leute, begeisterungsfähig. Sie waren erschüttert durch Luther. Sie dachten, er weiß mehr als wir. Das Wort von Zwingli über Luther: Du hast den Eber getötet.

Aber ich, Carlin, habe gesehen, wie es weiterging: Dann hat er den Eber auch zerlegt, und die Bissen, die sie ihm davon angeboten, hat er gegessen. Und hat ein Stück vom Fell genommen. Hat sich einen Zahn ausbrechen lassen. Hat ihn in Silber fassen lassen als wundertätiges Amulett. Eberjagd. Vor der Jagd warst du ein anderer als während der Jagd und nach der Jagd. Vorher hattest du eigene Kleider. Nun hast du dir auch ihr Jagdkleid angenommen, hinterher.

Zum Aderlaß geeignete Stellen
in bezug auf Tierkreiszeichen;
Holzschnitt aus dem 15. Jh.

Dann setzte ich mir mit vielen anderen den Erasmus zum Vorbild, zum Vater, weil er das ausspricht, was um uns vorgeht. Wir bewunderten, wie stark und unangreifbar er auf seinem Platz beharrte. Es ist schön, ihn aus der Ferne zu sehen, nicht aus der Nähe. Nicht so nah, daß man bis an die Wurzeln kommt. Die Wurzeln reichen bis Rom. Pfründe. Auf die er nicht verzichten will.

Neulich, ich war dabei, kamen Zunftmeister zu ihm, unsere Basler Zunftmeister. Sie wollten ihm zum Neujahrstag ein Geschenk geben, vorerst aber anfragen, was ihm angenehm sei. Man kann ja so einen Mann nicht kränken und ihm eine Riesenwurst in seine Stube tragen, auf die Schultern von zwölf Gesellen gelegt. Stolz der Fleischerzunft. Er könnte sich am Ende hinterher nur beklagen, daß er dann noch Gäste einladen muß, weil er die Wurst nicht allein essen kann.

Er wurde also gefragt: »Was wünschen Sie sich?«

»Ach, liebe Kinder«, er nannte alle, die zu ihm kamen, gern liebe Kinder, mochten sie auch noch so alt sein. Er sagte: »Ich habe ja alles. Ich weiß nichts.«

Sehr leise, aber für sein Nachdenken laut genug, wandte ich ein: »Dann spenden Sie den Wert des Ihnen Zugedachten dem Spital. Unser Doktor Truckenbrot wird sich freuen.«

Er antwortete nicht und ließ sich einen kostbaren Sattel schenken, obwohl er längst nicht mehr reitet.

Besitzen, haben. Es muß noch etwas mehr sein als der Gegenstand an sich, der ihn ja gar nicht reizt. Es ist ein Hauch von Macht daran: Eine Abordnung von Leuten ist zu mir gekommen und hat mir etwas dargebracht.

Zwar war ihm die Freude ein wenig kleiner geworden durch den Gedanken ans Spital, aber es blieb dennoch bestehen: Ich habe einen Namen in der Welt, vergleichbar Königen. Huldigungen geschehen an mir.

Anfangs hatte Carlin bei jeder Predigt gedacht, Erasmus wird kommen und zuhören. Es wäre ihm die höchste Ehre gewesen, und nur ein kleines Lächeln während der Predigt oder ein schmales, zustimmendes Nicken wäre ihm Ermutigung geworden. Etwa zu seinen Überlegungen: Der Mensch zwischen agens und patiens, zwischen handeln und erleiden. Damit auch im Zusammenhang die Würde des Menschen. Er, Carlin, predigte, die Umkehrung der Dinge ist notwendig. Bisher hieß es, selig sind die Leidtragenden, und siehe, als Schrecklichstes der Schrecken wurde der Teufel gezeigt.

Man mußte fragen, was ist der Teufel? Nach den Berichten derjenige, der Gott am nächsten war, der Liebste, der Mittler zwischen Gott und den Menschen. Und man sagt, du bist gefallen und weißt nicht, warum.

»Wir aber, liebe Gemeinde, wissen, warum. Agens, die wirkende Kraft, patiens, dulden, erleiden. Dieser da, der Gott am nächsten stand, hatte diese Stellung nur als Duldender. Er lebte in der lauen Luft des immerwährenden göttlichen Segens.

Und verlangte für sich das Recht zu handeln. Und handelte, ohne zu fragen, ob er handeln durfte. Und wurde also gestürzt. Ohne Wiederkehr. Ohne die leiseste Hoffnung auf Wiederkehr. Und gleichzeitig wurde er verschrien als der Verachtetste, der Verächtlichste. Der Feind aller. Und er konnte sich nicht mehr wehren. Von da an war es leicht, ein Bild von ihm zu machen. Wie bist du vom Himmel gefallen, schöner Lichtträger, Luzifer.«

Wer also im Namen der Würde des Menschen anfing zu handeln, wer sich anschickte, aus dem Zustand des Unterdrücktseins hervorzutreten, der konnte, der mußte jenem Luzifer gleichgesetzt werden. Eben dem Teufel gleichgesetzt werden, der aus dem einlullenden Zustand des Duldens, des Abwartens, was andere über ihn bestimmen, sich erhebt. Aus eigener Kraft.

Aber Erasmus ging nicht aus, schon gar nicht in die Kirchen, es sei ihm zu kalt dort. Es dauerte eine ganze Zeit, ehe Carlin sich von der Vorstellung löste, seine Gedanken mit denen des großen Denkers Erasmus zu messen.

Eines Tages, als er wieder gegen die Glückseligkeit des Duldens predigte, sah er vor sich in seiner Kirche die Gesichter der Lastträger. Fünf von ihnen waren gekommen, hatten nicht gewagt, sich zu setzen, hatten sich bescheiden an die Seitenwand des Schiffes gestellt, die Mützen in den Händen. Aber sie waren gekommen und hörten zu. Für sie, die er an ihrer Bescheidenheit und an ihren Mützen erkannt hatte, für sie erklärte er jetzt am Beispiel des Bar Abbas, wie das Bild eines Mannes verwischt und dann aufs neue zurechtgemacht wurde. Früher wäre es ihm eine große Genugtuung gewesen, diese Überlegungen vor Erasmus auszubreiten. Jetzt mußte er sich mehr anstrengen, weil diese Lastträger nicht soviel wußten wie der große Gelehrte.

»Was sagen uns die vier Evangelisten über Bar Abbas? Matthäus nennt ihn: ›Einen sonderlichen vor allen, der hieß Bar Abbas.‹« Für die Lastträger sagte er es: »Ich nehme die Worte aus der Schrift so, wie sie uns Luther übertragen hat. Bei Markus heißt es dann schon: ›Bar Abbas gefangen mit den Aufrührern, die im Aufruhr einen Mord begangen hatten.‹

Es steigert sich bei Lukas: ›Da schrie der ganze Haufe: Bar Abbas, welcher war um eines Aufruhrs, so in der Stadt geschehen war, und um eines Mordes willen ins Gefängnis geworfen.‹

Die Geschichte vollendet sich bei Johannes: ›Nicht

diesen, sondern Bar Abbas. Bar Abbas aber war ein Mörder.‹«

Und Carlin erklärte ihnen: »Bar Abbas: das war einer, der gehandelt hat. Der aus dem Gleichmaß der Ordnung wollte. Der Ordnung: Unterdrücker und Unterdrückte. Und derjenige, der handelnd auftritt, der Mann der Aktion, wird: einer sonderlich vor allen, ein Aufrührer, ein Mörder. Und gleichzeitig damit werden die Menschen, die nach ihrem Bar Abbas riefen, den sie liebten als einen, der ihnen im tätigen Handeln einen Ausweg zeigte, als unverständige, dumpfe, blutdürstige Masse hingestellt.

Wer also die Glückseligkeit des Duldens verlassen will, der ist räuberisch, mörderisch, aufrührerisch.«

Und Carlin setzte hinzu: »Wer also hinausgeht und Last trägt, der schäme sich nicht, daß es Menschen gegeben hat, die dem Bar Abbas zugejubelt haben. Bar Abbas, das heißt: Sohn des Vaters. Und auch Sohn des allmächtigen Vaters.«

5

Der Alteingesessene kam fast täglich mit Theophrast zusammen. Er hatte ja viel Zeit. Er erzählte:

»Ich sah eines Tages im Wald zwei Wölfe miteinander kämpfen, lange. Beide waren stark. Für mich unerwartet, hörte der eine auf, sich zu wehren. Mir schien, daß er demütig auf sein Ende wartete. Da hörte der Sieger auf, ihn anzugreifen, ließ den, der das Demutszeichen gegeben hatte, von nun an unbehelligt. Er wußte, nie wieder wird der andere sich gegen ihn aufrichten.

Ich weiß, verehrter Kollege Theophrast, die Welt erwartet von Ihnen die Demutsgebärde. Die Welt, das sind die Universitätsprofessoren, die Apotheker, das ist für

Sie vor allem Oswald Baer. Geben Sie zu verstehen, daß Sie nicht kämpfen werden. Dann können Sie auskommen.

Ich hörte von Ihnen, verehrter Kollege Theophrast, die stärkste Versuchung ist, alles zu sagen, was man weiß. Und da ich diese Versuchung für mich ausklammere, Macht auszuüben, geistig zu wirken, gehe ich auf in der anderen Versuchung. Fleisch. Da kann ich mich bewähren, da erlebe ich meine Siege und die Demutsgebärden der anderen. Und wenn das nicht mehr geht, wenn das Fleisch matt geworden, welk und nicht mehr fest, dann stürze ich mich in die Welt der Dinge, berausche mich an Kleidern und an Kutschen und dirigiere Pferde. So bin ich ausgewichen, immer weiter ausgewichen vor dem, was ich am Anfang im Leben wollte. Und dann kommt das Trinken. Aber soweit bin ich noch nicht.«

Es ging etwas Merkwürdiges vor in Doktor Truckenbrot. Er bewunderte den jungen Theophrast, er beneidete ihn. Er wollte Einfluß auf ihn nehmen, wollte wissen, wo er ist. Er wollte durch ihn noch einmal ein Leben haben und dachte fast ununterbrochen an ihn. Der Gedanke an den anderen fraß sich so in ihn ein, daß er sich nicht mehr davon trennen konnte. Er verglich sich jeden Augenblick mit ihm. Er merkte, er redete dauernd mit ihm, nicht so einfach wie: Das haben Sie gemeint, mein Theophrastus. So haben Sie das gesagt. Ich dagegen meine. So einfach war es nicht. Er belauerte sich, fragte sich: Wo ist er jetzt? Was tut er? Er geht zu meinen Kranken, in meinen Turm zu den Gefangenen. Anfangs war es ihm recht. Der Dorn des Neides ging tiefer in ihn ein, er wollte es nicht wahrhaben und erinnerte sich: Der braucht sich seinen Tagesablauf nicht von einer Frau bestimmen zu lassen. Er bekommt nicht die

Zügel zu spüren: das schaffst du nicht. Sie sagt, das schaffst du nicht, und so wird mein Tageslauf korrigiert, freundlich zwar, aber meine reine Absicht wird verändert.

Selbst der Talisman, die magische Silbermünze, war ihm von der Witwe, die er geheiratet hatte, aus dem Geldbeutel genommen. Es war dies eine kleine, rührende Erinnerung an seine beste Zeit, als er noch daran glaubte, das Buch fertigzubekommen. Ein wenig kindlich, ein wenig lächerlich für einen Mann der Wissenschaft, der nicht an die magischen Kräfte glaubte, nicht mehr, und auch nicht an die Liebe. Er hatte den Namen des Mädchens vergessen. Aber nicht ihre Küsse mit den kleinen Lippen. Sie hatte auf der Seite der anderen gestanden und gewartet, ob er sich nicht ganz zu ihnen bekenne.

Aber was soll ein Arzt auf die Dauer bei den ganz Armen und den Verfolgten? Woher soll er die Medikamente nehmen? Die Armen können sie ihm nicht bezahlen. Also muß er die Reichen behandeln.

Das reine Herz, ja. Aber er ist ein einfältiger Mensch geblieben, ein anständiger Mensch. Und was ist das, ein anständiger Mensch? Kleine ungarische Silbermünze. Sie, die Witwe, hat dich herausgefingert und ausgegeben auf dem Markt für einen Mittagsbraten, den ich irgendwann, ich weiß nicht einmal, an welchem Tag, gegessen habe.

So habe ich mein Glück aufgegessen. War es so, oder habe ich an einem guten Tag die lästige Münze selbst herausgenommen und mir einen Schluck Wein dafür auftischen lassen, in irgendeiner Spelunke? Und war lustig danach? Ich weiß es nicht mehr und sage mir selbst: Nicht so wichtig. Das ist eine Geschichte, die man niemandem erzählen kann, weil niemand da ist, der Verständnis dafür hat. Er wehrte sich gegen die Erinnerung, so wie man Fliegen vom Gesicht verscheucht. Eine lästige Handbewegung, jedoch nur eine kleine Anstrengung. Nicht so wichtig.

Und wollte noch nicht gehen, erklärte dem Theophrast einen Mechanismus: »Verehrter Kollege, es ist notwendig, daß Sie sich auch hier in Basel über eines völlig klar sind. Auch die beste Kunst der Arznei, auch Ihre anerkannte Meisterschaft nutzt Ihnen nichts, wenn Sie sich nicht auf den Gebrauch einer ganz bestimmten Salbe verstehen. Brauchen Sie für ein neues Kleid einen ganz besonderen Stoff, vergessen Sie die Salbe nicht, sonst sind beim Händler die guten englischen Tuche schon weg. Brauchen Sie einen Helfer beim Aufstellen Ihres Ofens im Experimentierkeller, denken Sie daran, der Mann, den Sie rufen, wird es nicht ohne die Salbe tun. Wollen Sie sich in den Weingärten zu Ihrer Erholung eine Hütte einrichten, der Zimmermann wird zuerst um die Salbe bitten. Vor allen Dingen in den Apotheken selber. Wenn Sie für einen Patienten sehr schnell ein Medikament brauchen, hier ist es unmöglich, ohne die Salbe auch nur das geringste zu erreichen. Und denken Sie daran, wenn Sie in unserer Stadt Ihr Schwert tragen wollen, es gibt da eine Liste der Bevorzugten, denen es erlaubt ist, mit der Waffe durch die Stadt zu gehen. Wollen Sie also auf diese Liste kommen, mein lieber, verehrter Kollege Theophrast, dem Mann im Rathaus müssen Sie mit einer gewissen Subtilität die Salbe aufschmieren. Sie wissen, die Handsalbe.«

6

Er, Theophrast, sah es an Amerbach und hatte es schon bei der Hochzeit gesehen, aber noch nicht so deutlich. Der Taumel, dem der Professor Amerbach sich hingab, war ja schon der uneingestandene Beginn des Sichfügens. Sich fügen nicht in dem Sinne, das Kreuz auf sich zu nehmen, zu dulden, sondern einfach hinnehmen. Die Schläge hinnehmen, aber nicht allein sein. Amerbach war es gegeben, dann in den Rosengarten zu gehen und heiter das gelöste Reden irgendeiner Frau mit anzuhören. Eine Frau, die er, der Professor, sich selbst ausgesucht hatte, um sie vor den Augen seiner Hausbewohner zu verbergen, aber allen Freunden zu zeigen. In diesem leichten Plaudern mit dem klingenden Lachen konnte er so schön ertrinken. Mal war es die mit dem grünen Gürtel über dem roten Kleid, und mal war es die ganz Schlanke, die Wendige, Zierliche mit dem rötlichen Haar. Aber es waren immer lustige Frauen, die erzählen konnten. Wenn Amerbach geschlagen wurde, war er nicht gezeichnet. Ihm war es gegeben, jeden Schlag wegzuwischen, abzuwischen. Am Gang war das zu lesen, am Händedruck. Er trug doch ein Zeichen, dieser Amerbach. Das Zeichen seiner Selbstzufriedenheit. Dabei hatte er das Zögernde und Vorsichtige, das Beobachtende und Verschlossene.

Bei einem festlichen Umzug der Universität sah Theophrastus, wie das Lächeln des Bonifacius Amerbach gefroren war. Mitten im glanzvollen Zusammensein der Professoren der Universität ein gefrorenes Lächeln. Woran dachtest du in diesem Glanz, mein Bonifacius? An das, was du erreicht hast, du allein? Oder an alle jenen Einfältigen, Erbärmlichen, über die du dich lustig machst, die für dich arbeiten, ohne daß du sie je sehen wirst, geschweige denn grüßen?

Und ich fand dich nicht mehr schön.

Amerbach, der Freund. Auch zu Hans Denck sagte ich Freund. Denck, das war der, der ich hätte sein können. Amerbach möchte ich nicht sein. Aber mit Amerbach reden ist angenehm, er ist liebenswürdig und heiter. Es war ein Abstand da, oder gewachsen, nicht deutlich ausgesprochen, doch spürbar. Vielleicht schon dadurch, an Amerbach war es zu merken: er hatte Haus und Amt. Natürlich verstand Amerbach, was er meinte, wenn er, Theophrast, lehrte, es ist nicht nur die Annahme von den vier Kardinalsäften, die uns bedrückt, es ist auch die Zuordnung zu den Kardinalsäften, die nun Kardinalorgane heraufbeschwört. Zu den so festgelegten Säften und Organen dann die vier Grundqualitäten und die Abhängigkeiten. Da blieb kein Raum mehr für Erfahrung, für Beobachtung. Da war alles schon vorher eingeordnet.

Anfangs hörte sich Amerbach mit einem gewissen Vergnügen die neuen Lehren des Theophrast an. Dann jedoch merkte er, wie sein neuer Professor sich nicht in die Universitätsordnung einfügte. Er lud ihn ein in sein Haus, redete mit ihm: »Versteh, Theophrast, ich bringe meine Universität durcheinander, wenn du dich nicht an eine gewisse Hausordnung gewöhnen kannst. Wir wollen im humanistischen Geist Frieden in den Fakultäten. Aber du bringst Unfrieden. Eine Universität wie die unsere braucht ein lückenloses, unangreifbares System, übersichtlich und verständlich.«

»Der Schlimmste«, entgegnete Theophrastus, »ist noch nicht einmal Galenus. Die Schlimmsten sind ja, die nach ihm kommen. Er hat das System geschaffen. Er hat es für sich selber sicherlich dann und wann durchbrochen.

Aber seine Schüler, sie können nichts anderes als aufsammeln. Sie tragen zusammen, sie registrieren und sind schon zufrieden. Unfruchtbare Selbstbefriedigung.

Der Avicenna hat das System des Galenus verhärtet. Er hat ein Werk von glänzender Geschlossenheit überliefert. Formeln.«

»Aber, wie willst du lehren ohne Formeln?«

»Es ist in der Medizin soweit gekommen: die Begriffe sind wichtiger als die Dinge selbst.«

Und es war wieder so, als Theophrast wegging von Amerbach, war nichts geklärt. Er hatte nur seine Zeit verschwendet, und die Kranken warteten.

Einmal, nach der Hochzeit, hatte er den Bonifacius Amerbach gefragt: »Und was hast du gegen das Unrecht in dieser verrotteten Welt getan?«

»Ich habe schlaflose Nächte gehabt und disputiert.«

Und so hatte der Professor Amerbach eben immer wieder das Verlangen, mit sehr vielen Leuten zu disputieren. Den Theophrast vertröstete er: »Wir werden über deine Arbeit noch ganz genau sprechen. Auch mit Froben muß man klären, ob nicht die eine oder andere deiner Vorlesungen gedruckt werden kann.«

Ganze lange Tage berauschte Amerbach sich an seinem Gefühl für die Schönheit. Schönheit durch Liebe. Schönheit durch Wein. Dann aber, wenn du aufgewacht bist vom schwärmerischen Beifall der Studenten, von der Liebe draußen vor den Toren und vom Wein, schaust du dich um, und da ist nun niemand.

Du bist durch deine Tage gegangen, und jeder Augenblick war wie ein Beifall für dich. Da bist du hindurchgegangen, und es war betäubend schön. Nun aber bist du aufgewacht, schaust dich um, und es ist niemand da. Niemand außer dir selbst.

Da bist du zu mir geflüchtet und sagst: »Allein ist man

verloren in der Stadt. Ist man nichts. Ist man ausgespien.«

Als du verloren warst in der großen Stadt, da bist du zu mir gekommen. Als es regnete und du nicht zurück wolltest in die Einöde deines schönen, bunten Hauses, da bist du zu mir gekommen.

Als das Flitterwerk der schönen Reden gefallen war, als die Tischgespräche längst vergessen, als es draußen dunkel geworden, als du auch von den Huren ganz verlassen warst, als dir die Füße brannten vom Rückweg aus deinem Weingarten, da bist du zu mir gekommen und hast verlangt, ich soll zuhören. Du hast ganz vergessen, daß du schon gestern kommen und über meine Arbeit sprechen wolltest. Du gibst mir die Stunden, die ich gestern auf dich gewartet habe, nicht zurück. Aber ich werde dich anhören. Du fragst nicht einmal, was ich geschrieben habe, wie es bei den Kranken war. Du fragst nichts, weil es dich nicht kümmert. Du hast mir nur meine Zeit genommen.

7

Das Verlangen nach Verena – dem Kind, dem Menschen, mit dem er sich in Einsiedeln so schnell und so sicher verstanden hatte wie später mit niemandem mehr – setzte sich zusammen aus einem Bildwerk von Erinnerungen. Hand in Hand mit Verena vor der Kranken. Er denkt es, sie sagt es: »Sie will ja nicht mehr.« Er wollte die Erinnerungen nicht verlöschen lassen, so blieb auch das Verlangen, sie zu sehen. Gleichzeitig aber wußte er, daß dieses Verlangen ein Stück seines Lebens war und nie aufhören würde. Und er wußte, er würde sie nie wiedersehen, wenn nicht ein lächerlicher Zufall sein würde.

Es gab Zeiten, da er überlegte, ob er diesen Zufall nicht herbeiführen sollte. Es gab aber auch Tage, an denen er überhaupt nicht an sie dachte.

In letzter Zeit nur, während er schrieb, kam sie zu ihm, saß vor ihm wie eine Schülerin unter anderen Schülern, aber die aufmerksamste, die mit ihm zusammen ausgeht, den Menschen zu helfen.

Manches Mal aber sah er sie auch ganz allein da sitzen. Dann war es so, daß sie nicht alles zu verstehen brauchte, was er schrieb und dachte. Er malte sich aus, daß sie ihn bewunderte, bestärkte, sagte: Du bist der einzige in der Welt, der das kann, was du kannst. Und darum mußt du weiter schreiben und lehren.

In Wahrheit war jedes Wort an Frau Froben ein Sicherinnern an Verena. Es war der vergebliche Versuch, aus Frau Froben eine Verena zu machen. Manches Mal aber verwischte sich das Bild, und er sah Frobens Frau unverfälscht durch seine Wünsche. Er sah sie hungrig nach seinen Worten, hungrig nach seinen Händen, hungrig nach ihm, und es schmeichelte ihm. Es gab ihm ein Gefühl der Leichtigkeit und der Überlegenheit. Es gab ihm ein Gefühl der Heiterkeit, eine Heiterkeit ohne Schuldbewußtsein.

Schön, in ihr Haus zu gehen, jeden Tag, wenn alle Arbeit getan war, und zu berichten. Zu sehen, wie sie zuhört, aufgetan für seinen Zorn. Und seine Erbitterung wurde ihre Erbitterung. Sie überlegte, welche Leute kann ich finden, die eingreifen. Erasmus? Oder Oekolampad selber?

Manches Mal sagte er sich zu einer genauen Stunde an. Da hatte sie von diesem Augenblick an ihre Kräfte gesammelt, die Erwartung gab ihr Lieder, Lieder für den Morgen und den Tag. Dann ging der Zeitpunkt vorüber, ohne ein Zeichen. Jäh, ohne den Übergang einer kleinen geschäftigen Ruhelosigkeit verfiel sie in Feindseligkeit. Die Erwartung schien sinnlos, ja schamlos.

Nun kamen die tausend Überlegungen, ich schicke einen Boten zur Universität. Und die tausend Entschuldigungen für das Abschicken des Boten: Ich muß doch wissen, ob er zu Tisch kommt. Ich muß etwas vorbereiten. Dabei war er kein guter Tischgast wie der alteingesessene Doktor Truckenbrot. Noch nie hatte er am Tisch die Augen geschlossen und vor dem ersten Bissen den Geruch der Speise gekostet. Er, Theophrastus, nahm jeden Bissen ohne Feierlichkeit.

Bei ihm hatte sie sich als Regel zurechtgemacht: Nie einen Vorwurf, nie die Frage: Warum sind Sie nicht gekommen? Frau Froben war einsichtig: gelang es ihr nicht, die Welt nach ihren Wünschen zu ändern, so änderte sie ihre Wünsche.

Dann hatte sie Anweisung gegeben, die Türe zu öffnen. Der Doktor Theophrast sollte ungehindert eintreten können.

Der belesene Doktor Truckenbrot kam, ein wenig rücksichtslos brach er in ihren Vormittag, da sie auf einen anderen gewartet hatte. Er sah, daß sie bekümmert war, suchte sie mit einer seiner zahllosen nichtssagenden Geschichten aufzuheitern. Heute erzählte er abermals die Begebenheit von der Kaiserin, der Frau Ottos III., wie sie für ihren Geliebten durch die Flammen gegangen war. Der Kaiser, abwesend bei vielen Feldzügen, hatte den Verdacht, sie sei ihm nicht treu gewesen. Sie war ihm nicht treu gewesen, aber sie schützte den Geliebten mit ihrem Leib, schritt aufrecht durchs Feuer und lächelte dabei. Das war eine Lieblingsgeschichte des guten Doktor Truckenbrot, und er pflegte diese Geschichte immer mit den Worten zu beenden: »So stark ist die Liebe.« Heute setzte er hinzu, mit leichter Resignation: »Wir aber, wir wissen nicht mehr, was das ist, Liebe.«

»Liebe«, so sagte sie langsam und dachte an Carlin, »das ist das Warten auf diesen einen einzigen, von dem man weiß, es gibt ihn in dieser Welt. Liebe ist die Hoffnung, dieser eine einzige kommt in mein Land, in meine Stadt, in meine Straße, in mein Haus, in meine Stube. Liebe ist die Furcht, ich möchte liebenswert genug sein, daß er in meiner Stube bleibt und nicht mehr weggeht über die Straße, aus der Stadt, in ein anderes Land. Liebe ist die Sicherheit: Ich bin es wirklich, die er gemeint hat. Liebe ist die Angst: Ich bin es wirklich, die er gemeint hat?«

Der Alteingesessene blieb in seiner Resignation heute. »Die Erfüllung dieser Liebe ist auch schon der Tod dieser Liebe. Sobald der Erwartete eingetreten ist, bedenken Sie, Frau Froben, wird jeder Schritt ein Schritt der Wiederholung, also Gewohnheit. Und Anspruch. Und da ist dann nichts mehr von Liebe.« Und lächelte sehr entfernt und sehr weise mit diesen Augen, die manches Mal wie abgestorben erschienen, weil sie schon so oft den Tod gesehen hatten. »Liebe ist nur jener eine erste Atemzug des Erkennens, des Erschreckens. Und dieser Augenblick, meine verehrte Frau Froben, ist äußerst schmerzhaft, führt er ja doch an die Grenze des Todes. Nur in diesem einen Augenblick löscht das eigene Wesen aus, ist völlig aufgesogen von dem anderen Wesen. Die Bereitschaft, sich selbst aufzugeben«, er sagte es sachlich dozierend, »dauert in der Regel also nur einen Atemzug lang, nicht einmal so lange wie das erste Wort des Vaterunsers; denn der Mensch ist nicht dazu geschaffen, sich an andere zu verlieren. Er will immer nur alles für sich selbst. Für sich: das schönste Pferd, das schönste Zaumzeug für das Pferd.«

Wen wunderte es, daß der Doktor Truckenbrot Pferde

an erster Stelle nannte? Sein Pferd war wirklich schön, und das Zaumzeug war gewiß einmalig, einmalig zumindest in der Stadt Basel. Er ging immer sehr aufrecht, war liebenswert, wußte das, war immer gut gekleidet, seine Lieblingsfarbe, das Gelbliche, das aber deutlich in Gold überging. Irgendwo zeigte er diese Farbe stets an sich, am Ärmel, am Kragen. Nur um darzutun: Auch mein Herz schlägt für die Bedrängten, die man zwingt, sich in Gelb zu kleiden. Aber zu klar sichtbar wollte er sein Bekenntnis nicht halten, darum trug er sein Gelb ein wenig übergoldet. Auch war er nicht sicher, wie er geurteilt hätte bei dem Steinwurf auf den Sohn des Ruben. Er war froh, nicht Stadtarzt zu sein.

Besonders jetzt und heute, da sie Carlin verhaftet hatten.

Nun wird Carlin gefoltert werden, verletzt, verrenkt, verunstaltet. Er wird bluten und reden und schreien. Ich bin froh, daß ein anderer Stadtarzt ist.

Er hatte vor sich hin geredet, schnell, mit seiner rücksichtslosen Sachlichkeit, und schilderte wie immer den schlimmsten, äußersten, letzten Zustand.

Gertrude Froben schrie nicht auf. Sie war in völliger Verwirrung. Sie konnte nichts sagen. Verzweiflung und Erlösung kamen gleichzeitig über sie. Es war entschieden worden. Sie wird nicht mit ihm schlafen. Und Arme wie Flügel.

Es war etwas Heftiges in ihr, und als ihr von seiner Predigt erzählt wurde: »Bar Abbas – Sohn des Vaters«, war es, als habe ihr Denken sich verändert. Sie sah die Schönheit der Rebellen. Sie begriff Bar Abbas. Das waren Männer. Das, was jedem Menschen gegeben ist – teilzunehmen an den Kämpfen der Zeit –, begann zu klingen. Was verschüttet, war freigelegt. Sie war nahe daran, das einzige zu verstehen, was zu verstehen lohnt.

Jene Gewalt zu begreifen, die den zu Boden Getretenen aufstehen läßt und weitergehen, voran. Das Verschmelzen, die Brüderlichkeit, sich verlassen können auf den anderen. Da kam zu der Liebe dieses: Ich gehöre dazu.

Sie war tausend Nächte bei Carlin gewesen in ihren Vorstellungen und sah ihn, durch sich selbst gedemütigt, dann auch so: Als sie aufstand von seinem Bett, sah sie in sein Gesicht und sah Schweiß und geschlossene Augen. Da schläfst du, dachte sie und dachte es ohne Anteilnahme. Da liegst du, als seist du tot.

Und all deine Geschichten und all deine Kraft sind verborgen hinter deinen geschlossenen Augen. All deine Erfahrung ist tot für mich oder schläft. Ich gehöre nicht dazu.

Nicht einmal deine Neugier ist da. So siehst du nicht, daß ich unter dem Kleid kein Hemd trage und nichts und gar nichts sonst. Und wenn du aufwachst, wirst du meinen Namen sagen, aber ich höre nicht.

Aber du wartest auf mich. Ich werde wiederkommen, und ich bitte dich, erzähle mir noch einmal die Geschichte von dem Mann, der, schon verstümmelt, zu Tode geschlagen, sich Blut aus seinen eigenen Wunden ins Gesicht gab, damit seine Feinde, seine Henker nicht sagen könnten, er sei blaß geworden vor Angst.

Sie, die von niemandem Rahel genannt wurde, tat vor Doktor Paulus Truckenbrot ihr ganzes Herz auf.

»Es gibt finstere Bereiche im Menschen, die wir nicht kennen«, das war die Grenze, auf die der Alteingesessene sich zurückzog, damit konnte er ihr alles erklären, damit konnte er alles entschuldigen.

»Aber da sind Menschen in der Welt, die sich nicht demütigen lassen. Es gibt einen Mann.« Sie redete, es war nicht möglich, sie zu unterbrechen, sie wollte nicht unterbrochen werden: »Er stand da, groß und Arme wie

Flügel, und ich dachte nichts anderes als, breite deine Flügel aus. Ich ging, ihn zu suchen. Ich ging durch die ganze Welt, über die blauen Berge, durch den gelben Sand, über die grünen Wiesen und durch graue Städte. Ich weiß nicht, wo ich überall war. Ich weiß nicht, wohin ich überall schaute, ich hatte sein Bild. Aber ich sah ihn nicht, und ich fing an zu zweifeln, ob es ihn überhaupt gab. Ich sah die Suppenesser vor den Klöstern in langer grauer Reihe stehen. Ich sah die Kartenspieler mit dem Glitzern in den Augenwinkeln, das die Lust am Spiel macht. Ich sah die Maultiertreiber, wie sie Zwiebäcke für die Schiffe aufluden, aber ich sah ihn nicht, Carlin.

Ich sah, für andere ist er da, für andere verschwendet er sich, aber nicht für mich. Für mich nicht. Für mich hat er kein Zeichen, keinen Gruß. Warum hat er in dieser kalten Welt für mich kein Wort?

Dann traf, Sie werden das verstehen, Doktor Truckenbrot, die Enttäuschung mich wie ein körperlicher Schmerz, von dem man sich nicht lösen kann, durch kein Streicheln, durch keinen Zuspruch. Ich sah nichts anderes und dachte nichts anderes als: Und Arme wie Flügel.

Es gibt finstere Bereiche im Menschen, die wir nicht kennen. Mit diesem Sprüchlein, Doktor Truckenbrot, kommen Sie hier nicht weiter. Sie kommen damit nicht weiter, weil nun auf der Welt nichts mehr so sein wird, wie es vorher war. Wie es vorher war, als ich nicht wußte, da ist ein Mann namens Carlin. Ich gehe zurück in die Buchdruckerei. Nur Ihnen, Truckenbrot, habe ich alles gesagt und alles gezeigt, daß ich in vielen schlaflosen Nächten Suppenesser unter den Suppenessern war, Kartenspieler unter den Kartenspielern, Maultiertreiber unter den Maultiertreibern. Auch in mir das Geduldige der langen grauen, wartenden Reihe. In mir das Glitzern in den Augen wegen der Lust am Spiel. In mir die Vorsorge, für eine weite Reise Zwieback zu haben. In mir war in den Nächten der Einbildung auch jene Kraft, daß ich die alte Ordnung umstoßen könnte. Da gehörte ich zu denen, die vorangehen. Aber nun gehe ich zurück und lege mir die Druckerei des Mannes Froben um wie einen Mantel.

So wie Sie sich das Spital umgetan haben wie einen Mantel. So wie Sie sich gegen nichts mehr wehren. So wie Sie abwarten, bis Sie sterben.

Oder überwinden Sie sich doch noch und stellen Sie sich in aller Öffentlichkeit an die Seite Ihres Kollegen Doktor Theophrast und verkünden Sie laut und vor aller Welt: Ja, er hat recht. Er hat recht in allem. Ach, verehrter Truckenbrot, unsere Mäntel sind schön und bequem und verhüllen alles.«

Und da er schwieg, sagte sie, und nur sie konnte das sagen: »Wir haben, mein verehrter Freund Truckenbrot, wohl schon die Liebe. Aber es ist die kalte Liebe. Kraftlos am Ende, weil wir tun, was uns schmeckt. Weil wir wissen und nicht danach handeln.«

8

Und er begann auch bei der Vorlesung über die Pest zu fragen: woher und was der Mensch ist. Und daraus folgend, wie die Pest den Menschen angreift.

Und konnte es nicht unterlassen, die vielen unwissenden Doktoren anzugreifen, die nur die Pestbeulen sehen und nicht den ganzen Menschen.

Und grenzte sehr deutlich ab: »Meine Meinung ist an diesem Ort nicht theologisch, sondern medizinisch. Ich spreche vom irdischen Fleisch des Menschen. Das ist so zu begreifen, der Mensch, soviel sein tierisches Leben betrifft, ist aus den vier Elementen. Ich verstehe also hier nicht das Leben, das Leben aus der Seele, aus dem Atem Gottes entsprungen.« Und er wiederholte für diejenigen unter seinen Zuhörern, die gar zu eifrig nachschrieben, die ihren Kopf nicht vom Blatt nahmen und schrieben und schrieben, für diese wiederholte er: »Meine Meinung ist nicht eine theologische, sondern eine medizinische. Der Körper des Menschen aus Erde und Wasser und sein Leben, aus Feuer und Luft geschaffen, ist tierisch und vergänglich. Wie er zum Leben kommt, ist so zu verstehen, daß der Mensch zweierlei Leben hat, das tierische und das den Sternen zugehörige.«

Ach, die eifrig Schreibenden, wir kennen sie, sie würden alles, ohne nachzudenken, mit einer gewissen Starrheit niederschreiben. Es ist dieser harte Eifer, der Belohnung erzwingt. Für diese und auch für jene, die nicht mitschrieben, sondern ernsthaft zuhörten und Einwände vorbereiteten, sagte er: »Aber damit mir niemand mein Vorhaben vernichtet, daß ich vom tierischen und von dem den Sternen zugehörigen Leben rede, ist es nötig, daß ich den tierischen Körper beschreibe, denn der tierische und der den Sternen zugehörige Leib, das ist ein Ding und nicht zweierlei. Der Leib ist tot, Fleisch und Blut sind tot, aber der den Sternen zugehörige Geist, aus dem der Mensch sein tierisches Leben hat, bewirkt, daß der Leib bewegt wird. Das ist der Ursprung des tierischen Lebens des Menschen. Seht es auch an dem Hahn, der Zeitpunkt, wann er schreit, kommt ihm aus dem Himmel, aus dem Gestirn.

Der Arzt muß es wissen, so wie der Hahn wird auch der Mensch vom Gestirn getrieben. Das bedeutet, der Himmel regiert das Leben des Menschen. Der Körper des Menschen ist Wasser und Erde, das Leben des Menschen ist Feuer und Luft.

Also wird Wasser und Erde regiert von Feuer und Luft. Daher kommen die Krankheiten des Menschen. Das Gesunde und auch das Ungesunde.

Das ist der Baum des Wissens. Des Guten und des Bösen.«

Und sagte: »Weil wir alle von diesem Baum des Wissens leben wollen – also nicht nach dem Willen Gottes, ist nur die Seele das Ebenbild Gottes.«

Es kamen zu viele Zuhörer. Und es waren unerwartete Schwierigkeiten in den Vorlesungen des Herrn Doktor Theophrastus. Denn jetzt redete er auch noch von den verfluchten Predigtstühlen der Pestilenz. Gut, soll er Rom angreifen, soll er Wittenberg kritisieren, das ist die Freiheit von Basel, das geht, das kann man durchaus noch gestatten. Aber man muß natürlich achtgeben, wer eine Vorlesung über die Pest ausnützt zu Bemerkungen über die Predigtstühle der Pestilenz. Der muß eben sehr sorgfältig beobachtet werden. Es tut uns leid.

Unter den Zuhörern in der Universität saßen wieder dieselben, die eifrigen Schreiber, die Nichtaufblickenden, die Beflissenen, die auf diese eine Aufgabe Ausgerichteten. Sie würden nicht im Schreiben innehalten, käme eine Frau herein, etwa sogar aus dem Orient. Käme sie und ließe sie die Kleider fallen, um darzutun, wie gut sie und ihr Bauch tanzen können, die beflissenen Schreiber würden vielleicht einmal hinsehen, aber sie würden sich weder daran erfreuen noch darüber entsetzen, sie sind nicht prüde, sie sind nur für diesen Zeitpunkt der Vormittagslesung so eingerichtet, zugerichtet, abgerichtet. Sie schreiben. Schreiben nach und können während dieses Vorgangs das Außergewöhnliche, was gesagt wird, nicht vom Gewöhnlichen unterscheiden. Es wäre schon jetzt zum Verzweifeln, Hochschullehrer in Basel sein zu müssen, wenn da nicht eben jene anderen jungen Leute gesessen hätten, die sofort gespürt haben, hier wird ihnen nicht das oft Gesagte noch einmal vorgesagt, hier wird nichts Vorbereitetes, Zurechtgekautes noch einmal zerkaut mit triefendem Speichel. Andere Professoren, die sie kennen, haben aufgehört, während der Vorlesung zu denken. Da wird tagaus, tagein mechanisch dasselbe gesagt. Dieser aber hier denkt, während er spricht. Und er nimmt sie mit. Seine Lust am Denken wird ihre Lust.

Das, was die anderen stundenlang beschreiben, was sie aus der Bibel lesen und noch einmal vorlesen, nämlich die Erschaffung von Adam und Eva, wie es gewesen ist mit dem Lehmkloß, mit der Rippe, mit dem Hauch, mit dem Anfassen. Das wischt er mit einer Handbewegung zur Seite, diese Art des Wiederkäuens, und sagt ihnen: »Wie Adam und Eva geschaffen worden seien, davon habt ihr genügend Zeugnis in der Bibel. Deswegen brauchen wir hier nicht noch ein weiteres Zeugnis.«

Man hört das Kratzen der Federn der Eifernden auf dem Papier. Er redet vom Ebenbild des tierischen Menschen. Und sagt ihnen, »bevor Adam und Eva geschaffen worden waren, da hat Gott eine gewisse Anzahl von Tieren geschaffen. Und eben danach erst den Menschen.« Und sagt, was vorher in Basel ihnen noch niemand gesagt hat, daß der Mensch von allen diesen geschaffenen Tieren Ebenbilder und Eigenschaften an sich hat. Und sagt: »Von allen diesen Tieren soll der Arzt ein wahrhaftiges und gründliches Wissen haben.«

Und erklärt ihnen noch einmal das Herkommen und die Geburt des Menschen. Und sagt ihnen: »Natürlich sollt ihr der Bibel glauben, aber die Theologie bedient sich keiner irdischen Philosophie der natürlichen Dinge.

Darum werde ich von dem irdischen und natürlichen Menschen reden und nicht vom übernatürlichen.«

Theophrast verfiel nicht dem Rausch eigener Worte, wenn er seine Vorlesungen hielt. Er hatte es in Straßburg kennengelernt, wie andere diesem Rausch verfielen. Sie verschließen die Augen wie nach dem Öffnen einer Ader, wenn viel Blut herausfließt und sie nicht fähig sind, das Blut zu stillen.

Theophrast kannte das, was auf ihn gelegt war, als er nach Basel kam. Er war es, der den gnadenlosen Kampf für die Freiheit des Forschens und des Lehrens führen mußte. Gegen die Vertreter der tödlich angegriffenen universalen Kirche. Aber auch gegen die Bürger des neuen Glaubens. Gewiß, es waren der Vernunft völlig widersprechende Lehrsätze, Formen und Zeremonien durch die Reformatoren beseitigt.

Aber gleichzeitig wurden die Gedanken strenger überwacht. Die Überwachung wurde verschärft nach dem Aufstand der Bauern. Er sah es, er wußte es. Er sah die Zusammenhänge, tappte nicht einher wie ein brausender Feuerkopf, den dann und wann das Genie übermannte und der zornig ausbrechen mußte, er wußte, hier in Basel ist ihm die große Gelegenheit gegeben, sein Lehrgebäude zu vervollkommnen und zu verbreiten und sein Können an den Leidenden der Stadt täglich zu beweisen.

Und war durch keinerlei Versuchungen von seiner Arbeit abzulenken.

Es läßt sich nicht der Tag und nicht die Stunde festlegen, wann unser Theophrast aufhörte, im Haus Froben zu wohnen. Das war nicht im jähen Zorn geschehen, er gab keine Erklärungen ab und entschuldigte sich nicht, aber er kam täglich zu Froben und kümmerte sich um den Zustand seines Patienten.

Nun wohnte er auf dem Kohlenberg. Einige sagten, beim Henker, andere meinten, beim Totengräber. Und war es nicht bei diesem, dann war es vielleicht bei Mutter Ursula. Und war es auch nicht dort, dann war es, niemand hat das in irgendein Stadtbuch eingetragen, vielleicht beim Lastträger Franntz Soder.

Jedenfalls, die Verordnung des Rats der Stadt vom 6. März 1527, den Kohlenberg betreffend, steht in keinerlei Zusammenhang mit dem Umzug des Doktor Theophrast von Hohenheim.

»Da die fremden Landstreicher und Bettler auf dem Kohlenberg in der Stadt Basel bei Männern und Frauen ihre Zuflucht gehabt haben, dort lange gelegen, beherbergt und beköstigt wurden, da sie dort verbrecherische Umtriebe begehen in Gemeinschaft mit den Totengräbern und den anderen auf dem Kohlenberg, beschließt der Stadtrat einhellig, daß ab sofort niemand, weder Totengräber noch andere, die eine Wirtschaft auf dem Kohlenberg halten, keinem Bettler und Landstreicher, Mann oder Frau, Wohnung geben soll, auch kein Essen und Trinken. Wer das nicht beachtet und zuwiderhandelt, hat mit schweren Strafen zu rechnen.«

9

Jetzt war es so, sie fingen an, in der Apotheke des Oswaldus Baer täglich darüber zu reden: »Merkwürdig, daß er sein Doktordiplom nicht zeigt.« Damit fragten sie: Hat er überhaupt die Berechtigung, zu lehren? Ist er so wie wir befugt, zuständig, geschickt, berufen, erfahren, fachkundig, rechtmäßig, sachverständig, urteilsfähig, berechtigt? Wenn dieses alles nicht sein Bereich ist, dann ist er nicht befugt, in die geheiligten Räume der Universität als ein Lehrender zu gehen. Dann ist er nicht sachverständig und darf die hinteren Räume der Apotheken überhaupt nicht betreten, denn er ist nicht urteilsfähig, die Mixturen zu überprüfen. Dann ist er schon gar nicht berechtigt, in die Keller der Gefängnisse zu gehen.

Ging nicht Johannes Herbst, genannt Oporinus, jeden Tag nach den Vorlesungen in Baers Apotheke?

Theophrast war eingeladen von denen, die die Stadt verwalteten.

Er hatte sich vorbereitet, Oekolampad selber werde kommen, werde ihn begrüßen, ihn bitten, zu berichten, wie es steht mit den Kranken, mit den Apotheken, mit den Vorlesungen an der Universität. Er war eingerichtet, bei einem Glas Wein Oekolampad die Wahrheit zu sagen über die Apothekenordnung in der Stadt. Er hatte gehofft, es würde so sein: Einige von der Stadtregierung und Apotheker, auch Doktoren sitzen da, reden über dies und das, die Preise für Arzneimittel werden verglichen, über das Spital wird geredet. Neues Stroh, auch bitte für die Kranken in den Gefängnissen neues Stroh, für die Gefolterten.

Dann aber kommt Oekolampad herein, hört sich eine Weile alles an, beendet die Sitzung, schüttelt jedem freundlich die Hand, ihn aber, den Doktor Theophrast, fragt er – beiläufig für die anderen, aber gewichtig genug –, »haben Sie noch ein wenig Zeit?«. Dann also sitzt er im letzten, sparsam eingerichteten Zimmer des Oekolampad, dann können sie erst einmal lachen über den jungen Apotheker aus der Schule des Baer, den eifrigen, der nichts weiß und nichts kennt. Da ist keine Wand, keine Grenze, keine Schranke. Theophrastus sitzt gleichberechtigt neben dem Mächtigen der Stadt und erzählt, was der junge Apotheker sich ernsthaft wünscht: »Ich

Zubereitung von Arzneien;
Holzschnitt aus dem 16. Jh.

will ja nicht in der ersten Reihe sitzen, ich will nur dabeisein, ich will bei den bedeutenden Ereignissen zuschauen. Bin ich dann bei den Großen, wenn auch im Hintergrund, so fühle ich mich auch groß. Ich dränge mich nicht nach vorn, ich dränge mich nur nach dem Dabeisein. Das ist für mich wie ein Streicheln.«

Nun aber saß da oben ein niederer, nicht sehr informierter Beamter, der sich alles anhörte, aber nichts zu sagen hatte, und vermeldete: »Oekolampad kann nicht kommen. Er hat anderes zu tun. Der Bürgermeister wird nicht kommen, auch er hat anderes zu tun. Oswaldus Baer wird nicht kommen. Kein Doktor von der Fakultät.«

Theophrastus stand heftig auf. »Was soll ich hier? Ihr tötet meine Zeit, meine kostbare Zeit. Kranke warten. Ich muß schreiben.«

Er wurde unterbrochen: »Wir sind hier zum Besten der Stadt.«

»Ich bin auch da zum Besten der Stadt. Ich finde es ungehörig, wenn der Einladende nicht kommt.«

»Betrachten Sie mich jetzt als den Einladenden. Ich bin die Stadt.«

»Ja, gut, ich bin angestellt. Ich habe mich freiwillig in Euren Dienst gestellt. Ich setze mich.«

»Bitte, sagen Sie uns Ihre Sorgen.«

Er dachte schnell und scharf, es ist sinnlos, ihnen die Sorgen zu sagen. Es ist sinnlos, mit ihnen überhaupt zu reden. Entgegnete heftig: »Ich habe keine Sorgen« und dachte: Dir werde ich meine Beschwerden nicht sagen, dir nicht. Es lohnt nicht, dich zu unterrichten. Ich bin ja nicht einmal sicher, ob du das berichten wirst, was ich sage.

»Wirklich keine Sorgen, Doktor Theophrast?«

»Ich sagte schon, keine Sorgen.«

»Wie schön. Lassen wir den jungen Apotheker, den Baer-Schüler, hören.«

Und da redete er auch schon, der Pulvermischer, mit Wichtigkeit, als sei er der große Hippokrates selber. Und der fleißige, aufmerksame Beamte sitzt lauschend da, gleich wird er sich Stichworte aufschreiben. Sie sind sich so einig, die beiden. Und da sagt der junge Apotheker, er hat sich das nicht ausgedacht, einer hat es ihm aufgegeben: »Ich finde es nicht richtig, wenn gewisse Mißhelligkeiten in Vorlesungen öffentlich ausgetragen werden.«

»Was meinen Sie?« fragt der Beamte.

»Ich meine die Bemerkung von den neuen Totenfressern.«

»Das ist bösartig.«

Da hat er nicht das Geschmeidige, unser Theophrast, da hat er nicht dieses Leise, was wahrscheinlich nötig wäre. Da hat er das Überlegene, das er nicht versteckt, steht auf und redet laut mit ihnen: »Ich bin nicht erstaunt, daß Sie am Nachmittag wissen, was ich am Vormittag in der Universität sagte. Ich war am Vormittag bei der Vorlesung klar genug, und ich kann es Ihnen gern hier noch einmal wiederholen. Ja, ich habe das Wort von den neuen Totenfressern geprägt. Das heißt, wir lösen den Stand der Priester ab durch den Stand der Apotheker.«

Der Beamte: »Das sind doch unzulässige Beschimpfungen. Sie machen einen unverzeihlichen Fehler, wenn Sie das sagen, Doktor Theophrast.«

»Sie werden in meiner Kunst keinen Fehler finden. Sie werden mir keinen nachweisen können.«

»Aber, aber, verehrter Herr Doktor Theophrast, das ist doch auch nicht gemeint. Sie verstehen mich sehr gut. Fehler nicht in Ihrer Kunst, Fehler in Ihrem Verhalten.«

Der Apothekergehilfe sagt, als er wenig später allein mit Theophrast ist: »Sie haben ja recht mit den Totenfressern. Sie haben mir aus der Seele gesprochen. Das Geld, das die Leute früher zu den Messen trugen, zu den Gebeten für die Toten, das tragen sie jetzt in die Apotheken zu uns.«

»Und warum«, so fragte Theophrastus, »haben Sie das nicht eben gesagt im Rathaus, warum sagen Sie das mir allein draußen vorm Rathaus?«

»Ich möchte meine Stelle in der Apotheke bei Oswald Baer nicht verlieren, ich möchte bald heiraten. Sie werden verstehen.«

Für den, der sich eben aufgetan hat und der Vergebung erwartet, ist es nicht schön, wenn ihm die Erbärmlichkeit seines Zustandes zu klar dargelegt wird: »Dann haben Sie zwei Zungen und verstehen die Kunst, auch rechtzeitig die richtige zu gebrauchen. Aber auf die Dauer strengt das sehr an. Ich kann Sie nur bemitleiden. Eine Hilfe weiß ich da nicht.«

Und überlegte: Soll ich das Bonifacius Amerbach erzählen. »Und ehe Dir ein Haar gekrümmt wird, fällt mein Kopf?«

Aber Amerbach hatte anderen Kummer. Wem kann man es sonst sagen, nur unserem Doktor Theophrast. Die Geliebte heiratet einen anderen. Sie heiratet nur, um ihn, Bonifacius, zu ärgern. Davon bringt ihn nichts ab. Das ist sein einziger Trost bei dieser unerhörten Kränkung. Lange Zeit hat er seinen ganzen Scharfsinn auf Suselin verwendet, neben seiner Arbeit natürlich. Er hat eine Welt um diese seine Geliebte herumgebaut, zwar eine Traumwelt, jedoch mit sehr wirklichem Zubehör. Kleider für sie, Pferde, das Häuschen im Weingarten. Hat sie nicht noch eben, noch gestern mir versichert, sie liebt mich.

Und der Professor Bonifacius Amerbach verwischt sein Gekränktsein. Es ist nichts zerbrochen. Das ist etwas Alltägliches, und das ist geschehen. Und spottet selber ein wenig über sich. »Nun gehe ich eben an den Abenden nach Hause.« Aber dann, nach einer Weile, fragt der Professor den Doktor Theophrast: »Kann man das abschneiden wie mit einem Messer?«

Er fragt ihn wie einen Beichtvater. Er will schon Vergebung für etwas, von dem er noch nicht ganz genau weiß, ob er es tun wird.

Und der Doktor Theophrast entgegnet: »Man schaut sich immer wieder um. Zwar nicht mehr unbekümmert.«

10

Da wartest du vergebens, Frau Amerbach, für dich wird sich kein Mann als Narr verkleiden. Aber du kommst nicht auf den Gedanken, das von irgend jemandem zu verlangen, du hast nicht einmal die Sehnsucht danach. Du wüßtest nicht, was du diesem Mann sagen solltest, was er sich anziehen soll, um unerkannt in dein Haus kommen zu können. Du weißt nicht, was zu dieser Narretei gehört, der Rock mit der Kapuze, das unregelmäßig geschnittene Haar, das dreckverschmierte Gesicht. Und wenn du das alles wüßtest, dann würdest du gewiß das eine vergessen, das dazu gehört: den Käse in der Kapuze.

Du würdest ja selber deinen Geliebten nicht in der Maske des Narren erkennen, du würdest weglaufen vor dem Gestank des Käses in der Kapuze.

Frau Amerbach konne keine Fragen stellen. Es ist das schlimmste, wenn einer keine Fragen stellen kann. Mit freundlich teilnahmslosen Augen sah sie zu, wie die

Leute, die der Köchin Brot, Fleisch und Hühner in die Küche brachten, sich die Schuhe auszogen. Sie bückten sich dabei. Sie mußten sich bücken. Und sie ließen dann ihre Schuhe stehen, draußen vor der Tür. Und als sie auch aufgerichtet waren und auf bloßen, nackten Sohlen in die Küche kamen, war es doch, als bliebe ihr Rücken gebeugt.

Doktor Truckenbrot kam von der Toten, eine alte Frau war in seinem Spital gestorben. Er hatte alle seine Arbeit getan und suchte einen Menschen, vor dem er sich reden hören konnte. Und sagte: »Am besten ist der Zustand des Nichtdaseins oder der Zustand des Noch-nicht-Entschiedenseins. Vielleicht ist dann die Seele als Fisch im großen Weltmeer. Aber eben ohne Leiden. Das ist der angenehmste Zustand.«

»Ja?« entgegnete sie verständnislos.

Er lächelte nur, sah sie an, sah schon das Abgelebte: die Hülle, die Brust nur noch Haut, schlaffe Haut. Und wer wird dir da ein Trost sein. Wer wird dir noch sagen, du bist schön. Dein Leben wird schon zu deinen Lebzeiten zerspringen wie ein Glas, das fiel, aber nicht zerschlug. Wenn du nichts anderes getan hast, als dich selbst in deiner Hülle zu bewundern. Zersprungenes Glas, wer will daraus trinken?

Er erzählte mit seiner schnellen, leidenschaftslosen Stimme von der Toten aus seinem Spital. Die letzte Habe der alten Frau aus dem Spital wurde in einem Sack zusammengetan, die letzte Hülle. Und schon kamen Leute, ungerufen, und durchwühlten den Sack. Die Frau war auf ihrem Totenbett noch nicht kalt, und schon zerrten sie aus dem Sack diese lächerlichen, schrecklichen Lumpen und fanden immer noch etwas daran. In ihren Augen stand Gier. Beutegier. Haben. Einschlucken. Das durchlöcherte schwarze Tuch der Gestorbenen umhängen. In die ausgetretenen Schuhe schlüpfen. Den zum Strick gewordenen Gürtel sich um die Hüfte schlingen. Nur haben. Nur haben.

Der sehr verständnislosen Frau Amerbach konnte man eigentlich gar nichts sagen, oder man konnte ihr ebensogut auch alles sagen. Truckenbrot, unser Alteingesessener, hatte sich bei dieser Frau schon längst zur Gleichgültigkeit entschieden. Also sagte er alles. Sie war ohne jede Phantasie. Nur manches Mal, wenn der Wind umschlug, bekam sie Kopfschmerzen. Heute hatte Truckenbrot dafür ein linderndes Getränk mitgebracht, in einer kleinen Flasche, gab es ihr, sagte dazu: »Das nehmen Sie, bevor Sie zum Strick greifen. Das wird Sie erst betäuben, dann berauschen, und Sie werden den Strick weglegen.«

»Warum soll ich den Strick nehmen?« fragte sie mit ihrer unnachahmlichen gleichmütigen Sanftheit.

»Wenn Sie am Leben verzweifeln.«

»Ich werde nicht am Leben verzweifeln. Ist das Leben nicht schön?« fragte sie.

»Sicher, das Leben ist schön. Ich sage das auch nur, weil ich es an mir selber ausprobiert habe.«

»Sie wollten . . .?«

»Man kommt in solche Umstände.« Und sagte nichts weiter. Was versteht schon Frau Amerbach davon. Sie sagt, das Leben ist schön. Und weiß nichts von der Liebe. Sie wird sich nie ein Pferd nehmen und wegrennen aus Basel, aus Verzweiflung. Sie wird nie erfahren, was das ist, Verzweiflung.

II

Dann kam die Versuchung, hinzugehen in das Gefängnis zu Carlin. Carlin besuchen. Sie, Frobens Frau, ins Gefängnis? Es war ausdenkbar. Es war unausführbar. Sie hatte keinen Grund, dort hinzugehen. Sie nahm sich nicht den Mut, den Doktor Theophrast nach ihm zu fragen. Nicht Liebende zu sein war ihre Stärke, Besitzende sein, Eigentümerin, das gab Kraft. Druckerei, gut gehende Druckerei, mehrere Häuser. Da läuft man nicht aufs Rathaus und bittet um Erlaubnis, ins Gefängnis zu gehen. Da träumt man sich nur noch einmal die Liebe in der Nacht zurecht.

Unvermutet traf Oporinus auf Frau Froben. Da er nun ein Gehilfe des Doktors war, kam er sich schon vor wie der Doktor selbst. Er hatte nicht mehr die unterwürfige Haltung des Gesellen aus der Druckerei, etwas von dem unnachahmlichen Stolz des Theophrast versuchte er sich selbst und den anderen vorzumachen.

Er spürte, sie war nicht unangreifbar, die treue Frau Froben. Überraschend, sehr bestimmt wandelte er einen Handkuß um zur Umarmung. Seine Finger waren geschickter geworden, die Kenntnis der Zusammensetzung von Fleisch und Knochen half.

Sie fand es verwirrend, erstaunlich, wehrte unentschieden ab, sagte ein wenig müde: »Wenn das jemand sieht.«

Einen winzigen Augenblick war in ihr die Sucht, sich zu erniedrigen, zu sterben. Unter diesen Fingern dahinzusterben, zu vergehen und vielleicht auch noch zu sagen, sich ankrampfend an diese Finger: Deine Hand ist wie eine Stadt. Warum denn nicht? Deine Hand ist auch eine Menschenhand und schön, wenn sie zärtlich ist. Sich einfach fallenlassen.

Da pries er sich an. Da pries er seine Liebe als eine Geschicklichkeitsübung an und sagte: »Das ist bei mir noch nie vorgekommen, daß ich überrascht wurde.«

Sie schob ihn weg. Arme Liebe, die nichts sieht als sich selbst. Dumme Liebe, die das Feld des Geheimnisvollen verlassen hat und im blöden Gefilde der Selbstsicherheit herumgeht. Das Unerwartete war nicht schön gewesen, es war lächerlich. Er hatte herumgeprahlt mit der Liebe.

Später, in der Apotheke bei Baer, breitete er seinen Ärger aus: »Wer so oft zu den Frobens geht, der will die goldene Gans festhalten. Der will die goldene Gans nicht flattern lassen.« Er sagte nicht, wen er meinte, Truckenbrot oder seinen eigenen Lehrer.

Im Gespräch mit Theophrast versuchte sie zu begreifen, was Carlin gewollt hatte, ohne von Carlin zu reden.

Er achtete sie als die Frau, in deren Hause die »Utopia« herausgegeben war, und zeigte Geduld.

»Mühlhausen, verehrter Doktor, ein Durchreisender sagte mir, es sei schrecklich, was man da gehört hat aus dieser Stadt in Thüringen. Die Leute sollten nichts mehr allein entscheiden können. Eine ganze Stadt verwandelt in ein Kloster oder vielleicht sogar noch schlimmer als ein Kloster. Der Durchreisende meinte, wenn er in ein Kloster gehe, so habe er doch wenigstens Geld, aber wenn er in diese Stadt gegangen wäre, hätte er kein Geld mehr, müßte mit irgendwelchen Leuten zusammen an einer Tafel essen, Leute, die er nicht kenne und die er vielleicht nicht mag.«

»Aber es war die Genugtuung, daß alle Leute in der Stadt satt wurden. Niemand lag auf der Straße, kam um vor Hunger.«

»Das war auch meine Hoffnung, aber der Durchreisende warnte vor dem Beispiel Mühlhausen. Er tat besorgt um die Kinder. Die Kinder werden nicht so aufwachsen können, wie sie wollen. Sie werden alle zusammen in ein Haus getan, meinte er, und was wird man ihnen beibringen, wonach sollen sie dann streben? Wofür sollen sie lernen, wenn ihnen von vornherein erklärt wird, es lohnt nicht, sich Güter anzuschaffen, es lohnt nicht, sich anzustrengen für ein Haus, in dem ich wohnen kann, in das ich aus und ein gehen kann, wie ich will. Was ist das für ein Leben? Das kann kein gutes Leben sein.«

»Ihr Durchreisender wird es nicht verstehen, weil er es nicht verstehen will. Er hat es nicht gesehen, wie es ist, wenn einer vor Hunger auf der Straße stirbt. Der Sterbende hat nicht einmal mehr die Kraft, die Fliegen von seinem Gesicht zu verscheuchen. Nur in jenem Augenblick, in dem er den letzten schweren Seufzer aushaucht, verläßt ihn für eine ganz kleine Weile der Schwarm der Fliegen. Dann sitzen sie wieder an den Augen, in den Mundwinkeln, als sei nichts geschehen.«

»Was malen Sie die Bilder des Schreckens, Doktor?«

»Wir sprechen nicht vom Schrecken, wir sprechen von der Würde des Menschen. In Mühlhausen wurde um die Würde des Menschen gekämpft.«

»Der Durchreisende hätte jetzt gefragt: Nennen Sie das Würde des Menschen, nichts mehr zu besitzen und nicht einmal mehr nach Besitz streben zu dürfen?«

»Glauben Sie, Frau Froben, daß der Besitz das Glück des Menschen ausmacht?«

»Ich rede nicht von mir, das sind nicht meine Gedanken, dieser verdammte Durchreisende hätte gesagt: In gewissem Maße ja. Sehen Sie doch, was für Möglichkeiten haben wir, hat er. Er kann lesen, er kann sich Bilder anschauen und versteht die Bilder unseres Freundes Holbein. Wenn der eine Sonne malt, so weiß er, es ist mehr damit gemeint als die einfache Sonne, es ist Jupiter damit gemeint oder Gott oder eben das Höchste und der Löwe und alles Starke und alles Gute und die Gerechtigkeit, die Freude, die Schönheit. Darum bedauerte er die Leute in Mühlhausen. Ich wurde fast krank, als der Durchreisende behauptete: Sie mußten ganz unten anfangen.«

»Aber sie haben angefangen.«

»Damit könnten Sie den widerwärtigen Durchreisenden nicht überzeugen. Niemand weiß so gut wie Sie als Arzt, hätte er Ihnen entgegengehalten, wie kurz unser Leben ist, dreißig Jahre, vierzig Jahre, und dann ist es aus. Verstehen Sie, er hatte Mitleid mit diesen armen Leuten in Mühlhausen, meinte, daß sie gar nicht zu sich selbst finden könnten, weil sie nur damit beschäftigt wären, zu den anderen zu finden. Es wurde ihnen gesagt, das Glück der anderen und der vielen ist dein Glück. Das sei eine neue Lüge, eine andere Lüge, noch grausamer. Sie seien Gefangene in dieser Stadt gewesen.«

»Und wo, verehrte Frau Froben, ist denn ein Bauer aus seinem Dorf herausgekommen? Haben Sie Ihren Durchreisenden das gefragt?«

»O ja, doch, da hat er geantwortet, das geht und das ging immer. Ein Bauer konnte sich werben lassen. Er konnte unter einem guten Feldhauptmann bis Italien kommen, ach, er konnte schon viel von der Welt sehen.«

»Haben Sie, Gertrude, nicht entgegnet: Sie meinen, im Krieg, und Sie meinen, als Mörder.«

»Mit Ihren Büchern werden Sie nichts ändern.« Sie hatte ihn getroffen.

Er hatte sich eine ganze Woche lang vergraben. Da war nichts anderes in ihm als das Wort: Mit Ihren Büchern werden Sie nichts ändern. Da hatte sie die Tür zugeschlagen zu ihrem Königreich, denn im Grunde hatte er ja darauf gewartet, jetzt wird sie sagen: Wann haben Sie für mich ein druckfertiges Manuskript. Er kam sich ausgeliefert vor, betrogen. Die ganze Zeit lang hatte er sich dagegen gewehrt. Er hatte sich gehütet, sich selbst in Abhängigkeit zu setzen, Abhängigkeit vom Hause Froben. Gegen seinen Willen war Erwartung in ihm angewachsen: Sie werden mich bitten, daß ihre Druckerpresse für mich arbeiten darf. Und er hatte ihr kein Wort erwidert. »Mit Ihren Büchern werden Sie nichts ändern«, es war unvermutet gekommen. Er hatte dagestanden: ein Mensch, dem man sagt, deine Arbeit ist zu nichts nütze. Er hatte sich nicht dagegen gewehrt, hatte sich schlagen lassen, war nicht gegangen. Hatte das Verlangen gehabt, noch mehr zu hören. Was wird sie noch sagen. Wird sie über seine Vorlesungen sagen, daß er alles in den Wind geredet hat, daß seine Schüler alles vergessen werden, daß seine Kranken dahinsterben? Er stand da und würde auch das hinnehmen. Weil sie es sagte. Weil sie es sagte?

Dann aber, nach der Weile der Betäubung, war er gegangen, gegangen mit seinen schnellen, unnachahmlichen, endgültigen Bewegungen.

Du verachtest mich, weil ich ein Landloper bin. Weil ich nicht mehr in deinem Haus wohne. Du hattest es für mich eingerichtet. Aber ich bin aus deinem Haus gegangen und auf den Kohlenberg zu den Huren gezogen und zu den Verfolgten. Weil diese nicht die großen Sorgen haben, die die deinen sind. Sie sprechen nicht von den Suppen und den Spielen und von den Möglichkeiten der Spiele. Sie sprechen von dem, was wirklich ist. Sie sprechen von den Menschen, die sie verbergen. Sie sehnen sich nach der Welt der Gerechtigkeit. Du? Du hast ja die bessere Welt. Und dann und wann gibst du deine Armensuppe ans Spital.

Ich bin aus deinem Haus gegangen, weil ich eine gewisse Zeit schon aus Rücksicht eure Sitten angenommen, weil ich mich schon von eurem Sog einziehen ließ, weil Gefahr bestand, daß ihr mich einschläfert.

Eure Spiele sind nicht meine Spiele. Eure Sorgen sind nicht meine Sorgen. Die Bilder, die in eurem Hause entstehen, sind nicht die Bilder, die ich malen könnte. Meine Bilder sind anders.

Er hatte sich nicht versteckt auf dem Kohlenberg. Jeder wußte, wo er zu finden war. Von dort aus ging er in die Universität und zu seinen Patienten. Und ins Gefängnis zu den Kranken.

12

Die Tür zu Carlin wurde ihm aufgeschlossen. Theophrast sah, die Augen des Gefangenen waren entzündet, der Mann war schwach. Er kannte das schlechte Essen im Turm. Er hatte Wein und Brot in seiner Tasche mit den Instrumenten. Er gab Oporinus ein Zeichen, der reichte ihm die Tasche. Der Doktor nahm keine Rücksicht auf seinen Begleiter, den Schüler, gab dem Gefangenen das Brot.

Carlin lächelte, dankte, brach es in drei Teile und sagte: »Laßt es mich nicht allein essen.« Und nach einer Weile: »Hast du etwas von Oekolampad gehört? Sind sie im Rathaus bereit, über meine Lehrsätze zu reden?«

»Ich habe in der Stadt nur Gerüchte gehört. Nichts von Oekolampad selber. Er läßt mich nicht rufen. Er mag keine Ärzte. Er sagt, die Natur hilft sich selber. Gott hat die Krankheit gegeben, Gott wird die Krankheit auch nehmen.«

»Warten ist auch wie eine Krankheit. Es strengt an. Aber ich halte mich immer wieder damit wach, was ich ihnen sagen will. Von den Menschen, die ich unterwegs sah. Denn ich weiß nicht, ob Oekolampad das noch kennt, die wirklich Armen. Er ist lange aus dieser Stadt nicht herausgekommen. Er verkehrt mit denen, die lesen und schreiben und denken können, und kennt wenig von denen, die nichts wissen. Der Mensch, der nichts weiß, empfindet anders. Dann sagen sie der unwissenden und hungrigen Mutter, Hunger und Sterben sind nicht schlimm. Ich hoffe sehr, auch ein altgläubiger Prediger wird sich zur Diskussion stellen. Ich wünschte, sie ständen beide vor mir. Beiden möchte ich sagen, wie ich eine Mutter traf, das verhungerte Kind tot an der schlaffen Brust. Die Mutter weinte nicht, sie hörte dem Priester zu. Der erzählte ihr die rührende Geschichte von den toten Kindern. Das sterbende Kind war noch rasch getauft worden. Und dann wird es zusammen mit den anderen Getauften die Mutter mit Schalmeien im Himmel begrüßen. Und wenn sie aufmerksam ist, die Mutter, die Ausgezehrte, wenn sie die Augen schließt, kann sie schon jetzt in sich, wenn das Gebet stark genug ist, diese Schalmeienklänge hören. Ich habe es selbst gesehen, wie diese Frau die Augen schloß und lächelte. Sie fragte den Priester nicht einmal, was soll werden? Sie war schon fügsam geworden. Wer wenig ißt, wird fügsam. Sie nahm das Elend hin. Und hatte nur ihre Träume. Jetzt den neuen Traum von dem Kind mit der Schalmei. So ist diese Frau ihr Leben lang in einer ganz anderen Gefangenschaft als in so einem Turm. Sie ist in der lebenslangen Gefangenschaft der Unwissenheit, der Krankheit, des Hungers. Der Herr des Landes, auf dem sie lebte, das ihm gehörte, hatte ihren Mann eigenhändig totgeschlagen. Der wollte an einem Sonntag nicht arbeiten. Es ist Erntezeit, da würde Gott selbst zugreifen, hat der Herr gesagt.«

»Das kenne ich«, sagte Doktor Theophrast. »Als ich in ein Dorf kam und nach den Kranken fragte, sagten sie mir überall, bei uns gibt es keine Kranken. Wieso, fragte ich. Der Herr schlägt sie eigenhändig tot. Wie Tiere.«

»Wenn ich Gott liebe«, so sagte Carlin, »dann muß ich so einen Herrn totschlagen. So ist das. Aber ich bekomme Schwierigkeiten mit dem fünften Gebot: Du sollst nicht töten. Ich denke darüber hier in diesem Keller Stunde um Stunde nach. Und ich denke immer wieder an das großspurige Wort des Landgrafen Philipp von Hessen, das er am Ende zu unserem Bruder Thomas Müntzer in Frankenhausen sagte: Laß es dir leid sein, daß du so viele Leute unglücklich gemacht hast. Das sind so die schönen menschlichen Worte. Das ist das Mitleid der Herren. Diese großen Worte eines großen Herrn sind auf uns gekommen. Aber niemand weiß, was die Männer und Frauen, die in Verschlägen wohnen, denken und fühlen. Verschläge, die dem Herrn Landgrafen Philipp nicht einmal gut genug wären als Ställe für seine Schweine.

Die dort wohnen, schweigen. Sie schweigen, wenn sie in das Dunkel des Bergwerks gehen. Sie schweigen, wenn sie in den Steinbrüchen stehen, wenn sie sich hinter dem Pflug bücken. Es ist eine große Lüge, daß sie unbekümmert und lustig singen. Vielleicht träumen sie, aber wer weiß, was sie träumen. Sie können keinen Buchdrucker beschäftigen, weil sie gar nicht wissen, was das ist.«

»Sie müssen geweckt werden. Thomas Müntzer hat angefangen: Sie werden, sie sollen jeden Tag ein Wort lernen, und dann werden wir siegen.«

»In Basel ist das Elend weit weg. Da kennen sie nicht die leichengraue Ebene, wo der Mensch sich zum Sterben versteckt in einer Baumhöhle. Hier ist Basel und alles geregelt, auch der pünktliche Arztbesuch im Gefängnis. Vielen Dank, Doktor. Sie wissen, daß Sie ein Trugbild durch Ihr Wirken bunt und lustig erhalten. In dem Augenblick, in dem Sie im Auftrag des Stadtrates Ihren Fuß zu mir ins Gefängnis setzen, sind Sie schon Knecht geworden.«

13

Es war Juli und heiß, die roten Früchte von Bäumen und Sträuchern genommen, die Kirschen und Johannisbeeren. Das dunkle, schwere Grün der Blätter war nur da.

Theophrast hatte Oekolampad um eine Unterredung gebeten, der hatte die Zeit bestimmt.

Wie weit kann ein Mensch gedemütigt werden? Er saß in dem absichtlich kärglich eingerichteten Haus des Oekolampad, auf dem Flur vor den verschlossenen Türen und wartete und wartete, die Arme verschränkt. Nichts vom Hochmut im Gesicht. Nicht einmal das, nur verschlossen, abgeschlossen. Er war mitten aus seiner Arbeit herausgerissen und saß nun hier, sich selbst überlassen. Niemand vermochte ihm zu sagen, wann kommt Oekolampad. Ein Kind spielte im Flur, Theophrast wußte nicht, ob es zum Haushalt gehörte, er konnte dem Kind nicht einmal zulächeln. Heute nicht. Er war aus dem Gefängnis gekommen, und das Kind erschrak über seine Augen. Die Augen waren noch nicht hier, sondern bei jenen, die das Leben ausgespuckt hatte und dann vergessen, ausgestoßen und vergessen. Er dachte nach über den 88. Psalm, er dachte nach über Carlin: »Ich liege unter den Toten, verlassen wie die Erschlagenen, die im Grabe liegen, derer du nicht mehr gedenkst. Du hast mich in die Grube hinuntergelegt, in die Finsternis, in die Tiefe. Meine Freunde hast du ferne von mir getan. Ich liege gefangen und kann nicht herauskommen.«

Und überlegte: Ich muß für Carlin bitten. Nicht das Ausgeliefertsein ist das Schlimmste, sondern in Vergessenheit geraten. Hat Oekolampad Carlin vergessen?

Sonst, wenn es nur um ihn gegangen wäre, hätte er diesen mit Absicht so kärglich eingerichteten Raum schon längst verlassen, hätte dem Kind in seiner manchmal schnellen und entschiedenen Art gesagt: Sage deinem Herrn Oekolampad, wenn er etwas von mir will, soll er zu mir kommen.

Meine Freunde hast du ferne von mir getan.

Bin ich ein Freund von Carlin? Ich weiß es nicht, aber ich bin der einzige, der für ihn sprechen kann. Jetzt. Mit dem mächtigen Herrn Oekolampad.

Die Zeit ausnutzen. Nach dem Tode wird Gott uns vergessen. Und dachte an Carlin: Man hat ihm die Zeit gebrochen. Die Zeit seines Lebens auf Erden.

14

Oekolampad schickte einen Boten mit einer Entschuldigung zur Universität. Eine Entschuldigung, aber keine erneute Einladung.

Unsere gute Haltung wird bezahlt mit einigen geopferten Wesen. So war Basel, so war Oekolampad. Wir bedauern und opfern, aber wir haben eine gute Haltung.

Natürlich geht Oekolampad selbst nicht zum Domherrn Cornelius von Lichtenfels, dazu hat er seine Helfer, Diakone, sie sind immer zu zweit. Wir kennen sie und brauchen sie nicht noch einmal zu beschreiben.

Der junge, äußerst gepflegte und nicht mehr durch Krankheit geschwächte Herr Cornelius von Lichtenfels empfing sie aufgeschlossen. Mit Abstand. Sagte: »Wir waren immer für eine Reformation. Die Mißstände der Kirche sind ja auch von uns angeprangert worden. Und Sie haben ja auch immer noch den Bischofsstab als Wappen und vergoldet. Das läßt uns doch hoffen, daß wir zu einer Gemeinsamkeit kommen. Wie nützlich das ist, zeigt noch immer dieses Gesetz, das unverständige Leute den Hexenhammer genannt haben. Das klingt so gewalttätig und ist doch eigentlich beste Wohltat für den Menschen und mildtätig. Wir verteufeln ja diejenigen nicht, die für gewisse Reformierungen eintreten. Ich halte es nur für einen bedauerlichen Irrtum, so bewährte Einrichtungen wie die Beichte abzuschaffen. Der Marienkult, darüber kann man sprechen. Die Sache mit der Fürbitte, auch darüber würden wir uns schon verständigen, wie man sich über die Klostergüter verständigen kann. Diese anderen aber, wo jeder Bauernlümmel Prediger wird, da finde ich keine Grundlage, da finde ich keine gemeinsame Sprache. Sie sind gegen die Kindertaufe. Dann lesen Sie mal, was unsere Brüder Sprenger und Institores sagen. Immer, bei jedem Hexenwerk spielen die Knochen, die Fettrückstände gestorbener ungetaufter Kinder die größte Rolle. Aus diesen ungetauften Kindern entstehen alle Hexenwerke.«

Der Domherr redete weiter mit den Diakonen. »Da haben Sie den Doktor Theophrast. Er lehnt die bewährten alten Vorbilder im Bereiche der Medizin ab. Heiden zwar, die wir aber anerkannt haben. Und dafür, für diese Vorlesungen verlangt er noch Geld. Nein, mit diesem Mann können Sie keine Ehre einlegen. Und, was Sie doch besonders schmerzlich berühren muß, dieser sogenannte Doktor spricht nicht einmal Latein. Was er veranstaltet dort in Ihrer Universität, in dieser reinen Stätte der Wissenschaft, das ist ein Jahrmarkt. Er macht Leute auf eigenartige Weise gesund. Das ist Teufelswerk.« Und dachte: Ich muß ihm noch die versprochenen hundert Gulden zahlen.

»Er hat einen großen Zulauf bei den armen Leuten in den Vorstädten. So einfach werden wir es mit ihm nicht haben«, sagte der Helfer, der lispelte.

»Es ist Sommer«, sagte der andere Helfer. Und schwieg und dachte, wir haben eine schwere Mission. Wir können, wir sollen nicht unverhüllt sagen, was wir wollen. Wir können hier nicht erklären, wir müssen an den Winter denken, dazwischen liegt die Ernte. Und Basel soll nicht hungern. Sie haben als bischöflicher Gefolgsmann Zugang zum Getreideland vor Basels Toren, Habsburgs Getreideland, kaiserliches Getreideland. Basel ist unabhängig, aber wir erinnern an die Liste der Freunde, die nicht lieferten. Wir können diesem Domherrn nicht so unverhüllt sagen: Sie brauchen Basel, wie es ist, Sie müssen es mit erhalten. Sie brauchen es als Hort gegen die Schwarmgeister, die jeden Besitz antasten. Wir dürfen das nicht zugeben, daß wir zu dem einen oder dem anderen Geständnis bereit wären. Wir haben eine schwere Aufgabe. Wir sollen einen Erfolg für uns heraushandeln, ohne auszusprechen, daß wir handeln wollen.

Da die beiden Diakone aber gebildete und geschliffene Leute waren, fanden sie eine Sprache, sich verständlich zu machen. Und sie wurden verstanden.

Zurückgekehrt, konnten sie Oekolampad sehr genau berichten: sie hatten sich mit dem Domherrn zumindest sprachlich geeinigt. Täufer und ihr Anhang sind Schwarmgeister und Sektierer.

Sie hatten sich auch geeinigt über die Dreiteilung der Zeit. »Das erste Zeitalter«, so sagte der Domherr, »ist das der Brennesseln. Das zweite das der Rosen. Das dritte das der Lilien. Zum ersten Zeitalter, eben zu dem der Brennesseln, gehört das Wasser. Zum zweiten, zu den Rosen, der Wein. Zu den Lilien das Öl. Zum ersten die Sklaven unter der Peitsche und in Furcht. Zum zweiten die Kinder in Tätigkeit und zum dritten die Freunde in Beschaulichkeit. Wir wollen froh sein, wenn es uns gelingt, die erste Zeit, eben die Zeit der Brennesseln und des Wassers, mit Peitsche und Furcht in Ordnung zu erhalten. Die Zeit der Rosen und der Lilien sehe ich noch nicht.«

Zeit der Brennesseln und der Schmetterlinge.

Auf den hochgewachsenen dunkelgrünen Brennesseln sitzen sie ausgebreitet über die Blätter. Eine unübersehbare Menge. Schwarz und langgestreckt, auf ihren sichtbar anschwellenden Leibern in ausgewogener Regelmäßigkeit kleine weiße Punkte wie ein Glitzern über dem Dunkel. Raupen. Sie bewegen ihre Köpfe gemessen. Sie haben das Geheimnisvolle in sich. Du siehst sie und willst wissen, was wird aus ihnen, werden sie sich verwandeln?

Und wie werden sie sich verwandeln? Sie sind ja Wunderwerke und schön. Und sähe ich nur eine einzelne von ihnen, wäre es ein heiteres Erwarten, was wird das werden aus dieser Vollkommenheit. Kann sich das steigern zu noch größerer Vollkommenheit?

Diese aber hocken nebeneinander so dicht, daß ihre Leiber fast zusammenwachsen zu einem einzigen Wesen. Da und dort einen Kopf anhebend, fressend, träge schwellend. Die Grenze der Schönheit ist überschritten. Ekel vor ihnen kommt auf. Zu viele von den Nurfressern. Und diese können nur kriechen. Sie sind gefesselt an ihre Brennessel. Was aber, wenn sie ihre Verwandlung erreicht haben, wenn sie ihre Flügel ausbreiten und auffliegen und die kahlgefressenen Nesseln verlassen werden? Dann können sie sich einnisten, wo sie wollen. Dann werden sie sich nicht mehr mit den spröden Brennesseln begnügen. Dann werden sie sich die milden Glockenblumen suchen, und der Stachel der Rose wird sie nicht schrecken.

Mag sein, sie sind dann bunt und gleichen in nichts mehr dem schwarzen Wesen, das sie waren. Mag sein, sie sind jetzt beliebt sogar. Aber sie werden ihre Spuren hinterlassen. Sie erzeugen die schwarzen Herden. Und wenn diese dann an ihrem Tag aufflattern werden, wieder geachtet und bunt, hinterlassen sie das Tal der entblätterten, zum Tode verurteilten Rosen. Und so werden die Rosen aussterben in der Welt.

15

Die Fakultät hat die Aufsicht über die Pflichterfüllung und Honorarforderungen der Ärzte, auch die Prüfung über die Zulassung der Ärzte, Chirurgen und Apotheker.

Spätestens in Ferrara, als er dort sein Doktordiplom errang, hatte Theophrast erkannt: Du kannst als Höchstes Leibarzt werden, Leibarzt beim Papst. Und damit aber alles unterstützen, was der Papst tut. Jedoch auch Einfluß nehmen.

Du kannst in einer Stadt sein, du kannst an einer Universität lehren. Und das Lehren erschien ihm als das Höchste. Sich anderen mitteilen und so mehr nützen als nur einem.

Er hatte sich eine Methode zurechtgemacht: um eine Wahrheit zu sagen, einen Mantel. Ein Mantel? Wenn der Mantel weggeschnitten wird, kann man nicht die Wahrheit sagen. Wenn er die Ordnung anerkennt, kann er die Ordnung nicht zerstören. Er kam von der Ordnung – und diese Ordnung wurde bestätigt durch Bettler.

Einer, der sagte: »Der Zehnte gehört den Armen«, erkannte die Obrigkeit nicht mehr an.

Er hatte, weil er diese Obrigkeit für sich als nicht mehr verbindlich betrachtete, auch nicht mehr das Diplom bei sich getragen. Damit begann sicherlich sein Fehler. Wie sollte er sich ausweisen. Mit dem Sprüchlein: Im Herzen wächst der Arzt. Da wirst du Schwierigkeiten bekommen.

Theophrast wußte es, mit seiner Arbeit, mit seinen Bekenntnissen zu einem neuen Weg in der Medizin hatte er sich Todfeinde geschaffen. So wurde jeder Krankenbesuch im Gefängnis, jedes Wort an der Universität zu einem Wagnis mit dem Gedanken an die Todesnähe. Ein Gefühl nur vergleichbar einer heftigen Liebe.

Die Lehrer an der Universität hatten von Aristoteles die Methode gelernt, das Hergebrachte übernehmen und kanonisieren. So wie sie die vier Elemente übernommen hatten, denen alles zugeordnet war. Es sollte alles weitergehen wie bisher. Sie sagten, das reine Wissen ist in den Büchern, nicht in der Natur. Die Natur steckt voller Täuschungen und Unregelmäßigkeiten. Die Erkenntnisse der Basler neuen Gesellschaft fußten eben auf dem unwiderlegbaren Aristoteles. Die Welt, wie man sie kennt, ist die Welt, wie man sie kennt. Um diese Wahrheit zu überprüfen, waren keine Anstrengungen notwendig.

Ein wenig in Vergessenheit geraten waren die Überlegungen vom fünften Wesen, von der Quintessenz. Die Suche danach, was das sei, war zu umständlich.

Und man konnte sich immer auf den Kirchenvater Augustin verlassen, der das Unverständliche, Unerklärliche zwingend dem Bösen, also dem Teufel und der Hölle zugeordnet hatte. Niemand brauchte zu fragen, wie kann ein Ereignis geschehen? Es reichte aus, sich zu erklären, wozu es geschieht.

Die Vorwürfe gegen Theophrast häuften sich. Sie sagten: Er will die Natur beherrschen. Ganz gern hatten sie Experimenten zugesehen, und es gab auch viele unter ihnen, die selbst experimentierten. Das war aber immer eine Art Schauspiel gewesen, spannend und belustigend, eine Vorführung, eine Unterhaltung, dem Vorzeigen von Zauberkunststücken vergleichbar, nicht aber dienlich, um die Natur zu erforschen.

Die Gelehrten aller Fakultäten hatten an der Universität in Basel nichts anderes zu tun als das Einordnen und das Zuordnen. Zugeordnet zu Verdammnis oder Erlösung.

In ihre Welt waren auch die Tiere für moralische Unterweisungen einbezogen: der opferfreudige Pelikan war dienlich und heilsam für manches Schmerzliche. Die Reihenfolge des Großen, der Wert des Großen stimmte mit dem Kleinen überein, die Elemente mit den Menschen, unten die Erde, dann Wasser, dann Luft, dann Feuer. Und im Körper bedeutsam getrennt das Untere vom Oberen. Warum sollte das schöne, feste Gefüge angezweifelt werden?

Es hatte sich gezeigt, wer einen Teil dieses Zusammenhangs in Frage stellte, der stellte alles in Frage.

Man sagte über Theophrast, er hat sich mit den Zaubersprüchen der Zauberer und den Blendwerken der Gaukler beschäftigt. Er war ihnen auch darum unangenehm, weil er sich nicht durch Ehrungen oder Belohnungen von seiner Arbeit und seinen Experimenten abhalten lassen wollte.

Es war selbst seinem Schüler Oporinus klargeworden,

daß sein Lehrer da einen Kampf auf Leben und Tod austrug.

Und Theophrast unterlag der härtesten und äußersten Versuchung: Er sagte alles, was er wußte.

»Wie gerne würdet ihr das zu mir sagen, was ich zu euch sage, Theophrast, du verdirbst die Kranken auch. Nein, nein, was ihr verderbt, dasselbe bringe ich wieder auf. Ihr seid Fischer in den Wäldern. Wie kann ein abgehauenes Glied wieder angesetzt werden. Also haut ihr die Glieder auch ab ohne Schwerter und Messer. Dann sagt ihr, Theophrast kann den Kranken auch nicht helfen. Wer kann diese Mörderei aufrichten. Denn ihr habt x-mal geräuchert, x-mal geschmiert, x-mal gewaschen. In dem einen Patienten liegt ein halbes Pfund Bleisilber, in dem ein Pfund, in dem anderen anderthalb. Da liegt's im Mark, da liegt's im Geäder, da liegt es sublimiert, da liegt es kalzimiert, da präzipitiert. Wie gern sähet ihr, daß eure Schande auf meinen Rücken fällt.

Was steckt in euch? Könnt ihr diskutieren? Warum fangt ihr nicht an? Die Diskussion wird euch dazu bringen, daß ihr Rechenschaft geben müßt über eure Kranken. Wie tut es euch dann wohl, daß euch die Juristen beistehen. Und, wenn dieser Beistand zerbricht? Verlaßt euch nicht: wir haben den Vater Galenus und Avicenna. Ich sage: Der Himmel wird andere Ärzte machen, die da die vier Elemente erkennen. Und sie werden die fünfte Essenz haben. Wo werdet ihr Suppenrippchen bleiben unter dieser Revolution. Wer wird euren Frauen die dünnen Lippen färben und die spitzen Nasen putzen? Der Teufel im Hungertuch.

Ihr müßt mir nach mit eurem Avicenna, Galenus, und ich nicht euch. Ihr müßt mir nach, ihr von Paris, von Montpellier, von Salern, von Wien, von Köln, von Wittenberg, von Schwaben, Meißen und was an der Donau und am Rheinstrom liegt, ihr Inseln im Meer, mir nach. Ich nicht euch nach. Von euch wird keiner im hintersten Winkel bleiben, an den nicht die Hunde scheißen werden. Ich werde König. Mir gehört das Reich der Medizin, und ich gürte euch eure Lenden.«

Wenn er sagte, »ich gürte euch eure Lenden«, so verstanden sie ihn gut genug. Gemeint waren die ewigen Hüter des grauen Fasses der Unwissenheit, ihre Lenden werden gegürtet, und sie werden am Gürtel weggeführt mit Gewalt, da sie ihren Platz nicht verlassen wollen.

»Ich gürte euch eure Lenden. Die Zeit der alten Medizin ist vorbei. Ich begründe die neue Kunst der Medizin.«

Vierter Basilius-Brief

Basilius an Helena

Meine ferne Freundin, meine Schöne, sieh doch, wir haben unser Fest gehabt, unser großes, unser Baseler Feuerwerk. Wir standen unter dem sommerdunklen Nachthimmel und schauten den Schwärmern nach, den sinnreich gefertigten Feuerwerkskörpern, den weißen, gelben, blauen, roten, grünen. Und ich, Dein armseliger Basilius und König, warf meine Sehnsucht nach Dir in einen grünen Schwärmer und schaute ihm lange nach, und auch all die anderen hier unten neben mir blickten verklärt auf den großen, grünen, zischenden Schwärmer. Da war es mir, als sei das meine Antwort auf die uralte Frage, was ist der Mensch: Das Band, das die Welt zusammenhält. Das Hochzeitslied der Welt.

Aber mir ist es nicht gegeben, in seligem Staunen auf der bunt erleuchteten Feuerwerkswiese zu bleiben. Ich will wissen, von welcher Art der Schwärmer war, der meine Sehnsucht trug.

Du kennst, meine Helena, den alten Geschützmeister Hübner noch nicht, den Großvater Karl. Sie sagen einfach Kol zu ihm. Er ist schon zahnlos, aber noch nicht zittrig. Er macht mir seine Werkstatt auf und zeigt mir die Maschinen, die für eine Nacht Basel zum Garten der Lüste werden ließen. Er ist kein Basler. Er verwischt beim Reden die Worte. Meschine, sagt Kol. Und freut sich, daß ich gekommen bin noch in der Nacht, da alles auf den Wiesen feiert. Er geht nicht mehr hin. Er redet umständlich mit mir, findet auch in dem scheinbaren Durcheinander seines geheimnisvollen Gewölbes eine Flasche Wein. Aber keine Gläser. Dein König macht es wie alle, die mit anderen Leuten aus einer Flasche trinken. Er wischt mit dem Handballen über die Flaschenöffnung.

Meschine, sagt Kol, das ist sehr weitläufig und bedeutet auch zuweilen soviel wie Betrug, Tücke, List, Gaukelei, Blendwerk.

In dieser Nacht, da ja mein Herz zu Dir unterwegs war, auf einem grünen Schwärmer reitend, hörte ich, die Flasche Wein von Zeit zu Zeit an die Lippen setzend, nur zu. Kol sagt: Aber ich verstehe unter dem Namen Maschina gewisse künstliche Werke, die eigentlich aus Lustfeuern bestehen. Triumphbogen, Kastelle, Türme, Säulen, Pfeiler, Pyramiden, große Bilder, Bilder in Lebensgröße und Puppenbilder, allerhand Menschen und Tiere. Auch Springbrunnen, Feuerräder auf dem Wasser, auf dem Land. Sie heißen alle – jetzt sagte er wieder Meschine – nicht wegen ihrer Gestalt, sondern wegen ihres Effekts. Mein Sohn, sagte er, das ist eine ganze Wissenschaft. Das beginnt mit der Autorität der Heiligen Schrift, mit Moses, im fünften Buch das zwanzigste Kapitel: Welches aber Bäume sind, die du weißt, daß man nicht davon isset, die sollst du verderben und ausrotten und Bollwerk – das sind Maschinen – daraus bauen gegen die Stadt, die mit dir krieget, bis daß du ihrer mächtig wirst.

Mit Basel hast du ja keinen Krieg, Kol, sage ich.

Das sind die Lustsachen, sagt er, die stehen neben den Ernstsachen. Ich setze den Namen Maschine auch für die Lust- und Ehrenfeuer, die Zylinder, Blöcke, Kufen, Fässer, Säcke, Körbe, dazu auch Becher und Sturmkränze, Reifen und Stäbe. Sturmsachen nenne ich die Pfeile, Sturmtöpfe und feurigen Gläser. Du siehst, Basilius, alle diese Stücke können zu Lustfeuern und zu Ernstsachen gebraucht werden.

Was willst du wissen? fragt er mich. Das Bunte? Das ist mein Geheimnis. Das verfertigte Pulver soll in irdenen Töpfen aufgehoben werden. Es gibt allerhand buntfarbiges Pulver. Weißpulver, Rotpulver, Gelbpulver, Grünpulver, Blaupulver und stilles Pulver.

Wie die Schwärmer fliegen? Es gibt die hölzerne Kugel, die ist inwendig hohl und recht rund, oben ein kolbenartiger Zylinder. Unten das Loch mit dem Spund, durch das der Satz in die Kugel gefüllt wird.

Ich hab eine Windkugel konstruiert, die mit Wasser gefüllt ist. Sie hat zwei Pfeifen. Wenn man sie entzündet und ins Wasser wirft, singt sie gar lieblich im Wasser.

Ich hab den Bienenschwarm verbessert. Für die Bienenschwarmkugel soll die Höhe so hoch sein wie die der Schwärmer, die hineinkommen. Unten hat die Kugel einen papierenen Schlag, ein bleiernes Gewicht und oben eine hölzerne Scheibe oder Schwemmung, damit sie auf dem Wasser schwimmt. Ich habe noch zwei andere Wasserkugeln entworfen, die an Effekt einander gleich, aber an Gestalt etwas unterschieden sind. Mitten

Hieronymus Bosch:
Der Garten der Lüste (Ausschnitt), Madrid;
Öl auf Holz

in der Kugel oben ein kolbiger Zylinder. Aus der Kugel kommen zu beiden Reihen Schwärmer.

Du nennst Puppen Schwärmer, frage ich, und machst daraus dein Feuerwerk?

Antwortet Kol: Die Lebensgroßen sind besonders begehrt, bei allen Festen. Und zeigt mir einen. Wie ein Mensch, sage ich. Das soll ja wohl sein, sagt er.

Ich ging nach Hause, allein, meine zweifelnde Helena, und hatte gesehen, was ich sehen wollte: Feuerwerksschwärmer.

Was ist ein Schwärmer? Wir wissen es. Es wird uns jeden Sonntag in der Kirche vorgehalten. Jeder weiß es. Da brauchst Du nicht erst auf die Hohe Schule zu gehen, nach Köln oder nach Paris. Einer, der schwärmt, das ist einer, der sich nicht behutsam innerhalb der Schranken, der Formeln hält. Auch eine Schmeißfliege, das ist die kleine, blaue Schwärmerin. Schwachköpfige sind das, unsinnig, wirr, unruhig, ohne Zügelung der Vernunft. Da ist das Rumpeln in den Schwärmerköpfen und wilden und wüsten Gehirnen. Da ist der Bettelschwarm, der Hungerschwarm, der Ungezieferschwarm. Da hören wir von Luther: Ich will mich gegen den Teufel mit seinen Schwärmern setzen. Schwärmer gleich Irrgeist. Schwarmgeister die Dämonen.

Aus dem Wasser wird schließlich alles geboren, Helena, mein Goldhaar. Erst, als ich anfing bei dem Doktor Theophrast in die Lehre zu gehen, glaubte ich, er trägt wirklich in seinem Schwertknauf das Wasser des Lebens bei sich. Inzwischen habe ich eingesehen, nie hat er das behauptet, andere haben das gesagt. Ich weiß, er hat es noch nicht gefunden, das Rezept, dieses geheime Wasser herzustellen. Du bist mein Wasser des Lebens. Und keiner der trockenen gelehrten Herren will mich da noch ernst nehmen.

Es ist bei den gelehrten Theologen eine ungleiche Meinung, was in der Offenbarung 9, Vers 1 und folgenden unter den Heuschrecken, die aus dem Brunnen des Abgrundes hervorkommen, zu verstehen sei. Etliche meinen, der Text müsse im Wortverstand von dem gleichen Ungeziefer genommen werden, durch das Gott die Menschen plagen wollte. Andere meinen, es seien Teufel, die in der Gestalt solcher Heuschrecken erscheinen. Und wieder andere sind der Ansicht, es würden barbarische Völker und Soldaten dadurch abgebildet. Und schließlich sagen andere, daß unter diesen scheußlichen Tieren die Ketzer und Schwärmer verstanden werden müssen. Die Heuschrecken kommen aus dem Brunnen des Abgrundes, die Schwärmer ebenfalls. Die Heuschrecken plagten die Menschen, die nicht das Zeichen Gottes an ihren Stirnen hatten. Die Schwärmer verführen diejenigen, die im Glauben an Christus nicht fest stehen. Den Heuschrecken wurde eine gewisse Zeit gesetzt, wie lange sie wüten sollten. Die Schwärmer, so sagen unsere gelehrten Theologen, meine liebe Helena, haben auch ihre gewissen Ziele und Zeiten, und sie verschwinden oft so schnell, wie sie gekommen sind.

Ich rede, Du meine Vertraute, schon lange von der Arbeit des Hieronymus Bosch, die sie den Garten der Lüste nennen. Das dreiteilige Altarbild. Sie sagen dazu das Paradies, die irdische Welt, die Hölle. Neulich geriet ich beim »frommen Gastmahl« – übrigens ist Frau Froben die einzige wirkliche Dame von Basel, ich möchte sie Dir gern zeigen, von ihr kannst Du noch was lernen, wie sie die Männer verwirrt, nicht nur mit ihren von eigener Hand gebackenen Honigplätzchen, nicht nur mit ihrem schönen rötlichen Haar. Es ist, wenn sie redet, hat sie wirklich etwas zu sagen. Ich habe aus ihrem Munde noch nie Unsinn gehört. Man hat den Wunsch, so lange mit ihr allein zu sein, bis sie ihre schon männlich scharfe Klugheit vergißt und etwas zärtlich Törichtes sagt. Entschuldige mich, Helena, Du weißt, ich bin schwatzhaft, also neulich geriet ich im Hause Froben in einen Streit mit einem allgemein als kunstverständig anerkannten, dem Neuen gegenüber aufgeschlossenen Theologen. Ich nenne ihn für Dich jetzt einfach Professor. Er hat an Ort und Stelle den Garten der Lüste gesehen. Er ist keineswegs alt und verknöchert; nur: er will nichts sehen, er kann nichts sehen.

Professor: Ich sehe Ihre Zeitbezüge nicht. Ich sehe im Garten der Lüste bewundernswerte Exuberanzen.

Seinem gelehrten Kauderwelsch kann auch ich Gelehrtenkauderwelsch entgegensetzen.

Basilius: Nicht Exuberanzen möchte ich meinen, verehrter Professor, ich beharre darauf: das ganze Werk ist Exudenismus.

Hol kein Wörterbuch, meine Schmalgliedrige, Exuberanzen, das ist das Schwülstige, das Übermäßige. Exudenismus, das ist die Beantwortung der Gründe des Gegners mit den Mitteln des Spottes.

Basilius: Ihre geheimnisvollen Exuberanzen sind, so sehe ich es, Maschinen, Feuerwerksmaschinen für Lustsachen und für Ernstsachen. Es ist das gewaltige Feuerwerk dieses Gesetzes, das über die Welt geworfen ist. Ketzer gleich Hexer.

Professor: Es ist das eindringliche Bild der verdrängten Wünsche des Menschen. Es ist der Brunnen der Lust, in der Mitte der Brunnen des Ehebruchs, die Tiere ringsum, die Reiter, alles geht nur nach dem Rhythmus der Liebe. Noch weiter der Professor: Aber eigenartig, angeklagt ist nicht die Lust.

Basilius: Ja, wir stimmen überein, angeklagt ist nicht die Lust.

Professor: Ich bestaune das Zärtliche und Lustvolle des Mittelbildes. Selbst über den Gejagten liegt eine gewisse Heiterkeit.

Basilius: Wir sehen dasselbe, die gewisse Heiterkeit. Ich zeige Ihnen den Urgrund der Heiterkeit, aber Sie, Professor, erkennen das ja nicht an. Ich sage, das ist die Heiterkeit des Malers, der sein Handwerk versteht. Der mit seiner nur ihm gegebenen unverwechselbaren Handschrift dieses schreckliche, dieses unmenschliche Gesetz verspottet und dem Gelächter seiner Zuschauer preisgibt.

Professor: Ich sage noch einmal, ich finde keine Hinweise auf Zeitgeschichte. Bosch zeigt in diesem Garten der Lüste das Böse an sich. Die Welt ist den Teufeln als Wohnplatz überlassen. Es ist seine Grundvorstellung von der Welt: Die Erde ist böse und also ein Tummelplatz der Dämonen. Nur – eigenartig – in seinen Höllenbildern gibt es keine Hauptteufel, sondern immer wieder riesenhafte, vielfältige Dämonen. Das ist eben seine Wesenserkenntnis. Ich kann bei diesen Werken kaum mehr von Satire reden, mein Freund Basilius Amerbach, aber gewiß doch, auch wir sehen die satirischen Elemente, die auch im Volkscharakter der Niederländer liegen mögen – aber hier sehe ich, mit tiefem Pessimismus wendet sich Bosch von der Gegenwart ab.

Basilius: Wie verstehen Sie Gegenwart? Gut. Dann zeigen Sie den Esser am Tisch mit der Butter auf dem Brot. Dann zeigen Sie die Kuh auf der Wiese, wie sie gemolken wird. Dann zeigen Sie den Melkerschemel und den Melkereimer und den festgebundenen Schwanz, damit der Kuhdreck nicht in den Milcheimer fliegt. Das ist Gegenwart, so haben Sie das Butterbrot erklärt. Machen Sie das Ganze noch moralisch als eine Warnung vor Völlerei und legen Sie auf das Butterbrot noch die dicke

Scheibe Schinken. Dann zeigen Sie bitte noch den Schweinekoben mit dem schönen, dicken, rosigen Schwein. Und wenn Sie ganz ausschweifend sein wollen, dann zeigen Sie noch ein Stilleben, in einer Metzgerstube das sorglich aufgeschnittene, ausgeschlachtete Schwein mit noch einigen heraushängenden Gedärmen. Ihre verständliche Gegenwart. Halleluja, Professor.

Man kann es auch natürlich so machen, verehrter und sehr gelehrter Herr Professor, wie es neulich ein mir unbekannter niederländischer Meister zeigte: Die spanische Fahne, die Fahne der Allerkatholischsten Habsburger Herrscher in der Hand der Folterknechte bei der Kreuzigung, ein Bild, bestellt und ausgestellt von der Edlen Bruderschaft des Heiligen Blutes zu Brügge in den spanischen Niederlanden.

Weiter Basilius: Meinen Sie nicht, Professor, daß ein Mensch, der seine Gegenwart erklären will, auch Kenntnis haben sollte vom Garten Gottes, der durch vier Flüsse gereinigt und benetzt wird, aus denen das heilsame Wasser kommt. Meinen Sie nicht, daß er auch bei Celsus zu Hause sein muß, der – Ernstsachen und Lustsachen immer dicht nebeneinander und verwoben ineinander – immer wieder spekulierte über die Verwandlung des Menschen in ein Tier, Celsus, der heidnische Weltweise, neben den sich in unseren Tagen hier in Basel ein Paracelsus stellt. Es sagt dieser Theophrast von Hohenheim, jetzt genannt Paracelsus, es werden Figuren zerfließen und jeder Mensch wird das Zeichen haben, das ihm zugehörig ist. Wir werden seltsame Ungeheuer zu sehen bekommen. Sagt Paracelsus – sagt Bosch: Ich muß euch aus euren Kappen zaubern.

Professor: Dieser ganze Garten der Lüste ist die fortlaufende Geschichte eines Verfalles. Ich kann allenfalls sagen, das hier ist der Zustand der Menschen kurz vor der Sintflut. Und ich kann höchstens erklären, die Eigenart Boschs auf diesem Bild ist, daß Adam und Eva aus dem Paradies nicht vertrieben werden.

Basilius: Das sagt Paracelsus, mein Lehrer, auch: Adam ist nicht aus dem Paradies vertrieben worden, nicht von einem Land ins andere gejagt. Er ist verstoßen worden, indem ihm das Paradies unter seinen Füßen und Augen in die vergängliche Welt verwandelt wurde. Er ist in den sterblichen Körper, in Krankheit und Tod gefallen. Aber er ist an seiner Stätte geblieben.

Professor: Bosch führt eine Sprache, die verschleiert.

Basilius: Ich sage, es ist eine Sprache, die verschärft. Die alles verschärft, wenn wir von der Verwandlung des Paradieses ausgehen. Da war ja Brabant ein Stück Paradies gewesen. Die Bürger in den Städten hatten sich für ihr Leben Rechte und Freiheiten gegen Fürsten und Kirche erarbeitet und erkämpft. Und es waren die Mütter nach Brabant gezogen, damit ihre Kinder dort geboren werden sollten. Und durch den Nachweis ihrer Geburtsstätte sollten sie teilhaben an den neuen gewonnenen Rechten. Das war die Wallfahrt der Mütter nach Hertogenbosch. Und dann wurde unter ihren Füßen die Erde verwandelt. Gleichzeitig mit den Predigern von den vier letzten Dingen kamen die Truppen und die Gouverneure der fremden Habsburg-Spanier. Für das Zerschlagen der Freiheiten in den Städten der Niederlande war der Hexenhammer Werkzeug. Die aufrührerischen Menschen wurden verbrannt. Die Städte wurden verbrannt. Unerklärliche Vorliebe Boschs für das Feuer? Seltsame Wehmut? Erstaunliche Heiterkeit? Im Garten der Lüste versammelt: Erinnerung an das Paradies, als die Mütter kamen, Verwandlung und Verwüstung durch die landfremden Eindringlinge und hoffnungsvolles Wissen um Veränderung: Der Verachtete muß aus der Verachtung

Leonhard Beck:
Die Hinrichtung der aufständischen holländischen Bauern;
Holzschnitt um 1515

genommen werden, der Unterdrückte aus der Unterdrückung, der Gedemütigte aus der Demütigung. Auch der Versklavte kein Sklave mehr. Es muß sein, wie's im Hohenlied des Königs Salomon steht: Der Mensch ist das Hochzeitslied der Welt. Da haben Sie, Professor, Ihre unerklärliche Heiterkeit: Ich bin schwarz, aber gar lieblich, aus dem Hohenlied, 1. Kapitel, Vers 5. Es ist die Geborgenheit der Liebe, und die gläsernen Kugeln zeigen die Bedingung an: äußerste Klarheit. Wirkliche große Liebe kann sich nicht verstecken und will sich nicht verstecken.

Professor: Ja, ja, das Werk ist eine ganze Enzyklopädie des Liebeslebens, mit dem Stigma der Widernatürlichkeit und Verderbtheit gezeichnet.

Ich frage Dich, Helena, meine einzige Liebe, hat es noch Sinn, mit diesem Professor weiterzustreiten. Ich werde ihn nie überzeugen können. Hat es Sinn, ihm zu sagen, sogar die Bezeichnung des Bildes, jetzt, nun später, ist schon Verfälschung. Es wird gesagt und immer wieder gesagt, damit sich nur ja nichts anderes in die Köpfe der Betrachter einschreibt: Das da ist der Garten der Lüste. Es wird nicht gesagt, kaum gesagt, nur verschwiegen angedeutet: Auf dem ersten Verzeichnis der Bosch-Bilder steht: »una pintura de la variedad del mundo«. Eine Malerei über die Veränderung der Welt.

Der Gaukler

I

Nach den Sommerlesungen im Herbst 1527 machte sich der Doktor Theophrast von Hohenheim auf, nach Zürich zu kommen, in die Stadt des Druckers Froschauer. Er hatte Urlaub von Basel genommen.

Und schon während er wegritt, war er begierig auf die Rückkehr nach der Stadt, die jetzt die seine war.

Es war nicht die Kunst, etwas zu schreiben, die Kunst war, einen Drucker für das Geschriebene zu finden, einen Menschen, der die auf Papier eingefangenen Worte auch verkaufen konnte.

Froschauer wußte sehr genau, die Zeit des unbekümmerten Druckens war längst vorbei. Wenn es sie je gegeben hatte. Mit Anteilnahme sah er dem Besuch des berühmten Doktors aus Einsiedeln entgegen. Der Gast hatte die Regeln eingehalten, er war nicht einfach mit einem Manuskript unter dem Arm in sein Haus gekommen, er hatte sich ankündigen lassen von Stadtarzt zu Stadtarzt. Der Stadtarzt von Zürich hatte bei ihm, dem Druckherrn Froschauer, den Stadtarzt von Basel angemeldet. Seine kleine Zurückhaltung dem Besucher gegenüber war auch bestimmt durch die Überlegung, warum druckt denn Froben nichts von ihm.

Er war nicht der Froben von Zürich.

Froschauer war ein Ereignis für die Welt und unvergleichlich. Er war nicht so empfindsam und nicht so feinsinnig und nicht so behutsam wie Froben. Es war für sein Haus kennzeichnend, daß er vorher nicht ankündigte, was er veröffentlichen wird. Seine Bücher waren plötzlich auf dem Markt. Und immer gleichzeitig die teure Luxusausgabe und eine billige Ausgabe. Das geschah nicht aus Liebe zum Volk, das war sein Schutz gegen Nachdrucke.

Natürlich wußte jeder, es gab auch die sogenannten Schutzbriefe, die Schutzbriefe des Kaisers. So ein Brief etwa aus der Kanzlei Kaiser Karls V. gab die Garantie, daß ein Nachdruck innerhalb eines bestimmten Gebietes und innerhalb einer bestimmten Zeit bestraft wurde. Geldstrafen. Der kaiserliche Schutzbrief, was soll er im eidgenössischen Zürich, so durfte ein Buchdrucker nicht fragen. Seine Bücher wollte er ja auch in kaiserlichen Gebieten verkaufen.

Von Froschauer wußte man, er nahm den Kaiser dafür nicht gern in Anspruch, nicht nur, weil es ein langer Weg war, so einen Schutzbrief durch die Kanzlei zu erhalten, und weil man auf diesem langen Weg viele Geschenke mitbringen und verstohlen stehenlassen mußte, sondern weil so ein Schutzbrief wie ein Medikament auch eine Nebenwirkung hatte: Der Kaiser oder seine Beamten in der Kanzlei gaben ja den Schutz nur, wenn ihnen das Buch gefiel. Froschauers Produktion konnte dort nicht allzu großen Gefallen finden. Flugblätter waren aus seinem Hause ausgegangen mit einer deutlichen Hinneigung zu den Reformatoren, wenn nicht gar zu den Bauern. Auch war bekannt, daß er in seinem Hause flüchtige Aufrührer, den Denck-Leuten verwandte, beherbergte.

Jedenfalls, in diesem schönen Herbst des Jahres 1527 könnte Froschauer der Traumverleger für den Mann aus

Einsiedeln sein, einer, mit dem man Pferde stehlen könnte und bei dem man sicher sein konnte, er bringt sie nicht zurück.

Natürlich war sich Froschauer klar darüber, wenn er ein neues Arzneibuch von diesem Stadtarzt aus Basel herausbringen wird, dann wird der Autor nicht davon abzubringen sein, seine Meinung über das Holz Guajak darzulegen. Für so ein Arzneibuch wird man also einen Schutzbrief brauchen. Man kann sich keinen Gewinn durch eine billige Ausgabe in hoher Auflage erhoffen. Es wird außergewöhnliche Anstrengungen kosten, einen kaiserlichen Schutzbrief zu erlangen, denn spätestens seit den Straßburger Disputationen war es an die Öffentlichkeit gekommen, das wundertätige Holz war verknüpft mit dem Haus Fugger, und das Haus Fugger war verknüpft mit dem Kaiser.

2

Es ist nicht nötig, sich Gespräche auszudenken zwischen diesen beiden Personen, die sich selten gesehen haben. Sicher haben der Kaiser und der Fugger sich nicht hingesetzt und gemeinsam beschlossen: Nun wollen wir aber mal ausholen zum Schlag gegen diesen Landloper und Doktor.

Froschauer, der in aller Welt Herumgekommene, kannte beide und hatte seine eigenen Ansichten über sie. Und redete mit Doktor Theophrast an diesen langen Herbstabenden gern darüber.

Beide, der Fugger und der Kaiser, litten darunter, daß sie Nachfolger waren, Nachfolger und Erben, nichts Eigenes, keine eigenen Gedanken. Sie hatten nur weiterzuführen, was ihnen vorgegeben war. Und so war es

Hieronymus Hopfer:
Matthias Lang, Erzbischof von Salzburg;
zeitgenössischer Stich

auch kein Wunder, daß der Kaiser Karl den Kanzler aus der Zeit des Kaisers Maximilian mit übernommen hatte, den Herrn Matthias Lang, Kardinal und Bischof von Salzburg.

Es gab niemanden, der Matthias Lang nicht kannte. Die ganze Welt wußte, er war ein charakterloser Schurke, ein Verbrecher, aber er hatte auf seinem Schemel alle überdauert, von der Maximilianzeit in die Karlzeit.

Es war schwer, der Nachfolger des Kaisers Max zu sein. Unser Kaiser Karl hatte manches Mal vollständige seelische Zusammenbrüche, eine wahrhaftige Mutlosigkeit. Seine Klugheit war nichts anderes als Ängstlichkeit, gekleidet in erhabene Feierlichkeit. Er ließ sich den Beinamen »der Kluge« geben, und danach wurden die Geschichten über ihn zurechtgemacht.

Und war der Menschen überdrüssig, so wie man einer Speise überdrüssig wird. Dann klagte er über mangelnden Geruchssinn, über Schmerzen in den Gliedern, unerträgliches Kopfweh. Schließlich befiel eine Fäulnis den ganzen Körper von oben bis unten, mit nässenden Wunden. Er entsetzte sich vor seinem eigenen Geruch.

Karl, als er noch Erzherzog war, verfehlte nie, von der weisen Regentschaft des Großvaters zu reden, was alles er ihm zu danken hatte.

Kaiser Maximilian. In Spanien erhielt Karl die Nachricht vom Tod des Kaisers Maximilian, ein Vorfall, der, an sich selbst betrachtet, von geringer Erheblichkeit war, denn Maximilian war ein Fürst, dem weder seine Tugenden noch seine Macht, noch seine Fähigkeiten ein vorzügliches Ansehen gaben.

Maximilian war schwach und unbeständig gewesen.

Ein unerheblicher Umstand entdeckte zuerst die Wirkungen, die die Erhebung auf Karls Gemüt hervorbrachte. In allen öffentlichen Schriften, die er ausgehen ließ, nahm er den Titel Majestät an. Vor dieser Zeit waren alle Monarchen von Europa mit dem Titel Hoheit oder Gnade zufrieden gewesen. Damit gab er das Beispiel, daß andere sich nun auch Majestät anreden ließen.

Das ist jetzt nicht die Zeit, die Familie Froschauer zu beschreiben, die Frau, die Söhne. Wie die Söhne mit dem Mann aus Einsiedeln zu den Studenten gingen. Wie sie den Doktor bewunderten und feierten. Was sie gegessen, was sie getrunken haben, das ist für Zürich nicht das Problem. Seine Tage dort waren schön, waren hoffnungsvoll, nicht durch das gemeinsame Trinken, sondern durch die Aussicht auf gemeinsame Arbeit mit Froschauer.

Es mußte Übereinstimmung festgestellt werden, das Unternehmen, ein neues Buch mit neuen Erkenntnissen über die Medizin herauszubringen, für alle Universitäten, reizte beide.

Froschauer war nicht vorsichtig und zurückhaltend, und sein Haus hatte nicht die Ehre, einen Erasmus zu haben. Einen zwar mäkelnden und schwierigen Herrn, aber sein Name brachte dem Haus auch eine gewisse Unantastbarkeit. Der Ruhm des Druckers verschmolz mit dem Ruhm des Autors. Der eine war für den anderen ein Schild.

Wie war das mit dem Namen des Doktors aus Einsiedeln? Könnte man ihn und seine Werke aufbauen zu einem so ruhmvollen, blanken Schild?

Er war ein bißchen spielerisch, der Froschauer, und er spielte gern mit Worten, mit Begriffen, mit Zeichen. Hier war einer zu ihm gekommen, der sich auf die Spiele und die Zeichen verstand.

Als der Gast mit dem Schwert eingetreten war, suchte er einen Platz, wo er es absetzen könnte. Erklärte dabei:

Daniel Hopfer:
Kaiser Maximilian mit Heiligenschein,
Kreuzfahne und Drachen als Georgsritter

»Alle Welt fragt mich immer dasselbe. Zwei Fragen über mein Schwert, woher ich es habe und warum ich es trage. Zu Weihnachten pflegt der Papst ein Schwert zu weihen und es an einen Fürsten zu verschenken. Ich habe mein Schwert nicht vom Papst. Ich habe es von einem Henker.« Man wußte nicht so genau, was konnte man ernst nehmen, was durfte man ernst nehmen, wenn er jetzt sich selbst antwortete, warum er das Schwert trägt: »Unsere Zeit ist die Zeit nach der Lammesgeduld. Die Lammesgeduld ist vorbei. Ich trage das Schwert als Symbol der Verteidigung. Wir lassen uns nicht mehr auf die Schlachtbank führen, ohne uns zur Wehr zu setzen.«

»Man sollte ihnen, den Weihefreudigen, nicht nur das Schwert nehmen, man sollte ihnen auch die Rose nehmen. Ach, wir kennen das doch, Doktor, wie die Rose verkauft wird. Schöner Sonntag Lätare, der vierte Fastensonntag. Der Rosensonntag. Auch der Brotsonntag, wegen der Speisung der fünftausend. Ich war einmal dabei, wie der Papst die Rose gesegnet und vergeben hat. Da hatten sie die goldene Rose, ihre Tugendrose, mit Diamanten geschmückt, hatten einen verdienstvollen Fürsten ausgesucht. Alle Welt wartete gespannt auf diesen Sonntag inmitten der Fastenzeit. Da auch ausländische Herren in Frage kamen, war es immer ein großes Rätselraten, wer ist der Auserwählte. Sie vergeben ja nur eine Rose. Und am Ende waren unendlich viel Leute beleidigt, daß sie diesmal die Rose noch immer nicht bekommen hatten. Man erkundigte sich unterderhand, wieviel es denn dieses Jahr gekostet hatte. Ich nehme für Sie, Doktor, die Rose in Anspruch, aber nicht diese aus Gold und Diamanten, nicht die käufliche, sondern die weiße Rose für die wirkliche Reinheit der Verdienste, für die Uneigennützigkeit.

Und ich würde sie Ihnen nicht nur zu Weihnachten schenken. Ich würde sie als Zeichen in Ihr Buch drukken. Muß denn in unserem ersten Buch gleich das Holz Guajak erwähnt werden?«

»Sie meinen, wenn man die Wahrheit erkennt, hat man sie noch nicht.«

»Ich, lieber Doktor, muß mich an die Wirklichkeit halten. Zu meiner Wirklichkeit gehört dann eben das Haus Fugger. Ich kenne die Leute ja gut und habe keine Angst vor ihnen. Aber wenn wir schon ein Buch drucken, muß es doch sinnvoll sein. Es muß an die Universitäten verkauft werden können. Der Markt ist gesättigt mit den alten Medizinbüchern. Das wissen Sie so gut wie ich. Sie haben es in Straßburg gesehen, Sie sehen es in Basel. Ein Schutzbrief könnte den Verkauf gerade an den Universitäten natürlich günstig beeinflussen. Man müßte bei der Bestechungssumme in der Kanzlei sehr hoch ansetzen.« Froschauer spielte weiter, es waren ernsthafte Überlegungen. »Das beste wäre, wir gewinnen den Fugger selber. Wir schicken ihm eine von Ihnen gut präparierte fahrende Tochter. Er wird sehr schnell krank, erkennt selbst am eigenen Fleische die Aussichtslosigkeit einer Heilkur mit dem Holze Guajak. Dann muß er Sie rufen.« Mitreißendes Spiel. Sich ausmalen, wie man den Widersacher schlagen kann.

3

Wie war der Fugger? Wer war der Fugger?

In der Zeit etwa, als Theophrast zum erstenmal Froben untersuchte, starb Jakob Fugger. An seinem Ende konnte er von sich sagen, Kaiser, Könige, Fürsten und Herren hatten zu ihm ihre Botschaft geschickt, der Papst hatte ihn als seinen lieben Sohn begrüßt und umarmt, die Kardinäle mußten vor ihm aufstehen. Alle Leute der Welt haben ihn einen erlauchten Menschen genannt, und die Heiden sogar haben ihn anerkannt und verehrt. Sein Leben hatte er unter den Satz gestellt: Ich will gewinnen, solange ich kann.

Während andere Kaufleute klagten, daß sie vor Sorgen um ihre Außenstände nicht schlafen könnten, sagte er: »Meine Geschäfte hindern mich nicht am Schlaf. Ich lege mit meinem Hemd alle Sorge und Anfechtung des Handels von mir.« Auch konnte er besonders gut darum schlafen, weil er Werke der Barmherzigkeit eingerichtet hatte. Und schließlich, da er kinderlos war, hatte er doch schon zu seinen Lebzeiten sich seine Erben selbst ausgesucht unter den Neffen. Unter dreien hatte er die Wahl gehabt. Einer, mit Namen Hieronymus, war nicht brauchbar für den Handel. Er wird sich auch nicht ändern. Also ließ Jakob ihn fallen. Aber Raymund und Anton, die hatten ihm schon bei Lebzeiten geholfen. Die sollten beide nach seinem Tode das Geschäft übernehmen. Jedoch zwei sind nicht gut, und er erklärte den Raymund, den er nicht mochte, als körperlich zu schwach. Herr Jakob war, wie man sagte, fröhlich von Gemütsart, gefällig und höflich gegen jedermann, bescheiden und schlicht in seinem Auftreten. Er war für sich ohne viele Bedürfnisse, aber gastfrei im großen Stil. Er gab Schlittenpartien und Tänze, baute viele Kirchen. Er war schön und groß. Er trug den bartlosen Kopf stets frei und aufrecht, das Haar in einer Haube von Goldstoff.

Herr Anton war jung. Bis zum Tode des Onkels hatte er wenig Möglichkeit, selber zu entscheiden. Jetzt aber, mit seinen zweiunddreißig Jahren, sah er, daß er zunächst nur bestätigen konnte, was der Onkel angefangen hatte. Das Schrecklichste war der Aufstand der Bergknappen in Ungarn gewesen. Und der Aufruhr der Bauern. Möglicherweise hatte die Aufregung darüber das Ende des alten Herrn beschleunigt. Auch war das Verhalten seiner Frau, der Witwe Sibylla, sehr peinlich gewesen. Kurz nach seinem Tod hatte sie heimlich dieses große, ansehnliche Fuggerhaus verlassen, hatte sich, wie man so sagte, auf lutherische Art mit Konrad Rehlinger verheiratet, einem Freund des alten Jakob. War Herr Anton schon ein harter Mann gewesen, bevor er die Geschäfte allein übernahm, so verhärtete er sich durch diese Mißhelligkeiten noch mehr. Auch er hatte sich den Satz des Onkels zu eigen gemacht: Ich will so lange gewinnen, wie ich kann. Und er, der Erbe, hatte vom Onkel gelernt: Man muß leise sein. Hart und leise. Er hatte eine recht große Ähnlichkeit mit dem alten Herrn Fugger und legte Wert darauf, ihm zu gleichen bis in die aufrechte Haltung und bis auf die goldene Haube, die nur im Muster verschieden war. Aber er wollte doch sein eigenes Gesicht haben und sich sehr unterscheiden von dem Onkel. So ließ er sich einen dichten Backenbart wachsen.

Mit diesem Herrn Anton also haben wir, verehrter Doktor Theophrast, nun zu tun, einem Mann, der es erst noch erreichen muß, daß die Kardinäle vor ihm aufstehen, daß der Papst ihn als den lieben Sohn begrüßt und daß der Kaiser auch auf seine leise Art eingeht und auch um die Räder der Kutschen Stroh flechten läßt, wenn er durch Schwaz fährt. Schwaz, in dem er, Anton, am liebsten saß. Herr Anton wußte auch sehr genau, der Name, den er trug, war verflucht, war verflucht von den vielen Tausenden, die er nie zu sehen bekommen würde. Auch darum war er verpflichtet, gefällig und höflich gegen jedermann zu sein. Das hatte er schon zu Lebzeiten des Onkels gelernt.

Es ist notwendig, über Herrn Anton zu sagen, daß er anfangs für wenig Geld viel arbeiten mußte, der Onkel hatte ihn kurz und streng gehalten, so war aus dieser Zeit eine Engherzigkeit bei Anton zurückgeblieben, und als er das Geschäft übernahm, rechnete er mit seiner Seele noch in kleinen Zahlen. In den kleinen Zahlen, die ihm persönlich zur Verfügung gestanden hatten. Er war zwar streng altgläubig, jedoch hielt er es bei der Nutzung der Silberbergwerke in Schwaz nicht so genau. Die Bergleute konnten auch etwas anderes glauben, bei ihm jedenfalls. Nur duldete er keine geheimen oder öffentlichen Zusammenkünfte. Er war nun schon ein Erbe eines Erben mit der ganzen Kleinlichkeit. Aber dann, für sich selber, hatte Anton den Wahlspruch: Stillschweigen steht wohl an. Er war vorsichtig und hart. Manche nannten ihn den Emporkömmling aus der Weberzunft.

Also über Anton Fugger könnte man sagen, er war jenseits von Gut und Böse, er war zu groß, um mit kleinlichen Maßstäben gemessen werden zu können. Und das Holz Guajak war ja auch nur ein gewisser, wenn auch nicht unbeträchtlicher Teil seiner überseeischen Angelegenheiten.

Im Grunde genommen brauchte sich Herr Anton um die Angelegenheiten mit dem Guajakholz überhaupt nicht zu kümmern. Es waren diejenigen, die Gutachten anfertigen. Die Gutachter taten selbständig, mit großer Entschiedenheit die Arbeit für ihn. Herr Anton war wirklich kein böser Mann. Er meinte sogar, ihm könne es gleichgültig sein, ob die Leute mit dem Holz geheilt würden oder mit dem Quecksilber, das auch in seinen Besitztümern reichlich vorkam. Aber er hatte Mitleid mit den Gutachtern.

Es war nicht nur das Geld, das der Onkel ihm übermittelt hatte, es waren auch die vertraulichen Mitteilungen über die Fürstenhöfe. Diese Geheimnisse hatte Herr Anton mit dem Erbe übernommen.

Natürlich geht es nicht, dem Herrn Anton eine fahrende Tochter zu schicken. Man kann, um ein Buch zu drucken, nicht einen Umweg über die Huren nehmen.

Also Einfluß gewinnen in der Kommission zur Anwendung des Holzes Guajak.

Ach, wirklich, lieber und einfallsreicher Froschauer, mit Ihren schönen Spielen um die Möglichkeiten, die man nur anwenden muß, um zu siegen, kommen wir hier nicht weiter: In dieser Kommission sitzt Matthias Lang, Kanzler des verstorbenen Kaisers Maximilian, des jetzigen Kaisers Karl V., Kardinal und Bischof von Salzburg. Für den, der sehen konnte, lag sein Inneres nach außen gekehrt schon im Gesicht, diesem langgezogenen, lag in diesen kalten und gleichzeitig glotzenden, sehr großen Augen. Es war nicht möglich, ein Tier zur Beschreibung heranzuziehen. Er sah wirklich so aus, wie der kleine Sohn Hinz des Bauern Kunz sich einen Feind vorstellt: die Züge der Grausamkeit eines sehr mächtigen Mannes, der sich zum Wohnsitz die uneinnehmbare Festung Hohensalzburg gewählt hatte.

Er stand ganz vorn in der Reihe jener, die gegen die Bauern kämpften, es wäre peinlich, ja unerträglich, ihn selbst auftreten und reden zu lassen. Zumal er von einigen Beflissenen als ein Mann von Klugheit und wissenschaftlicher Bildung angesehen wurde.

Es gab einen Zusammenhang zwischen Matthias Lang und Theophrast. Salzburg war die erste Stadt, in der unser Doktor aus Einsiedeln versuchte seßhaft zu werden. Zwei Männer gleichzeitig in einer Stadt. Oben in der Burg der Mann mit der wissenschaftlichen Bildung, Kanzler des Kaisers. Aus allen Öffnungen in der Mauer zur Stadt große Kanonen, hinuntergerichtet auf die engen, schmalen Gassen. Und unten, inmitten der Menge der Aufrührerischen, der andere Mann der Wissenschaft, der Doktor von Hohenheim.

Und hat Aufruhr gepredigt. Gesucht. Verfolgt. Geflohen. Die gewissenhaften obsiegenden bischöflich gesinnten Beamten machten eine Liste über die Gegenstände, die der Doktor zurückgelassen hatte: Zirkel, Kompaß, Salben, Mantel mit Marderpelz, das Bild des Vaters und das Bild einer unbekannten Frau.

Beide, Froschauer und Theophrast, wußten, auf welche Autoritäten sich die Kommission berufen würde. Man würde die Veröffentlichung von Niclas Poll heranziehen, der Leibarzt Kaiser Maximilians bis zu dessen Tode gewesen war. Der hatte das Guajak vom immergrünen Baum benutzt und berichtet, er habe dreitausend Menschen damit von der Lustseuche geheilt. Wer also gegen dieses Holz vom immergrünen Baum anging, hatte die enggeschlossene Reihe der kaiserlichen Leibärzte vor sich. Und was schon konnte man einwenden gegen die glückliche Zahl der dreitausend von Poll Geheilten.

4

Froschauer sammelte all die Schriften und versuchte, auch Handschriften zu bekommen. Er deutete auf ein Regal.

In dieser Reihe stand der Doktor Georg Tannstädter – Collinitius, der gelehrte Universitätsprofessor der Hohen Schule von Wien, ein Meister in der Betrachtung der Planeten und der Berechnung ihrer Konstellation, unvergessen für uns alle sein Libellus consolatorius, sein Trostbüchlein oder Ermutigungsschriftchen, dem König Ferdinand von Spanien gewidmet. Froschauer kannte es genau. Auch so etwas wird niemand wegwerfen. Der sternkundige Doktor Georg Tannstädter hatte, ob aus Übermut oder aus Unmut, das ließ sich nicht mehr so genau beweisen, für das Jahr 1524 den Untergang Wiens prophezeit. Das hatte er an einem guten Tag im Jahre 1523 sich einfallen lassen. Seine Spekulation hatte für den kaiserlichen Hof die gräßlichsten Folgen. Die Leute packten ihre Habe oder ließen alles stehen und rannten davon. Niemand wollte beim Untergang Wiens dabeisein, nicht einmal die Hühnerfütterer. Die Hühner starben ab, auf dem kaiserlichen Hof konnten die beliebten Hühnerjagden nicht mehr veranstaltet werden. Die Langeweile zog ein. Und währenddessen rannten draußen die Leute kopflos davon.

Der Doktor Tannstädter wurde veranlaßt, umgehend eine beruhigende Schrift zu verfassen. In wenigen Tagen hatte der Buchdrucker Johannes Singriener die Schrift gedruckt und verbreitet. Es wird von Doktor Tannstädter umständlich bewiesen, daß im nächsten Jahr das Ende der Welt doch noch nicht zu erwarten sei, auch nicht eine Überschwemmung der Stadt Wien. Die Menschen waren dem genialen Leibarzt Doktor Georg Tannstädter zu großem Dank verpflichtet. Sie kamen und brachten ihm Körbe voller Früchte und Blumensträuße. Er wurde der beliebteste Mann von Wien.

»Das war«, erklärte Froschauer, der alles kannte, was gedruckt und nicht gedruckt war, »vor drei Jahren. Und was ist tatsächlich geschehen? Die Welt ist nicht untergegangen, und Wien steht noch.«

Wir werden immer wieder dem unglückseligen Joseph Grünpeck begegnen, dem Humanisten, Chronisten und Mediziner geistlichen Standes, Sekretär und Leibarzt Maximilians. Höhepunkt seines Lebens war, als er ein Jahr nach seinem Dienstantritt bei Kaiser Maximilian

Süddeutscher Meister:
Doktor Georg Tannstädter mit Sohn;
Buchsbaum-Relief, 1521

zum Dichter gekrönt wurde. Damals hatte er sehr hoffnungsvoll eine Lebensbeschreibung des Maximilian angefangen, in der er die Turnierpferdchen auf Rollen, das sinnreiche Kinderspielzeug geschildert. Dann aber, wie peinlich für den Mann aus geistlichem Stand, 1501 wurde er entlassen. Lustseuche. Der Kaiser tobte und schrie: »Ich will keine kranken Menschen in meiner Umgebung. Was ist das für ein Arzt, wenn er sich selbst nicht helfen kann.«

Was soll ein Mensch, der vielleicht auch nur unter dem Verdacht stand, er habe diese Seuche, tun? Wenn er nichts kann, nichts anderes, als um den Kaiser herum sein, dann besinnt er sich auf seine große Stunde, als er von Maximilian eigenhändig in Freiburg zum Dichter gekrönt wurde. Also errichtet er in Regensburg eine Poetenschule und arbeitet – eben aus der Ferne – für seinen Kaiser weiter. Mag er ihn, den Unschuldigen, auch verstoßen haben. Er, Joseph Grünpeck, wird nicht aufhören, ihn zu preisen, so lange, bis er wieder angenommen wird. Aber wie schwer ist es, einmal erst ausgestoßen aus der Reihe der Leibärzte, den Nachweis zu erbringen, gesund zu sein. Und genesen von dieser Krankheit.

Froschauer wußte, was er gleich nach seiner schmählichen Entlassung geschrieben hatte: ein prophetisches Traktat über kommende Strafgerichte. Über Wunderzeichen. Über Ungeheuer. Er, Grünpeck, hat sie gesehen auf der Erde und am Himmel. Oder andere haben sie gesehen und ihm davon erzählt. Verzweifelter Versuch, Aufmerksamkeit zu erregen.

Für Froschauer war schon damals klar, so eine Schrift wird auf dem Index landen. Was für ein Unsinn, aus gekränkter Seele Prophezeiungen vom Untergang in die Welt zu schicken.

Froschauer kannte auch das andere, die sagenhafte Celtestruhe, die Truhe mit dem doppelten Boden. Die Truhe des ersten Mannes, der mit einem kaiserlichen Dichterlorbeer geziert worden war. Die Truhe des Mannes Konrad Pickel, der seinen Namen ein wenig verändert hatte, ins Gelehrte.

Froschauer kannte die Konstruktion der Truhe ganz genau. Das Schiebebrettchen mit dem gedrechselten Handgriff, das in die Vorderseite eingelassen war und im Innern als zweiter Boden diente. Obenauf, das wußte alle Welt, lagen die Insignien für das 1501 von Kaiser Maximilian gegründete Collegium Poetarum: der Stiftsbrief, der Lorbeerkranz, das Zepter, das Birett, der Ring, das Siegel. Aber was war auf dem Boden der Truhe unter dem Schiebebrettchen? Froschauer wußte, die Truhe wird an der Universität Wien aufbewahrt. Es war sein Traum, eines Tages dort hinzugehen, um Zugriff zu bekommen zu der Truhe. Er war nicht bekümmert über die vielen unausgeführten Unternehmungen, er fand immer neue Dinge, die ihn reizten, die er eigentlich suchen müßte. So verdrängte das eine das andere. Er nahm sich selbst nicht zu ernst, er kannte seine Grenzen.

Noch ein anderes Unternehmen reizte Froschauer. Es gab die Geschichte von Florian Waldauf. Sie war für den Hof gemacht und die Fürsten, um für alle Zeiten das Bild des guten Bauern festzuhalten. Die Geschichte vom Bauernsohn aus Anras bei Lienz. Das war einer, den man auch immer wieder den Leuten um Hans Denck, dem Carlin vorhalten konnte. Eben einer von den guten Bauern, und die großen Möglichkeiten des guten Bauern. War Schreiber geworden beim Herzog Sigmund von Tirol und seit 1488 – jenem Unglücksjahr, in dem Bürger von Brügge unseren guten Max gefangengenommen hatten – als kaiserlicher Rat beschäftigt. Das war mehr als eine Geste, ein Bauer Rat des Kaisers, das war schon ein Bekenntnis.

Aber natürlich gab es dann wieder Leute, die fragten, ob jener Florian denn, in Stuhlweißenburg zum goldenen Ritter geschlagen, nun noch Bauer sei.

Man sagte, dieser Florian Waldauf, Ritter von Waldenstein, habe den Maximilian bei einer Überfahrt über die Zuidersee aus einem Schiffbruch gerettet. Über alle Umstände seines Lebens hatte Florian ein Buch geschrieben.

Merkwürdigerweise war es nie gedruckt worden. Froschauer in Zürich, in seiner Druckerei in der Streitgasse, fahndete schon lange nach der Handschrift. Es reizten ihn alle ungedruckten Sachen. Man sagte, daß die Handschrift eine eingehende Aufzählung aller Reliquien und ihrer Gefäße enthalte, die der Bauer und spätere Ritter auf seinen Gesandtschaftsreisen gesammelt und nach Hall gebracht hatte. Das Buch hatte er »Haller Heiltumbuch« genannt. Es wäre ein großer Triumph für Froschauer gewesen, dieses »Heiltum« bloßzulegen und die Legende vom guten Kaiser und seinem Bauern zu zerstören. Nichts anderes wäre übriggeblieben als die Geschichte eines Landsknechtes, eines zwar schreibenden Landsknechtes, aber dennoch eines plündernden. Für sein Leben gern hätte Froschauer das Verzeichnis der Reliquien gehabt. Und hätte den gelehrten Doktor Theophrastus gefragt, ob denn ein Mensch soviel Gliedmaßen von einer Sorte haben könne.

Froschauer wußte, was einmal in der Umgebung Kaiser Maximilians aufgeschrieben, wurde nicht weggeworfen. Es wird höchstens verborgen. Er, Froschauer, kannte diesen Mechanismus des Aufbewahrens, auf den er seine ganze Hoffnung setzte.

5

Bei Froschauer war es nicht so feierlich wie bei Froben. Die Bücher der anderen waren für ihn nicht nur ein Gegenstand der Bewunderung. Es juckte ihn immer, wie man so besonders herausgeputzte Bücher widerlegen könnte.

Umschau bei Froschauer, unter seinen Büchern, wie man das bei niemandem anders in der Welt haben kann. Aus seinen größten Raritäten zitiert er gern und immer wieder: »Es hat einen Dichter gegeben, der den Auftrag bekam, ein Büchlein über Kaiser Maximilians Jagdgefahren zu schreiben. Kaiser Maximilian war wie ein teurer Ritter auch ein guter Jäger, daß er vielleicht seinesgleichen niemals gehabt hat, und er ist auch in diesem Stück ein wahrer Apollo gewesen. Es konnte ihn vom Jagen, Hetzen und Beizen weder Hitze noch Frost oder Hunger noch Durst, weder Schnee noch Regen, weder Bergeshöhe noch Taltiefe abhalten. Mit dieser Übung härtete er sich von Jugend auf zum Krieg, lernte Gefahr verachten und abwenden, auch den Feinden mit Geschwindigkeit zu begegnen.«

Das war von Ulrich Pfinzing, Dichter und gleichzeitig Maximilians Pfennigmeister und Abt zu Sankt Paul in Kärnten im Lavantal – und dort im Lavantal war unser Theophrastus als Schüler gewesen.

Und eben dieser Benediktiner sagt, daß er diese Großtaten auf der Jagd beschreiben will unter dem Titel »Blankkönig, Weißkönig«.

Er schreibt: Es ist das Leben dieses allerhöchst vortrefflichsten Kaisers so reich an Großtaten, seltenen Umständen und Geschichten, daß man solches nach Art der griechischen Ilias oder der Odyssee verfassen kann. Er will durch solche wahrhaften Beschreibungen

Maximilian jagt im Burghof Hühner;
aquarellierte Federzeichnung eines Meisters
aus der Donauschule in Niederösterreich

die alten und neuen deutschen Fabelhansen beschämen.

Kaiser Maximilian ist in seiner Jugend im Brabanter Wald einem Hirsch in einem Hohlweg begegnet. Und dieser wollte über ihn hinausspringen. Da hat der Kaiser ihm mit dem Schwert grad ins Herz gestochen. In diesem Wald ist er einem anderen Hirschen nachgerannt. Da tat sein Pferd einen unnatürlichen Sprung, acht Klafter lang talwärts.

Der Sprung erschien dem Mann im Lavantal doch etwas weit, so schrieb er, daß das Pferd sich zwar erholte, daß es einmal mit den Füßen unterwegs doch die Erde berührte, es fiel nicht um, weil der Reiter im Zaum den Zügel an sich zog. Und der Reiter holte den Hirsch ein und nahm ihn gefangen. Und abermals in diesem besagten Wald ist er zweimal mit der Armbrust Hirschen nachgerannt. Als er das erstemal losdrücken wollte, verwickelte er sich mit den Sporen in einem Strauch. Dann fiel ein Ast auf ihn, daß sich der Schuß aus der Armbrust löste. Man verschweigt bis heute, daß ein unglückseliger Jagdknecht dabei getroffen wurde.

Schießspiele in seinem Garten ließen sich schon nicht verschweigen, also mußten sie in dem Buch aufgenommen werden. In seinem Garten tat er einen gefährlichen Schuß nach einem Vogel mit der Armbrust. Der Stahl zersprang beim Abdrücken und schlug einem Diener ins Gesicht, so daß er für immer blutig entstellt wurde.

In Schwaben, da jagte er einer Bärin nach, die Junge hatte; ganz allein erwürgte er die Bärin mit eigener Hand, und so bekam er die drei Jungen, die er verschenkte.

Auch im Land ob der Enns ging er ganz allein mit dem Spieß vor eine Bärenhöhle und stellte sich neben einen Baum und wartete auf den Bären. Und erstach ihn.

Einmal, bei seinem Schloß in Tirol, hatte ein Bär eine wilde Steinkluft; mit einigen Bauern ging er hin, den Bären zu besehen. Aber natürlich hatten die Bauern unterwegs Angst. Er allein ging auf einem schmalen Steig. Und als der Bär ihn sah, stellte er sich auf die Hinterfüße und ging ihm entgegen. Aber der Kaiser schoß den Spieß so meisterlich gegen den Bären, daß er ihn mitten in den Bauch traf. Also hat dieser teure Held mit eigener Hand drei Bären erwürgt.

Jetzt zu den Wildschweinen. Im Brüsseler Wald hat er mal, nur begleitet von einigen kleinen Hunden, ein Wildschwein mit seinem Schwert erstochen. Ein anderes hat er im Land Österreich erstochen, als er mit einem kurzen Degen auf allen vieren zu dem Wildschwein kroch. Aber da kamen doch die Hunde ihm zuvor und vergraulten das Wildschwein.

In Niederschwaben setzte er einem Wildschwein über das Eis nach. Das Pferd fiel, brach ins Eis, und sein Schwert zerbrach in drei Stücke. Er holte das Pferd aus dem Wasser, holte das Wild wieder ein, hatte nun aber nur den Schwertstumpf in der Hand und mußte das Wildschwein laufenlassen. Und wieder in Niederschwaben: Während er in Verfolgung eines Wildschweins einen Berg herunter wollte, hätte er sich beinahe mit der Spitze seines eigenen Schwertes erstochen. Aber Kaiser Maximilian, gehärtet in all diesen Gefahren, schien dafür geboren zu sein, auch die gefährlichste unter allen Jägereien, nämlich die Gemsenjagd zu betreiben. Er hat sie am meisten geliebt und dabei viel Todesgefahren glücklich überstanden.

Ja, man kann sagen, daß man aus dieser seiner Liebe zur Gemsenjagd ableiten kann, wie er von dem himmlischen Engelgeleit als ein gottgeliebter und gottliebender Fürst auf den Händen getragen und beschützt wird.

Da war an der Landstraße von Augsburg nach Innsbruck ein jäher hoher Fels bis an die Wolken. Das anliegende Dorf Zirle, der Zirlberg, die nächste Kirche und das alte Schloß zu Sankt Martin. An dieser Sankt-Martins-Wand verstieg sich Maximilian, als er den Gemsen nachkletterte, so daß er weder vorwärts noch zurück steigen konnte. Wo er sich hinwendete, da hatte er den Tod vor Augen. Sah er über sich, drohten ihm die überhängenden Felsen, die sich abreißen und sein Leichenstein werden konnten. Sah er unter sich, erschreckte ihn eine grausame Tiefe von mehr als hundert Klaftern, die ihm sein Grab zeigte. Sah er um sich, so war er mit Felsen umgeben. Niemand konnte ihm mit einem Seil und anderem Werkzeug zu Hilfe kommen, er war zu hoch gestiegen. Einen Weg zu ihm hätten die Steinbrecher in Monatsfrist nicht öffnen können. Er sah zwar seine Hofdiener unten im Grunde, wie sie sich wegen seines Unglücks krümmten und wanden, aber die Menschen konnten hier nicht helfen. Er hoffte zwei ganze Tage und Nächte und sah sich um, ob irgendwoher eine Hilfe kommen könnte, aber er konnte nichts hoffen. Endlich erkannte er, daß dieser ungeheure Fels ein Rachen des Todes wäre, ihn zu verschlingen, und er sah sich gleich dem Propheten Jonas in einem steinernen Walfisch begraben. Und weil in seinem Leib keine Speise vorhanden war, das irdische Leben zu fristen, so besann er sich auf die Speise für seine Seele. Er rief und befahl den Seinen unten im Tal, daß man die Priester mit dem heiligen Sakrament kommen lassen sollte, und sie sollten ihm das zeigen, damit er sich wenigstens aus der Ferne durch den Anblick an der allerheiligsten Speise der Unsterblichkeit sättigen und zum Sterben rüsten könnte. Im ganzen Land wurde nun auch gebetet. Aber am dritten Tag hörte der fromme Herr, der nur noch mit den Sterbegedanken umging, ein Geräusch. Ein Junge in Bauernkleidung kam und machte ihm einen Weg in den Felsen.

In dem Gedränge der Begrüßung ging der Bauernjunge unter und verloren. Man konnte ihn auch nicht und nirgendwo finden. »Es war«, so schrieb der Abt aus dem Lavantal, »gewiß, daß man ihn für einen Engel und Hilfsboten Gottes achten mußte.«

Das war gewiß das einfachste. Man gab sich mit der Suche auch nicht allzu große Mühe. Es wäre doch peinlich gewesen, zugeben zu müssen, daß es ein leiblicher und wirklicher Bauernlümmel gewesen ist, der da mit Leichtigkeit nicht nur allein über die Felsen ging, sondern den schweren König und Kaiser auch noch hinwegschleppte. Es sparte alles, es sparte Lob und Bezahlung des Bauernlümmels.

Es ließ sich nicht umgehen, daß der Abt hinzusetzte, »andere schreiben, zum Beispiel Pater Häuterus, der König sei durch Bergleute an Seilen herabgelassen worden. Aber weder der Name des Bauernlümmels noch die Namen der Bergleute sind irgendwo vermerkt. Es stimmt also nicht«, schrieb der Abt, »es war ein Engel.«

»Da ist noch etwas für Sie, Doktor Theophrast.« Froschauer schlug die Stelle im Buch auf: Und zweimal hat er seine Leibärzte verlacht. Einmal wollte gar kein Mittel anschlagen, und er dachte, daß es aufs Sterben oder Genesen zu wagen sei, und er schickte einen treuen Diener heimlich nach Amsterdam und ließ dort ein starkes Abführmittel zurichten. Das nahm er und wurde in drei Tagen gesund. Damit beschimpfte er seine Leibärzte des öfteren. Als er Fieber hatte, hatten ihm die Ärzte alles kalte Trinken verboten. Aber wiederum ließ er heimlich durch einen treuen Diener einen Krug mit Wasser bringen. Das trank er mit Lust und setzte fort, das kalte Was-

Leonhard Beck:
Der junge Weißkunig bei der Jagd;
Holzschnitt um 1515

ser zu trinken, und verspottete so seine Leibärzte, bis er wieder gesund wurde.

Bei Tisch hatte er immer ein in Gold gefaßtes Stück Einhorn bei sich, das warnte ihn. Wenn eine vergiftete Speise aufgetragen wurde, fing es zu schwitzen an.

Und als er nach seiner uralten Stammabkunft genau nachforschen ließ, schrieb ein Spötter an seinem Hof diese Reime an eine Wand:

Da Adam hackt' und Eva spann,
wer war damals der Edelmann?

Beantwortete er gar wohlbedächtig mit diesen Reimen, die er darunter schrieb:

Ich bin ein Mann wie ein andrer Mann,
nur daß mir Gott die Ehre gann.

Das, verehrter Doktor Theophrast, sind Bücher, schon im Entwurf angelegt auf Schutzbriefe, auf goldene Tugendrosen, auf Dichterlorbeerkränze. So muß man schreiben.

6

Theophrast nahm Abschied von Zürich. Er wird Froschauer etwas von seiner Arbeit schicken.

Er ging durch die Stadt, in Wind und Regen, sah, wie eine Frau den Vorhang vom Fenster hereinnahm, das Tuch zu schützen. Sie schloß das Fenster. Sie schloß es langsam, entschieden.

Einmal auch, nur einmal mit dieser ruhigen Gelassenheit einen Gegenstand und auch sich selbst schützen vor Wind und Regen. Nun war doch diese Zeit gekommen. Nun ging er zurück nach Basel. Nun konnte er sich selbst und seine Lehre vor Wind und Regen schützen.

Es gehört auch etwas ganz Reines dazu, etwas Unverletzliches, durch diese Welt der Intrigen, der Schleichwege, der Quertreibereien, der Winkelzüge, Machenschaften und Durchstechereien aufrecht zu gehen, unverwinkelt, unverdorben. Es gehört ein großes Wissen und eine große Güte dazu, ihre Schleichwege zu kennen und nicht zu benutzen. Ihre Quertreibereien zu sehen und ihre Durchstechereien und nicht dagegenzustechen. Es gehört etwas Unermüdliches dazu und Liebe, wenige sind es, die der Versuchung der Schleichwege nicht erliegen, denn es ist bequemer, dort zu gehen, und sehr oft sieht es außerdem so klug, so besonnen aus.

Es ist schwer, die freie Heiterkeit des Unabhängigen zu bewahren. Auch du, Hans Denck, wirst deine Holzfäller brauchen. Für den Winter. Niemand kann leben ohne den Holzfäller. Aber die Holzfäller gehören Zwingli. Willst du Holz, mußt du bei Zwingli fragen. Das Holz aus dem Oberland bestimmt das Denken im Tal. Du kannst nicht alles selber sein. Holzfäller und Fuhrknecht und der Gewärmte im Haus.

Versuche doch nicht, aus diesem Holzfäller den geborenen Aufrührer zu machen. Er ist derjenige, der seinen Kaiser von der Felswand erlöste, als der sich verstiegen hat bei der Jagd nach den Gemsen. Er ist der Tapfere, der Wendige, der weiß, welcher Baum krank ist, der weiß, wie der Keil zu setzen ist. Es ist der ewige Holzfäller, denn schon kurz nach der Vertreibung aus dem Paradies waren die Bäume so in den Himmel gewachsen, daß es dringend wurde, dem Übel abzuhelfen. Und dieser Holzfäller, eingesetzt von Anfang an, hat dann mit dem gefällten Holz nichts mehr zu schaffen. Andere nehmen es. Andere bestimmen, wozu es nütze sein soll, als Bett, als Sarg, für Stühle, Messerschäfte, Pantoffelsohlen, Fensterrahmen, zum wärmenden Verbrennen, zum abgrenzenden Umzäunen.

Ewiger, unschuldiger, unwissender, lustiger, singender Holzfäller. Zuverlässig. Ach, die schönen, derben Fäuste. Du würdest dich nicht wohl fühlen im Tal mit den Hohen Schulen. Du lebst hier zufrieden in deinen Bergwäldern. Du bist das Bild des lebenslangen Glücks in arbeitsamer Bescheidenheit.

Wie schmeckt draußen in Bergeshöhe das trockene Brot, wie kräftig der Ziegenkäse. In deiner Bergesruhe will dich niemand aufstören. Auch unser guter Zwingli nun nicht mehr. Am Holzfällerstand soll niemand rütteln. Aber er, unser Doktor Theophrast, läßt sich auch zu den Holzfällern rufen.

Wenn einem das Bein gequetscht wurde vom fallenden Stamm. Großer Gott, das ist also wirklich seit eben jener Vertreibung aus dem Paradies tausendfach vorgekommen, überall Verletzungen beim Arbeiten. Und die Leute haben sich allein geholfen. Gestorben wurde beim Einschlag auch, wie überall gestorben wird beim Arbeiten. Den einen trifft es beim Hausbau, daß er vom First rutscht, den anderen unter der Erde, daß ihm ein Steinschlag den Rückzug aus dem Stollen versperrt. Steinschlag, Einschlag, das kommt und kommt wie ein Tag auf den anderen.

Wer redet schon mit Holzfällern. Zwingli etwa? Nicht mehr. Und Oekolampad wohnt im Tal.

Aber der Doktor Theophrast. Er redet nicht, während er die Wunden abtastet. Da schweigt er, ist unzugänglich. Und wenn einer was sagen will, unterbricht er: »Nicht jetzt.« Auch wenn er eine Wunde sieht, erklärt er nicht gleich: »Aha, das ist das also, schlimm, schlimm.« Oder: »Nicht so schlimm.« Er schweigt, bis er alles gesehen hat. Und wenn er alles gesehen hat, denkt er nach.

Vergleicht. Zieht die Hunderte von Bildern heran, die er an ähnlichen Wunden gesehen hat. Im Feldzug der Dänen. Im Krieg gegen die Bauern. So ist das. Jedesmal, wenn er einen neuen Leidenden betrachtet, steigt die ganze Anzahl der an anderen erlebten Leiden unsichtbar herauf. Erfahrung gewonnen durch den Augenschein, befestigt durch vergleichendes Denken.

Dann erst fragt er. Dann versorgt er, was zu versorgen ist, den Arm, das Bein. Du wirst wieder laufen können. Du wirst wieder greifen können.

Erlöstes Lächeln. Schönen Dank. Von Schmerzen befreit. »Es war uns eine Ehre, werter gelehrter Doktor. Was sind wir schuldig?«

»Ich möchte mich ein wenig mit euch unterhalten.«

»Du willst nicht weiter, willst nicht gleich gehen mit einem Stück Geld? Wir haben was gespart.«

»Wem gehört der Wald?« fragt er statt dessen.

»Der Wald gehört dem Herrn Soundso.«

»Dann wird der zahlen, dem der Wald gehört.«

Sicherlich nicht so gerade, über Umwege. Unser Doktor Theophrast setzt sich, nimmt sich die Zeit, das genau zu erklären. Sie sind so geehrt. Sie suchen ein sauberes Glas, das sie ihm reichen können für den Wein. Sie sind geniert, sie finden keins.

»Hört auf«, unterbricht er ihr Gerenne. »Wollt ihr mir etwas zu trinken geben, dann gebt es mir. So wie ihr es gewohnt seid, aus dem Krug, aus der Kanne.«

Da setzen sie sich hin und fühlen sich zum erstenmal geborgen in ihrer Behausung. Ein Mann ist zu ihnen gekommen. Ein gelehrter Mann. Ein hilfreicher Mann. Und will wissen, was sie denken.

Er ist in unser elendes Leben hineingekommen, nicht wie ein Fremder, nicht wie ein Gast.

Sicher, er ist nicht ihresgleichen und wird auch nicht

die Axt von der Wand nehmen und am frühen Morgen mit ihnen hinausgehen in den Wald und Hand anlegen an die Bäume, um ihnen zu beweisen, ich bin wie ihr. Ihr seid Holzfäller. Ich bin Holzfäller. Dieser Äußerlichkeit bedarf es nicht. Nicht hier und nicht bei ihm. Daß er stark ist, muß er ihnen auf die Art nicht beweisen. Er kann einen Kranken ganz allein auf den Tisch heben, um ihn zu untersuchen, zu behandeln. Er wird auch nicht ihresgleichen, wenn er mit ihnen aus dem Krug trinkt, wenn er den Rand nicht abwischt vor ihren Lippen, nach ihren Lippen. Er ist wie sie, weil er in der gleichen Abhängigkeit befangen ist wie sie. Und das muß er ihnen erklären. Und darum läßt er sich von ihnen nicht bezahlen. Und er wird so lange bleiben, bis sie das verstanden haben.

Fünfter Basilius-Brief

Basilius an Helena

Du kannst natürlich, meine Helena, auch in unseren Zeiten oder gerade in unseren Zeiten ein Zauberer sein, Du kannst Deine Zauberkünste ungehindert einem großen oder kleinen Publikum darbieten, wenn Du nur eines begriffen hast, den Unterschied zwischen schwarzer und weißer Magie.

Ich weiß, Du magst das Theoretische nicht, bitte, ich werde Dir einen Mann vorzeigen, der die weiße Magie, die erstaunliche und aber auch einträgliche Kunst, vorbildlich, ich möchte sagen, für alle Zeiten vorbildlich ausgeübt hat.

Und jetzt weißt Du gewiß schon längst, wen ich meine, unseren sogar vom Kaiser Maximilian gerufenen und anerkannten Zauberer, den Abt Trithemius von Sponheim. Derjenige, der die Langeweile am kaiserlichen Hofe vertrieb, wenn sie keine Lust mehr für Hühnerjagd hatten, dann hatte der Kaiser den Wunsch, wieder einmal die Toten zu sehen und zu begrüßen. Seine liebe Frau, die jüngst abgestorbene, mit dem Leberfleck über der Brust. Abt Sponheim ließ die Frau anrücken, heraufrücken, nur durfte niemand mit ihr reden, sonst könnte sie erschrecken. Und dann wollte der große Herrscher ja auch gern sich selbst bestätigen, indem ihn andere große tote Herrscher besuchten. König David, Alexander der Große, Cäsar. Neulich war es wieder soweit, der Kaiser Maximilian hatte so viele Enttäuschungen erlitten, da mußte er sich aufrichten, daß die toten Könige sich vor ihm neigten. Sponheim ließ alle anrükken. Nur David neigte nicht die Knie. Warum, fragte Max. Erstaunlicherweise redete dieser David nun selbst: Ich habe mich zu meinen Lebzeiten auch vor niemandem verbeugt. Echt, echt. Erstaunliche Meisterleistung der Zauberkunst. Streifte das nicht doch ein bißchen an das Verbotene, Tote zu zeigen und reden zu lassen? Nicht doch, nicht bei ihm, dem großen und gelehrten Geschichtsschreiber Trithemius. Seine Gaukelei, die reinliche wohlgemerkt, war ja auch bedacht und gemacht für gut zahlende und, bei allem Respekt vorm Kaiser, dümmliche Leute. Seine verkleidete Mönchstruppe, die er da aus seinem Kloster mitbrachte und abwechselnd in Frauen- und Königskleider steckte, mußte eben im Hintergrund gehalten werden. Außerdem erschienen sie alle hinter einem Schleiervorhang. So genau sollte man nicht hinschauen. Aber der große Leberfleck der abgeschiedenen Frau? Schminke.

Irgendwo, bei den Lastträgern, die nun unsicher geworden sind, wie sie ihre Lasten ertragen sollen, wenn ihnen der wundertätige Christophorus genommen wird, der Heilige, den sie anrufen konnten, weil auch er Last

Hieronymus Bosch:
Der Gaukler, Saint-Germain-en-Laye;
Öl auf Holz

trug, den Herrn Jesus auf den Schultern, oder war es bei den Seifensiedern und Kerzenmachern, die nun auch ein wenig unsicher geworden sind, weil sie für das Gelingen ihrer Kerzen nicht mehr den heiligen Johannes anrufen sollen, der in einem Kessel siedenden Öles gelitten hat, also in irgendeiner Wirtschaft, oder bei den Parfümmachern, die im geheimen noch die heilige Magdalena um Schutz für besonders guten Geruch anrufen, weil sie doch die Füße des Herrn mit duftendem Öl gesalbt, also, entschuldige mich, meine allerherrlichste Helena, ach könnte ich doch Deine Füße nur berühren, ich will schon gar nicht so ausschweifend sein, sie vertraulich ölen zu wollen, also irgendwo hörte ich noch neulich das Lied singen, wer es gemacht hat, weiß ich nicht.

Da war der Abt von Sponheim,
er saß in seinem Wohnheim.
Schrieb Weltgeschichten,
und das hieß bei ihm: richten.

Hans Böheim, Hirt und Musikant,
predigt in Sponheims Land
von Gott und der Gerechtigkeit,
das tut dem Sponheim leid.

Wohl 70 000 hörten zu.
Das läßt Abt Sponheim keine Ruh:
Ein dummer Bauernhirt,
was hat der groß studiert?

Der kann doch nicht mal denken,
der ist nur gut zum Henken.
Ein anderer, ein andrer muß es sein,
der flüstert die Gedanken ein.

Sponheim erfindet die Gespenster.
Der Hirte zwar steht da am Fenster.
Er bringt die Hörer zum Erstaunen,
ein andrer muß das einposaunen.

Seit diesen schönen Tagen
hört man die Herren sagen:
Wer seine Faust hebt, um sich zu befrein,
muß Werkzeug der Dämonen sein.

Das also, meine Helena, ist der Gesang von dem, der immer dahintersteht. Wenn Du nun, so gut gerüstet, geneigt bist, Geliebte, mit mir einen Blick auf Boschs »Gaukler« zu tun, siehst Du hier den zugelassenen, geduldeten Vertreter der weißen Magie. Beachte bitte die geduldige, rostbraun geschleierte Eule, die er gefangen hat. »Ich fliege nicht für jedermann.«

Jetzt mußt Du vieles wissen über das Hauptstück, mit dem jeder Zauber beginnt, ja ohne dieses Stück ist kein Zauber möglich. Das Auge. Ist dem Zauberer sein eigenes Auge nicht verläßlich genug, um die beabsichtigten Wandlungen herbeizuführen, so nimmt er sich als Hilfsmittel das schärfste Auge, das wir zur Zeit kennen, das der Hyäne. Mit diesem Hyänenauge zwischen den Fingern kannst Du nun die Leute zwingen, ihren eigenen Geldbeutel zu vergessen, der Gehilfe hat unter den Zuschauern freien Zugriff.

Die Mönchsorden verzaubern sich gegenseitig. Weiße Magie. Der eine zieht dem anderen Frösche aus dem Maul. Deine Frösche, meine Frösche, deine Ländereien, meine Ländereien. Der Frosch, der auch die Pest hervorbringt und jetzt neuerdings von unserem Doktor Theophrast untersucht wird, ob der Frosch oder die Kröte, getrocknet angewendet, die Pest auch wegbringen könnte.

Über die Orden sagt unser Theophrast, sie sind die wahre Pest auf der Erde, hütet euch vor ihnen.

Ich kann nicht von Dir scheiden heute mit diesem Brief ohne eine gewisse Wehleidigkeit oder, besser, Wehmut, wenn ich dieses Hündchen zu Füßen des Gauklers betrachte. Das Verkappte. Ist es jenes begehrte Geschöpf aus der Geschichte der beiden Liebenden? Ist es Isoldes Hündchen, das so Unbeschreibliche in seinem Braun, von allen Farben Schillernde, das mit dem Glokkenhalsband Versehene, das bei jedem Anklingen der Glocke mich an Dich erinnert? Ist denn auch dieses zur Heiterkeit bestimmte, das uns die Zeit der Trennung kurzweilig machen soll, ist denn auch dieses Tier eingefangen und abgerichtet für ihre Welt?

Mit Sicherheit kommt nun unser so gelehrter Herr Professor und meint, es sei im höchsten Maße unzulässig, den ehrenwerten Abt von Sponheim hier hereinzubringen, das Bild sei nur eine volkstümliche Kennzeichnung der Laster Neugierde und Leichtgläubigkeit, allenfalls eine Satire auf eine rituelle Beschneidung, aber sonst doch wirklichkeitsfern.

Das wäre nur ein verschwommenes Gelächter. Sein Lachen ist auch keine müde Abwehr einer verdorbenen Welt.

Es ist das angreifende Lachen der Vernunft. Lachen über die Leute, die zur Gaukelei, zum Betrug Zuflucht nehmen müssen, weil sie »wegen ungesunder Geistesverfettung kaum zu irgendeiner Wissenschaft taugen«.

Der Landloper

1

»Das ist das Los der Menschen. Es gibt kaum eine Freude, die nicht begleitet wird von der Trauer. Ich habe nicht gewußt, wie blind ich war. Ein Wissenschaftler muß nicht nur mit höchster Aufmerksamkeit beachten, was vor seinen Füßen liegt, sondern auch das, was hinter seinem Rücken ist, und auch das, was um ihn herum geschieht.

Da ich nun gesehen habe, was ich hätte voraussehen müssen, kann ich nicht anders, ich muß klagen, ich muß trauern. Mein lieber Freund in Basel ist mir verlorengegangen durch jenen jetzt schon allgemein bekannten Irrtum, an dem er schon vor meiner Zeit erkrankt war. Ich hatte ihn aus den schweren Fesseln der unkundigen Doktoren alter Schule und aus seiner Krankheit befreit. Erasmus von Rotterdam ist ein Zeuge dafür, auch ein Brief, von seiner eigenen Hand geschrieben, und seine ganze Familie.

Schließlich, als er sich schon erholt hatte und ich ihn mit wiederhergestellter Gesundheit und bei gutem Wohlbefinden verließ und von Basel hoffnungsvoll zu Euch nach Zürich gekommen bin, habe ich ihn dann verloren.

In der Zeit, als ich bei Euch Herz und Seele aufrichtete, ist Froben gestorben. Froben, den ich wie meinen

Fernando del Rincou:
Die Heiligen Cosmas und Damian
ersetzen das ganggränöse Bein eines Küsters
durch das eines toten Negers

Augapfel geliebt habe, Froben, Vater und Beschützer aller rechtschaffenen Gelehrten, der große Förderer jeder Art von Bildung.

Daher muß ich auch für mein Leben von dem, der Froben uns entriß, ein so unvorhergesehenes Ende befürchten.«

Theophrast von Hohenheim, beider Medizinen Doktor und Stadtarzt in Basel, schrieb diesen Brief im November an die Studenten von Zürich.

Gertrude Froben sagte nicht, Sie sind nicht dagewesen in der Stunde seines Todes. Sie sagte nur: »Es war niemand da.«

Theophrast ging zurück zu seiner Wohnung auf den Kohlenberg. Wohnte bei der alten Ursula, die ihn eifersüchtig liebte. Sie hatte niemanden mehr auf der Welt, aber sie kümmerte sich um alle Welt. Sie kümmerte sich ohne Aufdringlichkeit, aber unabweisbar. Er saß auf der Bank vor dem niedrigen, kleinen Haus, von dem der Lehm bröckelte. Er fühlte sich nicht krank, er dachte nach über seine Arbeit, er war erschöpft. Ein Mann saß da, sehr allein in diesen Stunden nach dem Tod Frobens. In all diesen Tagen war er im Grunde für nichts anderes erreichbar. Er hörte, was die Leute zu ihm redeten, antwortete auch, hielt Vorlesungen, ging zu den Leidenden, besuchte das Gefängnis, linderte die Schmerzen, lächelte sogar und war aufmerksam. Seine Gedanken kehrten aber immer wieder zu diesem einen Menschen zurück, zu Froben. Der Anfang, als er ihm, dem Patienten, zum erstenmal in das Gesicht gesehen hatte. Er wiederholte für sich selbst jede Handlung bei dem Kranken. Er suchte nach einer Spur des Versäumnisses. Es war eine Qual. Stundenlange Qual, tagelange Qual. Dabei konnte ihm niemand helfen. Sein Gesicht war angespannt von der Arbeit, aber seine Augen waren müde.

Die alte Ursula kam heraus, setzte sich neben ihn. Sie sagte kein Wort. Sie wußte, der da braucht einen Menschen, der jetzt neben ihm sitzt. Sie wußte, der da braucht keinen Menschen, der neben ihm sitzt. Aber vielleicht hilft es dir doch, wenn ich da stumm neben dir sitze. Du kannst reden, wenn du reden willst, und es sind dann keine Selbstgespräche. Sie saß da mit Selbstverständlichkeit und mit Unterwürfigkeit. Aber mit der Bereitschaft, sofort aufzustehen und irgend etwas für ihn zu tun, wenn er etwas wünschte. Sie sagte nichts über seine Müdigkeit. Ich kenne deine Augen. Ich habe sie gesehen in der Ruhe. Ich kenne sie in der Heiterkeit, da erscheinen sie hell, und ich meinte auf den Grund zu sehen. Einmal, als ich krank lag, hast du auf mich heruntergeschaut. Da wurden deine Augen dunkel. Am deutlichsten aber merkte ich die Schärfe deiner Augen, als du sie geschlossen hieltest, als du die kranke Stelle an meinem Bein befühltest. Da wurden deine Hände deine Augen und sahen, was nicht sichtbar ist, nahmen wahr das Verborgene unter der Haut.

Am anderen Morgen, als er wie immer zum Gefängnis kam, wurde er gehindert, zu Carlin zu gehen. Die Stadtknechte wiesen ihn zurück.

»Es ist meine Pflicht, ich muß jeden Kranken sehen.«

»Carlin ist nicht krank.«

»Das können Sie nicht entscheiden. Ich muß ihn sehen, um das festzustellen.«

»Wir kennen nur den Befehl, Sie dürfen nicht hinein. Geben Sie uns einen schriftlichen Bescheid, dann lassen wir Sie auch wieder zu Carlin.«

Mit plötzlichem Mißtrauen fragte er: »Lebt er denn noch?«

Die Stadtknechte antworteten nicht. Sie drehten sich um und ließen ihn stehen.

Da stand er allein vor dem Gefängnis. Bei wem sollte er sich beschweren, zu wem sollte er gehen? Zum Bürgermeister? Er fühlte sich gedemütigt. Unter die Stadtknechte getreten. Die Stadtknechte wußten mehr als er. Wer wird nun die Hand auf Carlin legen?

Ich will nicht weiter Arzt sein. Ich kann nicht weiter Arzt sein. Wäre ich doch einfältig genug, dann könnte ich bei den Pferden sitzen, bei den Pferden von Einsiedeln, und könnte mit denen unterwegs sein, die zum Ort ihrer Heilung laufen, und könnte mit den Pilgern aufschreien und glauben: Das Herz der Welt ist Einsiedeln. Unsere Liebe Frau von Einsiedeln segne alle Kranken. Du kannst mir ja helfen, du Mächtige. Du willst mir ja helfen, du Gütige. Du mußt mir ja helfen, du Treue. Du wirst mir auch helfen, Barmherzige.

Habe Mitleid.

Mitleid mit allen, die weinen. Mit denen, die flehen. Mit denen, die zittern.

Habe Mitleid mit denen, die wir lieben.

Wieder kam die Vorstellung über ihn: Ich bin jener Pico della Mirandola. Was hätte ich getan bei dem Auftrag, die sieben Hauptfeinde der Kirche zu beschreiben. Ist das ein Ausweg, sich selbst auslöschen, herausgehen aus dem Kreis der Bestimmenden und nicht mehr weiterwirken? Kann ich sagen, ich stehe auf dem Marktplatz und schreie heraus: Ich will die Würde des Menschen verteidigen. Ihr habt die Würde des Menschen verletzt. Vor euch – die ihr nicht wißt, wie es in der heißen Sonne ist. Ihr wißt es nicht, weil ihr alles gekauft habt, weil euch alles gehört, und zuerst habt ihr den Schatten gekauft – vor euch will ich die Würde des Menschen verteidigen.

Der Schatten für eure tiefen Keller: da könnt ihr euren Reichtum verbergen. Da könnt Ihr eure Feinde hineinstoßen. Hört also, ihr Schattenbesitzer, ihr Alleskäufer, hört mich.

So sah ich Pico della Mirandola.

Da waren enge Täler und enge Hütten. Und jeden Tag da hinein mit dem Vater zu den elenden Menschen, den Verlassensten, den Kranken. Ach Gott, wie hielten Sterbende ihre Augen groß auf uns gerichtet und wollten wissen, wie es wird. Dann.

Wer will es wagen, ihnen zu erklären, dann wird nichts sein. Wer will ihnen den Trost nehmen, da sie doch schon im Leben keinen Trost hatten. Da sie gehalten waren wie Vieh.

Wir, mein Vater und ich, gingen durch die engen Hütten von Villach, und das war sehr weit von Rom. Aber einer war gekommen und hatte über die Würde des Menschen predigen wollen. Seine Worte waren nicht vergessen, sie waren bis zu uns ins Gebirgstal gekommen. Blut, Speichel, Eiter, Urin. Und wo ist die Würde des Menschen, wenn sie daliegen, Bauern, geschlagen von Landsknechten. Einer klagt, mein Ohr ist weg. Komm, sagt da ein Scharlatan, ich näh es dir an. Und der Arme borgt sich überall das Geld für den Doktor, der klebt's mit Eiweiß an. Unser Bauer geht einen Tag mit dem angeklebten Ohr spazieren und freut sich und lobt den Doktor. Aber das Ohr fault. Das Eiweiß bröckelt. Das Ohr fällt ab. Man muß mit den Fingern auf die Scharlatane zeigen.

Er war in die Stadt gekommen mit seinem weit aufgetanen Herzen und bereit, auch Schläge hinzunehmen und Schmerzen zu erdulden und die tausend Tode zu sterben. Aber nicht bereit, Kränkungen hinzunehmen.

2

Hat es Sinn, sich an Oekolampad zu wenden? Er soll seinen Einfluß beim Stadtrat geltend machen, damit Theophrast seinen Pflichten im Gefängnis wieder nachkommen kann.

Es gab den Bericht Oekolampads an den Baseler Rat über sein Gespräch mit dem Täufer Carlin.

Es hat sich begeben, daß Carlin in seinem Gefängnis hier zu Basel sich erboten hat, über seine Irrtümer gegen mich und andere Prädikanten zu disputieren. Das wurde ihm von einem ehrbaren, weisen Rat gegönnt und seine Artikel dem Prädikanten im Hohen Stift von Sankt Peter und auch mir überschickt mit dem Befehl, vor dem Rat zu erscheinen. Nachdem wir nun diesen Befehl befolgt haben, hat Carlin in Gegenwart eines Ratsmitgliedes angefangen zu beten und hat seine erste Beschlußrede mit einigen Sprüchen dargetan. Summa. Die Sache hat sich verlängert, daß wir damals nicht gehört werden konnten. Und Carlin hat allein seine Rede gehalten.

Uns aber ist befohlen worden, unseren Bericht darüber schriftlich zu überantworten auf den nachfolgenden Sonnabend. Was die Stiftsprädikanten eingelegt haben, wissen wir nicht. Hier habe ich meinen Bericht, den ich Euch im öffentlichen Druck überschicke, nicht daß Ihr solchen irrigen Geistern für Euch selbst nicht wüßtet zu widerstehen. Damit man sich aber nicht berühme, man könne ihnen nicht antworten und es sei ihnen nicht geantwortet.

Also, der aus dem Gefängnis vorgeführte Carlin konnte weder von Oekolampad noch von den altgläubigen Stiftsprädikanten widerlegt werden. Erst hinterher beklagte sich Oekolampad, er sei nicht zu Wort gekommen.

Das bedeutete auch: Nun blieb nur die Antwort von Oekolampad erhalten, nicht aber das, was Carlin gesagt hat. Nur Oekolampads nachgereichte Worte wurden aufgehoben und eingeschreint in das Archiv des gewissenhaften Rates der Stadt.

Und Oekolampad wies mit Nachdruck darauf hin: »Wenn es uns der Türke täte, daß man unsere Kinder nicht taufen soll, es wäre eine schwere Strafe genug. Wenn jemandem das Zeichen abgekündigt wird, ist es nichts anderes, daß ihm auch abgekündigt wird, was das Zeichen bedeutet. Wenn einem Bettler das Bettelzeichen genommen wird, so ist zu verstehen, daß ihm die Gewalt zu betteln auch genommen wird.« Und Oekolampad fragte: »Wer hat euch die Gewalt gegeben?«

3

Er hatte nicht die Zeit, in den Vorzimmern zu sitzen und auf Beamte zu warten, die seine Beschwerden anhörten. Sein Tag war dafür nicht gemacht. Da er nicht sicher war, ob sie ihm denn die Türen zur Universität nicht auch zuschlossen, bereitete er sich mit besonderer Aufmerksamkeit auf seine täglichen Vorlesungen vor.

Da war für Theophrastus beides. Das eine: die Lust, Zuhörer vor sich zu haben. Junge Leute, begierig, von ihm zu erfahren, was er gesehen und gefühlt hat, Geruch der Leiber, die sich anstrengen zu hören, Bewegung der Hände, vor Erregung und Anspannung geöffnete Münder und unbarmherzige Augen.

Er wußte: Das ist nicht eine einzige begeisterte Menge der Zuhörer. Da waren Leute darunter, die warteten nur darauf, daß er einen Fehler machte. Leute, schon mit ihren zwanzig Jahren so fest verwurzelt in das

Alte, daß sie selbst so waren wie das Alte, nicht mehr veränderungsfähig. Und also schon tot.

Aber doch noch sehr zäh in ihrer Ablehnung, in ihrer Empörung, die sie ihm erst einmal als ein Abwarten zeigten.

Ein schweigendes Abwarten. Durch dieses Schweigen kam er nicht hindurch. Sie sagten nichts, also konnte er sie nicht fassen.

Natürlich grüßten diese wie alle anderen auch und sagten »Grüß Gott« und lüfteten ihre Mützen. Sie waren ja aus guten Häusern.

Und das andere: das Sichverkriechen. Erst mit dem Gedanken spielen: ich verkrieche mich. Und es dann doch ausführen. Weg, weg von allem, weg aus den Städten mit ihren Spitälern. Weg aus den Häusern mit den gelangweilten Frauen. Ich bin krank. Und für diese Krankheit gibt es keine Medizin: ich bin müde eurer Kriege. Ich bin müde eurer Hörsäle. Ich bin müde eurer Spitäler. Ich bin es müde, die Instrumente zu führen. Ich bin es müde, euch tröstende Worte zu sagen.

Aber die Lust zu kämpfen war stärker.

Er nahm seine Vorlesung über die Pest zum Anlaß, darzutun: was doch der Unterschied sei zwischen Sterben und Töten. Sagte: Wenn der Feind erwürgt wird, hat man Ablaß davon, sagte: Die Orden sind Mörder. Sie befehlen armen Leuten, gegen die Türken zu ziehen. Sagt: Die Verteidigungswaffen sind lebenserhaltende Waffen. Was von der Natur selbst abstirbt, das hat einen gewissen Zeitablauf. Aber ausziehen mit einer Waffe in der Hand, mit dem Ziel, dem anderen das Leben zu verkürzen, das ist sehr weit auseinander. Und weil ein so großer Unterschied zwischen Sterben und Töten ist, wollen wir nicht das eine und das andere unter dem gleichen Wort verstanden wissen.

Kam nach der Vorlesung ein Denck-Schüler zu ihm und fragte: »Gut, Sie sind gegen den Krieg, Sie sind gegen das Töten, Sie sind also gegen die Gewalt. Wie aber wollen Sie es verhindern, daß Gewalt um sich greift? Sie werden nicht auskommen damit, daß Sie in Ihrer nächsten Vorlesung lehren, ich muß mich verteidigen.

Wir geben zu, noch nie hat jemand auf dieser Universität über den Unterschied zwischen Sterben und Töten gelehrt. Aber ich gebe Ihnen zu bedenken, es wird nicht ausreichen. Oder es ist schon zuviel.«

Und viele Kranke kamen. Auch Briefe: »Ich schreibe Ihnen mit der Hand, die Sie geheilt haben, und Sie sehen, die Hand hat nicht gezittert. Kein Buchstabe ist verwischt. Meine Hand ist jetzt Ihre Hand. Wenn Sie Hilfe brauchen, rufen Sie mich. Meine Hand wird sich für Sie erheben.« Aber die Unterschrift war unleserlich.

Und Gesunde kamen: der Bäckermeister Humbrecht mit seinen drei Kindern. Er wollte sich für die Heilung seiner Frau bedanken. Kluge Augen der Vierzehnjährigen, mit einem Fuß auf der Brücke, die aus dem Kinderland hinübergeht, und schon das fraulich Neugierige, das anders ist als das kindliche Wissenwollen. So blickte sie zu dem Doktor, der ihr klein erschien. Sie wußte viel, nur noch längst nicht genug. Und darum wollte sie auch nicht mit hinein. Da war eine Beklommenheit, eine Befangenheit. Zwar hatte sie den Honigkuchenteig, ihr Geschenk für den Doktor, unter den Augen der Mutter angerührt.

Aber nun wollte sie ihm ihr Werk nicht geben. Aus allen Formen hatte sie das hölzerne Herz gewählt. Der weiche Teig hatte sich gefügt, nach ihrem Willen waren lauter Herzen entstanden. Plötzlich, vor der Tür, fand sie alles peinlich, den Vater, die kleinen Schwestern und sich selbst mit den Herzen in der Hand.

»Ich bleibe draußen«, und keine Macht der Welt vermochte sie zu bewegen, den Fuß auf die Treppe zum Haus zu setzen. Bäcker Humbrecht kam noch einmal heraus, lachend, »du bist dumm. Drinnen ist es warm und gemütlich. Es ist, als hätte der Doktor Theophrast auf uns gewartet.«

»Bitte nicht.«

Und der Vater ging. Wenn sein Kind bitte sagte, konnte er es nicht zwingen. »Wir beeilen uns.«

Kleine Füße im ersten frühen Schnee, und Lebkuchenherzen in der Hand. Verloren in der Kälte. Nicht verloren. Noch nicht. Wenn ihr mich nicht zu lang allein laßt. Wenn du jetzt kommst, Vater, dann schenke ich die Herzen dir alle. Ich mache mir ein Spiel. Ich knöpfe den Mantel auf und zu. Habe ich ihn wieder zu und du bist noch nicht da, dann werfe ich die Herzen weg. Im Schnee wird sie kein Mensch sehen.

Erst im Frühjahr. Dann werden Hundchen kommen und daran lecken. Zungen sind klug. Ihr Hundchen wißt, was gut ist. Aber eure Hundezungen sind nicht klug genug und werden nie mein Geheimnis herausschlecken: das waren doch lauter Herzen.

Einer kommt die Treppe herunter, das ist nicht Vater. Er geht schnell. Wenn er mich anfaßt, wenn er mit mir redet wie mit einem Kind, dann will ich tot sein. Auf der Stelle, unter dem Schnee wird mich niemand finden.

Wilde Augen. Brich nicht ein in meine Welt, ich will nicht in deine Stube, deine Wärme.

Er sah, wie der kleine Körper steif wurde in Abwehr, und berührte nicht einmal ihre verfrorene Hand mit den Lebkuchen darin, sagte nur, und redete wie mit seinem Schüler, sachlich: »Du bist die Älteste, ich habe für dich den Ehrenstuhl freigehalten.«

»Ich weiß«, sagte da das Kind und ging mit, ohne Verlegenheit. Nur noch einmal auf der Treppe leises Zögern. Wenn er mich betrogen hat und auf seinem schönen Stuhl sitzt ein anderer, dann renne ich weg, bis ans Ende der Welt, und esse die Herzen selber.

Eine große Stube mit Büchsen und Geräten und Tiegeln und Töpfen und Büchern. Meine kleinen Schwestern gehen darin herum, als sei die Stube ihr täglicher Spielplatz. Sie lachen und staunen gleichzeitig.

Ich aber soll zum Tisch der Großen, und der Ehrenstuhl ist wirklich für mich leer geblieben. Ich schaue schnell in alle Gesichter, niemand lacht mich aus, sie nehmen mich ernst.

Sehr langsam, sehr behutsam, scheu legte sie den Beutel auf den runden Tisch, um den die Stühle standen. Die kleinen Finger waren noch steif, aber sie öffneten den Beutel. Warum sollten die Pfefferkuchenherzen nicht gezeigt werden. Schließlich waren sie nicht mißlungen.

Die Tischlerfrau Klara kam zu Doktor Theophrast. »Ich habe zwei Kinder, das eine elf, das andere acht. Es geht nicht um die Kinder, die sind gesund.« Sie schaute ihm nicht in die Augen. Sie war zart und hatte schnelle, sanfte Bewegungen. Sie redete leise, und manchmal kamen ihre Worte wie Tränen. Sie redete von allem, vom Haus, von der Arbeit, wie sie weben konnte und welche Muster sie erfand. Nur nicht von sich und nicht von ihrem Mann.

Sie saß da, erregt, erfüllt von etwas Unaussprechbarem, und sie begann ohne Zusammenhang vom Dichter Celtes zu reden. »Wenn ich seine Worte höre, ist die Welt schön. Ich kann das nicht ertragen, alle Welt redet vom Krieg, von Ungerechtigkeit, von erschlagenen Bauern und ertränkten Wiedertäufern. All das Unglück, das ist weg, wenn ich die Reiseschilderungen des Dichters höre.«

»Sie können Latein, Frau Klara?« fragte Theophrast.

Da zögerte sie ein klein wenig, sagte: »Ach nein. Ein Student, für den ich wasche, liest mir vor und übersetzt es für mich.« Sie redete schnell, wischte das Wort Student beiseite, erzählte, wie Celtes eine Flußfahrt beschreibt, und hatte wohl verstanden, daß der Dichter immer ein und dasselbe Ziel einer langen Reise meinte. Der Student hatte es ihr genau erklärt und bewiesen.

Da konnte Theophrast ihr auch nicht weiterhelfen. Er schickte sie weg. Er wollte nicht, daß sie so lange blieb, bis sie ihren geheimsten Wunsch sagte: Wie kann mein Mann, der Sargmacher, ein bißchen beiseite gerückt werden.

Der alte, kleine Mann kam mit behutsamen Schritten herein, seine Kleider waren abgetragen und schmutzig, er hörte nicht gut. Theophrastus bemühte sich, freundlich zu sein. Er war freundlich, verstand die Kunst, selbst im Schreien gütig zu sein.

Über dem Alten lag deutlich das Unausweichliche des Absterbens. Er war ja schon abgeschieden von der Welt, abgeschieden aus dem Bereich der Töne. Unhörbar der erste Vogelruf am Vorwintermorgen, und Schnee fällt. An so einem Morgen ist der Ruf dieses Vogels das Versprechen: Der Winter wird gehen. Für den Alten gab es nicht das leise Klopfen an der Tür, einen vertrauten Freund ankündigend. Er hörte nicht mehr, wenn einer zu ihm kommen wollte, er sah den anderen nur, wenn er schon da war. Verlorengegangen das Gefühl für das, was sich ankündigt. Verlorener Alter. Und konnte sich selber kaum verständlich machen. Jetzt, da er eintrat, vor Theophrastus stand, stammelte er vor Aufregung. Eine Frau hatte ihn an der Hand hereingeführt. Er war aber nicht gekommen wegen seiner Leiden. Es war ihm Unrecht geschehen. Nach einer Weile redete er sogar zusammenhängende Sätze. Vorher hatte er nur Laute herausgebracht.

Theophrastus wandte sich diesem einen Menschen völlig zu mit seiner ganzen Aufmerksamkeit. Dann war da nichts anderes mehr, nur noch zwei Menschen, der Leidende und er, dem die Leiden gezeigt wurden. Dem Alten war ein Unrecht geschehen. Und er, der Doktor, mußte alles anhören, um erst einmal herauszufinden, ob er überhaupt helfen konnte.

Mußte auch die nicht mehr ganz junge Frau anhören. Ihre Beine steckten in uralten Pelzstiefeln eines längst dahingegangenen Mannes, die Brust hing herab, eine nicht mehr eingedämmte Masse Fleisch, zitternd, alles aufgequollen, eine schon bei lebendigem Leibe Verfaulende. Aber ihr Gesicht zeigte an, was sie gewesen, eine lustige, schöne, liebende Frau, als die Backen nicht schlaff und verfettet waren, als die Lippen noch nicht von den vielen kleinen Falten ringsum gezeichnet waren, als die Augen noch glänzten, erfüllt von der Sicherheit: Männer wollen mich streicheln.

Doktor Theophrast sah in diesen Augen Angst, Dumpfheit, Unverständnis. Ein Leben war da weggeglitten, vergeudet, verschwendet, und sie wußte es. Aber heute, jetzt vor ihm, versuchte sie das zu verwischen und erzählte aus den Tagen ihres Glanzes, Besitzerin einer Weinstube, wer durstig war, kam zu mir, und sie kamen aus allen Ländern, Italiener und Schweden, ja sogar aus Persien. Für einen Augenblick erstand an diesem Winterabend in der Stube auf dem Kohlenberg ein persisches Zauberreich, bunte, verschlungene Bilder. »Und gestern konnte ich nicht geradestehen, nicht, weil ich betrunken war, glauben Sie mir, ich versuchte zu laufen, ich konnte nicht, ich schlug auf die Erde und wußte nicht mehr, woran ich mich halten sollte.«

Er griff ihre Hand, fleischige, heiße Hand, eine kleine Wunde auf dem Rücken. Sie hielt ihn fest wie ein Kind, das nicht weiß, wovor es sich fürchtet.

Wer will da die großen Worte anheben und sagen: Du hast deine Zeitspanne gehabt, zu lernen, wovor der Mensch sich zu fürchten hat und wovor nicht. Wer will da in diese hilfesuchenden Augen hineinreden: Du hast lange Tage vertan, in schwedische Mäntel gehüllt, deine Füße auf die persischen Teppiche gestellt, hast dein Leben begründet auf den Hochmut deines Fleisches. Und nicht schon am ersten Tage, da du denken konntest, begriffen, das Fleisch wird vergehen.

Jetzt verstehst du nicht, warum die Menschen dich fliehen, dich und deinen Geruch. Nicht einmal Greise wollen neben dir sitzen. Du hast, während die zärtlichen Finger über deine Haut gingen, nicht gedacht. Du hast nicht daran gedacht, daß der Tag kommen wird, an dem kein Mann seine Hand für dich aufheben wird. Du hast beim Streicheln die Dummheit in dir wachsen lassen, jene Dummheit, die nicht weiß, wann es Zeit ist, aufzustehen.

Er, Doktor Theophrast, konnte sie nicht wegschicken und sagen: Du wirst ein schreckliches Ende haben. Dein Tod geht für dich viel zu langsam. Niemand kann dir helfen, du wirst noch mehr verfallen und schreien. Und kein erbarmendes Haus wird sich für dich auftun, weil niemand dich und deinen Gestank ertragen kann. Du wirst auf irgendeiner Straße liegenbleiben, und nur die Fliegen werden zu dir kommen.

Sehr behutsam legte er Salbe auf ihre Hand, wie ein Streicheln, lächelte ihr zu, ermutigend, als sei da wirklich ein hoffnungsvolles Kind, das auf gefahrvollem Weg durch den dunklen Wald geschickt wird, und nicht jene aufgegebene Alte, erschöpft vom Irrgarten der Lüste.

Und der Mann aus Einsiedeln mußte sich den unduldsamen Patienten anhören, der sich genau vorgenommen hatte, was er sagen wollte, wenn er zu Theophrastus ging. Er war erfüllt von allen Vorurteilen. Seine Art zu sprechen war anspruchsvoll. Aber niemand kannte sein Geheimnis, niemand wußte, daß sein Anspruch, zu urteilen und zu verurteilen, auf einer großen Unsicherheit beruhte. Die Unsicherheit seines eigenen Lebens. Der Lebenslauf, den er vor allen verbarg.

Er hatte erkannt: Die Taufgesinnten sind die einzigen, die wirkliche Veränderungen in der Welt erreichen wollen. Und war also selbst ein Taufgesinnter gewesen. Und hatte damals gewaltig unter den anderen geredet – auch gegen die Verehrung der Heiligen. Nun aber erklärte er mit aller Härte: Ein Mensch kommt ohne Heilige nicht aus.

Er hatte einen schwachen Magen, aber er weigerte sich, die genauen Anzeichen seiner Übelkeit zu erklären, er redete nur über die Notwendigkeit, ganz bestimmte Heilige zu erhalten als Vorbilder für die gequälten Menschen, und er forderte auch den Doktor Theophrast auf, alles zu ihrer Empfehlung und Förderung zu tun.

»Was wollen Sie denn machen, wenn Sie mit Ihrer Kunst am Ende sind, wenn Sie einen Pestkranken treffen. Wollen Sie ihm sagen, du bist verloren. Ist es nicht für den Kranken viel hoffnungsvoller, wenn Sie ihm ein Gebet aufgeben an den heiligen Rochus. Das Gedenken an den heiligen Rochus, der die Pestkranken pflegte und in Piacenza selbst erkrankt und dann wieder genesen, wird Trost sein. Ist Trost. Und das wollen Sie abschneiden, wenn Sie mit der Kunst Ihrer Medizin versagen?«

Er sagt: »Man hat mir meine Überzeugung gestohlen«, und will es nicht zugeben, daß er Verrat geübt hat. Er verbirgt sich hinter dem Satz: »Ich wurde bestohlen.«

4

Es gab für alles in Basel die genauen Regeln. Spottlieder waren verboten. Früher wurde über jedes Ereignis ein Gesang gemacht, ein Vers. Lieder singen bedeutete Hexerei. Karten spielen durfte man nicht bei Gewitter. Aber was könnte schöner sein, unter der Angst vor Blitzschlag noch die Angst vor dem Verlust, aber auch die Erwartung auf Gewinn zu erleben. Es wird verboten das Tanzen auf offener Straße. Ehe du deinen Fuß hineinsetzt nach Basel, mußt du wissen, was verboten ist. Aber es ist nicht allgemein verboten, sondern es ist nur besonderen Leuten verboten, besonderen erlaubt. Diejenigen, die auch bei Gewitter spielen durften, waren eben die Gewitterprivilegierten.

Gab es nicht einmal die Zeit, in der Amerbach in die »Rote Kanne« ging, zur Wirtin Anna Wehrlich. Haben wir da nicht alle zusammen gesessen. Ein Jurist und zwei Ärzte.

Versuche doch nicht, Amerbach in der »Roten Kanne« zu treffen. Auf Anordnung des Rates der Stadt ist Anna Wehrlich verhaftet.

Die Nachbarn sagen es. »Haben Sie schon gehört, Doktor, sie ist doch eine Hexe. Natürlich haben sie dort gesungen und getanzt und bei jedem Gewitter Karten gespielt. Aber den Ausschlag geben wird ihre Suppe. Der Anna Wehrlich kann niemand helfen. Sie hat ja auch Verdächtige beherbergt.«

Sicher, der Jurist und Professor Bonifacius Amerbach

wird nicht zur Verteidigung der Angeklagten Anna Wehrlich aufstehen. Er wird nicht sagen, auch ich habe ihre Suppe gegessen, und die Suppe war gut. Es war undenkbar. Da stand eben die unsichtbare Trennwand zwischen Anna Wehrlich und Bonifacius Amerbach.

Aber er, Theophrast, brauchte den Freund. Er brauchte das gemeinsame Lachen gegen die beginnenden Feindseligkeiten an der Universität. Er versuchte, die Begegnung herbeizuführen, schickte den Schüler Oporinus in das Haus Amerbach mit der Abschrift über die Vorlesung vom Töten und vom Sterben. Es sollte eine Anregung für den Juristen sein. Ein Anstoß für ein neues Gespräch.

Oder war da nun auch die unsichtbare Trennwand zwischen ihnen gewachsen? Amerbach, der Heitere, der Liebenswürdige, der Schöne, der gesagt hat, ehe dir ein Fingernagel geritzt wird, lasse ich mir eine Hand abhakken.

Amerbach wurde zu den alten Familien zurückgeholt. Die Handelshäuser. Die Stadt abgrenzen vor den Einflüssen der Denck-Leute. »Wir in Basel sind für die Freiheit des Handelns, auch für die Freiheit des Geistes.« Die wohlhabenden Leute beherrschten die Stadt. Er verteidigte ihren Besitz. Er war der Verteidiger des Bestehenden, nicht des Künftigen.

Frau Amerbach, das Füchslein, ging da verständnislos hindurch. Einmal sagte sie zum alteingesessenen Doktor Truckenbrot mit ihrer leise schwebenden, teilnahmslosen Stimme: »Wir werden ein Spanferkel bekommen, Doktor. Wollen Sie unser Gast sein?«

Ach, was sollte er, Truckenbrot, noch sagen. Er lehnte sich zurück im Vorgeschmack des Genusses, erklärte: »Nicht der Mensch ist die Krone der Schöpfung, das Spanferkel ist die Krone der Schöpfung. Es hat den sanften Geschmack der Tauben.« Da sitzt du nun, Paulus Truckenbrot, bist der Welt verloren für jegliche Neuerungen. Wo immer du bist, sitzt du mit schlechtem Gewissen.

Er wußte genau, käme Theophrast jetzt herein, würde das Gespräch ganz anders gehen. Aber er jammerte nicht über seine vertane Zeit. Mit Absicht vergeudete er seine Stunden.

Bonifacius Amerbach schickte einen Diener zu Theophrast, der ihm ausrichtete, wenn er die Vorlesungsabschrift zurückhaben wollte, solle er nur ruhig kommen.

Du schickst einen Diener zu mir und verschließt deine Tür und läßt ausrichten, wenn du holen willst, was dir gehört, deine Habe, dann laß dir aufschließen von den Gleichgültigen. Von irgend jemand. Da konntest du nicht warten, nicht diesen einen Augenblick.

Also ging ich zu den Gleichgültigen, und die Gleichgültigen zeigten mir, was mir gehörte. Sie zeigten mir die beschriebenen Papierseiten. Da packte mich Rührung und Mitleid mit dir, als ich mich umsah in deinem Haus. Was hast du hier alles mühsam zusammengehäuft, und du wirst immer wieder hierher zurückkehren müssen, um die Dinge zu beaufsichtigen. Aufzupassen, daß niemand etwas wegträgt. Armer Bonifacius. Du brauchst soviel Fremde für dein Haus zum Putzen und Aufräumen. Das ist alles so reinlich.

Hast du denn überhaupt in meiner Arbeit gelesen? Warum entziehst du dich mir. Was weißt du über meine Wissenschaft. Ich bin zu dem reinen und klaren Quell gegangen und weiß, er wird verdunkelt, weil andere hineinspucken. Ich weiß, ich kann es nicht ändern, wenn andere mich anspucken. Und wenn meine Hände in Schmutz greifen, so sind sie eben vom Schmutz gezeichnet, den ich wegräumen muß. Mit diesen meinen gezeichneten Händen muß ich weiter zugreifen.

Es gab Tage, an denen er sich sehr stark fühlte und gleichzeitig tief unglücklich. Die Lösung zur Veränderung der Welt sah er nahe vor sich und wußte, er war davon entfernt so weit wie noch nie.

5

Eine unerklärliche Schwachheit saß in ihm, Hans Denck, eine Schwachheit, die er noch nie gekannt hatte, die ihn zur Verzweiflung trieb. Auch Schmerzen dann und wann. Es gab nun ganze Tage, an denen er nichts denken, nicht arbeiten, nicht schreiben konnte. Die Freunde kamen und verlangten Antworten von ihm, und schon während sie fragten, vergaß er, was sie fragten. Es war keine Überheblichkeit, wenn er gerade jetzt daran dachte, wie die Feinde ihn nannten: »Papst der Wiedertäufer«. Da war Genugtuung in ihm: Sie sehen unsere Stärke. Sie sehen, wie unser Einfluß in den Städten wächst. Wir sind nicht mehr die Winkelprediger. Wir warten nicht in Trauer, in dunklen Ecken, wir lassen uns nicht von ihnen zu gestaltlosen Wesen hindrücken.

In diesem Augenblick wußte er, daß es nichts nützt, wenn er nur predigt und Lehren gibt. Die Lehre muß hingeschrieben werden, daß sie unangreifbar und deutlich da ist. Angst überkam ihn, daß er nicht mehr die Zeit haben würde, diese notwendige Lehre für die Freunde und Brüder in allen Städten und Gemeinden zu schreiben. Mindestens über sieben Punkte galt es Klarheit zu schaffen, über die Widersprüche in der Bibel, von der Bezahlung Christi, vom Glauben, vom freien

Willen, von guten Werken, vom Eid, von den Sekten. Wenn er, Hans Denck, vorzeitig versagt, werden sie sagen, eure Haltung ist sektiererisch, deformiert, mißgestalt, entstellt, verunstaltet, häßlich, ungeschlacht, roh, gemein, entehrt, entehrend, mit Schmach bedeckt, widerlich, schimpflich, beschimpfend, schandbar, schmachvoll und am Ende gestaltlos. Also ohne Gesicht.

Er wußte, er war ausersehen, dem Gesicht Gestalt zu geben, was das ist, ein Wiedertäufer, ein Taufgesinnter, woher wir kommen, wie tief unsere Wurzeln sind, wie weit unsere Äste sich ausbreiten, wie stark der Stamm ist.

Ich werde erklären, wer unsere Bundesgenossen sind. Wie es war, als ich Thomas Müntzer in Nürnberg traf.

Einer kennt ein Mittel gegen meine Schwäche, gegen meine Schmerzen, gegen das Fieber. Er kennt mich genau, er wird mit mir zusammen lachen und sagen: Ein Mensch, erst siebenundzwanzig Jahre alt, hat noch genug Zeit. Der Doktor Theophrast wird mir diese Zeit bestätigen. Verena, ich gehe voran nach Basel, du kommst nach. Als Gejagter ist jeder für sich allein nicht so leicht zu greifen.

Er brauchte sich in der Stadt nicht mühsam durchzufragen. Jeder kannte die Wohnung des Doktor Theophrast auf dem Kohlenberg.

Als er ankam, war der Doktor nicht da. Er wollte weggehen, irgendwo warten, da faßte ihn die alte Frau Ursula am Arm, zog ihn mit einladender, unabweisbarer Freundlichkeit herein: »Du bist müde, ich seh's doch. Leg dich ins Bett, bis er kommt. Das kann manchmal lange dauern. Du hast sicher Durst. Ich bringe dir Wein.«

Er ließ alles geschehen, daß sie sich niederkniete, ihm die Stiefel auszog, daß sie ihm das Glas an die Lippen setzte und den Schweiß von der Stirn wischte. Ein wenig grob, ein wenig scheu.

Da lag er mit seinem halblangen dunklen Bart, mit schmerzverzogenem, aber doch lächelndem Gesicht, eingeschlafen, noch ehe er sich bei ihr bedankt hatte. Und selbst bei geschlossenen Augen war eine ergreifende Klarheit über seinem Gesicht. Die Alte konnte nicht wegsehen, sie sah und sah auf ihn, eine Rührung erfüllte sie, auch Ehrfurcht. Sie wußte nicht, wie lange sie dastand, sie wünschte nur, er möchte die Augen wieder auftun und mit ihr sprechen, er möchte ihr sagen, wer er ist, woher er kommt, was er hier will. Sie sieht doch, er ist etwas Besonderes, er will etwas Besonderes. Eine gewisse Feierlichkeit überkam sie. Sie fühlte sich geehrt, daß er hierhergekommen war, daß er sich hatte von ihr die Stiefel ausziehen lassen.

»Bitte«, sagte sie laut, »rede doch mit mir. Es ist noch nicht Nacht, es ist heller Tag.«

Er antwortete nicht, wachte nicht auf. Da hatte sie plötzlich Angst. Er wird doch nicht sterben hier? So ein schöner, junger Mann. Der Atem ging merkwürdig. Sie mußte irgend etwas tun, wußte nicht, was, rief leise eins der draußen herumspielenden Kinder: »Geh, such den Doktor Theophrast, such ihn in der ganzen Stadt. Bring ihn her.«

Das war nicht leicht für den Kleinen, den Doktor zu finden. Aber die Kinder vom Kohlenberg kannten jeden Winkel, kannten die Gewohnheiten der Leute, wußten, wo sie nachfragen könnten. Mit der Unnachgiebigkeit eines Kindes, das einen wichtigen Auftrag auszuführen hat, fand es ihn, flüsterte: »Ein Mann ist bei dir, und du sollst sofort kommen.«

Es gibt nicht viele Leute, bei denen einem das Herz warm wird, wenn man sie wiedersieht, bei denen die

Freude, daß sie da sind, ungeteilt ist. Das sind Leute, die fast Bestandteil von einem selbst sind. Hans Denck war einer von den wenigen.

Er schickte die Alte aus dem Zimmer, weckte den Freund nicht, achtete auf seinen Atem, ging nah an ihn heran, roch den Atem, befühlte sacht Stirn und Puls. Starkes Fieber. Prüfte noch einmal den Geruch des Atems. Verglich in der Erinnerung und begann ihn abzutasten. Am Hals die Drüsen waren angeschwollen, auch in den Achseln. Er hörte auf, wollte den Schlafenden nicht wekken. Wenn es das ist, hat er nur noch ein paar Tage zu leben. Sechs Tage rechnet man vom Ausbruch der Krankheit. Wann hat er das erste Anzeichen gemerkt? Wann ist er auf die Reise gegangen? Wie lange war er unterwegs? Wieviel Tage ist er schon in Basel? Aber vielleicht sind die Drüsen an den Leisten nicht geschwollen, vielleicht ist die Krankheit noch nicht so weit fortgeschritten, vielleicht ist es diese Krankheit überhaupt nicht. Vielleicht sehe ich nur wieder das Schlimmste und das schlimme Ende. Das Ende für Hans Denck, meinen Freund. Es muß nicht sein. Das muß es nicht sein. Und wenn das Herz stark genug ist, kann er den sechsten Tag überleben, den siebenten Tag, den achten auch, und dann ist Hoffnung. Dann ist Hoffnung, daß er die Krankheit überwunden hat. Dann wird eine Schwäche zurückbleiben eine lange Zeit, aber er wird leben. Ich kann nichts anderes, als das Fieber bekämpfen, die Schmerzen lindern, sein Denken betäuben und abwarten. Ich kann ihm den Kampf erleichtern, mehr nicht.

Als er hinausgehen wollte, um die Alte zu suchen, damit sie feuchte Tücher bringe, wachte der Kranke auf.

»Grüß' Gott, Theophrast«, sagte er, als seien sie gestern abend erst auseinandergegangen. »Ich brauche deinen Rat.«

»Du siehst müde aus.«

»Ich habe dringende Arbeit. Ich will arbeiten, ich muß schreiben, und ich kann nicht schreiben. Es ist schlimm. Ich habe an dein Schwert gedacht. Ich habe eben von deinem Schwert geträumt. Nun meine ich, mach den Knauf deines Schwertes auf, hol das Wasser des Lebens heraus. Gib es mir. Ich brauche es.«

Wenn es die Pest ist, dachte der Doktor, wird er in Teilnahmslosigkeit verfallen. Dieser schöne, klare Kopf, diese wohlüberlegten Gedanken, es wird alles noch bei lebendigem Leibe vergehen. Aber es muß nicht so sein, wenn meine Mittel das Fortschreiten der Krankheit aufhalten. Es gibt eine ganze Menge Leute, die es überlebt haben. Er darf vor allem nichts von seinem eigenen Zustand wissen, jedenfalls noch nicht jetzt. Und niemand darf zu ihm.

»Hätte ich das Lebenswasser schon in Straßburg gehabt, hätte ich es dir gegeben.« Er mußte auf sich selbst achten, daß sein Ton nicht das Mitleidvolle hatte, das Verräterische, das den Kranken ahnen läßt, man tut mir ja jeden Willen, man redet schon wie mit einem Kind mit mir. Er sagte sehr sachlich: »Wir beide brauchen uns nichts vorzumachen. Es ist sehr wahrscheinlich, daß es dieses Wasser des Lebens überhaupt nicht gibt.«

»Ich muß schreiben«, sagte Denck.

Er schrieb, nicht nur um sich zu retten. Schreibend kämpfte er mit seiner Verzweiflung und mit seinem Haß. Er haßte seine Widersacher, diejenigen, die es offen sagten: Wir arbeiten daran, das zurückzubekommen, was uns gehört. Das ist ihre Gewalt. Zurückbekommen. Zurückkommen. Zurück.

Die anderen Widersacher, Oekolampad, Luther und Zwingli, auch wenn sie ihn beschimpften, haßte er nicht. Er litt an ihnen. Er litt darunter, weil er sah, wie nahe die Neuen den Alten standen. Es gab Leute, die sagten: Seit die Bauern tot sind, ist es sinnlos geworden. Wenn ihr die Bauern nicht habt, habt ihr nichts und werdet scheitern und stärkt am Ende nur den Feind.

»Wir können doch nicht die Hände in den Schoß legen. Wir können uns nicht zufriedengeben«, erklärte er dem Freund und Doktor.

»Aber wenn du weißt, du wirst getötet, wenn du redest, dann solltest du doch schweigen.«

»Und wenn ich ruhig bleibe, dann verliere ich jede Achtung vor mir selbst. Jeden Stolz. Auch das wäre ein Tod. So bin ich. So sind meine Brüder. So sind wir alle. Und wissen, daß wir unter ihr Gesetz fallen und sterben müssen. Also werden wir reden. So wird unser Tod wenigstens etwas bedeuten.«

»Es gibt noch Möglichkeiten, doch zu reden und nicht zu sterben. Der Kreis im Haus Froben mit Erasmus, eine Professur an der Universität, Freund sein von Amerbach, eine Überschau haben vom Rosengarten her.«

Es war jetzt nicht die Zeit, dem Kranken die Zweifel über Amerbach mitzuteilen. Es ging auch nicht, ihm zu sagen, daß ihm die Erlaubnis entzogen war, Kranke im Gefängnis zu besuchen.

Hans Denck entgegnete: »Wir werden nicht im Rosengarten sitzen. Sie haben für uns nur zweierlei: entweder das Gefängnis oder den Tod.«

Es ging auch nicht, den Erschöpften und Erregten zu fragen: Wo ist Verena? Warum ist sie nicht mitgekommen?

Hans Denck redete weiter: »Ich habe keine Angst, daß sie mich auslöschen. Meine Angst ist eine andere. Ich will nicht von ihnen in einen entlegenen Winkel gezerrt und dort umgebracht werden. Ich will nicht weggehen, ohne die Gewißheit zu haben, da ist ein Ohr, das mich hört. Da ist eine andere Hand, die sich ausstreckt, unsere Waffen zu nehmen. Und der Waffen sind sehr vielfältige.«

6

Unvermutet kam Theophrastus in die Stube des Schülers. Er hatte eine neue Formulierung gefunden, die Freude mußte mitgeteilt werden. Es mußte das, was er niedergeschrieben hatte, erhärtet werden durch das Aussprechen, es mußte standhalten.

Er hatte sich eingerichtet auf ein Wortgefecht, auf die Fragen seines Schülers, der seinem Herzen am nächsten war wegen der Liebe, die Oporinus zu seinem Vater zeigte.

Das Erfinden war ein tastender Genuß, das Bekanntgeben der Erfindung war der erste Schritt zur Steigerung des Genusses, das Verteidigen der Erfindung war höchste Form im Genießen.

»Grüß' Gott, Oporinus, da sitzt du ja, mein Lieber, und fleißig wie immer. Aber Schluß jetzt, leg die Feder beiseite, ich will dich einweihen in ein ganz neues Ding. Warum zögerst du? Warum legst du beide Hände auf das Blatt, das du beschrieben hast? Vorsicht, du machst dich schmutzig. Die Tinte ist noch naß. Laß sehen, was du zur gleichen Zeit geschrieben hast. Du in deiner Kammer, ich in meiner Kammer. Wir beide, wir werden es schaffen, den Menschen zu helfen. Ich erkläre dir das neue Bild der Medizin, und du wirst es nach meinem Tode weiterführen.«

Der kleine Mann hatte die schnellen, unerwartet starken Bewegungen, durch die abwehrenden Hände des anderen griff er mit seiner unnachahmlichen, zwingenden Leichtigkeit danach. Las. Las laut.

Bericht über die Vorlesung am Soundsovielten. Auf Befragen des Doktor Theophrastus sagte Student Soundso das und das. Theophrast wich wiederholt vom Lehrthema ab.

Wieviel Schläge erträgt das Herz? Da muß niemand fragen, für wen schreibst du das, wem berichtest du, wie oft, seit wann? Da helfen keine Bilder vom Frost und Eis, der in das warme, gutgläubige, weit aufgetane Herz des Menschen einzieht. Da ist etwas zerbrochen. Abgeschnitten mit jener Endgültigkeit, die zuerst der Chirurg ermessen kann, wenn er die letzte Sehne der Hand abtrennt vom Stumpf des Armes. Aber der Mensch, der Betroffene, ist empfindsam und schreit. Liebe kann den Verstand überschwemmen, Schmerz kann den Verstand ertränken. So schrie der Doktor Theophrast: »Du Schwein.« Und er schrie es immer wieder: »Du Schwein.«

Er ließ die Worte des anderen gar nicht an sich heran. Er hörte sie nicht: »Ein Irrtum ist das. Glauben Sie mir, Doktor, eine Gedächtnisstütze für mich. Sie verdächtigen mich. Das ist unerhört. Sie können mich beschimpfen, soviel Sie wollen, ich bin nicht beleidigt. Ich gehe nicht weg.«

Da hörte Theophrast auf zu schreien. Ohne Übergang las er, was er geschrieben hatte, las es dem anderen laut vor, schnitt damit die Erklärungen des Oporinus ab, und während er las, dachte er: Gut, wenn ihr mich aushorchen wollt, so werdet ihr das zu hören bekommen, was ich sowieso überall sage. Ich werde euch nicht den Gefallen tun, mich über Oporinus zu beschweren. Er ist mein Schüler und wird mein Schüler bleiben, solange ich es will, und nicht, solange ihr es wollt.

7

Theophrast wußte niemanden, mit dem er sonst darüber sprechen konnte, er ging zu Doktor Truckenbrot. Er wußte, der Alteingesessene würde ihm auch nicht helfen können. Die Entscheidung lag allein bei ihm: Soll ich Hans Denck sagen, daß er sterben muß. Soll ich es sagen, wenn der Kranke danach verlangt, die Wahrheit zu wissen. Auch wenn er sagt, ich bin stark, ich will Klarheit haben.

Theophrast wollte von Truckenbrot im Grunde nur die Bestätigung. Er wußte, daß sie in diesem Punkt übereinstimmten, er suchte darüber kein Streitgespräch.

»Ja, sicher, Hans Denck ist stark, das weiß ich vorher. Aber dann kommt das Wort, das alles verwandelt für ihn, das ihm die Unabänderlichkeit zeigt, und er kann es nicht ertragen. Der Mensch kann ertragen, daß er irgendwann stirbt, die Ungewißheit erhält ihn.« Und redete weiter zu Truckenbrot: »Hans Denck fragt mich immer wieder, ist es nur ein Fieber oder ist es die Pest. Sage es mir. Du bist doch mein Freund. Und wenn es die Pest ist, wird das Ende lang und qualvoll sein? Werde ich meinen Verstand verlieren und irrereden? Ich will nicht mit dem Kranken darüber sprechen, aber er fragt immer wieder, und ich weiß auch, warum. Nur das eine hat er noch nicht ausgesprochen. Nun habe ich das erstemal, wenn ich zu einem Kranken gehe, Angst. Angst, daß er mich anschaut und bittet und sagt, du bist mein Freund, gib mir vom betäubenden, schmerzlindernden Pulver. Gib ein wenig mehr.«

»Ich kenne das«, sagte Truckenbrot.

»Ich kannte das bisher nicht. Ich wußte nicht, daß mir Angst etwas anhaben kann. Nicht einmal in Salzburg, als sie mir mit der Folter drohten, hatte ich Angst.«

»Das betraf nur Sie allein. Das hier ist ja eine ganz andere Angst. Es ist das sichere Wissen, Sie können dem Freund nicht helfen.«

»Mir graut vor seiner Enttäuschung. Damals, als wir in Straßburg zusammen waren, an einem Abend in einem sehr kalten Sommer, als es den ganzen Tag nicht hell wurde und regnete, hatte er mich gefragt, wenn ich einmal sterben muß und es ein langsames, qualvolles Sterben sein wird, hilfst du mir, daß es schneller geht? Ich hatte nichts geantwortet damals, ihm nur begütigend die Hand gegeben. Daran wird er mich jetzt erinnern. Seine Augen suchen mich. Wie kann ich den Augen ausweichen? Ich will sein Leiden nicht sehen, ich kann das Leiden nicht mehr anhalten. Läge ich selber da an seiner Stelle, mir wäre besser. Ich habe Angst vor diesen Augen, wenn ich ihm sage, ganz entschieden sage, ich gebe dir das Pulver nicht. Dann werden seine Augen weggleiten, und der Blick wird stumpf zurückkehren.«

Sehr sachlich, wie es seine Art war, redete Truckenbrot: »Für jeden Fall gibt es tausend Vergleiche, und nie ist es der richtige Vergleich. Ich glaube, es sind fünf Stufen, über die der Sterbende gehen muß. Vielleicht helfe ich Ihnen, Theophrast, wenn ich Ihnen die Stufen, die Sie sicherlich kennen, sage. Ich habe herausgefunden, daß der Leidende sich weigert, einzusehen, er muß sterben. Er will es nicht zur Kenntnis nehmen. Nicht ich, sagt er, nicht ich, andere vielleicht, ja, aber nicht ich. Und daran klammert er sich. Dann kommt die nächste Stufe der Erbitterung. Dann schreit er auf über die Ungerechtigkeit, warum denn ich, warum denn? Und dann kommt eine schreckliche Stufe. Der Leidende bittet uns, uns oder den Priester, wir sollen ihm doch noch eine Frist geben. Und plötzlich wie ein Käufer vor dem Händler beginnt er zu ringen, bewillige mir doch noch ein Jahr, ein paar Monate. In dieser Zeit verspricht er Dinge, die er schon gar nicht mehr einsehen kann. Hüten Sie Ihren Patienten in dieser Zeit vor den Geistlichen. In dieser Zeit ist der Leidende schon gar nicht mehr er selber. Er ist zu Geständnissen bereit, aber längst nicht mehr um der Sache willen, auch wenn es so aussieht. Es geht ihm um diesen Handel, wenn ich meine Fehler eingestehe, wird meine Lebensfrist verlängert. Ich für mich nannte diesen Zustand immer die dritte Stufe, die gefährlichste für uns, die wir die Verantwortung übernommen haben, den Kranken vor seiner eigenen Bereitwilligkeit und Nachgiebigkeit zu Zugeständnissen zu retten. Ich könnte mir denken«, meinte Truckenbrot, »es gibt Leute hier bei uns in Basel, die auf den Sterbenden Einfluß nehmen wollen. Halten Sie alle Besucher von ihm fern. Als Kenner der Basler Angelegenheiten könnte ich mir vorstellen, Oekolampad selbst wird ans Sterbelager treten wollen. Ich sage Ihnen das alles, Theophrast, nicht weil ich mich aufspielen will, es ist nur darum, ich meine manches Mal, ich könnte an Ihrer Stelle stehen. Ich weiß, ich könnte nicht sein wie Sie und ich stehe nicht an Ihrer Stelle, aber meine Erfahrungen sollen Ihnen wenigstens nützen. Und dann kommen beim Leidenden die beiden anderen Stufen, die abschließenden, die Trauer über die vertane Zeit. Und schließlich das Sichfügen, nicht mehr Anteilnehmen, nicht mehr Trauern, keine Erbitterung mehr, kein Zorn, kein Wunsch, kein Handeln um noch ein Stückchen Zeit, nichts mehr. Eben diese Dumpfheit, vor der Sie sich fürchten.«

»Vielen Dank, ich habe verstanden. Das Gefährlichste sind nicht die Worte des Freundes, sondern die Besucher. Ich werde aufpassen auf die Besucher.«

8

Vor Oekolampad konnte er nicht die Tür verschließen. »Hans Denck hat mich gerufen, und ich bin gekommen.« Da konnte der Arzt ihm nicht erwidern, Sie wollen nur sehen, wie krank er ist und ob er bald stirbt. So konnte man mit Oekolampad nicht reden. Das konnte man ihm nicht unterstellen.

»Ich möchte Aufenthaltserlaubnis haben für Basel.« Hans Denck wiederholte noch einmal, was er im Brief an Oekolampad geschrieben hat: »Ich irre in der Verbannung umher. Ich kann nicht zu Freunden und Bekannten gehen, weil ich im Verdacht bin, ein Begünstiger der Sekten und Urheber irriger Dogmen zu sein. Auf mich trifft das Edikt zu, daß man mich nicht beherbergen und beköstigen darf. Du kennst ja das Edikt. Ich möchte in Basel bleiben.«

»Ich habe dich damals aufgenommen, vor vier Jahren.«

Theophrast ließ die beiden allein. Er sah, wie der Besuch des Oekolampad den Kranken zufrieden stimmte, und wollte nicht stören.

»Ich habe auch diesen Doktor Theophrastus aufgenommen, zuerst, als er in die Stadt kam. Ich habe ihn empfangen. Ich bin immer für alle dagewesen, die neu in die Stadt kamen. Nur jetzt muß man ihm zum Vorwurf machen, daß er seine Vorlesungen in deutscher Sprache hält. Alle sollen ihn verstehen, er ladet auch Bader und Scherer und ganz gewöhnliche Leute ein, die auf einer Universität nichts zu suchen haben.«

»Ich habe es nicht vergessen, damals, vor vier Jahren. Du warst auch von Basel als ein Flüchtling aufgenommen worden. Damals habe ich dich zum erstenmal in der Öffentlichkeit gehört. Du hast einen Kommentar gegeben zum Propheten Jesaja. Du hast nicht lateinisch geredet. Du hast deutsch geredet damals.«

»Welche Stelle war das?«

»Alles, was folgt nach dem 11. Vers im 1. Kapitel Plenus sum. Ich bin satt eurer Opfer, spricht Gott, eurer Jahresfeste. Helft dem Unterdrückten.«

»Ich weiß, Vers siebzehn. Aber hier ist Basel, Hans Denck. Du kannst jetzt sagen, damals war auch Basel. Es sind vier Jahre dazwischen.«

Und Oekolampad schaute auf den Kranken und redete milde auf ihn ein: »Es wäre notwendig, deine Lehren zu überprüfen. Du darfst die Menschen nicht verwirren mit deinen Zweifeln am Glauben, am Dasein des Teufels.« Und er dachte, als er den anderen so schwach liegen sah: Es könnte einem beinah ein Mitleid ankommen. Beinahe würde man Verständnis aufbringen, aber eben nur beinahe. Er konnte es nicht verhindern, er fühlte sich besser, reiner und betrachtete diese Krankheit als eine Strafe. Für ihn war es erwiesen, Hans Denck hat sich schuldig gemacht. Darum wurde er krank. Schuldig, weil er durch seine Lehren das Volk, die armen, unwissenden Leute verführt hat. Schuldig, weil er die gescheiterte Sache der Bauern auf andere Weise weiterbringen wollte. Er, Oekolampad, hatte nicht das Herz, vor sich selber einzugestehen: Ich habe kein Mitleid. So war sein Gedanke gewesen: Es könnte einem beinahe ein Mitleid ankommen. Und er redete weiter: »Könntest du nicht alles, was du gelehrt hast, noch einmal erklären, kurz und unmißverständlich.«

Glückliches Aufleuchten im Gesicht des Kranken: »Du sprichst das aus, was ich denke. Es ist von mir nichts in der Welt. Ich habe gearbeitet, wie du es damals mit Jesajas Worten verlangt hast: ›Lernt Gutes tun, trachtet nach Recht. Schafft den Waisen Recht, führt der

Witwe Sache. Helft dem Unterdrückten.‹ Ja, ich will meine Gedanken aufschreiben, auch über die Zeremonien, daß man nicht alte abschaffen darf, um sie durch neue zu ersetzen.«

»Ich komme wieder«, sagte Oekolampad und fügte an: »Bleib schön gesund.«

Draußen sagte er dem Theophrast: »Sie wissen, daß es verboten ist, Hans Denck zu beherbergen. Wenn er entdeckt wird, werden alle bestraft, die ihm geholfen haben.«

»Er wird nur entdeckt«, entgegnete Theophrast, »wenn er angezeigt wird.«

»Ich sehe«, sagte Oekolampad, »wir sind uns einig. Sie reden nichts, und ich rede nichts. Er soll hier ruhig liegenbleiben. Er will seinen Widerruf schreiben.«

»Seinen Widerruf? Hat er das gesagt?«

»Das ist eine Frage der Formulierung. Vielleicht wird er selbst es Bekenntnis nennen. Es ist wichtig für uns alle, wenn er in der Öffentlichkeit seine Irrtümer eingesteht und wenn er in den wichtigsten Punkten zu seinen früheren Ansichten zurückkehrt.«

»Sie meinen, zu Ihren Ansichten.«

Da Oekolampad nichts entgegnete, sagte der Doktor: »Das Schreiben wird seine Kräfte erschöpfen.«

»Dann gehen Sie zu ihm hinein und sagen ihm das, und halten Sie ihn vom Schreiben zurück.«

Und der Doktor Theophrast sah, der andere betrachtete die Krankheit Hans Dencks schon als seinen Sieg. Noch nie hatte er seine Ohnmacht so deutlich empfunden. Der Freund wird unter seinen Augen sterben, dem Leib kann er nicht helfen. Und auch dem Geist kann er nicht helfen. Sie werden seine Gedanken nehmen und verwischen, verändern, verfälschen. Dann verschweigen. Etwas verschweigen bedeutet, etwas verschwinden lassen. Wie kann er, der Doktor, das letzte Wort des Sterbenden rein bewahren? Er sah alles, wie es werden würde. Es entstehen Lücken, Leselücken, Schreiblücken, wie unabsichtlich. Die Helfer werden sich der Schriften bemächtigen, Diakone werden den Sterbenden umstehen. Sie werden nichts anderes tun als abschreiben, umschreiben, raten, verraten.

9

Und legst deine Hände in die Hände des Sterbenden.

So hatte es begonnen mit Theophrastus und Hans Denck. »Ich habe Ihr Gesicht gesehen und daraus erkannt, Sie brauchen keine Aufträge. Ich habe es an den Augen gesehen.« Das hatte Denck ganz unerwartet gesagt.

»Wenn wir erkennen, ein anderer ist besser als wir selbst, und besser, das kann vielleicht bedeuten, nötiger, wichtiger als wir selbst, so müssen wir ihn höher schätzen als uns selbst. So wie der Arm oder die Hand den Kopf und das Herz und das Auge mehr beschützt als sich selbst.« Hatte er, Theophrast, da nicht in Straßburg gesagt: »Mit meiner Hand will ich dein Herz schützen.«

Nun kann ich mit meiner Hand nur noch deine Zeit schützen. Diese letzte kleine Zeit hier, daß du nicht gestört wirst. Meine Hand kann nichts anderes tun als den Priester zurückhalten, der dir den alten letzten Segen geben will. Und den Diakon zurückhalten, der dir den neuen letzten Segen geben will. Du sollst nicht mehr gequält werden. Und was der letzte Hauch deiner Lippen war, sie werden es nicht erfahren.

Vielleicht hat er »Verena« gesagt. Vielleicht hat er sie

gesehen. Vielleicht gab der Gedanke an die Liebe das allerletzte gelöste Lächeln.

Ich rede von ihr, wie es gewesen war mit den beiden unzerstörbar Liebenden. Da gab es keine Worte mehr. Sie wartete auf seine Hände. Das war der heiße Sommergarten. Ein breiter Weg. Das Gras schlaff, wie zertreten, fast schon gelb, aber doch ein freundliches Polster für die Füße. Freundlicher als der unbedeckte, erbarmungslose, helle Sand. Und links vom Wege Sonnenblumen mit dunklen Blütenblättern, aber bleich an den Spitzen. Und mitten im gelben Blütenstaub über den schwellenden Früchten der weiße Schmetterling, mit weit aufgetanen Flügeln. Am Ende, an dem beide Flügel zusammenstoßen auf weißem Grund, ein heller roter Fleck wie ein Herz, eingeschlossen von schmalen schwarzen Streifen, ein helles rotes Herz auf zitternden Flügeln.

Komm in den heißen Garten, sieh dich nicht um nach einem Schlüssel. Für diesen Garten gibt es keinen Schlüssel. Jeder kann eintreten. Aber das weiß niemand.

Diesen Garten verschließt kein Schloß. Du siehst keinen Riegel. Du brauchst nur ein kleines Querholz hochzuheben, und beide Flügel der Pforte tun sich auf. Alles wartet auf dich. Für dich ist jede Blume gepflanzt, für dich schwellen die Früchte. Komm herein. Es ist der Sommergarten. Müde zwar, schlaff. Aber unter der Müdigkeit und unter der Schlaffheit ruht die Erwartung. Leise atmend, nicht schlafend, damit der Augenblick der Erlösung nicht vertan werde. Was zertreten war, wird sich aufrichten. Was zerbrochen war, wird zusammengefügt. Was welk war, wird grün. Was leer war, wird erfüllt, wenn du kommst.

»Der Geist Galens protestiert gegen Theophrastus – den göttlichen Redner, oder besser Cacophrastus, den Scheißredner.«

Schöner Sonntagmorgen und helle Wintersonne, und an drei Kirchentüren und der Tür zum neuen Wohnhaus der Studenten öffentlich angeschlagen Zettel mit Beschimpfungen gegen den Doktor aus Einsiedeln. Aber in Latein. Ein Gedicht, zusammengesetzt aus Beleidigungen. Zurechtgemacht für die Gebildeten. Das da sollte ja kein allgemeiner Streit werden, es sollte unverständlich bleiben für Lastträger, Fleischergesellen, Bader und Scherer. Es war schon eine sprachliche Leistung, dieses Nebeneinanderstellen von Theo und Caco, Gott und Scheiße. Da waren sie ganz und gar, da zeigten sie ihre Gesichter, diese akademisch Gebildeten, so wie er, Theophrast, sie immer wieder beschrieben hatte: Da sind Blindschleichen und Moldwürmer, Molche, die in euren roten Kapuzen und mit Hagedorn gekrönten Häuptern nisten. Da hatten sie selbst sich ja gezeichnet, indem sie sich die Bezeichnung Cacophrastus erdacht hatten.

Das ganze Gedicht war kein Scherz, es war ein Auftrag.

»Ich muß euch aus euren Kappen zaubern.«

Er hatte sich damit erschöpft, für die Kranken etwas zu tun. Für sich selber erwartete er, daß andere nun nach diesen deutlichen Beschimpfungen ihre Zurückhaltung ablegten und für ihn sprächen. Gegen die Drohung, er solle sich aufhängen oder, noch besser, die Stadt verlassen, müßte Amerbach einschreiten an der Universität. Oder Oekolampad, an dessen Kirchen doch die Zettel angeschlagen waren, könnte den Tagesstreit

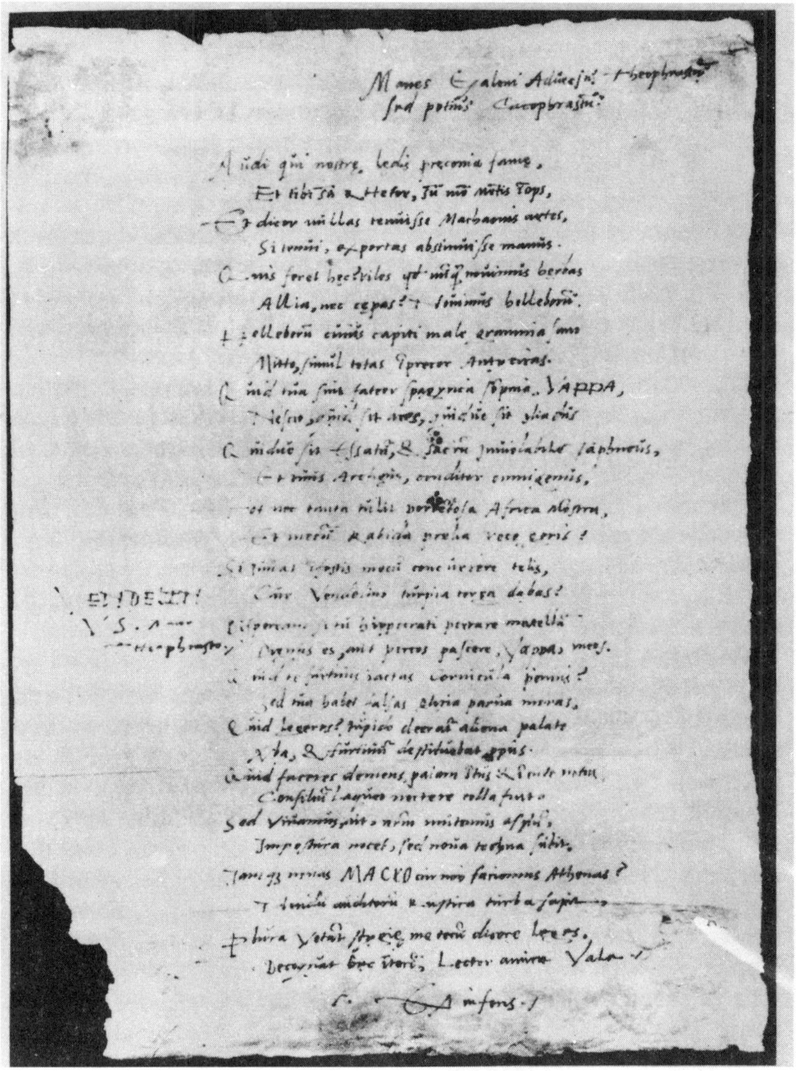

Das anonyme Epigramm

von ihm wegnehmen. Und die Anschuldigung, daß er schon in Straßburg in der Disputation gescheitert war, weil er nichts von seiner Kunst verstehe, könnte Erasmus ausstreichen. Erasmus, der Begriff für Gelehrsamkeit, der Mann im Gehäuse mit dem schlafenden Löwen auf du und du. Da hatte er, Theophrast, doch den Brief bei sich, von Erasmus mit eigener Hand geschrieben: »Ich kann Deiner Kunst keine gleichwertige Belohnung versprechen. Aber ich verspreche Dir sicher, dankbarer Gesinnung zu sein.«

Und hast du, Bonifacius Amerbach, nicht deiner Frau, dem Füchslein, zugestimmt, als wir im Rosengarten saßen, dein Kind soll den Namen Theophrastus bekommen. Müßtest nicht gerade du meinen Namen reinwaschen.

Ich habe eure Feste nicht gemieden.

Da war deine Hochzeit, Bonifacius Amerbach. Du hast mich gerufen. Du hast mich eingeladen, und ich bin auch gekommen. Ich habe mich an deinen Tisch gesetzt. Es war ein großer, langgestreckter Tisch, festlich gedeckt mit weißem Leinen. Ich habe den Ehrenplatz an der Tafel bekommen, neben deiner Frau. Und wir alle waren eine lustige Hochzeitsgesellschaft. Ich habe dich nicht an dein Wort erinnert, an deine Sorge im Jahr 1525: Die Zeiten sind sehr schrecklich, man kann nicht ans Heiraten denken. Ich habe dich nicht daran erinnert. Du hast nun ans Heiraten gedacht. Und ich war dein allerliebster und dein allerlustigster Gast. Ich erzählte nichts vom Gefängnis in Salzburg. Und meine Tischrede auf euch beide war von der Heiterkeit, die alle an diesem Tisch Versammelten erwarteten. Ich erzählte euch auch nicht die Geschichte vom Hochzeitsgeschenk des Fürsten Wolfgang von Anhalt, als der zum Burggrafen von Meißen eingeladen wurde und wußte, daß man zu solchen

Festen mit ansehnlichen Geschenken sich einzustellen pflegt. Ich sagte kein Wort von diesem Fürsten Wolfgang, wie er ein Totengemälde aufs allerkünstlichste hat zurichten lassen, ein Gemälde mit einer Totenbahre, einigen Hirnschädeln und Totenbeinen. Und darum herum geschrieben die schönen Trostsprüche. Etwas Ähnliches hatte ich euch nicht als Hochzeitsgeschenk mitgebracht und erzählte es auch nicht. Ich sagte euch nicht, daß man an seinem hochzeitlichen Ehrentag auch an den Sterbetag denken soll. Ihr habt gegessen und getrunken und gelacht. Ich habe euch nicht gesagt, das sind die Scherze der frommen christlichen Fürsten, ihre sanften Hinweise, bis daß der Tod euch scheide, so lange werdet ihr zusammenbleiben. Die Glaubenstugenden.

Ich bin über die Marmortreppen, ausgelegt mit den roten Teppichen, in dein Haus gekommen und in diese festliche Stube mit den goldenen Wandteppichen, in die Blumen eingewebt sind wie schwarze Schmetterlinge.

Ich bin lachend gekommen, und ich sagte dir nicht und sagte niemandem, daß ich verloren bin. Du, Bonifacius, würdest das nicht verstehen, das Sichverlieren an eine Sache, eine Arbeit, einen Menschen. Ein Zustand, der, je heftiger er vorgeht, zum Selbstauslöschen, also in die Todesnähe führt. Das geschieht außerordentlich selten, im Leben mancher Menschen vielleicht überhaupt nicht. Denn es ist ein unerwartetes, unverdientes Geschenk. Es hat immer zwei Gesichter, das schmerzhafte und das glückliche. Da oft der Schmerz überwiegt, weichen viele gern aus. Wer will schon Schmerzen haben.

Ich ging zu euch und weiß, zuweilen ist der Mensch gezwungen, wider seinen Willen Gott in den irdischen Dingen zu suchen. Ich habe mir für eure Hochzeit ein festliches Kleid angezogen und werde nichts sagen, während ich an eurem weißgedeckten Tisch sitze, über die Schwierigkeiten auf dem Wege zur Vollkommenheit. Werde nicht sagen, indem ich eure bunten Kleider und auch meines anschaue, wie viele haben schon lange vor uns und wie viele werden noch nach uns sagen: Ich würde einen gewöhnlichen grauen Rock antun, und haben dann den Satz angefügt: Wenn ich ihn nur hätte. Sie haben ihre bunten Kleider anbehalten und hatten aber manches Mal das schlechte Gewissen dabei. Und ich schaue mit euch allen auf die Schwester der Braut, die zu spät gekommen ist, im langen, roten Mantel mit dem breiten, grünen Gürtel. Ich sehe, wie sie im Zimmer steht, als sei es ihrs. Sie dreht sich und lacht und tanzt. Sie füllt das Zimmer mit ihrer Nichtigkeit aus und drückt alles andere beiseite. Das ist nur ein kleiner Augenblick, bis sie Platz nimmt. Dann reden alle weiter. Dann essen alle weiter vom Spanferkel, von den Trauben, vom Brot. Sie ist eingereiht in die Gesellschaft. Es sind nur deine Augen, Bonifacius, die immer wieder zu ihr hingehen. Da sehe ich, wie ihre Nichtigkeit anschwillt zu einem See. Ein zwar stumpfes und grün blühendes, aber immerhin ein breites Gewässer, und du gehst hinein. Mit Lust gehst du da hinein. Die Braut neben dir hat es nicht gemerkt. Niemand der Tischgäste hat es gesehen. Ich werde das Bild auslöschen und vergessen.

Ich werde auch nicht an dieser Tafel erzählen, was gleichzeitig geschah, als du sagtest: Die Zeiten sind so, daß man nicht einmal ans Heiraten denken kann. Als ich aus dem Gefängnis von Salzburg kam. Als sie mir alles abgenommen hatten, das Schwert und die Medikamente.

So war ich waffenlos, hatte nichts als mich selbst, meine Hände, meine Stimme. Und werde hier nichts an dieser Tafel von den Mördern erzählen, wie sie ihr Handwerk betrieben haben.

Ich kam an eine Hütte, und man nahm mich freundlich auf. Eine große Schar von Frauen war dort mit ihren Kindern, kleinen Kindern, geflohen vor den Rotten der Landsknechte, die auf die Bauern eingeschlagen hatten. Ich saß unter ihnen, als Arzt nicht am Kleid kenntlich. Sie froren, sie hungerten. Ich hatte nichts bei mir. Ich konnte sie nur mit meinen Händen beruhigen, und sie wurden ruhig. Die Kinder hörten auf zu weinen, obwohl sie hungrig waren und Schmerzen litten und froren. Sie hörten auf meine Stimme.

Es war nicht so, daß es nicht wichtig schien, was er sagte, daß sie nur den Klang hörten. Jedes Wort zählte, und er wußte es. Und bedachte jedes Wort, niemanden zu ängstigen, niemanden zu kränken. Wer schwitzte, zu dem sagte er nicht: du schwitzt, weil er den Gedanken nicht anwachsen lassen wollte, er hat gesagt, ich schwitze, also ich stinke. Wer zu ihm redete und mitten im Satz abbrach, weil es nicht schicklich war, auszusprechen, du bist uns hier erschienen wie Jesus Christus selbst, wer also gehemmt stotterte, dem sagte er nicht, du stotterst und faselst ja. Es sollte der Gedanke in ihm nicht aufkommen, er hat es gemerkt, daß ich den Satz nicht zu Ende bringe: also ich bin schwachsinnig. So bedachte er jedes Wort und gab diesen hier in der Hütte verängstigt Zusammenhockenden jenen Trost, der ihnen Vergessenheit schenkte, so daß sie Kraft sammeln konnten für den Augenblick des Aufwachens.

Jeder wußte, dieser Augenblick wird kommen. Die Hütte steht ja nicht außerhalb der Welt auf einer grünen Wiese, unerreichbar für die Söldner.

Die Landsknechte sind schon hier. Du hast gesehen, was sie mit den Kindern machen, mit den Frauen.

Das Bild wird aus dir nicht weggehen. Du bist vorgetreten, hast gesagt: »Ich bin Arzt«, hast gerufen: »Leute«, hast du gerufen, »das sind doch Menschen.«

Sie haben geantwortet: »Menschen? Ungeziefer ist das.«

Ich habe eure Feste nicht gemieden und bin über die Marmortreppe gegangen und habe mich an die hochzeitliche Tafel gesetzt und diese Bilder in mir verschlossen.

Was ist das jetzt für ein Fest?

Cacophrastus.

So billig macht ihr es ja nicht, ihr Freunde und Schüler und Nachkommen der Hüter des grauen Fasses. Ihr werft nicht wie ungezogene Kinder mit dem Wort Scheiße um euch herum, ihr wißt genau, das kann niemanden erschrecken. Niemand wird deswegen auch nur vom Stuhle aufstehen. Und Beschimpfungen, daß einer nichts kann und sich aufhängen soll, die betet ihr täglich herunter wie das Vaterunser. Nein, so billig seid ihr nicht. Und nicht so ungefährlich.

»Mit ernstester Bekümmernis haben Wir neulich vernommen, daß sehr viele Personen beiderlei Geschlechts, abfallend vom allgemeinen Glauben, mit dämonischen Wesen fleischliche Bündnisse eingegangen sind.«

Der Name eines der verächtlichsten dämonischen Wesen war: Caco.

Und Caco, ein widerliches Geschöpf, halb Mensch, halb Ungeheuer, mit dunkler Besessenheit in den Augen, jener Besessenheit, die nur einer hat, der schwarze Magie betreibt.

Die beiden Professoren der Theologie Jakob Sprenger und Heinrich Institores hatten festgestellt: »Man wird finden, daß unzweifelhaft Zauberer und Hexen durch die Kraft der Dämonen mit Zulassung Gottes Wundertaten, wirkliche, nicht eingebildete, vollbringen können.

Wird doch mit Recht der ein Ketzer genannt, der irrt in der Auslegung der Heiligen Schrift.«

Waren da nicht genug wundertätige Heilungen dieses Doktors aus Einsiedeln. Und waren da in den Vorlesungen nicht auch genug Versuche, die Heilige Schrift anders auszulegen.

Aber hier ist Basel, jenes schöne, helle, aufgeklärte Basel vom Winter 1527.

II

Als Verena in die Stadt kam, da war ihr Mann schon gestorben. Theophrast hatte gesagt: »Jetzt müssen seine Gedanken vor Entstellungen gerettet werden.«

Sie hatte ohne Tränen sehr aufrecht vor ihm gestanden und es als einen Auftrag angenommen. Dann aber, als sie begriffen hatte, wie endgültig der Abschied war, schlug sie jeden Trost aus.

Sie war auch an dem Gasthaus »Zur roten Kanne« vorbeigekommen. Man hatte ihr zugeflüstert: »Ehemals war Anna Wehrlich die Wirtin. Sie ist angeklagt wegen Zauberei und Hexerei und Ketzerei. Jetzt sind hier andere Besitzer.« Verena war eingetreten und hatte das alles gesehen. Mitten unter den Gästen die Dame, dick, mit quellenden Brüsten, im roten, kurzen Kleid, schon alt, aber noch schön das Gesicht. Vor aller Augen setzte sie sich in den Schoß des einen Mannes, eines anderen Mannes dann wieder und schrie vor Glück. War das Glück? Verena war aufgetan wie eine Wunde, verursacht durch alles, was sie sah. Und alles erstarrte, blieb stehen zu einem Bild. Zu vielen Bildern. Die rote, dicke Frau, das quellende Fleisch und die greifende Hand, die sich vergebens müht, das Fleisch einzufangen.

Die Wunde konnte nicht zugehen, weil immer wieder

neue Bilder sich auf die alten türmten, sie auslöschten, mit ihnen verschmolzen zu anderen.

Und dann: Ist das mein Kleid, das da über die Schenkel hochfliegt? Kommt diese Hand zu mir? Abscheu vor der Hand. Wunsch nach der Hand. Neid oder Verachtung. Was ist Reinheit? Da stehst du, Verena, mit einem Liederbuch, mit deinem Liederbüchlein in der Hand und wolltest rein durch die Welt gehen, in Hingabe für die anderen, die Armen und Bedrückten. Was aber ist Hingabe? Erlösung. Was ist Erlösung, für wen?

Warum mußtest du in dieses Gasthaus gehen und unter die Leute, nach dem Tod deines Mannes? Warum hast du dich nicht irgendwo vergraben? Diese Leute da alle lachen und reden jetzt schon nicht mehr von der Hand auf der Brust. Sie haben das vergessen, es ist für sie ein Gelächter, nichts mehr. Auch die Worte haben sie vergessen, die der Mann schrie: »Ihr da, ihr seid alle nur Zuschauer, das ist das einzige, was ihr könnt, glotzen.« Aber auch da hatte er schon geirrt, denn diese Frau war ja von Schoß zu Schoß gegangen. Niemand war unter ihnen, der nur hingesehen hatte. Alle hatten eingegriffen.

Hans Dencks Schriften. Verena ging zu Frau Froben und fragte, ob in der Druckerei nicht Handschriften von ihrem Mann lägen, sein letztes Bekenntnis, das wirkliche Glaubensbekenntnis. Sie erfuhr, Oekolampad hat alles. Es wurde ihr noch draußen vor der Tür zur großen Stube gesagt. Sie hat verloren, und sie könnte gehen, weggehen aus diesem reichen Bürgerhaus. Aber sie bleibt noch, und Frau Gertrude bittet sie herein.

Es gelang Gertrude nicht, den gleichmütig geläufigen Ton beim Reden zu behalten. Ihre Stimme wurde heiser, leise. Sie war es, die fragte: »Haben Sie etwas von Carlin gehört?«

»Nein«, sagte Verena, blickte nieder auf den großen, weichen Teppich, die Laune einer reichen Bürgerfrau, dachte sie. Da hat sie Carlin reden hören und kriegt ihn nicht mehr weg aus der Erinnerung. Unvermittelt bückte sie sich, schnürte ihre Schuhe auf, zog sie aus, sagte: »Verzeihung, ich hab vergessen, barfuß in Ihre gute Stube zu kommen, auf Ihren schönen Teppich.« Und da war die Kluft zwischen ihnen. Da war es ihr hingesagt, und wenn du, werte Frau Froben, tausendmal die Predigten der Unseren hörst, so bist du tausendmal wieder weggegangen. Der Hauch des Wohlstands bewegte dich stärker als der Atem der Empörung.

Frau Gertrude ließ es geschehen, daß die andere ihre Schuhe auszog vor ihr.

Was willst du, Verena, barfüßige Frau, in der fremden Stube, was willst du?

Da stand mitten in der Stube der große Schrank mit den Büchern aus der Werkstatt des Hauses Froben. Die Bibel, schöne Druckbuchstaben, glanzvoller Einband. Schriften von Erasmus. Von deinem Hans Denck, Verena, wird in diesem Schrank nichts stehen. Von denen, die du liebst, wird in diesen Schrank nicht ein Buch aufgenommen werden. Es ist sinnlos, Frau Froben zu fragen: Und warum drucken Sie nicht wenigstens die Vorlesungen des Doktors Theophrastus von Hohenheim? Es war sinnlos, aber Verena fragte trotzdem. Ihr war es, als müsse sie für diesen einen nun hervortreten und kämpfen. Und sie fand es besonders schwer, weil es eine Frau war, mit der sie da zu kämpfen sich vorgenommen hatte.

»Sehen Sie«, sagte sie, »es müßte ein leichtes sein, eine Sammlung dieser Vorlesungen zu bringen. Das Wichtigste ist ein gutes Vorwort, eine lange Zueignung mit starken Wendungen des Dankes, zum Beispiel an die Stadt

Basel, an die Universität. Sie kennen das, wie man das macht.«

Was willst du kämpfen gegen dieses dünne Lächeln?

»Ich kann das nicht entscheiden«, sagte Frau Gertrude.

»Aber wer entscheidet es dann?«

Das dünne Lächeln und die ungeheure Entfernung.

Zieh dir doch deine Schuhe an, Verena, und geh weg. So ist das nicht zu machen. Die Frau wird sich mit dir nicht verbünden, und die Frau wird dir auch nicht erklären, warum sie etwas tut und warum sie etwas nicht tut. Sie ist ja nicht böswillig. Aber sie kann sich dem Zwang der kalten Liebe nicht entziehen. Niemand druckt den Theophrastus. Warum ausgerechnet soll das Haus Froben drucken? War er nicht bei Froschauer in Zürich? Warum hat der denn nicht zugegriffen.

Verena sitzt und wartet nun in Oekolampads Haus. Sie will selbst noch einmal lesen, was Hans Denck als letztes geschrieben hat: Denn ich allein bin es, die seine Gedanken ganz genau kennt und weiß, ob etwas verändert wurde. Da saß sie, eingelassen zwar in das Haus, sie saß in der Diele, aber alle Türen waren verschlossen. Sie saß auf einer kleinen Bank und hatte ihr Gesicht in den Händen vergraben und weinte, weinte lautlos und ohne Tränen. Sie saß ganz allein, um sie herum nichts als Gegenstände, aber keine Menschen. Da waren drei Türen. Drei Türen, verschlossen. Drei verschlossene Türen und weiter nichts. Angst vor der Verlassenheit schlug über ihr zusammen, und sie ging. Und überlegte nur, was Hans Denck gesagt hätte. Was sind schon, hätte er gesagt, drei verschlossene Türen, da es doch auf der Welt so viele Türen gibt. Freue dich über jede verschlossene Tür. Sie enthebt dich der Mühe des Eintretens.

Und was wäre gewesen, hätte Oekolampad sie eingelassen? Warum hast du es nicht darauf ankommen lassen. Warum hast du nicht die Geduld aufgebracht. Warum konntest du nicht noch eine kleine halbe Stunde warten. Du bist davongelaufen. Weggelaufen. Geflohen. Warum denn?

Dann gab es noch diesen einen, über Basels Grenzen hinaus bekannt als ein rechtlich denkender Mann, als ein erfahrener in allen Rechtsangelegenheiten. Manches Mal war da draußen unter den Denck-Leuten die Rede gegangen, man müßte Bonifacius Amerbach für uns gewinnen. Man müßte ihn so weit überzeugen können, daß er öffentlich eintritt für uns.

Es war schwer für den schönen Bonifacius Amerbach, sich dem Feuer dieser Frau zu entziehen. Über ihr lag gleichzeitig beides, der Wunsch, einsam zu sein und den Tod des Mannes zu betrauern, und der Wunsch, mitten unter die Leute zu treten, zu predigen und zu sagen, wer das war, ihr Hans Denck.

Noch nie hatte Bonifacius, der erfahrene Frauenkenner, das erlebt, er redete mit ihr wie mit keiner sonst.

»Ich weiß es, in Wirklichkeit ist die Basler Universität, um Einfluß auf den Lauf der Welt zu nehmen, zu klein. Ich jedenfalls habe es aufgegeben, über den Bereich Basel hinaus zu wirken. Ich sammle Bilder. Jeder Mensch hat einige Kreise, in denen er sich bewegt. Ich habe die meinen genau abgegrenzt, die Arbeit an der Hochschule, das Haus mit meiner Frau und die Vorstadt, Sie verstehen.

Das sind drei Kreise, die miteinander nichts zu tun haben. Nur sie haben alle eine Gemeinsamkeit, ich bin der Mittelpunkt. In jedem Kreis bin ich ein anderer und spiele das Spiel, das mir aufgezwungen wurde oder das ich mir ausgesucht habe, was in diesem Fall einerlei ist.

Ich spiele den guten Hausvater, der bedacht ist, seinen

Besitz zu umgrenzen. Ich lasse mir von meinen Hunden die Hände lecken. Ich gehe ohne Gewissensbisse in meinen anderen Kreis hinüber, in das ruhige, kleine Gärtchen in der Vorstadt, und kann mit ihr reden und lieben, und verlasse auch sie ohne Bedauern und gehe zu meinen Studenten und lehre sie über das Recht, das ewige, alte, unwandelbare Recht. Aber einen Sinn, Frau Verena, ich weiß nicht. Die beiden Frauen überlegen schon, wie sie sich nach meinem Tod einrichten. Wer das Haus bekommt und wer das Gärtchen in der Vorstadt. Wenn das der Sinn meiner Arbeit sein soll?«

»Haben Sie das immer gedacht, von Anfang an, als Sie denken konnten?«

»Ich glaube, ja. Zuerst bemerkte ich, daß ich ein sehr guter Spieler bin, Sie verstehen. Glücklicher Gemahl, erfolgreicher Professor, gütiger Vater, geschickter Bildersammler, einsichtiger Hundefreund, Weinkenner, zärtlicher Liebhaber. Ich suchte einmal den Sinn des Lebens. Ich weiß gar nicht mehr, ob ich den Sinn des Lebens noch suche. Es hat niemand vermocht, ihn mir zu erklären – vielleicht sind es Pferde.« Und dachte noch einmal an seine vergangene Liebe zu Suselin.

Verena sah seine Schönheit. Und sah, das ist nicht der Mensch, nicht der Freund, um den ich meine Arme legen kann. Nicht der Mensch, bei dem ich weinen kann. Weinen über mich und über alles. Der mich fragt: Warum weinst du? Ich muß keine Begründung für meine Tränen suchen.

Heute weine ich ja nicht über das, was heute ist. Ich weine über die verlorene Schlacht von gestern. Ich weine und frage: Ist wirklich alles sinnlos? Und du bist nicht derjenige, der mich herausführt aus dem Tal der Traurigkeit. Wenn du das bestätigst und sagst: Ja, es ist sinnlos.

Sinnlos alles. Der Morgen, der Abend, der Tag, die Nacht. Sinnlos jede Arbeit, jedes Bemühen, gemessen an der Ewigkeit oder an deiner Unlust. Sinnlos jede Geburt. Sinnlos jeder Tod. Sinnlos jeder Gedanke. Sinnlos die Sehnsucht. Sinnlos die Liebe. Sinnlos das Glück. Sinnlos das Hoffen, das Aufstehen, das Zurruhegehen. Alles sinnlos.

Sinnlos, was war, was kommt.

Ja so. Du bist ein Knecht mit den Gedanken eines Knechts.

Du bist nie dort unten gewesen in dem Tal der blauen Einöde, wo sie das schöne Blau der Erde mißbrauchen. Ihre Vorzimmer, die Höllen für andere, damit ausstaffieren.

Zu dir kam ich, weil wir alle schon in Straßburg von dir geredet haben. Zu dir kam ich, um Trost zu suchen nach dem Ende von Hans Denck. Einige sagten, und ich dachte es damals auch: Er ist einer von uns. Aber ich will mich auch nicht demütigen lassen, von dir nicht. Daß ich sage: Deine Welt ist nicht meine Welt, setzt voraus, daß ich dachte, deine Welt ist meine Welt. Ich denke an die verlorene Schlacht von gestern und muß lernen, daß sie der Grund sein wird für die gewonnene Schlacht von morgen.

12

Es war nicht so leicht, den Prozeß gegen die Wirtin der »Roten Kanne«, Anna Wehrlich, vorzubereiten. Es gab, und daran hatte sich seit den Zeiten der verstorbenen Professoren Sprenger und Institores auch für Basel nichts geändert, drei Arten, den Prozeß zu beginnen. Die erste Art: Wenn jemand jemanden des Verbrechens der Ketzerei und Hexerei anklagt, indem er sich erbietet, den Beweis anzutreten, und indem er sich mit vollem Namen zur Strafe einschreibt, falls er es nicht beweisen kann.

Kein Richter war glücklich, einen Prozeß unter diesen Bedingungen führen zu müssen. Es bestand immer die Gefahr, daß der Denunziant bei den Beweisen versagt. Der Denunziant als Ankläger, das war nicht angenehm.

Die zweite Art stand ihm offen: Wenn jemand jemanden denunziert, jedoch so, daß er sich nicht erbietet, es beweisen zu wollen, noch teil an der Strafe haben will, sondern er sagt, er denunziere aus Glaubenseifer.

Bei dieser zweiten Art muß der Richter ermahnen, daß niemand meinen soll, er mache sich strafbar, auch wenn er bei der Beweisführung versagt, denn er bietet sich nicht als Ankläger, sondern nur als Denunziant an. Wenn er sagt, er habe es nicht gesehen, sondern gehört, muß er gefragt werden, von wem gehört, wo, wann, wie oft, in wessen Gegenwart.

Dann gab es die dritte Art: Wenn kein Ankläger oder Denunziant da ist, sondern das Gerücht in irgendeiner Stadt oder an einem Ort geschäftig ist, daß da Hexen seien. Dann hat der Richter vorzugehen.

Und so war es eben noch heute in Basel bei Anna Wehrlich. Die dritte Art war die gewöhnliche und gebräuchliche Art. Sie ist dadurch geheim, weil kein Ankläger oder Denunziant sich anbietet, nur das Gerücht ist da, und der Richter kann um des Gerüchtes willen, weil ihm die und die Kunde häufig zu Ohren gekommen ist, den Prozeß vorbereiten.

Nun war da das Gerücht, die Wirtin der »Roten Kanne« nimmt ihren Gästen vermittels einer Suppe die Männlichkeit.

Natürlich brauchte man Zeugen.

Und man konnte und mußte bei der Beschaffenheit der Zeugen sich an das Gesetz halten. Zeugen konnten sein Teilhaber und Mitwisser des Verbrechens, auch Ehrlose, Ketzer gegen Ketzer, Hexer gegen Hexer, jedoch immer nur gegen den oder die Beklagte und nicht für, auch Gattin, Söhne und Angehörige gegen und nicht für. Auch Meineidige werden als Zeugen zugelassen, wenn angenommen wird, daß sie aus Glaubenseifer aussagen.

»Wir« – und das war der anspruchsvolle Ton der Hüter des grauen Fasses – »bestimmen mit der Festsetzung, die für immer Gültigkeit besitzen soll: Der Richter, dem wir in jeder Weise eine Sache überlassen, fordert nicht notwendig eine Klageschrift, keine förmliche Einleitung. Er beschränkt die Zänkereien der Parteien, Advokaten, Anwälte sowie die überflüssige Menge der Zeugen.«

Da hatte man einen Zeugen, den Herrn Urban Schaffner, Wirt zu Sierentz, der hatte seinen Urin an einen Wahrsager in Freiburg geschickt. Der Wahrsager, nach Besichtigung des Leibeswassers, hatte festgestellt, eine Behexung liegt vor. Der Teufel hat sich der Wirtin »Zur roten Kanne« bemächtigt und ihr verderbliche Kräfte zur Schädigung der Männer verliehen.

Der Wirt Urban Schaffner sollte als Zeuge auftreten in diesem Prozeß, damit der Richter die dritte Art einhalten konnte, die dritte Art, bei der er ohne Umstände und ohne viel Aufhebens und ohne Formalitäten vorgehen konnte.

Vorzubereiten waren die Fragen an den Zeugen: Es sollten die Gründe der Bekanntschaft mit der beklagten Wirtin zum Ausdruck gebracht werden. Es sollte nach der Zeit der Bekanntschaft gefragt werden. Nach der Moral der Wirtin. Auch war es notwendig, zu wissen, ob aus der Verwandtschaft des Zeugen schon einmal einige wegen Behexung eingeäschert worden wären oder für verdächtig gehalten worden. Der Zeuge muß befragt werden, ob er mit verdächtigen Hexen vertrauten Umgang gehabt habe.

Aber konnte man dem Wahrsager aus Freiburg genügend Urteilskraft zubilligen?

Selbst das Gesetz riet zur Vorsicht: Mängel und Krankheiten, die man angehext nennt, sind auch den natürlichen Mängeln und Krankheiten ähnlich, das heißt denen, die aus einem Mangel der Natur hervorgehen. Wenn nämlich jemand lahm wird, erblindet, die Manneskraft oder den Verstand verliert oder auch stirbt, kann das aus einem Mangel der Natur entstehen, man darf das alles nicht ohne weiteres den Hexen zuschreiben.

Und das Gesetzeswerk wies ausdrücklich darauf hin, wie die Krankheiten unterschieden werden sollen, in angehexte und in natürliche: durch das Urteil des Arztes.

Da muß man sich auf den Arzt verlassen können. Seine Kenntnisse über Teufel und Dämonen müssen außerhalb jedes Zweifels sein.

Nein, es wird besser sein, den Stadtarzt Theophrast von Hohenheim nicht mit dem Prozeß gegen Anna Wehrlich in Verbindung zu bringen. Selbst wenn der um seine Männlichkeit klagende Urban Schaffner nicht schon so alt wäre, so gebrechlich, daß zu befürchten steht, er stirbt uns noch vor der Eröffnung des Prozesses weg, selbst wenn der Wahrsager aus Freiburg ein unantastbarer Sachverständiger in den Angelegenheiten der menschlichen Ausscheidungen wäre und sich außerdem bereit fände, nach Basel zu kommen und dort als Zeuge genaue Aussagen zu machen, wie der Teufel mit Hilfe von Dämonen sich der Hexen bedient, selbst wenn das ausführliche Geständnis der Beklagten vorläge, ja, ich habe als Brücke gedient zwischen Teufel und Dämonen, ich habe das entscheidende Kraut für die Suppe mit Hilfe eines der unteren Dämonen gewonnen, selbst wenn das alles dem Richter gelingen könnte, als entscheidenden Sachverständigen den Doktor von Hohenheim herbeizuziehen, könnte er nicht wagen. Bei aller persönlichen Bewunderung für den großen Mann.

Bei dem Eifer der Nachschreibenden ist die Wahrscheinlichkeit sehr gering, daß Äußerungen über den Teufel bei öffentlichen Vorlesungen an der Universität dem Gericht nicht bekannt wären. Es müßte ein unverzeihlicher Fehler des Richters sein, wenn in seinem Prozeß der Sachverständige auftritt und sagt: Das Ziel des Arztes ist das lange Leben des Menschen. Gott will unser langes Leben haben. Darum versorgt er uns mit mancherlei Hilfe. Wenn du in einen Graben fällst und dir hilft ein Mörder heraus, so hast du dem Mörder nicht zu danken, das Geheiß Gottes hat ihn dazu getrieben. Für den Arzt ist es das Wichtigste, die Dinge zum Leben zu wenden. Mit dem Mittel, das zugegen ist: es sei der Teufel, es seien Geister oder dieser Mörder, was denn das Nächste ist.

Das kann sich kein Richter leisten, auch nicht hier in dem schönen Basel, einen Hexenprozeß, in dem der sachverständige Arzt sagt: Und sei es der ganze Teufel, durch den die Kunst in meine Hand kommt, so ist auch die Hilfe in meiner Hand. Jetzt ist es nicht mehr die Kunst des Teufels, sondern meine. Jetzt kann ich dem Kranken helfen und Gott Lob und Dank sagen.

Nein, es geht nicht, den Stadtarzt Theophrast mit dem Prozeß gegen Anna Wehrlich zu befassen. Er hat gesagt, und dem Gericht ist es glaubwürdig zu Ohren gekommen: Soll es Unrecht sein, wenn der Teufel vor mir stände und ich spräche zu ihm: geh und hilf mir aus dem

Graben, und es geschieht. Es gehört sich, daß einem der Teufel gehorsam ist, aber nicht umgekehrt.

Wenn etwas von unverständigen Leuten nicht begriffen werden kann, dann soll das darum keine Zauberei sein. Wir müssen mancherlei suchen, die Erde durchwandern und vielerlei erfahren. Und wenn wir alles erfahren haben, das behalten, was gut ist. Auch vom Teufel soll man die Kunst lernen und den Teufel liegenlassen. Die Ärzte haben es Christus und seinen Aposteln nachgetan und viele tausend Kranke gesund gemacht. Das kann kein Zauber sein. Es ist eine Kunst aus dem Licht der Natur. Wenn die Natur aus Eisen Kupfer machen kann, so liegen in ihr noch große Geheimnisse. Wenn wir gehörlos und stumm geboren werden, sollen wir darum gehörlos und stumm bleiben? Was soll gut sein an einem Menschen, der nichts weiß? Ein wissender Mann ist nie in der Verführung geblieben. Ihn hat auch niemand abergläubisch gesehen. Wo sind die Abergläubischen? Bei denen, die nichts verstehen.

Es erging dem Richter bei dem Durchlesen der Prozeßakten um Anna Wehrlich seltsam. Eine geraume Zeit lang wünschte er sich, der Doktor Theophrast möchte doch zu diesem Prozeß geladen werden als Sachverständiger.

Denn ihm als Oekolampadist war schon von Anfang an, seit die Stadt sich den Reformierten zugeneigt hatte, dieses Gesetz wie eine offene Wunde. Er hatte sich bemüht, eine Unterscheidung zu den Altgläubigen zu finden. Er hatte ja seinen richterlichen Ehrgeiz, und die Klammer des alten Gesetzes, Ketzer – Zauberer – Hexe, bedrängte ihn. Vielleicht wäre es ihm eine Hilfe gewesen, wenn dann eben in den Prozeßakten der Anna Wehrlich gestanden hätte: Gutachter Doktor Theophrast von Hohenheim sagt über die Zauberei: »Wenn eine neue Wissenschaft von denen, die nichts verstehen, mit ihren einfältigen Köpfen nicht ergründet werden kann, so sagen sie, muß es teuflisch und Zauberei sein.

Der Teufel kann nicht einmal eine Schüssel machen, die nicht zerbrochen wird, geschweige denn einen Menschen. Er kann nicht einmal einen Zahn ausbrechen, geschweige denn eine Krankheit heilen. Es ist ihm auch nicht möglich, ein Kraut anders zu machen, als es ist, weder etwas dazu- noch davonzutun. Er kann auch nicht zwei Menschen zusammengeben, geschweige denn, daß er machte, daß sie einander lieben oder nicht.«

Neue Vermutungen und Gerüchte über Hexenunwesen kamen in die Richterstube, gleich eine Anhäufung von drei Fällen im Dorf Pfeffingen, einige Wegstunden von Basel entfernt und durch ein Übereinkommen mit dem Bischof der Stadt zugehörig. Der Richter fand die Namen auf einem Blatt aufgeschrieben vor: Gilge Glaser, Agnes Salathe, Ita Lichtermut, drei Bäuerinnen.

Da galt es abzuwarten, nachzuforschen, die Verhaftungen vorzubereiten. Eingedenk der Vorschriften im alten Gesetz: »Durch das Aufrollen der Fragen nach Ketzerei darf niemand das Volk erregen.«

Erst wenn es offenkundig nach Hexenketzerei riecht, man konnte aber auch sagen, schmeckt. Es war schwer, das richtige Wort dafür zu finden. Erst wenn man genügend Einsicht hat, vielleicht.

Und kam denn auch hier nach der Erneuerung noch der alte Satz über den Verdächtigen in Frage: ». . . weil er bereit war zur Besserung.«

Brauchen wir in Basel die Besserung von drei Bäuerinnen? Wir werden ihnen alle Fragen vorlegen:

Woher sie kommen. Wo sie geboren sind. Wer die Eltern sind. Ob sie noch leben oder gestorben sind. Wie sie gestorben sind. Eines natürlichen Todes? Wo sie aufgezogen wurden. Mit wem sie am meisten verkehrten. Ob sie verheiratet sind. Mit wem sie verheiratet sind. Ob die Männer noch am Leben sind. Ob sie eines natürlichen Todes gestorben. Warum sie den Ort ihrer Geburt verändert. Warum sie sich an dem und dem Ort aufgehalten haben.

Alle drei waren gemeinsam angeklagt, sie hätten durch Zauberkräfte den Prädikanten von Pfeffingen, Herrn Jakobus, blind machen wollen. Sie hätten aber nur bewirkt, daß ihm das Gesicht geschwollen und die Haare ausgefallen waren.

Von Gilge Glaser wußte jeder, sie hatte die sechs kleinen Kinder ihrer Schwester Ursel zu sich genommen und aufgezogen. Diese junge Frau Ursel war ertränkt worden, angeblich wegen Zauberei. Und ihr erster Mann war auf das Rad geflochten und umgebracht worden. Unbußfertige Bauern.

Schon in dem alten Gesetzeswerk war die Frage, wie lange die Hexe beim Ableugnen aller Schuld im Gefängnis zu bewahren sei, in das Ermessen des Richters gestellt. Es konnte Jahre dauern, bevor ein Prozeß begann. In die Protokolle nach den verschiedenen Verhören wurde nicht jedesmal die Bezeichnung Hexe gesetzt, man konnte auch ab und zu lesen: die Einzuäschernde.

Der Prozeß, in den der Stadtarzt Theophrast von Hohenheim verwickelt wurde, war kein Hexenprozeß. Es ging um nichts Übernatürliches, es ging um Geld.

Der feinsinnige Domherr Cornelius von Lichtenfels hatte an einem guten Tag, vielleicht, um nicht das Bewußtsein, ein Schuldner eines Mannes sein zu müssen, den man immerhin als Cacophrastus bezeichnet hatte, als einen unsauberen Geist, einen gefährlichen Dämon, also er hatte dem Doktor sechs Gulden geschickt. Statt der zugesagten hundert.

Da sitzt du nun, unabhängiger Richter in der freien Stadt Basel, in der Stadt der Humanisten, und sollst Recht sprechen und wirst Recht sprechen.

Es war dieses ergreifende Bild, der Richter und seine Beisitzer in der ruhigen Würde ihres Amtes. Die Zeugen, Professoren der Medizin, unangreifbar im Bewußtsein ihres besonderen Standes.

Ich muß euch aus euren Kappen zaubern.

Bei Kenntnis aller Personen, die am Prozeß beteiligt sind, ist es unnötig, sich über den Prozeßablauf aufzuregen. Das Urteil stand bei Beginn schon fest: Der Domherr Cornelius von Lichtenfels hat recht.

Ist es verwunderlich, daß der Kläger den Richter beschimpfte?

Etwa in seiner Auslegung des 119. Psalms: Und besteht das Gesetz durch den Kaiser, Papst, Freiheiten, wie du willst, so wisse, daß diese Häupter niedergestürzt werden in den Abgrund der Hölle. Und da hilft ihnen keine der Freiheiten hervor. Es hilft auch keine Freiheit ihres Gesetzes, denn sie werden der Hölle zufahren so wie ihre Rechtsgelehrten und die Rechtsprecher. Und die Fürsten, Grafen, Herren, Doktoren, Ritter, Edlen müssen aus dem Rat treten. Denn wirklich, sie suchen nicht Gottes Gerechtigkeit, sondern ihre Gerechtigkeit.

Beschimpfte, etwa in seiner Auslegung desselben Psalms im 40. Vers: »Erquicke mich mit deiner Gerechtigkeit.« Woher nimmst du die Weisheit, auf die du schwörst, du Ratssau. Wenig lebst du und die, die dir den Eid geben, da rate dein Bestes. Was ist dein Bestes? Schuh flicken, Leder gerben und Schinderei. Falsches Maß ausgeben. Den Wein fälschen und die Gäste bescheißen. Stehlen und die Ehe brechen immer wieder. Das soll der Anfang der Weisheit sein? Du denkst nicht an Gott, nur an deinen hübschen, holdseligen, löblichen Namen, Herr Zunftmeister, Herr Bürgermeister.

Und ist es verwunderlich, daß über den Prozeßverlauf ein Protokoll fehlt? Ausgerechnet in diesem ordnungsliebenden Gericht, in dem alles über Anna Wehrlich, Gilge Glaser, Agnes Salathe, Ita Lichtermut sorgfältig zu Protokoll gegeben wurde.

13

»Wenn wir die Erde nicht zu meistern wissen, so meistert sie uns. Dann ist das wie mit einem Narren, der die Pferde nicht meistern kann.« Da er, Theophrast, ein Lehrender war, brauchte auch er ein System, ein Gebäude, in das seine Gedanken über diese Erde mit diesen Krankheiten eingefangen waren. Faßbar für die Lernenden.

Nun also wird er ihnen seine Pferde zeigen. Seine Einsiedlerpferde. Sie sind stark und schnell, sie stürzen nicht wild und ungezügelt, schäumend über die grünen Alpentäler. Jedes trägt seinen Sattel. Und jedes geht, wie ich es will. Für euch werden meine Pferde keine Zirkustierchen sein, an deren Sprüngen und Schrittchen ihr euch belustigen könnt. Meine Pferde treten hervor in geordneter Reihe. Denn die Medizin ist kein Geschwätz, und die Zeichen des Arztes sind Kenntnis und Erkenntnis.

Für das Gebäude seiner neuen Medizin setzte er vier Säulen. Als erste Säule die Philosophie, als zweite Säule die Astronomie, als dritte Säule die Alchimie und als vierte Säule die Redlichkeit des Arztes.

Die erste Säule mußte entworfen werden, so daß seine Hörer, wenn sie in der Universität vor ihm sitzen, ihn begreifen. Der Arzt muß aus der Natur wachsen. Was ist die Natur anderes als Philosophie. Was ist Philosophie anderes als die unsichtbare Natur? Einer, der die Sonne und den Mond kennt und weiß mit zugehaltenen Augen, wie die Sonne oder der Mond ist, der hat Sonne und Mond in sich selbst, so wie sie am Himmel stehen. Das ist nun die Philosophie, daß der Mensch, was außerhalb unbegreiflich ist, in sich selbst wie in einen Spiegel sieht. Vom Arzt wird verlangt, daß er einen Menschen so klar sieht, wie man durch einen destillierten Tautropfen blicken kann, in dem sich kein Funken verbirgt, der nicht gesehen wird. So offenbar sollen dem Arzt die Glieder im Menschen sein. Das ist die Philosophie, auf die der Grund meiner Medizin gesetzt ist. Nicht nur, daß du so den Menschen sehen sollst, sondern auch die Natur. Denn aus derselben Materie ist der Mensch gemacht. Also ist der Mensch ein Bildnis in einem Spiegel, eingesetzt durch die vier Elemente. Und wenn die Elemente zergehen, zergeht auch der Mensch.

Und die zweite Säule, die Astronomie, muß das Gebäude auch gegen den Angriff schützen, hier sei ein Magier am Werk. Ein Zauberer.

Die Erfahrenen sind keine Zauberer.

Nun ist das Herz nicht die Sonne noch das Gehirn der Mond. Wie willst du denn die Wärme der Sonne auf die Erde nehmen. Du hast keine Gewalt über sie, außer daß du dich mit dem Schatten ausrüstest oder in der Erde wie ein Dachs vergräbst. Der Arzt muß wissen, was der Himmel in uns wirkt. Aber wer will erkennen, was die Wirkung ist, der den Himmel in seiner Eigenschaft nicht erkennt. Wenn der Arzt nur vom äußeren Himmel weiß, so bleibt er ein Astronom und ein Astrologe. Wenn er's aber dem Menschen zuordnet, so weiß er vom zweiten Himmel.

Es ist im Menschen ein Firmament wie im Himmel, nicht aber aus einem Stück, sondern es sind zwei, denn die Hand, die Licht und Finsternis geschieden hat, und die Hand, die Himmel und Erde gemacht hat, hat das Untere im Mikrokosmos auch gemacht, aus dem Oberen genommen und in die Haut des Menschen eingeschlossen alles, was den Himmel begreift. Darum ist uns der äußere Himmel ein Wegweiser des inneren Himmels. Wer will denn ein Arzt sein, der den äußeren Himmel nicht erkennt, denn den äußeren Himmel, den sehen wir, der liegt uns vor den Augen. Aber der Himmel in uns liegt uns nicht vor Augen, sondern hinter den Augen. Darum können wir ihn nicht sehen. Wer sieht durch die Haut hinein? Niemand. Aber aus den Augen wächst der Arzt, und durch das, was er vor sich sieht, sieht er, was dahinter ist. Das bedeutet, mit dem Äußeren sieht er das Innere.

Mit Sorgfalt und Gründlichkeit und äußerster Klarheit, damit jedes Mißverständnis auszuschließen sei, richtete er die dritte Säule auf: Alchimie.

»Es gibt welche, die sagen, Alchimie soll Gold und Silber machen. Ich mache die Heilmittel und richte sie gegen die Krankheiten.«

Das ist nicht wie ein Vergraben in eine andere Welt. Basel ist gegenwärtig. Das ständig wachsende Mißtrauen nach dem Tod Frobens. Das Wort Cacophrastus, das niemand weggewischt hat. Der Verdacht auf den Umgang mit Dämonen, mit den bösesten, den niederen.

Ich kann jetzt nicht in der Stadt herumrennen und nach Hilfe suchen, jetzt im Januar sind alle Rosengärten zugefroren. Ich will nicht vor euren Häusern stehen und darauf warten, ob ihr mich hereinlaßt und mit mir redet. Ich kann nicht zweierlei auf einmal, warten auf eure Gerechtigkeit und gleichzeitig arbeiten. Ich kann nicht über einen verlorenen Prozeß weinen. Ich muß arbeiten, da die Tage eines Menschen kurz bemessen sind.

Die vierte Säule für das Gebäude muß errichtet werden, auf vier Säulen will er fußen. Die vierte Säule, die Redlichkeit. Die bleibe beim Arzt bis in den Tod.

Ich rede nicht über eine Redlichkeit, die irgendwo im Himmel wohnt und nicht zu machen ist. Ich rede über die Redlichkeit hier auf Erden.

Und auch nicht so allgemein auf Erden, sondern hier in Basel. Hier, wo ich sehe: die Ärzte kommen aus Fuggers Laden und halfen das Holz abladen. Sie fahren mit den Bauern ins Holz. Die Hohen Schulen sollten sich schämen, daß solche Holzäpfel bei ihnen wachsen. Weil der Fugger dein Papst ist, so ziehst du in den Holzwald. Wäret ihr erfahren, so wüßtet ihr, was in diesen Rinden steckt. Der rote Hut und des Fuggers Krämerwagen haben das unnütze Holz gebracht, das ihr über eure Universitäten stellt. Statt Holz vom Fuggerschen Holzwagen zu brauchen, könnt ihr auch Eichenrinden oder Buchsbaum gebrauchen. Ihr fahrt gen Holz, weil es euch guten Lohn gibt. Fuderweis haben die Fugger das unnütze Holz eingeführt. Aber sowie es billig wird, hat es seine Kraft verloren.

Die Redlichkeit des Arztes, den Finger auf diese Wunde legen, ohne Angst.

Wo ein guter Arzt ist, da ist auch die Treue, die vollkommene, nicht eine halbe, nicht eine geteilte, nicht ein Stückwerk. Sowenig die Wahrheit geteilt und gemischt werden kann, sowenig auch die Treue. Das sind Dinge, die sich nicht teilen lassen. Ebensowenig wie die Liebe.

Denn Treue und Liebe ist eins. Worin aber liegt die Treue eines Arztes? Nicht allein, daß er den Kranken besucht, sondern daß er die Krankheit erkennt. Hier wird die größte Treue versäumt, daß einer nur auf den Namen sieht, auf die Pracht, auf den Schein, auf das Geschwätz. Das ist alles Untreue und außerhalb der Liebe. Die Treue liegt am Lernen und in der Erfahrung.

14

Für seine Huren sorgte Basel. Zogen sie aus mit dem Basler Stadtheer in irgendeinen Krieg, bekamen sie als deutliches Zeichen ihres Standes den schwarzweißen Rock, die Basler Farben. Und Schuhe. Kehrten sie heim, durften sie sich, gleich wie ein guter Söldner, von ordentlichen Beamten ihren Lohn auszahlen lassen.

Die fahrende Tochter Klara war heimgekehrt auf den Kohlenberg zu Mutter Ursula. Spät, in diesem Februar 1528. Wer etwas auf sich gehalten hatte als fahrende Tochter, war mitgegangen mit Frundsbergs Heer über die Alpen, beim Kriegszug gegen Rom.

Fast alle waren schon zurückgekommen, hatten sich wieder eingenistet auf dem Kohlenberg.

Nun versammelten sie sich um Klara. Sie war die letzte, die den Frundsberg gesehen hatte. »Warst du auch in Frundsbergs Schloß in Schwaz?«

»Ja, ich war auch in seinem Schloß in Schwaz. Da hieß es immer, der General sei gegen den Kaufherrn Fugger. Es war nicht so. Vielleicht am Anfang, aber dann nicht mehr, spätestens in diesen Tagen, als sein Schloß gebaut wurde in Schwaz.« Und Klara bekam verträumte Augen: »Die Kirchentür geöffnet und über den Friedhof hinausgeschaut, hinauf zum Schloß. Das schöne neue Haus auf dem Berg, den der Fugger ihm gern überlassen hat.«

»Wer baut es ihm?«

»Bauleute des Fugger.«

Die guten großen Keller zuerst. Für Wein und – unbußfertige Gäste.

Man mußte immer damit rechnen, daß es zu Mißhelligkeiten mit den Gästen kommen konnte. Mit Bauern ohnehin. Und die großen Zimmer. Weiter Blick von oben ins liebliche Tal der Inn und auf die Kirche, die zur Einigkeit anhält. Herrliche, kluge, überlegte Einheit. Einigkeit des gutmütigen Herrn Fugger, Altgläubige und Neugläubige nebeneinander. Schöne Sparsamkeit eines väterlichen Kaufmanns. Schöne Väterlichkeit, die gern alles unter einem Dach sieht. Das ist überschaubarer, auch billiger. Eine Kirche, nicht zwei. Das nimmt auch nicht soviel Platz weg.

Sicherlich, die fahrende Tochter Klara zeigte auch die große Wunde. Ein Messerschnitt am Schenkel, schlecht verheilt.

Die alte Ursula meint: »Das ist noch nicht in Ordnung. Der Doktor Theophrast muß sich das anschauen.«

Susanna, die Schwarzhaarige, Amerbachs Suselin gewesen, verheiratet gewesen, aber schon wieder verwitwet und zurückgekehrt auf den Kohlenberg, will es genau wissen: »Wie ist Frundsberg?«

Das, bitte sehr, ist Frundsberg und seine Zärtlichkeit. Die Zärtlichkeit seiner sanften Hand. Wer will denn das verschweigen, wie er im Feldlager sich um die blessierte fahrende Tochter Klara kümmerte. Längst war der Feldchirurg gegangen. Als er, der Frundsberg, ins Zelt trat, wollte die Verletzte aufspringen und Platz machen. Er aber faßte sie sanft an ihren Schultern: »Du kannst ja gar nicht stehen, noch nicht. Leg dich hin.« Setzte sich zu ihren Füßen, holte gewohnheitsmäßig sein Messerchen aus der Tasche und ein Stück Holz und begann vor sich hin zu schnitzen. »Wieviel Kinder hast du?« fragte er nach einer Weile. Da sie nicht antwortete, sah er zu ihr hin, bemerkte, wie sie dalag mit geschlossenen Augen, wie eine Tote. Eigentlich schön das Gesicht. Vielleicht war sie tot. Manches brachte Frundsberg in diesen Tagen, da er älter wurde, durcheinander. Wer auch kann sich die tausend Geschichten um den Abt von Sponheim, den Erfinder der weißen Magie, merken. Frundsberg jedenfalls erinnerte sich: Sponheim hat einmal eine Tote zum Leben erweckt. Aber welche Worte? Großer Gott, welche Worte öffnen die Tür? Oder sind es keine Worte, sind es die Hände? Er versuchte beides. Er legte Messerchen und Holz beiseite, ganz sacht berührte er mit einer Hand ihr Knie, zog mit dem Finger regelmäßige Kreise darum und redete und redete immer wieder vom Tod. Die Geschichte seiner Gewalt, tausendfach Tod gebracht und verschuldet. Nun soll der Beweis gelingen, Frundsberg kann auch den Tod besiegen.

Er versenkte sich in den angenehmen Zustand einer herablassenden Rührung: da sitzt nun der große Frundsberg und nimmt sich die Zeit für die Rettung einer Frau.

Noch mit geschlossenen Augen, aber mit dem wissenden Lächeln der oft Geschlagenen und am Ende immer Überlegenen sagte Klara: »Du willst mit mir schlafen. Du kannst es wohl jetzt nur noch mit Kranken. Wegen der Schwäche. Pack dein kleines Schnitzmesserchen weg, Schorchel. Für mich brauchst du kein Spielzeug zu schnitzen, und meine Kinder sind schon alt und weggelaufen. Die spielen mit deinen kleinen Holzpferdchen auch nicht mehr.«

Es verschlechterte sich mit Klara, das Fieber kam.

Sie lag allein. Aber sie war nicht ohne Hilfe, wie denn auf dem Kohlenberg niemand verloren sein kann.

Der Mann aus Einsiedeln mußte nicht erst gebeten werden, hinzugehen. Er wußte, wo seine Kranken und

Leidenden auf ihn warteten. Er ging zu Klara. Sie lag da sehr schlaff, aber vor seinen Augen wie die Tauperle. Er brauchte ihr nicht den Puls zu fühlen, er mußte die Wunde am Schenkel nicht noch einmal sehen. Bei Frau Ursula hatte er Anweisung gegeben, welche Getränke und welche Salben sie bekommen sollte. Und die Zutaten für die heilenden Getränke und die Wundsalbe hatte er selber bezahlt.

Sie erzählte ihre Geschichte. Sie hatte die Augen geschlossen, sie spürte, daß er ihr nichts glaubte, kein Wort. Sie redete trotzdem. Sie hatte gewartet, daß einer ihr zuhören würde, noch im Leben. Ihre Geschichte, wie sie, die Bauerntochter, zu dem schwarzweißen Rock gekommen war. Doch es gab Dinge, die man nicht im Beichtstuhl sagte, sagen konnte. Ein Morgen, im Dorf Pfeffingen, Heimkehr vom Tanz. Ein Ackerrand und fahler Dämmerschein weit weg, woanders. »Aber hier bei mir drei Kerle. Mönche. Sie berühren meine Brust nicht. Warum berühren sie nicht meine Brust? Finger sind an meinem Hals. Nimm doch die Finger von meinem Hals.

Er nimmt die Finger von meinem Hals. Ihr seid nur drei. Nur drei. Mehr. Warum seid ihr schon müde. Es sollte nicht enden. Zerrissen werden. Wie ein Tier von Tieren. Eure Zähne schlagen auf meine Zähne. Und ihr gebt mir den Schmerz, der fast vernehmbar ist wie ein hoher, ganz hoher Ton. Jener letzte Schmerz, der schon ein Tod ist.«

Er stand am Bett, sagte nichts. Und hatte das Freundliche, Aufmerksame in den Augen, hörte zu.

»Trost suchen an dem Boden. Da gehen deine Hände über die Erde, da ist Blut.«

Er sagte: »Der Mensch stirbt manchen Tod.« Da war ihr nicht mehr zu helfen. Und kannte ihr Verlangen. Er ging zur Tür. Kehrte um, faßte ihre Hand, hielt sie, nicht lange. »Aber du bist doch wieder aufgestanden«, sagte er. Nicht mehr.

Das war ihr noch nicht begegnet.

»Du bist ja wie ich«, sagte sie, »du bist genau wie ich. Du weinst, wenn ich weine. Du bist so verletzlich wie ich. Sie haben mich geschlagen, und du verstehst mich. Du wirst noch jetzt deinen Arm schützend vor mich halten. Nicht für die vergangenen Schläge. Nimm mich mit, wenn du aus der Stadt gehst. Nimm mich mit, bewahre mich vor den Schlägen, die noch kommen werden.«

»Ich gehe nicht weg. Warum denn?«

Am anderen Tage kam er wieder.

»Diese Nacht habe ich von dir geträumt«, sagte sie. »Ich habe geträumt, ich müßte sterben. Ich sagte deinen Namen und sah, du hieltest drei Fäden in deiner Hand. Drei gleiche Fäden und noch einen dazu, der etwas dikker war. Diese Fäden hielten mich gebieterisch am Leben. Ich wollte aus dem Leben hinaus, weggleiten, ich wollte sterben. Aber ich wollte im Sterben nicht allein sein, ich wollte deine Hand halten, ich hatte Sehnsucht nach deiner Hand, eine große Sehnsucht.

Andere hielten meine Hand.

Ich sah einen dunklen Sumpf, viele, viele Jahre zurück, und große Tiere lebten in dem Sumpf, ohne Kopf und ohne Augen, ohne Schwanz. Nur Körper, dicke, braune Körper, glatt, sehr feucht, kalt, und sie atmeten. Also da mußt du hinein, in diesen Sumpf. Ich war kein Tier unter ihnen, aber ich begriff, ich würde so werden. Und ich sehnte mich danach, so zu werden. Doch da waren die drei Fäden, und die hielten mich zurück. Ich aber wollte so sehr in diesen dunklen Sumpf. Dann war es wieder klarer Tag. Schmerzen. Ich wollte sterben, aber du solltest wenigstens kommen und dasein. Und ich sah den Himmel. Er war über mich gestülpt, nicht wie eine Glocke, nicht wie eine Kugel, aber mit deutlichen Grenzen oben und unten, und der Himmel war wie ein zerknittertes Papier, silbern, unfreundlich, kalt. Aber ich wollte mit dem Silbrigen verschmelzen. Darin aufgehen. Es war ein so starkes Begehren nach diesem Verschmelzen, daß es die Seligkeit sein würde, könnte ich dort hin. Aufwärts. Aufwärts in die Kälte. Aber wieder waren da die Fäden, drei und noch einer dazu. Du hieltest sie sehr fest. Gegen das sehnsüchtige Streben und Ziehen hielten sie an und hielten.«

Und sie hatte ihren Rock in den Farben der großmächtigen Stadt Basel, schwarzweiß. Und sie hatte ihn ordentlich über den einzigen Stuhl im schmalen Zimmer gebreitet. Ordentliche Welt mit dem fest eingefügten Platz für die zurückgekehrte fahrende Tochter.

15

Sie sagten über den Doktor Theophrast:

Er ist ein Verführer des Volkes.

Er ist mit dem Teufel im Bunde.

Er hat seine Kunst von bösen Dämonen gelernt.

Er ist ein Magier. Ein Zauberer.

Bei der Verhaftung im eigenen Haus darf dem Einzuäschernden keine Zeit gelassen werden, in eine Kammer zu treten, weil der Verdacht besteht, er nimmt dort Zaubermittel.

Der Richter möge die doppelte Einkerkerung beachten, die eine zur Strafe, die andere zur Bewachung.

Wenn also die Knechte vom Rathaus in die Stube deines Lehrers treten, kannst du nicht sagen, Oporinus: Das habe ich nicht gewußt. Das habe ich nicht gewollt.

Du hast alles getan, um diesen Augenblick herbeizuführen. Du hast dich fragen lassen und hast ihnen genau berichtet: Ja, er hat auf der Hohen Schule nicht mehr in Latein gelehrt. Er hat die Bader und Scherer eingeladen in diese heiligen Räume, sonst hoher Wissenschaft vorbehalten, damit sie auch lernen sollten.

Ja, er hat in jeder Vorlesung gesagt: Fragt bei den Bauern, die wissen es besser als ihr, die ihr nur am Buchstaben hängt. Ihr sagt, es steht nicht in den Büchern, also kann es auch nicht sein.

Ja, er hat das Lehrbuch der alten Medizin ins Feuer geworfen. Du hast daneben gestanden in diesem schönen Sommer, Schüler Oporinus. Und du kennst am besten seine Beschwörung des Tierreichs. Er hat es dir fast täglich so eindringlich gesagt, daß du die Professoren kaum noch anders wahrgenommen hast; du hast gesehen, was er gesagt: Da sind Blindschleichen und Moldwürmer, Molche, die in euren roten Kappen und mit Hagedorn gekrönten Häuptern nisten.

Und was willst du dann machen, Oporinus, wenn du im Prozeß als Zeuge aussagen sollst zu der Frage, ob ein Zauberer sich mit den Menschen zu schaffen machen kann, indem er sie durch Gaukelkunst in Tiere verwandelt.

Was willst du sagen, wenn sie dich fragen, wo die Tiergestalt sei, im Sinn oder in der Wirklichkeit oder in der Luft. Was willst du entgegnen, wenn sie dir mit dem alten Gesetz und mit den Worten des Kirchenvaters Augustinus beweisen, es ist möglich, daß der Teufel die Phantasie des Menschen täuschen kann, daß der Mensch als ein wahres Tier erscheint.

Sie werden dich nicht fragen, wie macht er denn die Tiere? Sie wissen es, es steht in ihrem alten Gesetz, sie sagen es dir: Der Dämon verwandelt nicht durch die fühlende und vorstellende Kraft, sondern er verwandelt durch Umgestalten. Er tut es nicht durch Teilung der Substanz des Organs, weil sonst ein Gefühl des Schmerzes folgte, sondern durch Bewegung der Geister und Säfte.

Es ist nicht die Frage, wer hat ihn denn Cacophrastus genannt. Es ist das Wesentliche, daß er Cacophrastus genannt wurde. Dämon.

Und es wird dir, Schüler, vorgehalten werden, wenn du bei diesem Prozeß in den Zeugenstand trittst: Die Dämonen vollbringen alle ihre Taten durch Verstand und Willen. Was den Verstand anbetrifft, durch dreifältige Schärfe des Wissens sind sie stark, durch Subtilität der Natur, langjährige Erfahrung.

Der Wille des Dämons haftet unbeweglich am Bösen. Immerzu sündigen mit den Sünden des Übermutes.

Der Dämon erkennt die Gedanken unserer Herzen.

Und wenn du fragst, was ist ein Dämon, wird dir vorgehalten werden: Ein unreiner Geist, wenn auch nicht unsauber von Natur, ihm wohnt inne sinnlose Begehrlichkeit, schrankenlose Phantasie – nämlich bezüglich der geistigen Sünden –, Stolz. Vernünftig im Geiste. Immer auf neuen Trug bedacht. Sie verändern die Sinne. Erforschen die Triebe. Stören die Wachenden. Schrekken die Schlafenden. Verwandeln sich in Engel des Lichts. Tragen immer die Hölle bei sich. Verlangen göttliche Verehrung. Zauberkünste geschehen durch sie. Über die Guten wollen sie herrschen. Sie suchen die Einheit der Kirche zu zerstören.

Und du wirst gefragt werden: Was haben Sie denn für diesen Ihren Lehrer Theophrast empfunden? Wie war es, als Sie ihn zu den Kranken begleiteten? Haben Sie da Neid empfunden oder Bewunderung, wenn Sie die Wirkung des Arztes auf die Leidenden sahen, wenn Sie das

Vertrauen spürten. Wünschten Sie sich dann: Ich möchte auch so werden wie er. Wie war es, wenn Sie mit ihm gemeinsam am Experimentierofen standen. Waren auch Sie dann von dem Wunsch beseelt, die Quintessenz zu finden, das fünfte Wesen, im Metall, in den Kräutern?

Und was willst du entgegnen, Oporinus, wenn man dich, den Zeugen, darauf aufmerksam macht: Wer einen Ketzer anbetet, ist selber ein Ketzer. Aber wer den Dämon anbetet, sündigt schlimmer als der, der einen Ketzer anbetet. Man wird dich fragen, und was geschieht mit demjenigen, der einem anhängt, der beides ist, Ketzer und Dämon?

Die Angst wandelte sich. Er sah ein, nicht er brauchte die Angst um sein Leben auszustehen. Er wird ja nicht gehört werden als ein Zeuge zugunsten der Verteidigung, sondern als ein Zeuge zugunsten der Anklage.

Und er begann einzusehen, die Richter und deren Helfer im Saal, die würden ihm nichts antun, die könnten ihm nichts antun. Aber draußen, auf der Straße vor dem Gericht. Da werden sie sich zusammenrotten, alles Gesindel wird vom Kohlenberg heruntergeschwemmt kommen. Und draußen wird das Gericht über ihn, den Schüler, einbrechen. Auf ihn werden sie mit den Fingern zeigen. Ihn werden sie bespucken. Und es wird zeit seines Lebens von ihm nicht weggehen: Er ist der Schüler, der seinen Lehrer auf den Scheiterhaufen brachte.

16

Aus der »Utopia«, herausgegeben von Erasmus von Rotterdam, gedruckt im Haus Froben: »Immer wenn sie mit der Macht der Vernunft gesiegt haben, wie es unter allen

Wesen nur der Mensch zustande bringt, feiern sie einen Sieg der Menschlichkeit und des echten Heldentums.«

Utopia. Großes U, das bedeutet nichts. Topos, das bedeutet der Ort. Kein Heim. Kein Platz.

Nicht erst jetzt und plötzlich und in dieser Nacht und nicht aus trunkenem Zorn oder wegen einer sonstigen Verdunklung des Gemütes wurde Theophrast von der Größe der Bedrohung überwältigt.

Als Wissenschaftler, der alles auf die Vernunft setzte, war er auch imstande, seine eigene Lage zu überschauen.

Es gab für ihn die Möglichkeit, es zu halten wie eine große Gruppe unter den Taufgesinnten. Sich dem Gericht anvertrauen und ruhigen Herzens das Urteil abwarten. Und mit gelassener Fröhlichkeit den Feuertod auf sich nehmen, der Welt zu beweisen, wie stark und wie furchtlos man ist. Mit der gewollten Hingabe des eigenen Lebens ein Zeichen setzen.

Nicht erst in dieser Nacht kam Widerwillen in ihm auf gegen dieses Sichhinopfern.

Warte, trag mit Geduld, und dann denk außerdem noch daran: Wer dir den Mantel nehmen will, gib ihm noch den Rock. Nicht widersetzen. Laß ihnen, was sie begehren. Laß sie bis an den nackten Leib kommen, und dann sei ein Lamm.

Das ist die letzte Verachtung der Obrigkeit. Das ist äußerster Stolz. Das ist sinnlos. Sinnlos für mich. Meine Aufgabe ist eine andere. Denen, die täglich Tausende Menschen verderben lassen, nicht einmal durch einen offenen Krieg, sondern durch ihre mörderische Art, Kranke zu behandeln, denen werde ich nicht auch noch freiwillig mein Leben dazuwerfen, daß sie es auslöschen und alle Spuren verwischen.

Mit mir soll es so nicht werden: Man wird dich aus

deinem Haus führen, dahin, wo du nicht willst. Andere werden über dich bestimmen, und du wirst so lange geschlagen und gefoltert werden, bis es dir gleichgültig ist. Das Buch, das du selber geschrieben hast und eifersüchtig verschlossen in deinem Pult, andere werden den Schlüssel nehmen, das Buch herausgreifen, es auf den Tisch legen, aufschlagen, darin blättern, darin lesen. Und sie werden ihre Bemerkungen machen. Aber dann wird mir auch das schon gleichgültig sein, weil sie mich mit ihren Fragen und Behandlungen zur Gleichgültigkeit getrieben haben werden. Das Buch, ein Stück Leben von mir, wird zuerst von mir abfallen wie ein Blatt. Ich werde nicht mehr die Hand ausstrecken können, es vor den anderen zu bewahren. Sie werden verändern, verschweigen können, was sie wollen, solange es nicht gedruckt ist.

Ich muß mein Leben erhalten, so lange, bis wenigstens die Arbeit über die Krankheit der Franzosen gedruckt ist. Und berichtigte sich selbst: Warum schon mit der Bezeichnung einer Krankheit auf andere Leute schimpfen, andere verunglimpfen. Auch das muß aus seinen Arbeiten heraus, das Hochmütige in der Sache. Krankheit, verursacht durch Beschäftigung mit dem Garten der Venus. Venerische Krankheit wird er die Seuche nennen.

Und doch war jeder Schritt aus der Stadt ein Schritt des Zweifels.

Hätte ich nicht bleiben sollen. Sind nicht jene, die sich von den Gerichten greifen lassen, dem Sieg der Wahrheit dienlicher, weil sie mit ihrem Leben für ihren Glauben einstehen, jene Demütigen unter den Wiedertäufern, oder treiben sie Mißbrauch mit ihrem Glauben? Kann man sie die mit Zaubersprüchen Versehenen nennen? Nicht daß sie von anderen Leuten verzaubert werden, sondern sie treiben sich selbst so weit, daß sie aus der Kraft ihres Glaubens sich selbst in das Feuer begeben. Mir kommt es vor, als wollten sie sprechen: Will uns Gott nicht zeichnen durch unser Wirken, so wollen wir es selber tun. Mir scheint, diese, die ihre Demut bis zur Selbstaufgabe steigern, haben ihre Vernunft so verloren wie Kranke, die mit dem Veitstanz besessen sind.

Ich bin nicht krank. Ich will mich nicht freiwillig ausliefern. Selbst die Heiligen haben sich nicht so schnell angeboten zum Sterben. Sie sind vor manchem Tod bewahrt worden und aus dem Gefängnis gekommen, denn sie haben Gott gefallen, weil er sie länger gebraucht hat. Die Heiligen haben vor dem Tod gezittert und sind mit schwerem Herzen zum Sterben angetreten. Aber diese tanzen und springen.

Und doch verglich er sich immer wieder mit ihnen, was er bisher mit niemand anders getan hatte.

Unterwegs hörte der Fliehende das rührende, hartnäkkige Gerede vom Prediger Carlin. Die Leute, bei denen er haltmachte, ihre Krankheiten zu besehen, klammerten sich an die Vorstellung, wie Carlin durch die Lande geht mit den zerschlissenen, niedergetretenen schwarzen Schuhen, mit dem dunkelgrünen Wams, das über der Schulter zerrissen war. Noch immer hatte sich keine Hand gefunden, es zu flicken. Helles, kurzes Haar und auch die Augenbrauen, dichte Augenbrauen, hell im harten Gesicht, in das die Falten tief eingekerbt waren.

Er war nicht schön. Auch um sein Kinn, wenn es nicht gut geschoren war, stand das gelbe Haar. Aber alles an ihm erschien zuverlässig, weil er nicht glatt war, nicht einmal seine Stimme klang glatt, in der Erregung manchmal etwas heiser. Und große, schwere Hände. Arme wie Flügel. Das Wort heute aus seinem Mund wie ein Peitschenschlag, wie ein Trompetenton, scharf und schnell.

»Wer hat ihn gesehen?«

»Ich.«

»Ich habe ihn gefragt: Wie heißt du? Und er hat geantwortet: ›Ich bin Bar Abbas.‹«

»Der Sohn des Vaters, nichts anderes.«

»Sohn des Vaters.«

Es war möglich, daß Carlin da durch die Lande zog, denn auch den Bar Abbas hatte man losgelassen, und er war immer unter den Leuten. Die einen hielten ihn für den Mann des gerechten Kampfes, für das Vorbild, dem man nacheifern mußte. Die anderen verschrien ihn als Mörder. Wieder andere mißtrauten ihm, weil er nicht gekreuzigt war oder aufgehängt in einem Käfig.

Viele aber liebten ihn.

Jedoch sie hüteten nicht die Fässer zur Tinte, nicht das Papier, nicht die Griffel. Sie bezahlten nicht die Schreiber und nicht die Aufpasser der Schreiber, sie hatten keinen Einfluß. Sohn des Vaters, du bist nicht schön, und wenn du predigst, gehen deine Arme wie Flügel. Aber wer kann dir widerstehen: Heute bete ich nicht, heute beten wir alle nicht. Heute müssen wir handeln.

17

Das darf er nicht. Das darf ein Arzt niemals. Wie konnte Theophrast die Stadt verlassen, in der Nacht. Doktor Truckenbrot empfand alles gleichzeitig: erstauntes Verwundern, Ärger. Er fühlte seine eigene Ehre angetastet. Jetzt war er nicht der Heitere, der Gelöste, der Trostsprechende, der seine geschliffenen Reden anbringen konnte: »Zur Stärkung Basels muß vieles verschwiegen werden.« Doktor Truckenbrot war auch verwundbar.

»Ist das sicher?« fragte er, »ist er wirklich weg, ohne Abschied?«

Lag denn etwas gegen ihn vor, daß er fliehen mußte. Zwingend. Was hätte er denn tun sollen? Sich am Krankenbett verhaften lassen? Ja. Und dieses Ja klang ihm selbst wie ein Gelächter. Ein Märtyrer. Wozu ein Märtyrer? Noch einer.

Er wußte nicht, ob er das Recht hatte, enttäuscht zu sein. Solange der andere durch Basel gegangen war und seine Vorlesungen gehalten hatte mit seiner Heftigkeit, mit seiner Gerechtigkeit, da war noch Hoffnung gewesen. Da war eben einer in der Welt gewesen, mit dem er sich verwachsen fühlte, weil er ihn bewunderte, weil er ihn beneidete, weil er wünschte, ich möchte das sein.

Und als, wie manches Mal am Abend, die kleine Suselin vom Kohlenberg in sein Haus tändelte, schrie er sie an: »Ich will nichts sein. Ich will niemand mehr sein.« Da war in ihm jede Zärtlichkeit gestorben.

Er fühlte sich sehr alt und schickte sie weg. Die Augen taten ihm weh. Die Angst, daß er nichts mehr sehen könnte, überfiel ihn ganz plötzlich. Dabei wußte er, es waren die Schmerzen über alles, was er gesehen hatte.

Und wieder schlug ihn der Neid: Ich war es nicht einmal, der ihn gewarnt hat. Irgend jemand wird ihm gesagt haben, vielleicht gerade, als er durch die Freie Straße mitten in der Stadt ging: »Was denn, der ist noch frei?« Ein anderer hat ihm die Nacht und die Stunde gesagt, wann es notwendig ist, Basel zu verlassen. Ein anderer hat ihm das Tor geöffnet, ein Pferd verschafft. Ich nicht.

Der Mann aus Einsiedeln wird sich nicht schonen. Er wird nicht auf das Wetter achten, nicht auf den Regen und die Kälte. Und wird wirken für die Gerechtigkeit. Er wird hingehen und den Leuten zumindest erklären, warum sie leiden. Er wird Menschen zurücklassen, die vielleicht weiter nachdenken werden. Und wie Doktor Truckenbrot verloren vor sich hin blickte, meinte er, dieser da müßte einen Leibarzt haben. Überlegte er, im Grunde mußte ich mit ihm gehen. Ich durfte nicht von seiner Seite weichen.

Er fühlte sich schuldig. Schuldig, weil er nicht imstande war, das Äußerste zu tun, mit Theophrast dort hinzugehen, wo die wirklich Kranken waren.

Er wußte sehr genau, was die schlimmste und größte Krankheit ist: nichts wissen. Nichts wissen als: der Tag kommt mit Helligkeit. Man muß sehen, wie man Essen und Trinken schafft. Der Abend kommt. Man muß sehen, wo man einen Platz findet, sich zur Ruhe zu legen. Dann wird ein Tag kommen, an dem man einen sucht, an den man sich klammert. Und es werden Kinder sein, die wieder nichts anderes wissen als: der Tag beginnt mit Helligkeit. Nun seht, wo ihr Essen und Trinken und Liebe und einen Platz zum Schlafen findet.

Doktor Paulus Truckenbrot wußte, es wird keine Rechtfertigung für ihn geben. Für den, der zu Hause am warmen Ofen hinter Vorhängen sitzt, gibt es keine Rechtfertigung.

18

Der Bäcker, der Schmied, der Lastträger, der Leidende, sein Patient, litt nun doppelt.

Alles, was gestern noch hell war, ist heute eingestürzt. Darf mein Arzt fliehen? Er war eineinhalbes Jahr in Basel. War denn Lebensgefahr? Konnte er gehen, durfte er gehen? Jetzt hat er mich Kranken denen überlassen, die seine Feinde sind, meine Feinde sind. Er hat mich in den Händen der Schlächter gelassen, um seine eigene Haut zu retten.

Der Patient kann es nicht verstehen, daß der Doktor Theophrast weggegangen ist in der Nacht, ohne ihm etwas zu sagen. Er hatte sich so vertraut mit ihm gefühlt. Es gehörte doch schon zu seinem Wohlbefinden, der Doktor ist hier anwesend in der Stadt, wenn ich ihn rufe, wird er zuverlässig kommen. Nun war die Zuverlässigkeit in Frage gestellt. Damit war alles in Frage gestellt. Wenn er, dieser Doktor Theophrast, den einen Punkt verletzt, hat er alle Punkte verletzt. Wenn der Kranke an einer einzigen Handlung seines Arztes zu verzweifeln beginnt, ist das Vertrauen zerschnitten. Aber wem sollte er, der Kranke, es sagen? Sein Doktor wird nun nicht mehr zu ihm kommen.

Der Kranke wird Angst haben, und es wird niemand dasein, der ihm die Angst nimmt, und sei es auch nur mit dem Satz: »Das hatte ich auch, das kenne ich.«

Er hat ihn in seinen Schmerzen und Ängsten allein gelassen. Wissend, daß sein Trost unentbehrlich war. Wissend, daß dieser Mann nun andere Doktoren rufen wird. Wie vergänglich ist das teilnehmende Empfinden eines Arztes mit seinem Kranken. Sicher, mit dem Tod hört es ohnehin auf. Und beim Lebenden richtet es sich nach dem Nutzen, nach dem alten Satz: Ein Gang – ein Gulden, ein Wort – zwei Gulden. Der Kranke hatte gedacht, dieser Doktor Theophrast wäre ein anderer, hatte gedacht, seine Gedanken richteten sich an das Herz der Kranken, nicht an den Geldbeutel. Nun war er geflohen, und der Kranke beweinte sich selbst.

19

Nicht sogleich, aber eine gewisse Zeit später fand Trukkenbrot von Tag zu Tag mehr, wie unerträglich es war. Er wußte niemanden in der Stadt, mit dem er reden könnte, mit dem er so reden könnte wie mit Theophrast. Eine unsinnige Hoffnung saß in ihm. Alles könnte sich ändern, so daß der Mann aus Einsiedeln wieder gerufen wird. Er bedauerte jedes Wort, das er ihm nicht gesagt hatte. Er, Truckenbrot, hatte für sich gehofft und geglaubt, der andere werde ihn von seiner Schuld loslösen. Einfach durch sein Wirken in Basel. Nun war er, Trukkenbrot, wieder allein.

Und ging zu Frau Froben, stellte abermals fest: Es gelang ihr nicht, die Welt nach ihren Wünschen zu ändern, also änderte sie ihre Wünsche.

»Es gibt keine Männer mehr, wenigstens hier in Basel. Carlin, das war ein Mann. Wie er auf die Kanzel sprang. Wie er sagte: Heute werden wir nicht beten, da ging jene Gewalt von ihm aus, der es schwer möglich ist, zu widerstehen. Weil er an Vernunft und Gefühl gleichermaßen rührte, weil seine Augen auch in der Erregung lachten. Was hatte der Mann für schöne Augen.«

Doktor Truckenbrot erwiderte nicht: Meine Liebe, es gibt auch keine Frauen mehr. Verena war die einzige, die letzte. Mit ihr ist der Hauch des Stolzes und des Aufruhrs aus der Stadt gegangen. Erst nach einer Weile sagte der Doktor: »Erasmus, ist er ein Mann?«

»Er ist ein großer Gelehrter, ein unbequemer Tischgast, mäkelnd über alles Essen. Seine Gedanken sind erhaben und glorreich. Seine Gedanken wurden eine Straße für viele. Was er gedacht, das brauchten sie nun nicht mehr zu denken. Aber ist er ein Mann, so wie eine Frau ihn sucht? Ist er so einer, nach dessen Armen man sich sehnen könnte? Ist er so einer, von dem man wünscht, bitte, sage nichts. So einer, mit dem man die Augenblicke des Stummseins genießen will. Man wartet doch immer darauf, was er redet.«

»Und Oekolampad?« fragte Truckenbrot.

»Ich weiß es nicht. Ich habe ihn ein einziges Mal gesehen. Es ist nicht so, daß ich Sehnsucht hätte, ihn wiederzusehen, daß ich warte, kommt er zu mir in meine Stube? Er soll manches Mal seine verzweifelten Stunden haben. Und dann sagt er: Wir kleben noch immer an derselben Stelle, im selben Dreck. Ich mag Männer nicht, die vor anderen ihre verzweifelten Stunden ausbreiten.«

»Und Amerbach?«

»Unser guter Freund Amerbach, der schöne Mann mit den vollen Lippen. Freund der Frauen. Ist er ein Mann? Sicherlich, ein Mann, stark und auch begehrenswert. Aber wenn ich ihn anschaue, weiß ich: Er wird nie bis an die Grenzen seiner Kraft handeln. Amerbach nicht. Dafür ist er zu schön. Ach, Doktor Truckenbrot, was sind das für Männer, die in Basel geblieben sind. Mein Froben, ehe er krank wurde, das war einer. Mit entschiedenem, klarem, schnellem Denken. Manches Mal, sehr oft denke ich, ich hab ihm nicht richtig geholfen in diesem letzten halben Jahr. Ich habe mich über seine Arbeit hergemacht. Aber lassen wir das. Das rührt ans Innerste, und Sie sind kein Beichtvater. Die Beichte ist abgeschafft, jeder muß allein mit sich fertig werden.«

Und fing dann an, von ihm zu reden: »Erinnern Sie sich noch, wie Sie mir sagten nach seiner Antrittsrede, es war schön, wie er da stand.« Sie brauchte den Namen Theophrast nicht auszusprechen. »Es war Erlösung, wenn er seine Hände auflegte. Ein Weg zu ihm hatte das Feierliche eines Kirchgangs und hatte das verrucht Fremd-Vertraute einer Beichte. Er hatte beides. Die

Zärtlichkeit zu den Menschen. Wenn er einer Mutter sagte, dein Kind wird stark. Ein Winterkind. Und die Gewalt. Wenn er da vor den Professoren der Medizin stand und ihnen sagte, ihr müßt mir nach und ich nicht euch nach. Wer wird euren Frauen die spitzigen Nasen putzen und die dünnen, gefärbten Lippen küssen. Von euch Suppenrippchen wird niemand bleiben in dieser Revolution.«

20

Unterwegs, nach Colmar zu. Er dachte nach. Natürlich könnte er noch einmal nach Basel hinein, heimlich, verkleidet vielleicht. Und es bereitete ihm eine wilde Lust, sich die Verkleidungen auszudenken. Als Marktfrau, als altes Weiblein mit den ersten Äpfeln oder mit den letzten Äpfeln. Und dann stehen vor Amerbachs Haus in der gebückten Haltung des alten Weibes. Und dem Füchslein die Äpfel anbieten: Liebes Kind, kosten Sie von den meinen, die sind ganz besonders. Und das Füchslein, die schöne, zarte und ungeheuer dumme Frau, wird stehenbleiben, mit dem Kind an der Hand. Er, als Apfelverkäuferin verkleidet, wird für einen Augenblick das Gelüst verspüren, das Kind mit einem Namen anzureden, den es nun nicht trug. Theophrast, würde er zu diesem Kind sagen, du heißt doch so, ja, nicht wahr? Aber dann hätte er sich ja schon verraten.

Er verwarf die Überlegungen, als gekrümmte alte Frau vor dem Haus zu stehen und auf den Freund zu warten. Gut, dann nicht verkleidet, dann nicht heimlich. Er wird, deutlich erkennbar für jeden, durch das Tor einreiten, haltmachen vor der Universität. Wird hineingehen und laut rufen: Wo ist mein Freund Bonifacius Amerbach? Und dann muß der Herr vortreten und muß ihm sagen, warum er nicht mehr Freund ist, nicht Freund sein will.

Er verwarf auch das. Er wird nicht hingehen, nicht heimlich, nicht öffentlich, nicht verkleidet, nicht unverkleidet. Er kann denen dort in der Stadt nicht mehr entgegenkommen. Denn die Gewißheit, daß sie ihn einfangen und vom Leben abschneiden werden, ist zu groß.

Er beschloß, nicht mehr zu warten. Er beschloß, Basel aus seinem Gedächtnis zu streichen. Aber wie sollte er das können? In keiner Stadt hatte er sonst einen Menschen gefunden, den er als Freund anerkannt hatte. Anerkannt zwar, aber nicht erprobt, wie sich nun erwies.

Basel wegstreichen aus den Gedanken. Es sind ja gar nicht die Gedanken, es ist das Gefühl, es ist die Sehnsucht. Die Sehnsucht nach diesem einen Platz, von dem er nun ausgeschlossen ist. Und – ausgeschlossen auf eine unklare, verwischende Weise. Wenn einer das Wort der Klarheit hereinbringen könnte, dann nur er, nur dieser eine, Bonifacius Amerbach. Der Jurist, der versichert: Es wird keinen Hexenprozeß gegen dich geben. Und er stellte sich vor, der Freund kommt zu ihm. Sehr hastig, schwitzend vom schnellen Ritt, aber er lacht. Ruft noch vom Pferd herunter: Ein Irrtum. Wir alle entschuldigen uns. Pack deine Sachen ein. Hole dein Pferd aus dem Stall und komm mit mir.

Als Regentage kamen, verwandelte Doktor Theophrast das Bild des Erwarteten ein wenig: Bonifacius wird in der Kutsche kommen. Er will sich keinen Schnupfen holen. Und es kam vor, daß er mitten beim Schreiben aufhorchte, aus dem Fenster sah. So lebhaft hatte er sich die Ankunft des Freundes vorgestellt.

Ach, Basel, Garten der Lüste. Verlorener Garten der Lüste.

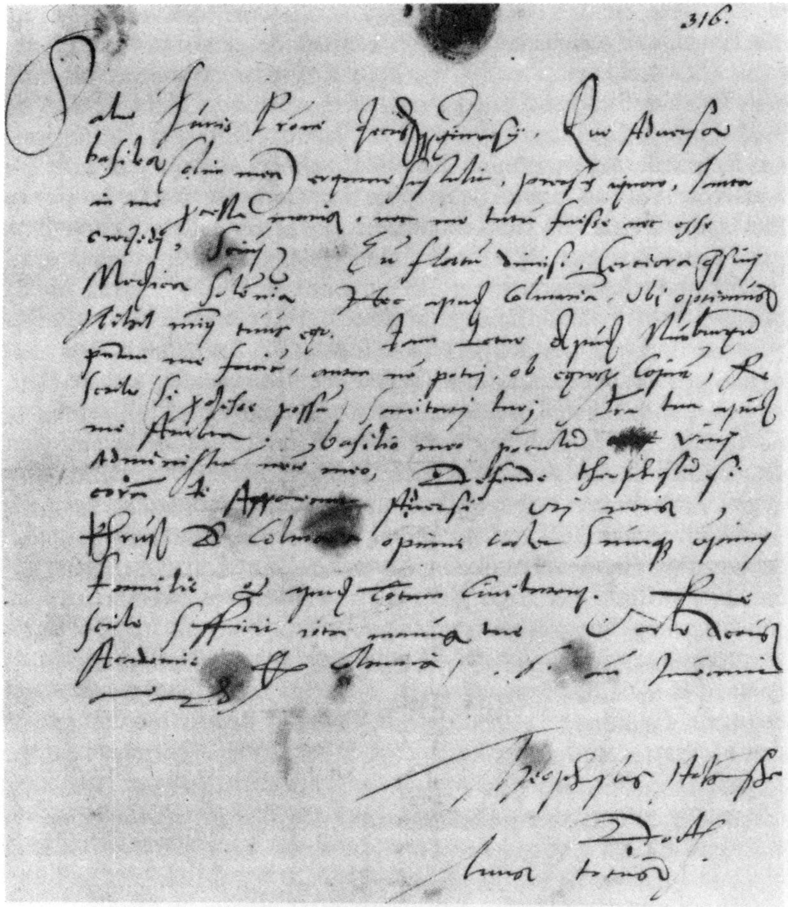

Brief von Paracelsus aus Colmar
an Bonifacius Amerbach vom 28. Februar 1528

In diesem Augenblick war es ihm, als sei Basel die ganze Welt. Die Summe aller seiner Erfahrungen versammelte er auf diesen sehr irdischen Raum. Ach, Basel, verlorene Veränderung der Welt.

Basel auch wie ein Triumphzug des Lebens. Mit dem Verkünder des Triumphes, dem Fabeltier, mit den Pfeifern und den Trommelschlägern, der Musikkapelle, den Narren, den Masken, mit den Gefangenen, den Landsknechten, den fremdländischen Tieren, den Elefanten und Giraffen, auch mit den Huren.

Er schrieb an Bonifacius Amerbach einen Brief. Er saß da und wartete und wußte nicht mehr, worauf er wartete. Er wußte nichts mehr. War es der Antwortbrief aus Basel? Er wußte nicht, ob er auf dieses Schreiben wartete, ob auf dieses Zeichen oder auf ein anderes. Er war sehr allein, und er fror. Ach, armer, verlassener, verlorener Mensch. Da sitzt du nun und frierst, und niemand ist da, der dir eine Suppe wärmt. Niemand.

Du weißt nicht, warum, und du weißt nicht, wohin. Es ist nur dieses Gefühl, dieses schmerzhafte Gefühl, so sehr verloren zu sein.

Was hattest du gebaut? Nichts hattest du gebaut.

Wer hat sich auf dich gefreut? Niemand hat sich auf dich gefreut.

Worauf hast du gewartet? Auf alles habe ich gewartet. Aber jetzt weiß ich nicht mehr, was das war, alles.

War das eine Suppe bei Frau Froben? War es, daß sie endlich sagen würden, wo sind Ihre Schriften? Wir wollen sie alle nehmen und drucken. Habe ich schon in Basel angefangen zu warten darauf? Jeden Tag, fast jeden Tag? Und auch von Froschauer aus Zürich kein Wort.

Aufstehen und weggehen. Dem Warten entkommen. Den vielerlei verschiedenen Arten des Wartens. Aufstehen und gehen, irgendwohin. Du kannst alles, du hast alles gesehen. Du brauchst nur auszuwählen, denn jetzt bist du schon wieder ruhig. Vorüber die Zeit, in der du wild aufschriest und aufsprangst zur Tür, die Tür weit aufgetan und auf die Straße gelaufen und geschaut, ob jemand käme. Aber es kam niemand. Du wußtest es, und trotzdem bist du hingegangen. Bist hinausgegangen. In die Kälte. Und hast die Straße heruntergeschaut. Unseliges Schauen. Aber jetzt bist du so müde geworden und so schwach. Du gehst nicht mehr hin, hörst nicht mehr auf die Geräusche, die dir einen Menschen ankündigen. Du hörst auf nichts und niemanden mehr. War da nicht jene Einladung zum Tanz gewesen. Zum Tänzchen. Zu ihrer Hochzeit. Hattest du denn damals diese Einladung erwartet? Hast du dich zu diesen Leuten damals zugehörig gefühlt, zur Frau im grünen Kleid mit breitem, rotem Gürtel, die sich nur für diesen einen Tag, für diesen einen Tanz ein Kleid hat zurechtmachen lassen, um es dann wegzulegen. Nie wieder zu tragen.

Du hattest dich gefreut damals über die Einladung zur Hochzeit, zum Tänzchen. Und meinst, diese Zeit könnte doch nicht so ganz abgestorben sein.

Das ist nur deine Eitelkeit, deine kleine, noch nicht abgestorbene.

Und er schrieb einen zweiten Brief an den Juristen Bonifacius Amerbach.

Noch einmal das Warten. Warten als Krankheit. Warten auf Worte aus Basel, wie denn eben der Mensch ein Tier ist. Wenn du dich jetzt nicht wehrst, bist du wirklich verloren. Ich überlege die mannigfaltigen Kränkungen und will nicht verloren sein. In Erwartung auf dein Wort, Bonifacius Amerbach, wird mir trocken im Mund. Warum habe ich dir diese Gewalt über mich eingeräumt? Was ist das, ein Freund. Aber ich werde mich

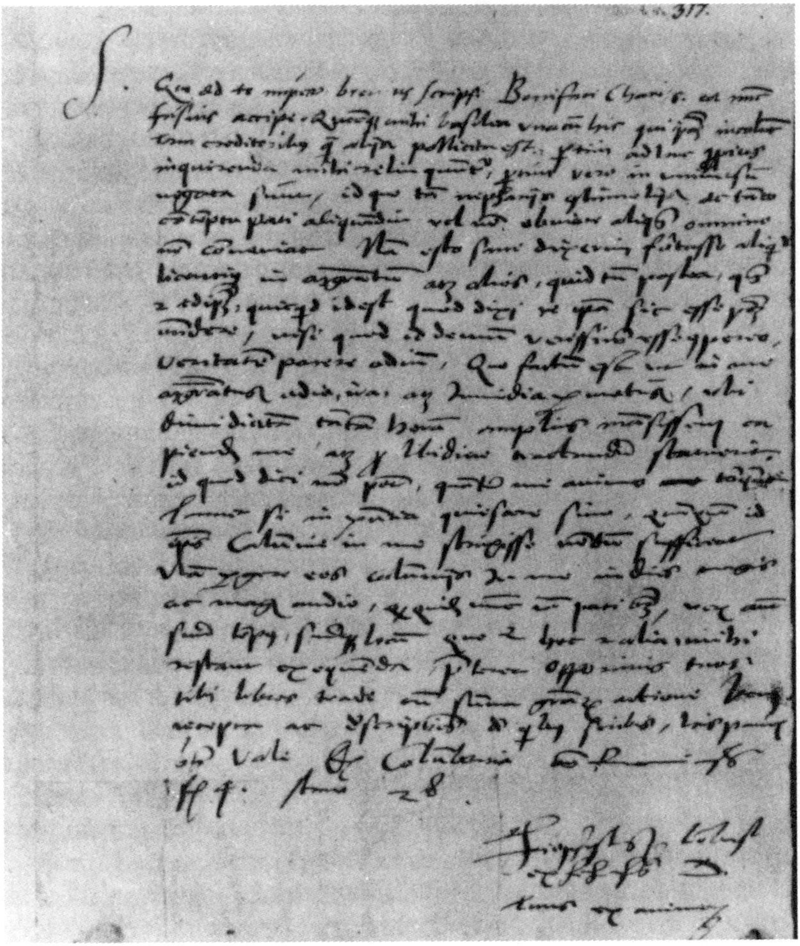

Brief von Paracelsus aus Colmar
an Bonifacius Amerbach vom 4. März 1528

selbst mit Gewalt von dir erlösen. Ich schrieb dir zwei Briefe und bekam keine Antwort und wartete. Ich werde meine Gedanken wegziehen und nicht mehr leiden. Wie oft will ich mich noch schlagen lassen und warum? Das ist wie eine Krankheit. Aber ich werde mich von der Krankheit selbst befreien.

21

Bauern im Elsaß gaben ihm Platz in ihren Behausungen. Die Bauern, das sagt ihr so und seht dabei grobe Leute, tölpelhaft stampfend und laut. Und so gerät euch auch das Wort grob, so verwechselt ihr Stärke mit Grobheit, das Derbe und das Kotige, das auch aus jedem karstigen Wort zu hören sein muß. Und seht nicht die klugen und die ruhigen Leute, die denken, die jungen Leute. Da werdet ihr irregeleitet von den plumpen Bauerntanzbildern. Da seht ihr nicht die Schönheit der Aufständischen, die sind nicht halslos und dickbeinig. Ihr verwechselt sogar in euren Bezeichnungen nach dem Tode der Maler, beim Zuordnen der Blätter, Türken mit Bauern. So wird der Bauer einem Türken gleichgesetzt. Und ein Krieg gegen den einen oder gegen den anderen ist eben immer ein Kreuzzug und heilig. Das ist eure Gerechtigkeit.

Und dachte nach wieder und abermals über den Menschen. Was ist der Mensch? Und dachte nach über die Gerechtigkeit. Jetzt, in diesen Tagen, in diesem Augenblick waren die Bauern seine Schüler. Ihre Gesichter lagen ganz offen vor ihm, und sie taten auch ihre Herzen nicht zu. In ihren Herzen sah er die Schwingfedern von Thomas Müntzers Geist. Der Allstedter Geist.

Und wie er da mitten unter ihnen saß, war es, als habe er von ihnen den Schlüssel empfangen, den Schlüssel zur Erklärung, was ist der Mensch und wie ist die Gerechtigkeit.

Seine Auslegung des Psalms 106, Vers 30 und 31:

Da war einmal ein Mann gewesen namens Pinchas. Der sah die Totenfresser, die Geistlichen und Doktoren und Apotheker. Die haben das gemeine Volk betrogen, den Witwen gesagt, sie müßten die Toten aus der Hölle kaufen mit dem Letzten, was sie haben. Und auf der Seite der Totenfresser die Fürsten, die Kardinäle, die Äbte, die Pharisäer, die Schreiber, die Gleisner. Und alle zusammen fraßen immer mehr vom gemeinen Volk, das leicht zu betrügen ist von den Lebenden und von den Toten.

Da trat Pinchas herzu und schlichtete die Sache. Da ward der Plage gesteuert.

Das ward ihm gerechnet zur Gerechtigkeit für und für.

Pinchas hat aus eigener, angenommener Gewalt gehandelt, ohne Befehl Gottes. Ohne Geheiß. Allein aus seinem eigenen Gemüt und aus seinem Herzen ist er bewegt worden. Und diese eigene Tat, die er getan hat, war auch nicht nach einer Anordnung der menschlichen Obrigkeit, sondern war angefangen von ihm selbst.

Nun soll von sich aus niemand mit der Gewalt anfangen.

Aber Pinchas tat es und wurde später von Gott gelobt, und es wurde ihm später zugerechnet: Er hat gerecht und gut gehandelt. Obwohl ihm von der Welt die Gerechtigkeit abgesprochen wurde, so hatte er sie doch. Und er war darum gesegnet immer und ewig. Gesegnet mit allen, die nach ihm kamen aus seinem Geiste.

Aus dem Pinchas nehmen sie die Begründung und die Kraft: der Aufruhr, der Bundschuh, denn sie haben vor Gott und der Welt keine Berechtigung, sich aufzubäumen gegen die Oberen. Allein ihr Herz sei denn wie Pinchas' Herz gerecht und gut. Sonst werden sie nicht siegen. Wenn sie aber angetrieben sind vom heiligen Zorn gegen die Totenfresser und ihren ganzen Anhang, so haben sie gerecht gehandelt.

Die Gerechtigkeit wird ihnen zugeschrieben werden und wird bei ihnen bleiben in Ewigkeit.

So ist der Mensch, fragten sie ihn, gegen Gott und dann doch mit Gott? Pinchas. Was ist der Mensch, wollten sie von ihm wissen.

Seine Erde ist Fleisch, sein Wasser ist Blut, sein Feuer ist seine Wärme, seine Luft ist sein Geruch. Obschon der Mensch nach Gottes Bildnis geschaffen ist und hat Blut und Fleisch, ist er nicht wie die Welt, sondern mehr als die Welt. Er ist außerhalb der Elemente ein Auszug der vier und der Kern der vier. In der Zahl der fünfte. Die Quintessenz, das fünfte Wesen. Aber nur mit jener Schwingfeder im Herzen.

Sechster Basilius-Brief

Basilius an Helena

»Also ist der Mensch ein Bildnis in einem Spiegel, eingesetzt durch die vier Elemente. Und wenn die Elemente zergehen, zergeht auch der Mensch«, aus der Nachschrift Deines Basilius, meine verehrte Helena, Du weißt, ich höre nicht auf, mich als Schüler des Theophrast von Hohenheim zu bekennen. Auch wenn er nun nicht mehr hier bei uns in Basel auf dem Kohlenberg wohnt.

Und Landloper geworden ist.

Aber nicht der Landloper, den Du von Bosch kennst, meine Helena, nein, dieser Landloper ist er nicht.

Das Bosch-Geschöpf, der hagere alte Mann mit den grauen Haaren, ist schon wieder ein umstrittener Mensch. Im Grunde einer, der voll und ganz dem Professor gehört, es gibt keine Einzelheit, die er nicht kennt und erklärt hat. Das beginnt natürlich mit dem Hurenhaus, dem zerstörten. Nun ist das alles immer ein bißchen peinlich, wenn von solchen Häusern die Rede ist. Man kann vom Professor nicht verlangen, nachdem er sich entschlossen hat, den Landloper als verlorenen Sohn, dem biblischen Sinne nach, zu sehen, man kann einfach nicht von ihm erwarten, daß er dieses stark heruntergekommene Hurenhaus mit den Augen eines Medizinkundigen betrachtet. Da steht einer draußen an der Außenwand vor dem Haus und erleichtert sich. Zwar im Hintergrund, jedoch ist es ein deutlich erkennbares Erleichtern aus Angst. Angst vor dieser schrecklichen Seuche, die auf die Lust gelegt ist. Mit aller Kraft preßt er das Wasser weg, hoffend, so wird er gesund davonkommen.

Unser Professor nun ist unentschieden, war der Landloper, der Mensch in der Mitte, auf den wir wie in einen Spiegel schauen, war er in dem verderbten Haus oder nicht. Und ist er nun schon an den Grenzen des väterlichen Besitzes. Das Elternhaus wird hinter dem Gatter vermutet, dort, wo das Kalb steht. Kenner des Rindviehs andrerseits fragten sich, ist das Tier mit den Hörnern tatsächlich ein Kalb oder ist es nicht schon ein ausgewachsener Ochse.

Der Medizinkundige löst das Rätsel der zwei verschiedenen Schuhe, die der Landloper trägt. Er mußte den linken Stiefel ausziehen, weil der Fuß verletzt und nun geschwollen ist. Zur Kühlung dient das Tuch über der Wade, aber der angeschwollene Fuß erlaubt nur noch einen Pantoffel.

Hieronymus Bosch:
Der Landloper, Rotterdam;
Öl auf Holz

Gesicht des Landlopers.

Abgezehrt, die Backen hohl, das glatte graue Haar tritt unter dem langen braungrauen Tuch hervor, das er über dem Kopf trägt. Der Mund über dem stoppeligen Kinn ist geschlossen. Nicht bitter, nicht unfreundlich, nicht stolz, nicht demütig. Wissend.

Und schreie mit verschlossenem Mund aus der Tiefe deines Herzens.

Auch an seinen Augen ist er erkennbar: er ist ein Wissender. Er hat in seinem Leben vieles gesehen. Und von dem Gesehenen vieles verstanden. Auch daß da nun ein gepanzerter Ritter in der offenen Tür des heruntergekommenen Hauses bei der abgegriffenen Frau steht.

Der Landloper ist kenntlich gemacht als ein Hausierer. Er trägt auf dem Rücken einen großen, schweren Korb. Ein Freund unseres Professors meinte, das Bild sei eine ernste Warnung vor dem Hausierer, man solle seine Waren nicht kaufen, sie seien schlecht, weil er einen schlechten Charakter habe. Das sei angezeigt durch allerlei Zubehör: Löffel, Symbol der Ausschweifung, grauweiß gestreiftes Unglückskatzenfell, abgezogen am Korb hängend, Nadel und Faden am Hut, zerfetzte – und eben nicht mit Nadel und Faden gestopfte – Hose. Ein Hinkender auf verschiedenen Schuhen. Dazu das Unglücksgetier: Eule und Hund und Schwein.

Wieder also ist die Eule da, sie sitzt über dem Hausierer im Baum. Du kennst sie, Helena, die rostbraune, stolze: Ich fliege nicht für jedermann.

Erinnere Dich, meine Verständnisvolle, erinnere Dich an jene, denen die Eule das Zeichen für ein sinnvolles glückliches Leben war. Man sagte über die geschlagenen Katharer, die Reinen, sie gingen auch als Hausierer verkleidet und verkauften Nadeln und Löffel. Sie, die Versprengten, abgeschnitten von den Brüdern, bedrängt von den gnadenlosen Siegern, waren entwurzelt.

Und in den Entwurzelten war noch immer wie ein Glimmen der kaum wahrnehmbare, aber dennoch nicht auszutretende Funke vom großen Feuer der Veränderung der Welt. Landloper.

Da geht nun Boschs Landloper durch eine Welt, über die das allgewaltige Grau ausgeworfen ist. Alt geworden unter den Hammerschlägen, die ihn trafen und verwundeten. Aber eben wissend. Schläge vom Hexenhammer, Schläge vom Ketzerhammer.

Das ist kein Heiliger. Und es ist keine Stelle in der Schrift für ihn ausfindig zu machen, die auf ihn angewendet werden könnte. Er ist außerhalb des Alten Testaments und außerhalb des Neuen Testaments.

Das ist auch keiner aus dem großen, allgemeinen Totentanz, mit dem die endgültige Gleichheit vor dem Tode bewiesen werden soll, auf ihn paßt das Sprüchlein nicht: Kaiser, König, Edelmann, Bürger, Bauer, Bettelmann.

Dieses Bildnis eines armen, heruntergekommenen Menschen voller Würde fügt sich nicht den Unternehmungen, denen auch mein Professor erlegen ist, es als ein erbauliches Bild zu retten, es einzubetten in das Gleichnis vom »verlorenen Sohn« bei Lukas im 15. Kapitel des Neuen Testaments. Es ist nicht brauchbar als ein Erbauungsbild für ein Kloster oder eine Kirche. Kein Schmuckstück für das Zimmer eines reich gewordenen Kaufmanns oder für einen Saal in einem Fürstenschloß.

Die einen sagen, dieses Bild ist das Ende der Kunst.

Andere aber meinen, es sei der Beginn einer neuen Kunst.

Und noch einmal der Landloper. Bosch hat ihn auf die geschlossenen Flügel seines Altarbildes vom Heuwagen gesetzt. Fast in der gleichen Haltung, auch wieder der Hausiererkorb mit dem großen Holzlöffel. Diesmal aber mitten in einem anmutigen waldreichen Stück Erde. Mein Professor meint, er schleicht an der Welt vorbei. Ich frage Dich, meine aufmerksame Helena, hat er in seinen Augen das Verschlagene eines Schleichenden?

Seine Augen sind freundlich und müde. Sie haben alles gesehen. So wurde den Augen die Kraft der Erwartung genommen.

Mit ihm und den Seinen ist ja alles geschehen. Die Plünderer sind dagewesen, Männer, eine Frau auch. Die Bewaffneten, Federgeschmückten haben ihr Opfer an den Baum gefesselt und sind mit sachlicher Genauigkeit dabei, ihm die Kleider abzuziehen, sein Bündel aufzuschlitzen. Diese da wollen ja nur seine Habe. Aber die Henker sind schon gekommen. Am Ende auf einem sanften, aber nackten Hügel steht der Galgen mit der Leiter.

Aber auch dieser andere Landloper ist nicht ein Glied aus der Kette eines gleichmachenden Totentanzes. Unser Bosch hat ihn herausgehoben. Auf ihn gezeigt: »Also ist der Mensch ein Bildnis in einem Spiegel, eingesetzt durch die vier Elemente. Und wenn die Elemente zergehen, zergeht auch der Mensch.« Der eine Landloper und der andere Landloper. Jeder mit den wissenden Augen, und so weiß jeder von ihnen, er ist ein Zergehender.

Aber er war auf dem Wege gewesen, zu zeigen und zu beweisen, der Mensch ist mehr als die vier Elemente. Er hat für eine kurze bemessene Zeit teilgenommen am Versuch der anderen, mehr zu sein als ein Duldender.

Das war Verenas Tal. Es sah aus, als wäre die Welt nur von Bergen umstanden. Berge, die Dächer und Wände für die Häuser hergaben. Das schwarze Gestein golden und silbern glitzernd. Die Welt eingeschlossen von Riesen. Im Sonnenschein, am Tage, sahen sie gutmütig aus, und Bergziegen liefen an ihren Leibern herum. Alles sah ärmlich aus, aber nicht traurig. Auch der aus groben Steinen zusammengesetzte Glockenturm, noch Schnee dahinter in andauerndem Schatten, während die Wiesen schon grün waren.

Bis hierher kamen die Karren am Fluß entlang, dann gingen die Maultiere weiter. Die Berge erschienen nun von einem dunkleren Schwarz, kleine weiße Krokusse standen überall. Die Männer hatten in den Augen das Wissen, wie die Jahreszeiten zu nutzen waren. Mit langen Schlitten holten sie im Winter das Holz zu Tal von den steilen Berghängen.

Im Frühjahr dann, im April, hatte die Luft schon das Milde und noch das Herbe. Da gingen die Schafe und die Bergziegen auf die grünen Weiden, mitten durch die Menge der kleinen weißen Krokusse, als wäre ein zweiter Schnee gefallen. Aber die Schafe und Bergziegen fraßen das frühe Grün ringsum ab, ließen die Blumen stehen. Verständiges Vieh.

Es war das Fluchttal. Spärlicher Wein wuchs vor einem Haus. Da und dort versuchten sie den Anbau immer wieder. Die Frauen hatten graue, scharfe Augen. Unter den jungen Männern war einer mit schwarzen Augenbrauen und mit Augen, in denen alle Träume wohnten. Dann kam der Alte mit dem schwarzen Bart und der singenden Stimme. Sein Reden klang wie Lachen. Er war froh, hierhergeraten zu sein, daß er nicht weiterbrauchte. Es ging etwas Einfältiges und Starkes gleichzeitig von ihm aus: Diese Welt ist für mich gemacht. Das sprach er nicht aus, aber so lebte er. Das war nichts Anmaßendes, etwas Selbstverständliches. So selbstverständlich wie das ständige Grünblau des Flusses, das er nicht vom Himmel herhat. Keine Abspiegelung: ist der Himmel heiter, bin ich auch heiter. Er hat die Unbequemlichkeit des Nichtnachahmens auf sich genommen. Und als der Alte sah, daß der Doktor Theophrast sich niedersetzte und etwas aufschrieb, wunderte er sich nicht, sagte, und das war Frage und Ausruf zugleich: »Für mich?« Das war die Erwartung, die Welt hat noch etwas Besonderes für mich. Es war nicht so sehr das Abwarten, sondern die Sicherheit: Die Welt muß noch etwas für mich bereit haben. Er war einer von den Männern, die im Winter das gefällte Holz oben vom Berge herunterholen. Und im Frühjahr – nach der harten Arbeit, vor der harten Arbeit –, da hatte auch er das spielerische Glitzern in den Augen. Zugreifende Augen. Denn es war nicht die Zeit, auf den Frühling zu warten. Den Frühling, diese kurze Zeit, den mußte man nehmen, greifen, um den Sommer zu haben. Heftiger Frühling unten am See, mit der Süße der anschwellenden Blüten. Aber hier oben schmeckt alles anders. Als sähe man genauer, woher der Frühling kommt und wohin er geht. Vielleicht kommt er von den schwarzen Bergen, kommt mit den herunterrollenden, durch den Schnee heruntergedrückten Steinen, geht weiter mit dem vertrauten, stetig zuverlässigen Rauschen des Baches und mit dem Vogelgeschrei.

Und Theophrast schrieb:

Hätte ich einen Erzengel, einen Streiter, den ich rufen könnte und der für mich hervorträte. Einer mit der deutlichen Zunge der Gerechtigkeit. Einer, der sie zwingt, ihm zuzuhören, wenn er von mir und von meinen Schriften spricht.

Wenn er ihnen sagt, daß Ungezählte von Tag zu Tag darauf warten, daß ich ihnen die Welt erkläre, jene Welt, die meine Ungezählten nicht verstehen können, weil die Scholastici Scriptores, die scholastischen Tellerlecker diese Welt unter sich aufgeteilt und keinen Platz für die Wahrheit gelassen haben. Auch keinen Platz für die Heiterkeit, keinen Platz für das tröstliche Lachen, für das ermutigende Augenzwinkern. Keinen Platz für das leise Lächeln. Keinen Platz für das Weinen.

Ihre Welt haben sie mit der siebenten Farbe zugedeckt.

Und sie behaupten, diese Farbe sei eine vollgültige. Und so meinen sie, auch ihre über die Welt ausgeworfene Decke sei vollkommen. Ihr Grau. Ihr allgewaltiges, gottverfluchtes, unübersehbares, aber unendlich beruhigendes Grau.

Sieben Gestirne gibt es und sieben Sakramente. Und also brauchen sie die siebente Farbe. Und so schmieren sie alles zu.

Nichts mehr vom tiefen Schwarz der Wurzeln, vom Ursprung alles Seins. Nichts mehr vom klaren Weiß des Lichts. Nichts mehr vom Blau, vom tröstenden, stärkenden Blau der Erde. Nichts mehr vom kühlenden Grün des Wassers. Nichts mehr vom flirrenden und belebenden Gelb der Luft. Nichts mehr vom erhabenen Rot des Feuers. Nichts mehr, was das Herz wärmt.

Ein grauer Brei über die ganze Erde. So walzen sie ihn breit und dick vor sich hin und ersticken mich.

Komm, Erzengel, spare deine Worte an diese, die doch nicht hinhören. Nimm deine Waffe und schlage ihnen die Finger weg von diesem stinkenden Kübel, in dem sie ihren schmierigen Brei zusammengerührt haben. Und wenn sie den Kübel dennoch ausleeren wollen mit seinem unerträglichen Gestank, so hacke ihnen mit deinem Schwert die Arme ab. Aber ich bitte dich, Erzengel, lasse ihnen die Augen, vielleicht werden sie doch noch sehend.

Wenn du selbst aber nach langem Nachdenken meinst, sie werden niemals ihre Augen verständig gebrauchen, so schlage ihnen den Kopf ab, denn sie sind die Pest der Welt. Und deine Erbarmungslosigkeit sei das größte Erbarmen mit den Ungezählten, die das Recht haben auf das Blau der Erde.

Das Grün des Wassers.

Das Gelb der Luft.

Und das Rot des Feuers.

Zu dieser Ausgabe

»Paracelsus und der Garten der Lüste« ist der erste Band der drei Romane über berühmte Ärzte der Renaissance.

Der Mann aus Einsiedeln, Aureolus Theophrastus Bombastus von Hohenheim, genannt Paracelsus, war in seiner Sprache wie ein Maler. Er schuf mit seinen Worten Bilder und setzte seine Beobachtungen über Gemütsbewegungen von Menschen und über die gesellschaftlichen Umstände seiner Zeit in kräftige Farbtöne um. Mit seiner Einbildungskraft bemächtigte er sich der Professoren der medizinischen Fakultät der Universität Basel. Für ihn, der sich als ein Erneuerer verstand, waren sie »scholastische Tellerlecker«. Und gerade deshalb erschienen sie ihm bemerkenswert, er meinte: Kehrt man ihr Innerstes nach außen, zerfließen diese Figuren und setzen sich auf andere Art zusammen. Seltsame Ungeheuer könnte man dann erblicken, die in ihren verschiedenen Arten aus den Vogelnestern ihrer Köpfe ans Licht flatterten. Und so werde man das gefährlich hohle Wesen dieser Leute erkennen. Ihr lächerlich hohles Wesen.

Er war unerschrocken, selbstbewußt, unzerbrechlich. Zwei Säulen trugen das Gebäude seiner Gedanken und hielten auch das Überschwengliche, Übermäßige aus, das Unabdingbare. Die eine Säule kann durch den Satz gekennzeichnet werden, den er wie einen Leitstern über sein Wirken als Arzt setzte:

»Der höchste Grund der Arznei ist die Liebe.«

Er war unermüdlich in seiner Hinwendung zu den Mühseligen und Beladenen. Das Merkmal der anderen Säule kann mit einem Wort erklärt werden: Experiment. Die Forderung an den Arzt, sich nicht auf das Hergebrachte zu verlassen, sondern eigene Erfahrungen zu sammeln, zu forschen, kehrt in seinen medizinischen Schriften immer wieder. Hier war er der Unerbittliche, der sich gegen jedes Anklammern an Vorgefundenes wehrte. Er bekämpfte das dogmatische Denken in der Kunst der Medizin, dabei war er laut, rechthaberisch bis zur Unflätigkeit. Er war wie besessen von seiner Mission, zu ergründen, was der Mensch sei. Zeit seines Lebens stand er in Gegnerschaft zu den einengenden theologischen Zwängen, die ein wissenschaftliches Arbeiten, das in seinen Resultaten nicht mit den Erkenntnissen der Bibel übereinstimmen konnte, behinderten. Diejenigen, die ihm das Lehren und das Veröffentlichen seiner Schriften unmöglich machten, mußte er als seine Todfeinde betrachten.

Er stellte sich unter das Gebot, wie es vom Evangelisten Matthäus überliefert ist: »Suchet, und ihr werdet finden.« So rechtfertigte er vor den Theologen sein Eindringen in bisher unbekannte Dimensionen menschlichen Denkens. Er erklärte, das Suchen nach den Geheimnissen der Natur sei in Übereinstimmung mit diesem christlichen Gebot, das Forschen dürfe nicht unterdrückt werden.

Er fand heraus: Da der Mensch als letzte Kreatur erschaffen, sei er auch ein Kind aller Tiere.

Und denen, die ihm die Türen zu den Hörsälen und Druckhäusern zuschlugen, hielt er vor, es sei nicht verwunderlich, daß der Hund seinen Herrn kennt, daß die Vögel schön singen. Das Getier habe weit eher Grund sich über den Menschen zu wundern, wie der so viehisch sei und so viehisch lebe. Man solle nicht sagen, der Papagei sei doch so menschlich, man möge besser von einem Menschen, der unnützes Zeug nachbetet, sagen, der ist ein Papagei. Er weiß es: Sinnloses Geschwätz ist viehisch, nicht menschlich. Die Kraft der Worte soll menschlich sein. Und er wiederholt in seinem Traktat »Von dem Grund der Weisheit und der Künste«: Die Tiere leben vom Raub, auch der Mensch. Der Mensch ist fürwahr des Viehs Sohn. Der ist ein Specht, der eine Dohle, der eine Elster, der ein Fuchs, der ein Wolf, der ein Bär . . .

Er wehrte sich gegen die mit Ewigkeitsanspruch vorgebrachten Weisheiten der scholastischen Denker und kam zu der Einsicht, daß der Mensch als Unterworfener der Zeit, die Wandlung und sogar die Umkehrung der Dinge, die er für beständig hielt, erfahren muß. Er setzte jedoch auch in die fortschreitende Zeit eine Hoffnung, die Möglichkeit für ein Wachsen von Gelehrsamkeit, Scharfsinn, Weisheit und Vernunft könne einbeschlossen sein. Als ein gläubiger Mensch begrenzte er den Vorgang: je näher der Jüngste Tag ist. Für ihn gab es keinen Zweifel, daß am Ende aller Zeiten der Tag kommen wird, an dem jeder Mensch Rechenschaft vor Gott geben muß, wie er sein Leben verbracht hat, nur als ein Kind der Tiere oder auf der Suche nach dem geheimnisvollen Licht der Natur.

Basel schien mir geeignet als der Ort der Prüfung. In diesem Jahr 1526, als der Reformator Oecolampad die Geschikke der Stadt beeinflußte, hätte Paracelsus dort seine Heimstatt finden können. Der berühmte Buchdrucker Froben hatte den Arzt um Hilfe gerufen. Und ich werde nicht aufhören, in Johannes Froben das Idealbild des Herstellers von Büchern zu bewundern. In seiner Person vereinten sich Gelehrsamkeit, kaufmännische Geschicklichkeit und Lebenslust. Ich sehe ihn vor mir, wie er sorgsam die Bücher für die Frankfurter Messe vorbereitet; er überwacht, wie das bedruckte Papier in Fässer eingerollt und rheinwärts geschickt wird zum alles entscheidenden Markt. Leider aber war er als Patient uneinsichtig und erlag, noch bevor er für unseren Doktor Paracelsus wirklich tätig sein konnte, seiner Vorliebe am zu reichlichen Genuß süßer Speise. So fehlte er im entscheidenden Augenblick, als die Angriffe der »scholastischen Tellerlecker« begannen. Und es war am Ende niemand da, der dem Doktor sagen konnte: Bleiben Sie bei uns, hier sind Sie zu Hause. Nicht der überaus schöne Bonifacius Amerbach, Rektor der Universität, nicht die sanfte Frau Froben, kein Apotheker.

Und sein Gehilfe Oporinus war zum Denunziant geworden. So war er in lebensbedrohende Umstände geraten und sah nur noch in der Flucht seinen Ausweg. Er wollte nicht als Gefangener in die Hände der Mächtigen von Basel geraten. Es war ungewiß, was sie ihm anlasten könnten. Und auch bei den Reformierten stand auf Gotteslästerung die Todesstrafe.

Und warum sollten sie ihn verschonen, da er sie nicht geschont hatte. Das, was manchem unter den Doktoren der Medizin als unantastbar galt, die althergebrachten Schriften von Avicenna und Galenos, hatte er als überholt verlacht und sich gerühmt: Ich habe sie ins Johannisfeuer geworfen.

Und hatte den Herren aus den medizinischen Fakultäten zugemutet: Ihr müßt mir nach. Ich nicht euch. Ihr mir nach.

Oft erschien mir das Vorhaben, diesen stolzen, lauten, dann und wann verkannten, hier und dort mußbrauchten Mann mit den Augen von heute zu betrachten und dann zu beschreiben, wie das vorwitzige Eindringen in einen überaus geheimnisvollen Wald. Ich wurde durch seine heftigen Äußerungen vor Abgründe gestellt: Man möge unverständige Leute, die man nicht zum Nachdenken bringen könne, mit Mühlensteinen belasten und in den Schlund des Ätna hinabstürzen. Und ich wußte vom beklagenswerten Geschick des Romanciers, daß ihm gelegentlich Äußerungen seiner Figuren vorgehalten werden als seine eigenen.

Unerwartete Lichtungen taten sich auf, in diesem Wald, in den ich geraten war: Ein Helfer kam auf mich zu, in einer, wie mir schien, dem Paracelsus verwandten Denkweise. Und ich erkannte, das war er ja, der das Innerste der Menschen nach außen kehrte, auch er ein gläubiger Christ dieser vergangenen Tage, auch er in Erwartung des Jüngsten Gerichts: der Maler Hieronymus Bosch. Die Klammer zu ihm, der weitab von Basel in 's-Hertogenbosch lebte, wurden die »Basiliusbriefe«. Basilius, der Bruder des Rektors Bonifacius Amerbach, ein gelehrter Nichtsnutz, schreibt an seine ferne Geliebte Helena, wie die Lehre des Paracelsus, den Menschen zwar als ein Kind Gottes, aber auch als Kind der Tiere zu begreifen, ihn an diese Bilder aus den Niederlanden erinnert.

Der geheimnisvolle Wald entließ mich nicht. Ein anderer Mensch trat hervor, verlangte, die Schreiberin, die Basel als »Garten der Lüste« erkannt und anerkannt hätte, sollte doch noch von den Zuständen an einem anderen Ort Kenntnis nehmen. Auch er sei ein berühmter Mediziner und habe Anspruch auf Würdigung seines Aufenthalts in Lyon. Er verlangte: Kommen sie in diese Stadt an den zwei Flüssen, Rhône und Saône, und Sie werden Einblicke in das Leben der Mächtigen oben und der Ohnmächtigen unten nehmen können; gewisse Leute säßen hier im »Schiff der Zufriedenen«. Der Einladende, mich mit seiner Welt vertraut zu machen, war der Arzt Heinrich Cornelius Agrippa von Nettesheim, der große Magier aus Köln. Seine Gedanken über die geheime Philosophie, seine Abhandlungen über Dämonen, sein Umgang mit einem schwarzen Pudel sind eingeflossen in Goethes Faust. Und es mag schon sein, daß der Dichter durch sein Gretchen auf ihn hinwies, indem er sie sagen läßt: »Heinrich, mir graut vor dir.« Der Vorname des anderen war ja Johannes. Später, als Ergebnis seines Aufenthalts als Leibarzt am Hofe der Königinmutter von Frankreich, Aloysia, in Lyon, veröffentlichte Agrippa seine Schrift: »Die Eitelkeit und Unsicherheit der Wissenschaften.« Mit scharfer Ironie geißelte er die Zustände am Hofe, den Machtrausch der Regierenden. Und er setzte seine Angriffe gegen die Träger der Inquisition, gegen Angehörige des Ordens der Dominikaner, fort. Schon mit Beginn seines Wirkens, als Rechtsgelehrter verteidigte er eine Bäuerin, die angeschuldigt war, eine Hexe zu sein, geriet er in schärfsten Gegensatz zu den Dominikanern. Seine geistvollen Ausfälle, die er in einer Verteidigungsschrift niederlegte, aber auch Versuche, den Ursprung des Seins, das Licht der Natur zu ergründen, brachten ihn schließlich als Gefangenen vor den Inquisitor.

Er stand unter der Anklage, ein gotteslästerlicher Ketzer zu sein. Er war wortgewaltig und spielerisch, er liebte die Frauen, er konnte sich über sich selbst lustig machen, und er hörte nicht auf in seinem Bestreben, die tiefsten Geheimnisse der Erde und des Himmels zu ergründen. Er wollte die Forschung von den Fesseln engstirniger Theologen befreien.

An seiner Hand ging ich weiter in das Dickicht des unergründlichen Waldes. Und er zeigte auf einen, dem er schon in Lyon begegnet war, den Verfasser des Buches »Von den Irrtümern der Dreifaltigkeit«. Miguel Serveto. Arzt. In seiner philosophischen Schrift »Christianismi restitutio« beschrieb er exakt den kleinen Kreislauf des Blutes. Er aber mußte für seinen Versuch, die Wissenschaft aus dem alten Denken zu befreien, mit dem Leben zahlen. Auf dem Scheiterhaufen. Verloren war der Symbolwert des Feuers, wie ihn Paracelsus für sich noch beanspruchte, als er die alten Bücher in Rauch aufgehen ließ. Und anders als der Inquisitor bei Agrippa von Nettesheim, der als »Aufseher der Religon« den Forscher immerhin am Leben ließ, verfuhr der Reformator Calvin. Er strengte den Inquisitionsprozeß an und ließ den Arzt Serveto als Gotteslästerer zum Tod durch Verbrennen verurteilen. Zeitgenossen fühlten sich an den Prozeß Jesu erinnert und verglichen den Reformator Calvin mit Pilatus. So geriet »Serveto vor Pilatus«.

Es gibt ein eigenartiges Bild von Hieronymus Bosch, »Christus vor Pilatus«, das die beiden Gesichter, des Anklägers und des Angeklagten, verwandt erscheinen läßt.

Mich faszinierten beim Beschreiben bestimmter Lebensabschnitte der drei Ärzte zeitübergreifende Probleme. Ein Wissenschaftler wird gehindert, seine neuen Erkenntnisse zu veröffentlichen. Wer sind die Gegenkräfte, die, im alten Denken verharrend, ihre Macht einsetzen. Und wie verhält sich der Betroffene. Wer neu ist, muß laut sein, war eine Überlegung von Paracelsus. Also war er laut, um das Geschrei der ihn umgebenden Scharlatane zu übertönen. Manches Kapitel hätte ich auch mit der Überschrift versehen können: Die Stunde der Scharlatane, denn diese, die kleinen Geister, ihre kleinlichen Vorteile schnell nutzend, sind immer zugegen, farbig, verführerisch, schamlos. Und ich hielt Ausschau nach den Freundlichen, die von der Bedeutung des neuen Mannes überzeugt sind, aber in einer Entscheidungssituation nicht an seiner Seite stehen. In Basel fand ich als einen, der sich nicht ohne Bedauern abwendet, den alteingesessenen Doktor Truckenbrot, in Lyon den nichtarmen Arzt der Armen, Champier. Für die Lauen erdachte Dante in seiner wohlabgemessenen Einteilung der Unterwelt eine besondere Hölle.

Gegenstand meiner Untersuchungen in den drei Ärzteromanen ist das Phänomen vom Umgang mit der Macht, wie ein Mensch sich verändert, wenn er über andere herrschen kann, wie Blindheit ihn schlägt, wie Dummheit um sich greift und wie er von Angst geschüttelt ist.

Paracelsus und Agrippa und Serveto gingen durch ihre Tage als forschende »Meister des Lichts«, jeder auf seine Weise als Ungebrochener. Jeder auf seine Weise als ein Zeuge für die hohe Kunst der Medizin in ihrer Verpflichtung zu dem Bekenntnis:

Der höchste Grund der Arznei ist die Liebe.

Meine Arbeiten will nun mein Verleger Horst-Wolfgang Haase neuen Leserkreisen vorstellen, er, Liebhaber schöner Bücher, Froben ähnlich, vorurteilsfrei, in allerlei Künsten erfahren, der Medizin, der Malerei, der Literatur, kenntnisreich in den Kulturen vieler Völker. Das sind, so sehe ich es, die vier Essenzen seines Wesens. Die fünfte Essenz aber ist sein offenes Herz – und die für jeden offene Tür seines Arbeitszimmers.

Berlin, Frühjahr 1992 R.S.

Inhalt

Diskurs für das Theater – Bosch in den Zeugenstand der Geschichte gehoben

Rosemarie Schuder

Bd. II: Welt und Traum des Hieronymus Bosch

128 Seiten
mit einer vierfarbigen und
85 s/w-Abbildungen
Format 24,5 × 32,5 cm
gebunden mit farbigem
Schutzumschlag

Bestell-Nr. 9006
ISBN 3-928024-37-X

Rosemarie Schuders faszinierendes Bosch-Drama für die Bühne – aufbauend auf ihr Buch – jetzt erstmalig vorgelegt. Verblüffendes Bildungstheater – nachvollziehbare Weltgeschichte. – Ein Aha-Effekt.

Rosemarie Schuder gelang es, Boschs Phantasiewelten auf die Bühne zu bringen. Allein im „theater im palast“ wurde der Diskurs in einer Multimedia-Schau in 79 Aufführungen begeistert aufgenommen. Im Spiegel der Bilder des niederländischen Malers werden die widerstrebenden Kräfte eines wichtigen Kapitels der Weltgeschichte lebendig. Zum Leben erwachen: Erasmus von Rotterdam, der Inquisitor Jacob Sprenger, der Habsburger Maximilian I., Papst Julius II. . . . und schließlich der Gaukler.

---

edition q Verlags-GmbH · Ifenpfad 2–4 · W-1000 Berlin 42

Titelseite des »Opus Chirurgicum« (1565) von Paracelsus;

Das Innere eines Spitals, Holzschnitt